◇现代经济与管理类规划教材

商法理论与实务

（第3版）

吕苏榆　杨　晨　编著

清华大学出版社
北京交通大学出版社
·北京·

内容简介

本书针对经管类商法教学的实际需求，以企业法律制度、合同法律制度、担保法律制度、票据法律制度、产品责任法律制度和商事纠纷解决制度作为阐述对象，注重把握最新立法动态，紧密结合新颁布或新修订的《公司法》《合伙企业法》《民事诉讼法》《物权法》《侵权责任法》对相关制度加以评析。本书充分体现出理论与实践的有机结合。在制度介绍过程中，穿插了大量的源于我国近年司法实践的生动案例，每章最后附有实务案例讨论栏目，供学生尤其是MBA学员讨论使用。

本书适合普通高校经管类专业的本科生及MBA学员作为教材使用，也可作为企事业单位的培训教材及商务活动者的实务参考用书。

图书在版编目（CIP）数据

商法理论与实务/吕苏榆，杨晨编著．—3版．—北京：北京交通大学出版社：清华大学出版社，2015.7（2017.7重印）

（现代经济与管理类规划教材）

ISBN 978－7－5121－2337－3

Ⅰ．①商…　Ⅱ．①吕…　②杨…　Ⅲ．①商法－中国－高等学校－教材　Ⅳ．①D923.99

中国版本图书馆CIP数据核字（2015）第177950号

责任编辑：吴嫦娥　　特邀编辑：林夕莲

出版发行：清 华 大 学 出 版 社　　邮编：100084　　电话：010－62776969　　http：//www.tup.com.cn

　　　　　北京交通大学出版社　　邮编：100044　　电话：010－51686414　　http：//www.bjtup.com.cn

印 刷 者：北京交大印刷厂

经　　销：全国新华书店

开　　本：185×260　　印张：17.75　　字数：443千字

版　　次：2015年8月第3版　　2017年7月第2次印刷

书　　号：ISBN 978－7－5121－2337－3/D·186

印　　数：3 001～4 000册　　定价：36.00元

本书如有质量问题，请向北京交通大学出版社质监组反映。对您的意见和批评，我们表示欢迎和感谢。

投诉电话：010－51686043，51686008；传真：010－62225406；E-mail：press@bjtu.edu.cn。

第3版前言

《商法理论与实务》一书自2008年11月正式出版以来，以“内容新、实务性强、章节设置符合商学院法律教学需求”等特点，受到了广大师生与读者的欢迎。

为满足教学需求，及时追踪立法变化新动向，2013年5月本书顺利完成第一次修订再版。在《商法理论与实务》（第2版）中，增加了关于《中华人民共和国侵权责任法》（2009出台）、《民事诉讼法》（2012修订）、《最高人民法院关于适用〈中华人民共和国公司法〉若干问题的规定（二）》《最高人民法院关于适用〈中华人民共和国公司法〉若干问题的规定（三）》《最高人民法院关于适用〈中华人民共和国合同法〉若干问题的解释（二）》《最高人民法院关于审理买卖合同纠纷案件适用法律问题的解释》等新制度的介绍。

众所周知，法无完美之说，各国立法始终处于不断完善的过程之中。近两年，我国商事立法依然呈现出快速发展的态势。2013年12月28日，我国《公司法》完成了第四次修订，新法于2014年3月1日起实施，明确将“注册资本实缴登记制度”改为“认缴登记制度”。2013年10月25日，第十二届全国人民代表大会常务委员会第五次会议通过了《关于修改〈中华人民共和国消费者权益保护法〉的决定》，修正后的立法自2014年3月15日起施行，这是我国《消费者权益保护法》实施20年来的首次修正。2015年4月24日，《中华人民共和国广告法》由第十二届全国人民代表大会常务委员会第十四次会议修订通过，自2015年9月1日起施行，修订后的《广告法》明确界定了“虚假广告”并设置了严格的法律责任。此外，2014年12月18日《最高人民法院关于适用〈中华人民共和国民事诉讼法〉的解释》由最高人民法院审判委员会第1636次会议通过，自2015年2月4日起施行。该司法解释对法院适用民事诉讼法的相关问题作了全面系统、明确具体的规定。这是有史以来最高人民法院发布条文最多、篇幅最长的司法解释。

上述法律的修订及司法解释的出台，对我国商事活动的开展无疑具有重要的影响。有鉴于此，本书作者于2015年年初着手开展《商法理论与实务》的新一轮修订，以期为教学活动提供最新立法动态。与此同时，本次修订亦适当增加了部分实务案例，供学生参考与讨论。

真诚希望《商法理论与实务》（第3版）继续得到广大读者的支持！

吕苏榆

2015年5月

前　言

当前，有关商法的教材并不鲜见，但由于其适用对象大多是针对法律专业的学生，因此偏重于对法学理论的阐述和细究。就商学院或经济管理学院教学而言，其编制体例和内容设置均明显不适宜。此外，我国《公司法》《合伙企业法》《民事诉讼法》的修订及《物权法》的出台亦要求教材内容必须及时更新。

本书是作者对多年商法教学实践及理论研究的一次总结，既重视对法学基本理论进行有选择的阐述，又注重反映相关立法的最新发展。

本书具有以下特点。

首先，章节设置简洁合理，适于教学使用。本书针对商学院及经济管理学院教学的实际需求，不局限于法学研究领域关于"商法"的严格界定，而是着眼于商事活动的实践，从民法、商法、程序法等几大部门法中选取与商事活动密切相关的重要法律制度作介绍。以企业法律制度、合同法律制度、担保法律制度、票据法律制度、产品责任法律制度和商事纠纷解决制度作为阐述对象，避免因追求面面俱到而导致理论阐述的粗浅疏漏。需说明的是，鉴于商学院或经济管理学院一般会开设保险学、投资学、运输与保险等课程，因而在章节设置时，本书未将保险法、证券法、运输法等内容纳入其中，以避免授课内容的重叠。

其次，注重把握最新立法动态。本书紧密结合新修订的《公司法》《合伙企业法》《民事诉讼法》及2007年出台的《物权法》对相关制度加以评析，阐述立法修改的原因及制度发展的趋势。与此同时，亦十分重视对相关司法解释的介绍，并及时传递最新的立法信息。例如，2007年12月《劳动争议仲裁法》获得通过，自2008年5月1日起施行；2008年5月《公司法司法解释（二）》获得通过；目前《合同法司法解释（二）》正处于意见征求过程中；等等。

第三，充分体现理论与实践的有机结合。本书在制度介绍过程中穿插了大量的简短教学案例，且案例大多来源于近年我国的司法实践，具有较强的可信度和说服力。每章最后附有实务案例讨论栏目及思考题，供学生讨论使用。

本书适合普通高校经管类专业的本科生以及MBA学员作为商法课程的教材使用，也可作为企事业单位的培训教材以及商务活动者的实务参考用书。

各章具体撰写分工如下：杨晨，第1章；徐俊，第2章、第4章；吕苏榆，第3章、第5章、第6章、第7章。

书稿完成后，由吕苏榆统稿定稿。因时间和水平所限，本书难免存在疏漏和不足，恳请读者在阅读之余能给予诚挚的批评、指正。

吕苏榆

2008年9月

目 录

第1章 绪 论

“商”一词被引入经济生活，最初是与贸易活动联系在一起的。随着人类社会的演进与发展，人们对“商”的认识也随之拓展。法律意义上的“商”，是指一切营利性营业活动和事业的总称。在市场经济条件下，商事活动日益频繁和活跃，对于商事活动的法律调整就显得尤为重要。

1.1 商法的概念及特征

1.1.1 商法的概念

商法是调整商事关系的法律规范的总称。理论上认为，商法可分为形式意义上的商法和实质意义上的商法。

1. 形式意义上的商法

所谓形式意义上的商法，是指一国的立法机关依法定程序所制定的并冠名为“商法典”的法律。形式意义上的商法着眼于规范的表现形式和法律的编纂结构，它最终表现为一个成文的法律文件——商法典，并独立于民法典而存在，如1807颁布、1808年施行的《法国商法典》；1897年颁布、1900年施行的《德国商法典》等。

形式意义上的商法的内容通常包括一般规则、公司、保险、破产、票据、海商等基本制度。据统计，迄今为止，世界上大致有40多个国家制定了独立于民法典之外的商法典。① 在大陆法系国家中，德国、法国、日本、比利时、意大利、西班牙、葡萄牙等国家均制定了专门的商法典。形式意义上的商法，仅存在于实行民商分立的国家。

2. 实质意义上的商法

所谓实质意义上的商法，是指一切调整商事关系的法律规范的总称。它包括以“商事”命名和不以“商事”命名的一切调整商事关系的法律规范。无论是民商合

① 郭锋．民商分立与民商合一的理论评析．中国法学，1996（5）．

一还是民商分立的国家，无论是大陆法系还是英美法系国家，都在事实上存在实质意义的商法。

实质意义上的商法又可分为广义的商法和狭义的商法。广义的商法包括国际和国内商事法两种；狭义的商法，则专指商法中的商事私法而言。值得注意的是，从现代各国商法的内容来看，商法的国际性规范与国内规范相互交错，公法规范与私法规范相互交融，要严格区分国际商法与国内商法，严格区分商事公法与商事私法已极为困难。因此，近代以来的商法学者在强调狭义商事法时无不十分关注商法内容的国际性和公法性。①

我国没有形式意义上的商法，只有实质意义上的商法。

1.1.2 商法的特征

1. 商法的营利性

营利乃是“商”的本质。商主体从事商事活动，其直接目的就在于营利。从这一角度而言，商法也可称为“营利法”。关于商法规则的灵活性、迅捷性、合同形式、结算等方面的特殊规定，无不以体现商法的营利特性为出发点。

2. 商法的技术性

商行为的专业性，决定了商法中必然包含大量的技术性规范。商法的技术性既体现在其组织法中，也体现在其行为法中。例如，公司法中关于公司机关、公司股份、公司财务会计等方面的规定；票据法中关于票据的文义性、要式性、无因性、票据行为等规定，都具有明显的技术性规范色彩。

3. 商法的公私法兼具性

在大陆法系国家，法律被划分为公法和私法。商法作为民法的特别法，从根本上说属于私法的范畴。商法中关于商代理、货物买卖、运输等的规定，无疑都属私法性质。但与此同时，商法中也包含大量的公法条款，即国家通过立法形式而干预商事交易活动的规范，如关于商主体设立、登记等规定。

4. 商法的国际性

商事活动本身并不限于一国国境以内。在商法发展的早期阶段，即具有国际性的特点，主要表现为跨国商事交易习惯和惯例。西方社会进入资本主义阶段之后，贸易在各国经济生活中的地位日益提高，国家开始重视对贸易的管制，便纷纷制定本国商法。于是，商法的国际性开始丧失。20世纪以来，随着贸易全球化的迅猛发展，商法国际化的呼声日益高涨。国际商事立法得到加强，关于商法的国际条约、国际惯例不断涌现。此外，各国不断修改本国商法规则，使其与国际商事法律、惯例之间更为协调。商法的国际性已成为现代商法的重要特征之一。

---

① 赵万一. 商法学. 北京：法律出版社，2001：19.

1.2 商法的历史发展

商法的发展大致可划分为以下阶段：古罗马商法、中世纪商法、近代商法、现代商法阶段。

1.2.1 古罗马商法

如果从实质意义上来理解商法，那么商法并非起源于欧洲中世纪。事实上，古代文明社会就已经有了调整商事关系的法律规范。古罗马时代虽然没有完整的商法典，但罗马法中对应商法的规定却散见于其各种法律文献中，其中有实践中形成的商事惯例和裁判官的告示，也有法学家的解答和皇帝的敕令。罗马帝国后期发展起来的万民法，内容涉及商法规范的比较多。① “正是这种万民法支配着罗马帝国范围内绝大多数类型的商业交易，尤其是那些涉及远距离货物运输的商业交易。”② 古罗马商法内容丰富，对中世纪商法及近代商法都产生了很大的影响。

1.2.2 中世纪商法

中世纪的欧洲处于封建专制统治之下，主要表现为自给自足的手工业经济，同时也是处于农业社会。11 世纪后期，以农为本的欧洲进入了发展时期。伴随着十字军东征的胜利，欧洲大量的剩余商品涌向东方市场。东西方贸易的发展，促进了地中海海上贸易的发展和地中海沿岸一些新兴城市的商业贸易的繁荣。

由于当时的社会生产力水平仍很低，商品经济不发达，商人的社会地位极低。为了保护自身的利益，商人们纷纷团结在一起，结成互相保护的团体。于是，调整商人内部经济关系的自律组织——商人行会便应运而生。各种各样的商人行会均为自己制定了大量的法令、规章，所涉及的内容十分广泛。这些内部管理规章和交易习惯不仅在行会内部发挥其道德约束力和组织约束力，而且得到了城市当局的明示或默示的认可，从而在整个城市范围内获得“准”法律的效力。

此外，随着贸易的发展和纠纷的不断增加，传统的司法体制不能满足商人们的需求。通过商人行会的联合和不懈斗争，商人阶层最终向封建主和教会争取到了对商人间贸易纠纷和争议进行处理的独立管辖权，商事法院就是以这一管辖权为基础才得以普遍建立的。③ 中世纪商事法院即“商人法庭”的出现为迅速解决贸易纠纷、促

① 何勤华，魏琼. 西方商法史. 北京：北京大学出版社，2007：140-141.

② 伯尔曼. 法律与革命：西方法律传统的形成. 贺卫方，高鸿钧，张志铭，等译. 北京：中国大百科全书出版社，1993：413.

③ 郑远民. 现代商人法研究. 北京：法律出版社，2001：150.

进商业发展起到了重要的作用。更为关键的是，商人法庭为商人法规则提供了可贵的实践场所，从而使得商人法逐渐得到社会各界的认可，并成为有法律约束力的行为规则。通过商人法庭实践活动积累而汇编成的商事判例汇编，即成为中世纪商人法的重要渊源之一。

尤其值得一提的是，中世纪商法典的编纂活动也十分活跃，如制定了《阿玛斐法典》《巴塞罗那法典》《奥列隆法典》《维斯比海商法典》《汉萨海上规则》等。中世纪商法中的许多制度直接为近现代商法所吸收和借鉴。

1.2.3　近代商法

近代商法一般是指中世纪后至两次世界大战之前的商法，它是在中世纪商人习惯法的基础上发展起来的，以民族化、国家化为特色。

进入16世纪后，孕育已久的资本主义商品经济关系开始萌芽，并显示出了蓬勃的生机。与此相比，欧洲一些国家的封建割据势力日渐衰落，这促使统一的民族国家逐步形成。新生资产阶级为了保护资本主义商品经济关系，必然需要制定体现本阶级意志的法典。在欧洲各国编纂法典后，商法开始处于主权国家的管辖之下，演变为国内法的主要组成部分。

近代商法有大陆法系和英美法系之分。

大陆法系商法采用成文法形式，其商法脱胎于中世纪习惯法，经国家权力而将商事规范上升为法典形式。近代最早的商法典是1807年诞生的《法国商法典》，它是法国革命的产物。该法以商行为观念为其立法基础，开创了大陆法民商分立体例。继法国之后，几乎所有欧洲大陆国家均采取了形式商法的体例。1897年颁布、1900年生效的《德国商法典》在适当吸收《法国商法典》商行为法观念的基础上，建立了以商主体为本位的新商人法立法主义。《德国商法典》对大陆法系国家商法的完善具有重要的影响。

英美法系商法的特点是商事习惯法、判例法与商事成文法并存，以判例法为主，以成文法和习惯法为辅。与大陆法系商法的主要渊源不同，英美法系商法的主要渊源是审判实践中发展起来的判例法。法官在商法的创制上发挥了独特的作用。此外，成文法也开始在英美法系国家日渐受到重视。自19世纪中叶，英国相继制定了一批商事成文法，如1882年《票据法》、1890年《合伙法》、1893年《货物买卖法》等。美国在19世纪之后，商事立法也开始盛行，各州享有独立的商事立法权。

1.2.4　现代商法

第二次世界大战后，随着商事活动日益频繁和复杂，商法亦需要不断更新和完善。于是各国陆续修改其商法，以适应现实的需要。现代商法呈现出更加动态化的特点。

在商法发展的时代划分上，美国《统一商法典》往往被视作现代商法的标志。美国《统一商法典》是美国统一州法委员会（NCCUSL）和美国法学会（ALI）联合组织制定的一部示范法，1952年对外正式公布。美国《统一商法典》与大陆法系国家的商法典有所不同，后者是由立法机关制定并通过的法律，而前者却不是，它只是由一些法律团体起草，供美国各州自由采用的一种法律样本，因此其法律效力完全取决于各州的立法机关是否予以采纳。目前，美国《统一商法典》已为美国50个州所采纳，对世界各国的民商事立法及国际商事公约产生了深远的影响。第二次世界大战后，法、德、日等国通过频繁修改或补充，使其商法具有了很强的社会适应性。商法的革新，既有在商法典内进行的，也有在商法典外通过补充单行法来完成的，大量的则是以商事单行法的形式予以补充、完善。商法的不断更新，并非仅仅是因商法制度缺陷所致，更主要的是为了适应社会发展变化的需要。可以说，商事关系的不断发展，正是商法变迁、发展和完善的推动力量。

此外，大陆法系和英美法系的商法相互渗透。虽然两大法系有着不同的传统，但随着世界经济发展呈现出一体化趋势，商事活动常常跨越一国国界。国际商事活动要求商法的统一化和国际化。正如学者指出的那样："趋向世界统一的现代商法是一个得到各主权国家明示或默示同意的新的商人习惯法，它将冲破国界而具有普遍性，且已展示在我们的面前。"①

1.3 商法的基本原则

无论是形式意义上的商法还是实质意义上的商法，都存在着统辖具体规范的一些基本原则。这些基本原则从商法的功能中提炼出来，成为理解商法制度的基础。

1.3.1 保护交易安全原则

所谓交易安全，乃是主体移转与履行财产义务之交易行为的合法性与确定性。② 交易安全的实质在于对交易过程中善意且无过失的当事人进行保护，以维持交易主体对交易规则的信心。商法上对于交易安全的维护，主要通过对商事交易条件采取强制主义、公示主义、外观主义及严格责任主义来实现。

1. 强制主义

强制主义，又称"干预主义""要式主义"，它是指国家通过公法手段对于商事关系施以强行法规则，是商法公法化的体现和结果。例如，为了保护交易安全，法律对于重要的商事合同通常要求书面形式；对于某些商事行为，如公司设立行为、票据行为等，法律也设置了严格的强行性规范。

2. 公示主义

所谓公示，是指将某种法律事实以能够为公众所获知的手段公布于众，从而作为现

① 施米托夫. 国际贸易法文选. 赵秀文，译. 北京：中国大百科全书出版社，1993：178-179.

② 孙鹏. 交易安全及其民商法保护论略. 法律科学，1995 (5).

实的和潜在的交易相对人判断法律状态和利害关系的根据。公示的核心在于以有效的方式进行信息披露，其本意是为了解释法律关系的本来面目。[①] 通过公示，交易相对方可以及时获取有关交易的重要信息，从而有利于安全交易活动的展开。商法中为了保护交易安全，设置了多种公示制度，如公司登记的公示，即公司的设立、变更、注销登记公示；上市公司信息披露；等等。

3. 外观主义

商事交易的外观主义，是指商事法律行为的内容以其外部表示为准，即使内心的真实意思与外部表示不一致，法律行为也仍按照外部表示的内容发生效力。商行为外观主义原则，其立法宗旨在于维护交易的安全。外观主义是商法和民法的重大原则性区别之一。民法上强调权利的实质，并采取意思主义，强调意思表示应符合真意；而商法上则注意权利的外观，采取外观主义，以保护信赖利益。在各国商法中，关于不实登记的责任、字号借用的责任、票据的文义性与要式性等规定，都体现了外观主义的要求。

4. 严格责任主义

商事交易的严格责任主义，是指在商事交易中，行为人无论是否有过错，只要有损害结果发生并证明有因果关系，则行为人均应承担责任。严格责任以维护交易安全和保护弱者为价值取向。许多国家商法都实行严格责任原则，我国商法中亦有此原则的体现。

1.3.2 促进交易便捷原则

商事交易以营利为目的，为实现营利目的，必须力求交易迅捷。因为交易越频繁、越快捷，资金周转率就越高，利润也就随之上升。各国均将交易便捷作为商法的一个重要原则。为了促进交易便捷，各国商法往往采用交易定型化和时效短期化的做法。

1. 交易定型化

交易定型化包括交易形态定型化、交易客体定型化和交易程序定型化三个方面。交易定型化可以降低当事人之间协商谈判的成本，简化交易手续。

交易形态定型化，是指商法通过强行法规则预先规定若干类型的典型交易方式，使得任何个人或组织，无论何时从事交易，均可以获得同样的法律效果。格式合同的出现便是交易形态定型化的最集中体现。在商事交易中，格式合同被广泛采纳。当事人缔约时，不需要对合同内容进行磋商，合同的主要条款都已经由一方当事人事先确定下来，对方只能是决定接受或不接受。如此一来，缔约成本大大节约，缔约速度也变得快捷。交易客体定型化，是指交易客体的商品化和证券化。股票、债券、票据、保险单等均为权利证券化的典型。交易程序的定型化则主要体现为交易规则的国际统一化趋势。在交易程序方面，如果各国存在较大差异，将会使得交易过程漫长而混乱，从而不利于国际贸易活动的开展。因此，20世纪以来，各国及一些国际组织在统一商事交易程序方面

① 何勤华，魏琼. 西方商法史. 北京：北京大学出版社，2007：601.

做出了诸多努力，一些重要的交易程序规则已趋于统一。

2. 时效短期化

所谓时效短期化，是指使交易行为所生之债权的时效期间予以缩短。时效期间越短，越有利于迅速确定法律关系，避免因时间长久而给交易纠纷处理带来的不便。例如，各国商法对于票据请求权多适用6个月、3个月的短期消灭时效。

1.3.3 商事主体法定原则

商事主体法定原则，又称强化商事主体原则，是指法律对商事主体做出了严格的规定，具体涉及商事主体的类型、商事主体的标准和商事主体的登记公示。

商事主体类型法定，意味着投资者只能按照法律规定的类型来设立商事主体，不得创设法定类型之外的商事主体。例如，我国《公司法》不承认无限责任公司和两合公司，因此，投资者不得申请设立此类公司，即使申请了，也不会获得批准。

商事主体标准法定，是指只有在符合法律规定的关于商事主体设立的各项条件时，投资者才能成功设立相应的商事主体。例如，我国《个人独资企业法》《合伙企业法》《公司法》中分别规定了个人独资企业、合伙企业和公司的设立条件，在创设上述类型企业时，必须满足相应的法定条件。

商事主体登记公示是商事主体设立的必经程序。通过商事主体的登记公示，使得交易相对人可以知晓必要的信息，从而维护交易安全。各国均设置了相应的登记制度，我国亦如此。例如，在我国无论是设立个人独资企业、合伙企业还是公司，均须履行设立登记手续，获得营业执照，才可依法从事商事活动。

商事主体法定原则与商法早期发展的历史有密切关系。早期商人阶层具有强烈的身份特征，并非人人得为之。而商人阶级的出现，又在很大程度上改变了社会的面貌，至少在中世纪及以后的欧洲大陆，情况就是这样的。[①] 19世纪及20世纪初叶制定的几部商法典中均专门对商人的地位和权利义务做出了规定。但随着经济的发展，更多的人参与到商事活动中。传统意义上的商人及商行为已经与实践脱钩。以德国为代表的一些大陆法系国家在修改商法典时，开始简化对商人资格的规定。在英美法系，始终没有明确而严格的商人概念。对于商人和商行为的理解是十分灵活的。有学者指出："20世纪商事活动早已不再为专门的阶级所垄断，商人亦不再成为独特的社会群体。因而强化商事主体之原则已无继续强调之必要。"[②] 与此同时，也有学者认为，虽然商事活动的参与主体越来越广泛，但商事主体与民事主体之间的差异依然存在。而且20世纪以来，各国在其公司法和证券法中对商事主体的要求越来越严格，这恰恰说明各国商事立法对商事主体的规制仍十分重视，并区别于一般民事主体。商事主体法定原则所涉及的三项内容在当代社会仍具有实质价值和意义。

---

① 赵立行. 商人阶层的形成与西欧社会的转型. 北京：中国社会科学出版社，2004：245.

② 何勤华，魏琼. 西方商法史. 北京：北京大学出版社，2007：597-598.

1.3.4 维护交易公平原则

公平原则实际上是社会道德规范的法律化。公平本为道德规范，主要是作为一种社会理念而存在于人们的观念和意识当中，其判别主要是从社会正义的角度，以人们公认的价值观和公认的经济利益上的公正、等价、合理为标准来加以确定的。公平主要强调的是权利和义务、利益和负担在相互关联的社会主体之间合理分配或分担。这种分配或分担的结果能够为当事人和社会所接受。①

公平原则历来被公认为是民法的基本原则。商法是以民法为基础而发展起来的，因此，当然要受到民法的基本原则特别是公平原则的制约。公平原则要求商事主体应本着公平的观念从事商事活动，正当行使权利和履行义务，在商事活动中兼顾他人利益。商法中体现这一原则的规定不胜枚举。例如，商事合同中关于格式合同的规制，产品责任中对消费者的保护等。

1.4 商法与相邻法律部门的关系

法律部门，也称部门法，是指根据一定的标准和原则划分的同类法律规范的总和。任何一个国家对于社会关系的法律调整均需借助多个法律部门加以实现。这些不同的法律部门分别从不同的角度对社会关系进行有效的调整，从而构建成一个有机的法律体系。

2001 年 3 月 9 日，李鹏委员长代表全国人民代表大会常务委员会所作的工作报告指出："中国特色社会主义法律体系划分为七个法律部门，即宪法及宪法相关法、民法商法、行政法、经济法、社会法、刑法、诉讼与非诉讼程序法。"②

关于商法是否为一个独立的法律部门，我国学界观点并不统一。总体而言，大多数民法和经济法学者认为，商法不是独立的法律部门；而商法学者则坚决认为，商法应是独立的法律部门。有学者则明确指出："商法在法律体系中应是一个相对独立的法律部门。所谓独立，就是说商法有自己的调整对象，有自己的丰富内容和体系，这些对象和内容与民法之外的其他法律部门有不同的性质。所谓相对，是指与民法的关系而言，商法调整平等的商事主体之间的商品关系，其调整的社会关系的性质与我国民法调整对象的性质有相当的一致性。"③ 本书即持此观点。

鉴于在商法与其他法律部门的关系中，商法与民法、商法与经济法之间的关系是学界关注的焦点，二者分述如下。

---

① 赵万一. 商法学. 北京：法律出版社，2001：82.

② 李鹏. 全国人民代表大会常务委员会工作报告. 人民日报，2001-03-20.

③ 赵万一. 商法学. 北京：法律出版社，2001：71.

1.4.1 商法与民法

民法是调整平等主体之间财产关系和人身关系的法律规范的总称。通说认为，商法与民法的关系是特别法与普通法的关系。

1. 商法与民法的联系

商法和民法都是调整平等主体之间关系的法律规范，商法优先于民法而适用，即：凡是关于商事关系的调整，应首先适用商法的有关规定；当商法没有规定时，则可适用民法的规定，如民法中规定的所有权制度、主体制度、债权制度等。显然，民法对商法具有指导作用。与此同时，商法对民法也有补充作用，如公司法上关于公司的规定，票据法上关于票据关系的规定等，即是对民法法人制度和债权制度的有效补充。

2. 商法与民法的主要区别

1）立法价值取向不同

在民法的诸项价值目标中，最基本的价值取向是公平。在商法中，最高的价值取向是效益，商法追求的是效益至上、兼顾公平。

2）调整范围不同

民法除了调整平等主体之间的财产关系，还调整平等主体之间的人身关系，而后者显然不为商法所包含。商法仅调整与营利有关的商事关系，并且商法中也有相当一部分内容在民法中未加涉及。

1.4.2 商法与经济法

关于商法和经济法的关系，法学界亦争论颇多。鉴于本书并不旨在研讨法学理论，因此对于这一争论持久的复杂问题不作深究，仅就商法和经济法的联系与区别作一概述。

1. 商法与经济法的联系

商法和经济法均规范有关企业的经济活动。

2. 商法与经济法的区别

1）产生的背景不同

商法是随着商品经济的发展，在传统民法对日益复杂的社会经济关系调整不力的背景下产生的。经济法则是西方资本主义经济进入垄断阶段，国家干预经济的产物。因此，最早出现的经济法是以反垄断为核心的。随着经济与社会的发展，国家干预经济生活的视角也在不断调整。国家不仅对经济生活进行总体管理、监督，同时肩负着组织、协调的职能，使个体经济利益与社会经济利益协调发展。可以说，商法的产生是对民法的进一步发展和必要的补充，而经济法的形成则是对商事主体滥用权利从而导致社会整体利益受损的必要纠正。

2）调整的社会关系不同

商法主要调整的是商主体之间以平等性为特征的社会经济关系；经济法调整的是国家与公民、国家与企业之间的社会关系，这种关系主要体现为管理与被管理、指挥与被指挥的纵向关系。

3）性质不同

商法虽然是公私法兼具，但本质上属于私法，其理念是维护商事主体的私权，以个别经济主体的利益为基础。经济法原则上属于公法。经济法的公法性体现在它以社会为本位，着眼于超越个别经济主体利益的社会整体利益。

商法与其他部门法亦存在诸多的联系和区别。鉴于这些关系往往不易被混淆，此处不再赘述。

1.5 关于本书内容设置的说明

鉴于本书主要用于满足商学院或经济管理学院的教学需求，因而在章节设置上突破了法学研究领域关于“商法”的严格界定，内容涉及民法、经济法、诉讼与非诉讼程序法等其他法律部门，从而有别于法学专业教育中的商法用书。

本书着眼于商事活动的实践需求，以“商事主体法、商事行为法和商事纠纷救济法”三大模块为依托，介绍与我国商事活动密切相关的法律制度，具体包括个人独资企业法、合伙企业法、公司法、合同法、担保法、物权法、票据法、产品责任法、民事诉讼法及仲裁法。

思考题

1. 什么是形式意义上的商法？什么是实质意义上的商法？我国存在哪种形式的商法？

2. 商法的基本原则有哪些？

3. 商法与民法、经济法有何联系与区别？

第2章

企业法律制度

企业是商事关系中最重要也是最活跃的主体。改革开放前，在我国经济领域中仅存在全民所有制企业和集体所有制企业。改革开放后，适应商品经济需要的各类企业形态应运而生，个人独资企业、合伙企业及公司获得广泛发展，相关法律制度也初步形成。时至今日，随着社会主义市场经济的发展和社会主义法治建设的进步，我国已形成较为完备的企业法律制度体系。

2.1 企业及企业法概述

2.1.1 企业的概念及特征

1. 企业的概念

企业一词，源于英语中的“enterprise”，原意为企图冒险从事某项事业，原来用以指经营组织或经营体；汉语中本来没有这个词，现在我们所称的企业，是从日语中翻译来的词语。①

企业起初主要不是法律的概念，而基本上是一个经济的概念，指在商品经济范畴内，作为组织单元的多种模式之一，按照一定的组织规律有机构成的经济实体，一般以营利为目的，以实现投资人、客户、员工、社会大众的利益最大化为使命，通过提供产品或服务换取收入。在颇具影响的《牛津法律大辞典》中，根本就没有“企业”这个词条。后来，“企业”一词开始出现在法律辞典和法律规范中。美国《布莱克法律词典》解释为：“企业是一种冒险活动或组织，尤指投入财产的冒险事业。”

在中国企业法律制度中，“企业”一词被频繁地、广泛地使用，甚至作为法律的名称。我国有学者认为：“企业是经营性地从事生产、流通或服务的某种主体。”② 但上述定义仍然着重于企业的经济学含义。从法律的角度来说，企业的存在势必关系到企业与

① 汉语外来语词典. 上海：上海辞书出版社，1984：284.

② 史际春，温烨，邓峰. 企业和公司法. 北京：中国人民大学出版社，2001：2.

社会、出资人、债权人的利益。如何处理这些利益关系以促进企业的营利性目的，是法律规范设计的根本原则和目的。企业在不同的法律关系中所处的地位不同，或为主体或为客体，这是企业法律含义的主要方面。企业的经济学含义与企业的法律学含义是相互影响、相互渗透、互有包容的。

2. 企业的特征

1）企业具有经营性

企业的经营性是指它基于一定的经济目的进行筹划运行，计算投入产出，进行经济核算，借以参与社会的经济、文化活动。① 需要注意的是，经营性不等于经济性，因企业不一定直接从事社会再生产，它也可以营利为目的，从事文化教育活动。

2）企业在形式上表现为一种组织体

企业的这一特征使得企业与其他从事工商业活动的个人区别开来，也使企业的外延扩张至公司之外。企业这一组织形式就其本质而言，是对个人经济活动的超越，也是对个人的排斥。企业是个人间的结合，但又独立于结合成企业的个人。进入法律视野的企业，尽管可能由一人“组成”，营利与风险亦由一人承担，但仍属于一种具有法律意义组织形式的经营，而非自然人的日常行为。

3）企业在社会功能上是独立从事商品生产经营和商业服务活动的经济组织

企业的此一特征使之与公益组织、政治组织、宗教组织、民间团体等组织相区别。首先，企业是经济活动的主导力量，经济活动主要是商品生产或商品经营以及提供劳务或服务的活动。其次，企业的经济活动行为要有独立性和连续性。所谓独立性，是指企业对外的经济活动是以企业的名义发生的，而不是以个人名义进行的；企业要独立核算自负盈亏；所谓连续性，是指企业的经济活动处于持续状态，任何一次性的或季节性的短期商业活动都不能被认为是企业的经济活动。

4）企业必须依法成立并须具备一定的法律形式

这一特点使企业与以自然出生这一事实而享有权利的自然人相区别。现代世界各国，对各类企业的设立都制定有法律上的审查核准制度，尽管程序繁简不一，管辖机关也不尽相同。不同法律形式的企业在设立时有不同的法律要求。

2.1.2 企业的分类

1. 按所有制性质划分

长期以来，我国立法、司法和管理上的基本做法是按所有制性质对企业进行分类，将企业划分为全民所有制企业、集体所有制企业和私营企业。

全民所有制企业指由中央或地方财政主体或国有企事业单位投资设立，利用全民所有的财产从事生产经营，隶属于某主管部门或主管单位，适用《中华人民共和国全民所有制工业企业法》及相关法规的企业。这种企业的生产资料归全体劳动人民共同所有，

① 史际春，温烨，邓峰. 企业和公司法. 北京：中国人民大学出版社，2001：2.

由国家作为一个统一的权利主体来行使这种权利，在实践中中央政府有可能将这种权利下放给某一个部门或某些地方政府，故又称国有企业。但随着市场经济的发展，20 世纪 90 年代以来广泛推行股份制和经济联合，大量国有企业被改制为有限责任公司和股份有限公司，国有企业的概念也处在变动之中。理论上，国有企业应该包括政府可以根据资本联系，对其实施控制或控制性影响的各种企业。

集体所有制企业是指以生产资料的劳动群众集体所有制为基础的、独立的商品经济组织。集体所有制企业包括城镇和乡村的劳动群众集体所有制企业。集体所有制源自合作制或合作经营，所以集体所有制企业和合作制企业是等同的。① 20 世纪 90 年代以来，许多集体所有制企业适应市场化的要求，改制为集体控股的有限责任公司和股份有限公司。

私营企业是指企业的资本和财产属于私人所有，由私人投资经营的企业。一般包括个人独资企业、个人合伙企业和股东均为自然人的有限责任公司三种形式。但从理论上来说，由非国有、非集体所有制或合作制主体控制的企业均可纳入私营企业或私营部门的范畴。② 对于由自然人投资设立的股份有限公司来说，其特点与私营企业也完全符合。因此，由自然人投资设立的股份有限公司亦应属于私营企业。需注意的是，1999 年 3 月宪法修正案第 11 条明确规定了“在法律规定范围内的个体经济、私营经济等非公有制经济是社会主义市场经济的重要组成部分”。由此可见，我国法律并未将个体工商户等形式的个体经济纳入私营经济的范围。但在《个人独资企业法》从 2000 年 1 月 1 日生效以来，实务中的做法实际已使个体工商户与个人独资企业越来越难以区分，如个人独资企业比照个体工商户只征收个人所得税而不征收企业所得税，资金和雇工人数也难以作为区分标准等。所以有学者提出，除了非相对稳定、持续经营的流动摊贩、业余制作贩卖外，对个体经营不应人为地区分所谓个体工商户和个人独资企业。③

2. 按出资者的责任及出资的形态来划分

上述按所有制性质来划分企业类型的方法有很多弊端，如依所有制来划分企业本身就是不平等的，产权不明晰，所以应当适应市场经济，统一以出资者的责任、出资的形态为标准来划分。按照这个标准，企业可分为个人独资企业、合伙企业和公司这三种典型的法律形态。

个人独资企业是指一个自然人投资经营的企业，投资者须对企业债务承担无限责任。合伙企业可分为普通合伙企业与有限合伙企业，其中普通合伙企业是指两人以上按照协议分别出资，共同占有使用财产，成立共同经营关系，共负盈亏，对外承担无限连带责任的企业。合伙企业既包括个人合伙，也包括法人合伙。公司是按照法律规定的条件和程序设立的以营利为目的的企业法人，可分为有限责任公司、股份有限公司、无限公司、两合公司、股份两合公司 5 种，其中有限责任公司与股份有限公司是现代社会最常见的公司形态。

---

① 史际春，温烨，邓峰. 企业和公司法. 北京：中国人民大学出版社，2001：9.

② 史际春，温烨，邓峰. 企业和公司法. 北京：中国人民大学出版社，2001：9.

③ 史际春，温烨，邓峰. 企业和公司法. 北京：中国人民大学出版社，2001：439.

3. 按企业是否具有法人资格为标准划分

按此标准可以将企业划分为法人企业和非法人企业两大类。具有法人资格的企业为法人企业。法人是具有民事权利能力和民事行为能力，依法独立享有民事权利和承担民事义务的组织。根据《民法通则》第37条规定，法人必须同时具备4个条件，缺一不可。即：依法成立；有必要的财产和经费；有自己的名称、组织机构和场所；能够独立承担民事责任。有限责任公司、股份有限公司等都是法人企业。不具有法人资格的企业为非法人企业，如个人独资企业、合伙企业和不具有法人资格的中外合作经营企业等。

2.1.3 我国企业法概述

1. 企业法的概念

企业法是指调整企业的设立、变更和终止，以及企业内外部组织关系法律规范的总称。形式意义上的企业法，是指以企业和公司等为名、调整企业组织关系的专门法，包括《中华人民共和国全民所有制工业企业法》《中华人民共和国合伙企业法》《中华人民共和国个人独资企业法》《中华人民共和国中外合资经营企业法》《中华人民共和国中外合作经营企业法》《中华人民共和国外资企业法》《中华人民共和国公司法》等。实质意义上的企业法，则泛指各种调整企业组织关系的法律、法规和规章等，如《全民所有制工业企业转换经营机制条例》《保险法》中有关保险公司的内容等。目前，一个适应市场经济、现代企业制度建设和世贸组织规则的中国企业法体系正在逐步形成。

2. 企业法的主要内容

企业法作为组织法，其主要内容包括以下4个方面。

1）关于企业设立、变更和终止的规定

企业作为一种进行市场活动的经济实体，必须具备合法的主体资格。因此，企业法一般都明确规定企业取得合法主体资格的实体条件和程序条件。设立企业的实体条件主要是要求企业具备一定的名称、组织形式、生产经营场所、必需的资产等。设立企业的程序条件主要有申请、审批和登记。另外，企业法还规定企业主体资格变更和终止的条件和程序。

2）关于企业权利义务的规定

企业权利义务方面的规定，是对企业自主经营权行使范围的限定。企业权利义务的大小可以表明企业在社会经济生活中的法律地位以及企业外部环境的宽松程度。现行企业法都规定了企业具有两大权利，即财产权和经营管理权。财产权是指企业对自己所有的财产或依法授予经营的财产享有占有、使用、收益和处分的权利。经营管理权是指企业在生产经营、人事劳动、资金分配等方面的计划、组织、指挥等各项权利。企业法同时规定了企业对国家、对社会、对职工应承担的义务。

3）关于企业组织机构的规定

企业组织机构指企业内部组织机构按分工协作关系和领导隶属关系有序结合的总

体。关于企业组织机构的规定主要包括明确组织机构的部门划分和层次划分，以及各个机构的职责、权限和相互关系，由此形成一个有机整体。对企业组织机构的规定最显著的莫过于公司法中有关公司法人治理结构的规定。

4）关于违反企业法的责任的规定

具体包括违反企业设立程序、违反企业产品质量、企业领导人滥用职权、侵犯企业合法权益等方面的法律责任。

2.2　个人独资企业法律制度

2.2.1　个人独资企业及立法概述

1. 个人独资企业的概念及特点

个人独资企业，是指依照《个人独资企业法》在中国境内设立，由一个自然人投资，财产为投资人个人所有，投资人以其个人（或者家庭）财产对企业债务承担无限责任的经营实体。

个人独资企业具有以下法律特征：① 投资主体是一个自然人；② 财产所有权归一个自然人所有；③ 出资人必须对企业债务承担无限责任。

2. 个人独资企业法的立法概况

个人独资企业法是指调整经济运行过程中有关个人独资企业在申请登记、营业转让、税收等方面法律关系的法律规范的总称。①

个人独资企业法有狭义和广义之分。狭义的个人独资企业法是指 1999 年 8 月 30 日第九届全国人大常委会第十一次会议通过、2000 年 1 月 1 日起施行的《中华人民共和国个人独资企业法》，该法共 6 章 48 条，是我国调整个人独资企业最主要的法律。

广义的个人独资企业法，则是指国家关于个人独资企业的各种法律规范的总称，主要包括两个层次：① 由全国人大及其常委会制定的法律，主要指《个人独资企业法》及密切相关的其他法律，如《民法通则》《合同法》《担保法》《个人所得税法》《婚姻法》《继承法》等；② 由国务院及各部委颁行的行政法规和部门规章，如《个人独资企业登记管理办法》《关于个人独资企业和合伙企业投资者征收个人所得税的规定》等。

2.2.2　个人独资企业的设立

1. 设立条件

（1）主体只是一个自然人，且必须是中国公民。外国公民和港澳台居民在中国境内

① 宋彪. 企业公司法典型案例. 北京：中国人民大学出版社，2003：62.

单独投资经营的，应适用《外资企业法》。

(2) 企业要有自己的名称。个人独资企业的名称应当与其责任形式及从事的营业相符合，不得出现“有限”“有限责任”“公司”等字样。个人独资企业名称可以叫作厂、店、部、中心、工作室等。

(3) 有投资人申报的出资。《个人独资企业法》没有规定注册资本金额是多少，因为出资人对企业的债务承担无限责任，但必须有申报的出资才能开展经营。设立个人独资企业可以用货币出资，也可以用实物、土地使用权、知识产权或者其他财产权利作为出资，但不能用个人劳务作价出资，也不能用个人信誉或者名誉作价出资。采用实物、土地使用权等作价时要折算成货币数额，投资人申报的出资也要与企业生产经营规模相适应。投资人可以以个人财产出资，也可以以家庭财产出资，但要在设立或变更登记说明书上予以注明。

(4) 有固定的经营场所和必要的经营条件。

(5) 有必要的从业人员。即要有与生产经营范围、规模相适应的从业人员。

2. 设立程序

个人独资企业由投资人或者其委托的代理人向个人独资企业所在地的登记机关提交设立申请，委托代理人申请时应出具投资人的委托书和代理人的合法证明。个人独资企业设立如须批准，应在设立时向登记机关提交批准文件。工商行政管理局在接到申请之日起 15 日内决定是否登记。个人独资企业从领取营业执照之日起即告成立。

2.2.3 个人独资企业的投资人及事务管理

法律、行政法规禁止从事营利性活动的人，不得作为投资人申请设立个人独资企业。个人独资企业投资人对本企业的财产依法享有所有权，其有关权利可以依法进行转让或继承。

个人独资企业投资人在申请企业设立登记时明确以其家庭共有财产作为个人出资的，应当依法以家庭共有财产对企业债务承担无限责任。个人独资企业投资人可以自行管理企业事务，也可以委托或者聘用其他具有民事行为能力的人负责企业的事务管理。投资人委托或者聘用他人管理个人独资企业事务，应当与受托人或者被聘用的人签订书面合同，明确委托的具体内容和授予的权利范围。受托人或者被聘用的人员应当履行诚信、勤勉义务，按照与投资人签订的合同负责个人独资企业的事务管理。投资人对受托人或者被聘用的人员职权的限制，不得对抗善意第三人。

案例评析

案例： 个人独资企业投资人甲聘用乙管理企业事务，同时对乙的职权予以限制，凡是乙对外签订标的额超过 1 万元的合同，必须经甲同意。某日，乙未经甲同意与善意第三人丙签订了一份标的额为 2 万元的买卖合同。该合同效力如何？

评析： 个人独资企业的投资人对受托人或者被聘用的人员职权的限制，不得对抗善意第三人。受托人或者被聘用的人员超出投资人的限制与善意第三人的有关业务交往应当有效。投资人委托或者聘用的人员管理个人独资企业事务时违反双方订立的合同，给投资人造成损失的，应当承担民事赔偿责任。所以该合同为有效合同，但如果给甲造成损害，由乙承担民事赔偿责任。

投资人委托或者聘用的管理个人独资企业事务的人员不得有下列行为：① 利用职务上的便利，索取或者收受贿赂；② 利用职务或者工作上的便利侵占企业财产；③ 挪用企业的资金归个人使用或者借贷给他人；④ 擅自将企业资金以个人名义或者以他人名义开立账户储存；⑤ 擅自以企业财产提供担保；⑥ 未经投资人同意，从事与本企业相竞争的业务；⑦ 未经投资人同意，同本企业订立合同或者进行交易；⑧ 未经投资人同意，擅自将企业商标或者其他知识产权转让给他人使用；⑨ 泄露本企业的商业秘密；⑩ 法律、行政法规禁止的其他行为。

个人独资企业应当依法设置会计账簿，进行会计核算。个人独资企业招用职工的，应当依法与职工签订劳动合同，保障职工的劳动安全，按时、足额发放职工工资。个人独资企业应当按照国家规定参加社会保险，为职工缴纳社会保险费。

2.2.4　个人独资企业的解散

个人独资企业的解散分为任意解散和强制解散。任意解散包括：投资人决定解散，投资人死亡或者被宣告死亡，无继承人或者继承人决定放弃继承等。强制解散是依法被吊销营业执照，解散以后进行清算。

如果是投资人自行清算的，应当在清算前 15 日内书面通知债权人，无法通知的应当公告。债权人在接到通知之日起的 30 日内，未接到通知的自公告之日起的 60 日内，向投资人申报债权。清算结束后，投资人或者人民法院应当编制清算报告，在 15 日内办理企业注销登记手续。需注意的是，个人独资企业解散后，原投资人对个人独资企业存续期间的债务仍应承担偿还责任，债权人在 5 年内未向债务人提出偿还债务请求的，债务人责任消灭。

2.3　合伙企业法律制度

2.3.1　合伙企业及合伙企业法概述

1. 合伙企业的概念及分类

合伙企业，是指自然人、法人和其他组织通过订立合伙协议，并依据合伙协议共同出资、共担风险、共享经营收益，依法在中国境内设立的普通合伙企业和有限合伙企业。

1）普通合伙企业

普通合伙企业由普通合伙人组成。普通合伙企业又包括一般普通合伙企业和特殊普通合伙企业。一般普通合伙企业是指由普通合伙人组成，合伙人对合伙企业债务承担无限连带责任的经营性组织。国有独资公司、国有企业、上市公司以及公益性的事业单位、社会团体不得成为普通合伙人。特殊普通合伙企业是指由普通合伙人组成，合伙人对合伙企业债务承担无限连带责任，在一定条件下可以免除一部分连带责任的合伙企业。特殊普通合伙企业主要适用于专业服务机构。

2）有限合伙企业

有限合伙企业是指由普通合伙人和有限合伙人组成，普通合伙人对合伙企业债务承担无限连带责任，有限合伙人以其认缴的出资额为限对合伙企业债务承担责任的经营性组织。有限合伙企业是适宜于科技成果商品化、商业创意实施等风险性项目和小型事业吸引投资的一种较好的法律形式。投资者仅以自己所投资金承担可预期的风险，企业盈利时则可分享大部分收益，更可伺机追加投资①，当代知识经济或新经济的发动机——风险资本或创业资本，主要采取了有限合伙这种古老的法律形式②。我国《合伙企业法》设专章对有限合伙企业作了规定。

2. 我国合伙企业法的产生及发展

合伙企业法是指确认合伙企业的法律地位，调整合伙企业经济关系的法律规范的总称。我国《民法通则》只对个人合伙作了规定，《私营企业暂行条例》也仅对合伙企业的概念和特征作了简单的规定。这远不能适应市场经济发展的需要。因此，1997 年第八届全国人大第二十四次会议通过了《中华人民共和国合伙企业法》，自 1997 年 8 月 1 日起施行。该法于 2006 年 8 月 27 日第十届全国人民代表大会常务委员会第二十三次会议进行了修订，修订后的《合伙企业法》是一个特点鲜明的法律，它不是包罗民事合伙与商事合伙的统一合伙法，而是在《民法通则》规定合伙的基础上专以规定商事合伙为其任务的商事法律。

与旧法相比，新《合伙企业法》保持了原《合伙企业法》关于确认合伙企业的团体性，突出合伙企业的主体地位，调整合伙企业内部、外部关系的基本内容，但同时采用大量突破性规定，发展了我国的合伙企业法律制度。

1）扩大了合伙人的范围

1997 年的《合伙企业法》规定的合伙人仅限于自然人，修订后的《合伙企业法》将合伙人的范围扩大到“法人和其他组织”，为法人等利用灵活的合伙企业形式提供了方便。

2）增加了新的合伙企业形式——有限合伙企业

1997 年的《合伙企业法》仅规定了普通合伙企业，即合伙人对合伙企业债务承担

---

① 史际春，温烨，邓峰. 企业和公司法. 北京：中国人民大学出版社，2001：424.

② 张树中. 析美国创业资本组织结构. 中国证券报，1995-05-28.

无限连带责任的合伙企业。修订后的《合伙企业法》第三章专章规定了有限合伙企业。

3）增设“特殊的普通合伙企业”的规定

修订后的《合伙企业法》基于减轻专业服务机构中普通合伙人的风险和促进专业服务机构发展的立法政策，在“普通合伙企业”一章中的第六节规定了“特殊的普通合伙企业”。根据其规定，以专业知识和专门技能为客户提供有偿服务的专业服务机构，可以设立为特殊的普通合伙企业。特殊的普通合伙企业名称中应当标明“特殊普通合伙”字样，并且一个合伙人或者数个合伙人在执业活动中因故意或者重大过失造成合伙企业债务的，应当承担无限责任或无限连带责任，其他合伙人则仅以其在合伙企业中的财产份额为限承担责任。为了保护债权人利益，《合伙企业法》规定，特殊的普通合伙企业应当建立执业风险基金，办理职业保险。

2.3.2 合伙企业的设立

1. 普通合伙企业

设立普通合伙企业，应当具备下列条件。

(1) 有两个以上合伙人。合伙人为自然人的，应当具有完全民事行为能力。

(2) 有书面的合伙协议。合伙协议依法由全体合伙人协商一致、以书面形式订立，是设立合伙企业的基础和前提。合伙协议应当载明下列事项：合伙企业的名称和主要经营场所的地点；合伙目的和合伙经营范围；合伙人的姓名或者名称、住所；合伙人的出资方式、数额和缴付期限；利润分配、亏损分担方式；合伙事务的执行；入伙与退伙；争议解决办法；合伙企业的解散与清算；违约责任。

(3) 有合伙人认缴或者实际缴付的出资。合伙人的出资包括以下几类：货币、实物、知识产权、土地使用权或者其他财产权利，也可以用劳务出资。合伙人以实物、知识产权、土地使用权或者其他财产权利出资，需要评估作价的，可以由全体合伙人协商确定，也可以由全体合伙人委托法定评估机构评估。合伙人以劳务出资的，其评估办法由全体合伙人协商确定，并在合伙协议中载明。

(4) 有合伙企业的名称和生产经营场所。

案例评析

案例：49 岁的王某系浙江省永嘉县农民，暂住在北京市丰台区洋桥。2003 年 5 月，王某起诉同乡谷某。王某诉称，2000 年 10 月，他与谷某达成口头协议，约定 2000 年冬两家合伙做女式羽绒服生意，条件是共同投资，共担风险，共享红利（对半分成）。此后，双方一起承租了木樨园新世纪 001 号柜台，经过双方的共同努力，销售利润为 16 万元，但王某却没有分得自己应得的那份红利，遂向法院提起诉讼，要求分得 8 万元红利。（案例来源：中国法院网）

评析：本案中，王某与谷某虽然有口头合伙协议，但并未设立合伙企业，因此不能适用《合伙企业法》，只能适用《民法通则》关于“合伙”的一般性规定。我国《民法通则》第 31 条规定，“合伙人应当对出资数额、盈余分配、债务承担、入伙、退伙、合伙终止等事项，订立书面协议。”可见，合伙协议的生效有其形式要件要求，即必须是书面形式。如果合伙人没有采取书面形式，但具备合伙的其他条件，又有两个以上无利害关系人证明有口头合伙协议的，人民法院可以认定为合伙关系。本案原告与被告之间没有签订书面协议，又没有两个以上无利害关系人证明，法院当然不能支持原告的诉讼请求。如果王某（原告）与谷某（被告）当初打算设立合伙企业开展经营，则在申请企业设立阶段，便会被要求提交书面合伙协议，否则合伙企业无法设立。

2. 有限合伙企业

设立有限合伙企业应当具备以下条件。

(1) 合伙人为 2 人以上 50 人以下，法律另有规定的除外。其中，至少有一个以上的普通合伙人或一个以上的有限合伙人。有限合伙企业仅剩有限合伙人的，应当解散。有限合伙企业仅剩下普通合伙人的，转为普通合伙企业。

(2) 有书面的合伙协议。合伙协议除记载普通合伙企业合伙协议的内容外，还应当载明下列事项：① 普通合伙人和有限合伙人的姓名或者名称、住所；② 执行事务合伙人应具备的条件和选择程序；③ 执行事务合伙人权限与违约处理办法；④ 执行事务合伙人的除名条件和更换程序；⑤ 有限合伙人入伙、退伙的条件，程序以及相关责任；⑥ 有限合伙人和普通合伙人相互转变程序。

(3) 有合伙人认缴或者实际缴付的出资。有限合伙人应当按照合伙协议的约定按期足额缴纳出资；未按期足额缴纳的，应当承担补缴义务，并对其他合伙人承担违约责任。关于有限合伙企业的最低注册资本额，我国《合伙企业法》并未明确规定，但一些地方立法中却有相关限制，例如，北京规定有限合伙人的出资额总和不低于 1 000 万元人民币。

(4) 有合伙企业的名称和生产经营场所。有限合伙企业名称中应当标明“有限合伙”字样。

2.3.3 合伙企业的财产

合伙人的出资、以合伙企业名义取得的收益和依法取得的其他财产，均为合伙企业的财产。

1. 合伙企业的出资

合伙人应当按照合伙协议约定的出资方式、数额、缴付出资的期限，履行出资义务。合伙人可以用货币、实物、知识产权、土地使用权或者其他财产权利出资，也可以用劳务出资。但有限合伙人不得以劳务出资。以非货币财产出资的，依照法律、行政法规的规定，需要办理财产权转移手续的，应当依法办理。合伙人一般应当约定各自对合伙企业的出资比例，这是确定各合伙人对企业的权利义务及其承担合伙债务比例的基本依据。我国《合伙企业法》明确规定，盈亏分配比例合伙协议未约定或者约定不明确的，由合伙人协商决定；协商不成的，由合伙人按照实缴出资比例分配、分担；无法确定出资比例的，由合伙人平均分配、分担。合伙协议不得约定将全部利润分配给部分合伙人或者由部分合伙人承担全部亏损。

2. 合伙企业财产的法律性质

合伙企业的财产，包括合伙人的出资和由出资形成的财产、以合伙的名义取得的收益和形成的负债、合伙经营的积累等。就财产的法律性质而言，以现金或财产的所有权出资的财产应认定为由合伙人按出资比例按份共有；合伙人以房屋使用权、土地使用权出资的，在合伙经营期间，由全体合伙人共同享有使用权，但其他合伙人不享有所有权；对于合伙人以商标使用权、专利使用权等出资的，合伙人共同享有使用权；对于合伙人以劳务等非财产权出资的，虽然可以进行价值评估，但因其具有人身性，不能成为合伙企业的财产。合伙企业以自己的名义取得的现金或财产所有权收益，其法律性质应为全体合伙人按份共有；合伙企业在经营期间所取得的各种财产使用权等财产权利，全体合伙人享有共同的使用权。合伙人在合伙企业清算前，不得请求分割合伙企业的财产，但法律另有规定的除外。合伙人在合伙企业清算前私自转移或者处分合伙企业财产的，合伙企业不得以此对抗善意第三人。

3. 合伙企业财产的转让

合伙企业财产的转让有以下两种。

1）内部转让

内部转让即合伙人向其他合伙人转让财产份额，是合伙人将自己持有的合伙企业的财产份额，部分或全部转让给本企业中一个或数个其他合伙人的情形。由于这种转让属内部关系，只影响各合伙人财产份额的变化，不影响企业财产总额的变化，不需征得其他合伙人的同意，只需通知其知晓即可。

2）对外转让

对外转让即合伙人向合伙人以外的人转让财产份额。合伙人的转让行为要经其他合伙人一致同意。在同等条件下，其他合伙人有优先购买权。普通合伙人以其财产共有份额出质的，也须经其他合伙人一致同意，否则其出质行为无效或作退伙处理，由此给善意第三人造成损失的，由行为人依法承担赔偿责任。但有限合伙人可以将其在有限合伙企业中的财产份额出质，合伙协议另有约定的除外。有限合伙人可以按照合伙协议的约定向合伙人以外的人转让其在有限合伙企业中的财产份额，但应当提前三十日通知其他合伙人。

2.3.4　合伙企业的内部关系

1. 合伙事务的执行

合伙人对执行合伙事务享有同等的权利。按照合伙协议的约定或者经全体合伙人决定，可以委托一个或者数个合伙人对外代表合伙企业执行合伙事务。

作为合伙人的法人、其他组织执行合伙事务的，由其委派的代表执行。有限合伙企业由普通合伙人执行合伙事务。执行事务合伙人可以要求在合伙协议中确定执行事务的报酬及报酬提取方式。有限合伙人不执行合伙事务，不得对外代表有限合伙企业。有限合伙人的下列行为，不视为执行合伙事务：① 参与决定普通合伙人入伙、退伙；② 对企业的经营管理提出建议；③ 参与选择承办有限合伙企业审计业务的会计师事务所；④ 获取经审计的有限合伙企业财务会计报告；⑤ 对涉及自身利益的情况，查阅有限合伙企业财务会计账簿等财务资料；⑥ 在有限合伙企业中的利益受到侵害时，向有责任的合伙人主张权利或者提起诉讼；⑦ 执行事务合伙人怠于行使权利时，督促其行使权利或者为了本企业的利益以自己的名义提起诉讼；⑧ 依法为本企业提供担保。

委托一个或者数个合伙人执行合伙事务的，其他合伙人不再执行合伙事务。不执行合伙事务的合伙人有权监督执行事务合伙人执行合伙事务的情况。由一个或者数个合伙人执行合伙事务的，执行事务合伙人应当定期向其他合伙人报告事务执行情况及合伙企业的经营和财务状况，其执行合伙事务所产生的收益归合伙企业，所产生的费用和亏损由合伙企业承担。同时，合伙人为了解合伙企业的经营状况和财务状况，有权查阅合伙企业会计账簿等财务资料。

合伙人分别执行合伙事务的，执行事务合伙人可以对其他合伙人执行的事务提出异议。提出异议时，应当暂停该项事务的执行。受委托执行合伙事务的合伙人不按照合伙协议或者全体合伙人的决定执行事务的，其他合伙人可以决定撤销该委托。

2. 合伙事务的表决

合伙人对合伙企业有关事项作出决议，按照合伙协议约定的表决办法办理。合伙协议未约定或者约定不明确的，实行合伙人一人一票并经全体合伙人过半数通过的表决办法。法律对合伙企业的表决办法另有规定的，从其规定。

除合伙协议另有约定外，合伙企业的下列事项应当经全体合伙人一致同意：① 改变合伙企业的名称；② 改变合伙企业的经营范围、主要经营场所的地点；③ 处分合伙企业的不动产；④ 转让或者处分合伙企业的知识产权和其他财产权利；⑤ 以合伙企业名义为他人提供担保；⑥ 聘任合伙人以外的人担任合伙企业的经营管理人员。

3. 合伙人的竞业禁止和诚信义务

普通合伙人不得自营或者同他人合作经营与本合伙企业相竞争的业务。除合伙协议另有约定或者经全体合伙人一致同意外，合伙人不得同本合伙企业进行交易。合伙人不得从事损害本合伙企业利益的活动。有限合伙人可以自营或者同他人合作经营与本有限合伙企业相竞争的业务；但是，合伙协议另有约定的除外。

4. 入伙

入伙是指合伙企业接纳新的合伙人的过程，即在合伙企业存续期间，合伙人以外的人申请加入合伙企业并被合伙企业接纳，从而成为合伙企业合伙人。

合伙人以外的人依法受让合伙人在合伙企业中的财产份额的，经修改合伙协议即成为合伙企业的合伙人。这里的新入伙合伙人也是指普通合伙人，其入伙后不仅要对自己入伙后企业发生的债务承担责任，还要对入伙前的企业债务承担无限连带责任。新合伙人对入伙前合伙企业的债务承担无限连带责任，属于法律的强制性规定，即使入伙协议中约定新合伙人对入伙前合伙企业债务不承担责任，也不能对抗合伙企业的债权人。在这种情况下，新合伙人应当向合伙企业的债权人清偿债务，但在清偿后有权依据入伙协议的约定向原合伙人进行追索。新入伙的有限合伙人对入伙前有限合伙企业的债务，则以其认缴的出资额为限承担责任。

新合伙人入伙，除合伙协议另有约定外，应当经全体合伙人一致同意，并依法订立书面入伙协议。订立入伙协议时，原合伙人应当向新合伙人如实告知原合伙企业的经营状况和财务状况。

合伙人死亡或者被宣告死亡，其合法继承人按照合伙协议的约定或者经全体合伙人一致同意，而成为合伙人。合伙人的继承人为无民事行为能力人或者限制民事行为能力人的，经全体合伙人一致同意，可以依法成为有限合伙人，普通合伙企业依法转为有限合伙企业。

案例评析

案例：老王与黄某、陈某共同创办一家合伙企业，其中老王占股 40%，其余两人各占股 30%，经营期限为 2002 年 1 月 1 日至 2006 年 1 月 1 日。2005 年 3 月 26 日老王病故，之后由其儿子小王参与企业经营和利润分配。合伙企业经营期限届满后，黄某和陈某要求小王退出合伙，致使企业继续经营发生重大困难。小王诉至法院，认为：其为合伙人之一，在合伙经营期限届满后，三合伙人无法达成新的合伙协议以继续经营，故诉请要求确认自己合伙人资格，并解散该合伙企业。黄某、陈某辩称：自老王死后，考虑到企业的经营利润与投入资本有密切关系，而当时老王的合伙投资并未退出，故按老王在合伙中财产的份额分配其继承人一定的利润，但从未同意小王成为合伙人，反而一再要求退还老王在合伙企业中的财产份额，故要求驳回小王的诉讼请求。最终，法院驳回了小王的诉讼请求。（案例来源：吴亮亮，启东市人民法院）

评析：合伙企业的某一合伙人死亡或被依法宣告死亡，其合法继承人并不当然成为合伙企业的合伙人。合伙人的继承人要想成为合伙人，其前提条件是合伙协议有约定或者事后经全体合伙人一致同意，因为合伙企业是人合性组织，合伙的前提是合伙人之间的利益一致和相互信赖。本案中，小王在老王死亡后，作为继承人领取了 2005 年度的企业利润分红，并参与了合伙企业的经营管理是事实，但这无法表明黄某、陈某对小王成为合伙人做出了同意的明示意思表示。合伙协议中“经全体合伙人同意”，必须是明示的意思表示。小王并无证据证明黄某、陈某曾做出这样的意思表示，故其不能成为合伙人。

5. 退伙

退伙是指在合伙企业存续期间，合伙人退出合伙企业，丧失合伙人资格的法律事实或者法律行为。

1）退伙的三种情形

（1）自愿退伙。自愿退伙，即由合伙人按照自己的意愿主动提出退伙而退出合伙企业，丧失合伙人资格。合伙协议约定合伙期限的，在合伙企业存续期间，有下列情形之一的，合伙人可以退伙。① 合伙协议约定的退伙事由出现。合伙协议是合伙人权利义务的基础，如果合伙协议约定了退伙事由，即赋予了合伙人在特定事由发生时选择退出合伙企业的权利。② 经全体合伙人一致同意。③ 发生合伙人难以继续参加合伙的事由。必须是合伙人主观意愿所不能决定的客观事由，而不是合伙人主观原因所发生的难以继续参加合伙的事由。④ 其他合伙人严重违反合伙协议约定的义务。

合伙协议未约定合伙期限的，合伙人在不给合伙企业事务执行造成不利影响的情况下，可以退伙，但应当提前三十日通知其他合伙人。

（2）法定退伙。法定退伙，即在出现法定情形时，合伙人资格当然消失，也称为当然退伙。法定退伙的情形如下。① 作为合伙人的自然人死亡或者被依法宣告死亡。② 个人丧失偿债能力。③ 作为合伙人的法人或者其他组织依法被吊销营业执照、责令关闭、撤销或者被宣告破产。④ 法律规定或者合伙协议约定合伙人必须具有相关资格而丧失该资格。例如，合伙制的会计师事务所，依照有关法律规定，其合伙人都应当具有注册会计师资格，如果某一合伙人失去了注册会计师资格，自然丧失合伙人资格。⑤ 合伙人在合伙企业中的全部财产份额被人民法院强制执行。⑥ 合伙人被依法认定为无民事行为能力人或者限制民事行为能力人的，经其他合伙人一致同意，可以依法转为有限合伙人，普通合伙企业依法转为有限合伙企业。其他合伙人未能一致同意的，该无民事行为能力或者限制民事行为能力的合伙人退伙。

（3）除名退伙。除名退伙即在合伙企业存续期间，当某一合伙人出现法定事由或者合伙协议约定的事由时，其他合伙人一致同意将该合伙人开除出合伙企业，而使其丧失合伙人资格。合伙人有下列情形之一的，经其他合伙人一致同意，可以决议将其除名：① 未履行出资义务；② 因故意或者重大过失给合伙企业造成损失；③ 执行合伙事务时有不正当行为；④ 发生合伙协议约定的事由。

对合伙人的除名决议应当书面通知被除名人。被除名人接到除名通知之日，除名生效，被除名人退伙。被除名人对除名决议有异议的，可以自接到除名通知之日起三十日内，向人民法院起诉。

2）退伙的结算

合伙人退伙，其他合伙人应当与该退伙人按照退伙时的合伙企业财产状况进行结算，退还退伙人的财产份额。退伙人对给合伙企业造成的损失负有赔偿责任的，相应扣减其应当赔偿的数额。退伙时有未了结的合伙企业事务的，待该事务了结后进行结算。退伙人在合伙企业中财产份额的退还办法，由合伙协议约定或者由全体合伙人决定，可以退还货币，也可以退还实物。退伙人对基于其退伙前的原因发生的合伙企业债务，承担无限连带责任。但有限合伙人退伙后，对基于其退伙前的原因发生的有限合伙企业债务，仅以其退伙时从有限合伙企业中取回的财产承担责任。合伙人退伙时，合伙企业财产少于合伙企业债务的，退伙人应当依法分担亏损。

2.3.5 合伙企业的外部关系

合伙人可以委托一个或者数个合伙人对外代表合伙企业执行合伙事务，合伙企业对合伙人执行合伙事务以及对外代表合伙企业权利的限制，不得对抗善意第三人。第三人有理由相信有限合伙人为普通合伙人并与其交易的，该有限合伙人对该笔交易承担与普通合伙人同样的责任。有限合伙人未经授权以有限合伙企业名义与他人进行交易，给有限合伙企业或者其他合伙人造成损失的，该有限合伙人应当承担赔偿责任。

合伙企业对其债务，应先以其全部财产进行清偿。合伙企业不能清偿到期债务的，合伙人承担无限连带责任。合伙人由于承担无限连带责任，清偿数额超过其亏损分担比例的，有权向其他合伙人追偿。合伙人发生与合伙企业无关的债务，相关债权人不得以其债权抵销其对合伙企业的债务；也不得代位行使合伙人在合伙企业中的权利。合伙人的自有财产不足清偿其与合伙企业无关的债务的，该合伙人可以以其从合伙企业中分取的收益用于清偿；债权人也可以依法请求人民法院强制执行该合伙人在合伙企业中的财产份额用于清偿。人民法院强制执行合伙人的财产份额时，应当通知全体合伙人，其他合伙人有优先购买权；其他合伙人未购买，又不同意将该财产份额转让给他人的，应为该合伙人办理退伙结算，或者办理削减该合伙人相应财产份额的结算。

案例评析

案例：于某、张某、赵某、王某于 2006 年 3 月份共同出资成立一合伙企业。在经营过程中，该合伙企业于 2006 年 7 月向原告印刷厂赊购，共计欠款 6 000 元。由于经营不善，该合伙企业于 2007 年 12 月解散。于某、张某、赵某、王某四被告对合伙期间的债权、债务进行了清算，其中该 6 000 元债务由王某承担，四被告均在清算协议上签字认可。原告印刷厂因索款未果将四被告诉至法院后，于某、张某和赵某三人均以清算协议为由，主张该笔欠款应当由王某一人偿还。

评析：合伙中的无限连带责任有两层含义：一是指合伙企业的普通合伙人对合伙企业的债务承担无限责任，即当合伙企业的全部资产不能清偿其债务时，不论合伙人是法人还是自然人，各合伙人须以自有财产对合伙企业的债务承担无限责任；二是指普通合伙人之间对合伙企业债务承担连带责任。当合伙企业全部资产不能清偿其债务时，债权人可以向任何一个普通合伙人主张权利。普通合伙人不得以其出资份额大小、已超过合伙协议约定的分担亏损比例承担责任等任何理由予以拒绝。合伙人在承担了合伙企业债务后，有权根据合伙协议的约定向其他合伙人追偿。其他合伙人应当按照合伙协议约定的自己应承担的亏损比例予以偿付。合伙人内部的亏损分担比例，不得对抗善意的第三人。所以本案中于某、张某和赵某三人以清算协议为由，主张该笔欠款应当由王某一人偿还是没有法律依据的。

2.3.6 合伙企业的解散与清算

1. 合伙企业的解散

合伙企业有下列情形之一的，应当解散：① 合伙期限届满，合伙人决定不再经营；② 合伙协议约定的解散事由出现；③ 全体合伙人决定解散；④ 合伙人已不具备法定人数满三十天；⑤ 合伙协议约定的合伙目的已经实现或者无法实现；⑥ 依法被吊销营业执照、责令关闭或者被撤销；⑦ 法律、行政法规规定的其他原因。

2. 合伙企业的清算

合伙企业解散，应当由清算人进行清算。清算人由全体合伙人担任；经全体合伙人过半数同意，可以自合伙企业解散事由出现后十五日内指定一个或者数个合伙人，或者委托第三人，担任清算人。自合伙企业解散事由出现之日起十五日内未确定清算人的，合伙人或者其他利害关系人可以申请人民法院指定清算人。

清算人在清算期间执行下列事务：① 清理合伙企业财产，分别编制资产负债表和财产清单；② 处理与清算有关的合伙企业未了结事务；③ 清缴所欠税款；④ 清理债权、债务；⑤ 处理合伙企业清偿债务后的剩余财产；⑥ 代表合伙企业参加诉讼或者仲裁活动。

清算人自被确定之日起十日内将合伙企业解散事项通知债权人，并于六十日内在报纸上公告。债权人应当自接到通知书之日起三十日内，未接到通知书的自公告之日起四十五日内，向清算人申报债权。债权人申报债权，应当说明债权的有关事项，并提供证明材料。清算人应当对债权进行登记。清算期间，合伙企业存续，但不得开展与清算无关的经营活动。

合伙企业财产在支付清算费用和职工工资、社会保险费用、法定补偿金以及缴纳所欠税款、清偿债务后的剩余财产，依照前述合伙损益的承担规定进行分配。

清算结束，清算人应当编制清算报告，经全体合伙人签名、盖章后，在十五日内向企业登记机关报送清算报告，申请办理合伙企业注销登记。合伙企业注销后，原普通合伙人对合伙企业存续期间的债务仍应承担无限连带责任。

合伙企业不能清偿到期债务的，债权人可以依法向人民法院提出破产清算申请，也可以要求普通合伙人清偿。合伙企业依法被宣告破产的，普通合伙人对合伙企业债务仍应承担无限连带责任。

2.4 公司法律制度

2.4.1 公司概述

1. 公司的概念及特征

1）公司的概念

公司乃西方社会的产物。有些学者认为广义的公司起源于原始社会中的家庭、家族或部落等群体，其后随着社会的发展出现了城镇、行业工会和殖民地，到了中世纪，欧洲出现了教会和大学。这些群体最终演变成今天的公司。① 通说认为，14、15世纪地中海沿岸的一些城市出现了资本主义的萌芽，类似于现代意义上的公司得以出现。公司在资本主义制度发展到成熟阶段得到了高速、广泛的发展。②

在我国，“公司”一词最早出现在清康熙二十三年（1684年）福建总督的奏折中，在商事组织的意义上使用则在18世纪末或19世纪初。③ 我国最初出现的公司是鸦片战争时期由英国人在中国开办的公司。再以后，清政府、北洋政府和国民党官僚资本也相继创办了公司。在民族资本创办企业时，也采用了公司的组织形式。社会主义中国的公司则最早出现于全国解放以前的解放区，发展到今天，公司已成为我国市场经济的最重要的主体。

大陆法系国家的公司法通常把公司视为“依公司法设立、以营利为目的的社团法人”。例如，《日本商法典》第52条规定：“本法所谓公司，指以从事商业行为为目的而设立的社团，依本编规定设立的以营利为目的的社团，虽不以从事商业行为为业者，也视为公司。”我国《公司法》并没有对公司的概念作出明确的规定。根据公司的一般特征，结合有关法律法规体现出来的原则，可以将公司概括为：全部资本由股东出资构成，股东以其出资额或所持股份为限对公司承担责任，公司以其全部资产对公司债务承担责任，依《公司法》成立的企业法人。

2）公司的法律特征

（1）公司是企业。公司是以营利为目的的企业，是企业的一种组织形式。公司从事经营活动是为了获取经济利益，使公司的财产增加，从而也使出资的股东受益。

（2）公司是法人。公司具有法人资格，即公司具有独立的民事权利能力和民事行为能力，依法独立承担民事责任。作为组织体，公司的人格和财产在不同程度上同其成员

---

① 胡果威. 美国公司法. 北京：法律出版社，1999：1.

② 沈贵明. 公司法教程. 北京：法律出版社，2006：13-15.

③ 史际春，温烨，邓峰. 企业和公司法. 北京：中国人民大学出版社，2001：156-157.

的人格和财产相分离，公司与其股东互不承受他方的权利义务。公司作为法律主体，有自己的独立人格，以其全部资产对公司债务承担责任，股东则以其出资额或所持股份为限对公司承担责任。

当然，股东在对公司债务承担有限责任的同时，也享有相应的权利。我国《公司法》第 4 条规定，公司股东依法享有资产收益、参与重大决策和选择管理者等权利。作为投资者向公司出资的主要目的是得到收益，因此资产收益权是股东的核心权利之一。股东享有资产收益权，主要体现为股东有权要求依法分配红利。要分配红利，首先要有可分配的利润，各国公司法对红利的分配都做出了严格的限制。我国《公司法》第 167 条第 4 款明确规定："公司弥补亏损和提取公积金后所余税后利润，有限责任公司依照本法第 35 条的规定分配；股份有限公司按照股东持有的股份比例分配，但股份有限公司章程规定不按持股比例分配的除外。"《公司法》第 35 条规定："股东按照实缴的出资比例分取红利；公司新增资本时，股东有权优先按照实缴的出资比例认缴出资。但是，全体股东约定不按照出资比例分取红利或者不按照出资比例优先认缴出资的除外。"

2. 公司的种类

按照法律的规定或学理的标准，可以将公司分为不同的种类。

1）以股东对公司债务承担责任的方式为标准

以股东对公司债务承担责任的方式为标准，可将公司分为以下 5 种。

(1) 无限公司。又称"合名公司"，是指由两个以上无限责任股东组成的，股东除对公司负有一定的出资义务外，对公司债权人直接负担无限的责任，而且各股东相互间是连带责任。无限公司的成员所负责任最重，是建立在成员相互间信赖的基础上的少数人的共同企业形态。原则上，无限公司股东都执行公司业务并都代表公司，决定公司的重大事项以全体股东的同意为必要，非经其他股东全体同意，股东不得转让其股东的地位（股权，即社员权）。我国目前不承认无限责任法人，所以在《公司法》中没有规定无限公司。

(2) 两合公司。是指由无限责任股东与有限责任股东两种成员组成的公司。无限责任股东与无限公司的无限责任股东相同，有限责任股东以其对公司的出资额为限对公司债权人负责，即承担有限责任。大陆法系国家的学者认为，两合公司是无限公司的一种变形，因无限责任股东占主导地位，有限责任股东没有业务执行权和代表权，只有一定的检查权。有限责任股东出让其股权要经全体无限责任股东同意，而不必经其他有限责任股东的同意。在法律上，除涉及有限责任股东外，两合公司可以适用无限公司的规定。

(3) 股份两合公司。是指由无限责任股东和有限责任股东共同出资组成的，是介于无限责任公司和股份有限公司之间的一种股份公司。无限责任股东管理和控制公司的经营活动，对公司债务承担无限连带清偿责任；有限责任股东一般不参与公司的经营管理，对公司债务仅以其出资额为限负有责任。有限责任股东必须达到法定最低人数，同时有限责任股东的资本部分均分为等额股份，且可以公开发行、买卖股票，但若要转让其拥有的股份，须征得半数以上无限责任股东的同意。

(4) 股份有限公司。是指其全部资本分为等额股份，股东以其所持股份为限对公司承担责任，公司以其全部资产对公司的债务承担责任的企业法人。股份有限公司的股东的责任最轻。股份有限公司的股东在股东大会上行使表决权，股东不直接负责业务的执行，业务的执行交给由股东大会选任的董事会，董事会再选任执行董事（或经理），执行董事管理日常事务，并代表公司，即企业所有与企业经营相分离。另外公司设置监事会，行使监督权。股东可以自由转让股权，因此股份公司具有开放性乃至公众性的特点，也正因为此点，法律对股份公司的设立条件和监管的规定，要比其他公司严格。

(5) 有限责任公司。是指股东以其出资额为限对公司承担责任，公司以其全部资产对公司的债务承担责任的企业法人。有限责任公司的股东的责任与股份有限公司相同。有限责任公司股东人数有限且相对稳定，组织较股份公司简易。

在上述几种公司形态中，无限公司和两合公司是比较古老的公司形式。股份有限公司历时较前两者为短（最早的股份有限公司是 1600 年成立的英国东印度公司），但在公司制度发展史中却意义深远。从数量上说，无限公司和两合公司原来在各国均居多数，以后二者逐渐减少，股份有限公司逐渐增多。有限责任公司在德国于 1892 年制定《有限责任公司法》以后渐次为欧洲各国所采用，因其既具有合伙的当事人相互信任、企业设立容易、活动便捷的优点，又具有股份有限公司股东与公司人格分离，股东承担有限责任的优点，成为当今最适合中小企业组织的一种企业法律形式。现在各国的有限责任公司在数量上增加很快，几乎赶上股份有限公司。因此，当前股份有限公司和有限责任公司在各国经济活动中发挥着重要的作用。

2）以公司的信用基础为标准

公司的信用基础是公司设立和运行的依据。以此为标准，公司可分为人合公司、资合公司以及人合兼资合公司。这是一种理论上的分类。

(1) 人合公司。所谓人合公司，是指公司对外信用不在于公司资本多少，而在于公司股东的个人信用。其典型是无限公司。

(2) 资合公司。所谓资合公司，是指公司的物的因素（公司的资本额）比较重要，并以之作为公司的信用基础。其典型是股份有限公司。

(3) 人合兼资合公司。所谓人合兼资合公司，是指同时以股东个人信用和公司的资本总额作为公司的信用基础。其典型是两合公司。

3）以公司的国籍为标准

按公司的国籍，可将公司分为本国公司、外国公司和多国公司。如何认定公司的国籍，有不同的理论和学说，我国《公司法》以注册登记地为标准。凡依照中国法律在中国境内登记成立的公司，是中国公司；凡依照外国法律在中国境外登记成立的公司则是外国公司；多国公司又称跨国公司，是指由设在本国的母公司和设在他国的一些子公司组成的公司。

4）以公司间的控制关系为标准

根据一个公司对另一个公司的控制和依附关系，可将公司分为母公司和子公司。处于控制和被依附地位的公司是母公司，处于被控制和依附地位的是子公司。母子公司之间虽然存在控制和被控制关系，但按国际惯例和我国《公司法》的规定，它们在参与外部经济活动时，都具有法人资格。设立子公司的一个最显著的好处是可以分散经营风险、限制责任范围。

5）以公司的内部管辖系统为标准

根据公司的内部管辖系统，可以分为总公司和分公司。总公司指具有独立法人资格，有权管辖公司的全部内部组织如各个分公司、分部门、科室等的总机构。分公司从严格意义上说不是真正的公司，只是公司的分支机构，不具有独立法人资格，没有自己的名称、章程和独立的财产，在经营活动中产生的债权债务由总公司承受。

案例

申请人潘文财依据北京市第二中级人民法院作出的民事判决，向北京市通州区人民法院申请执行，要求被执行人中扶建设有限责任公司北京路通同泰建筑分公司（以下简称路通同泰建筑分公司）给付货款、违约金、迟延履行期间的债务利息，共计115万余元。执行法院通过相关查询、现场勘查，发现路通同泰建筑分公司没有能力履行全部债务。

法院经查明：被执行人路通同泰建筑分公司系企业法人的分支机构，并不具有独立承担民事责任的法人资格。中扶建设有限责任公司为企业法人，其系被执行人路通同泰建筑分公司的开办单位，其所设立的分支机构在不能对外清偿债务时，企业法人应对其设立的分支机构对外承担清偿责任。故依法裁定：追加中扶建设有限责任公司（以下简称中扶建设公司）为本案被执行人。

在追加中扶建设公司为被执行人后，该企业懈怠履行债务，逃避执行，严重损害了申请人的合法权益。执行法院对中扶建设公司采取了一系列的执行措施。其中，采用具有执行联动效应的失信被执行人制度，将中扶建设公司纳入失信被执行人名单，向全社会公布。同时，对中扶建设公司限制高消费，对负有直接责任的法定代表人庄清良限制高消费、罚款，以进行惩戒。中扶建设公司因企业纳入失信名单而不能开展招投标业务、法人代表庄清良个人受到处罚等原因，主动与申请人潘文财进行协商，达成和解协议，按约履行了相关债务。（案例来源：最高人民法院网）

评析：本案是一起个人与分公司之间产生的债权转让合同纠纷，属于典型的分公司无力还款，总公司承担责任的执行案件。在案件执行中，北京市通州区人民法院通过依法追加被执行人，维护了申请人的权益。执行法官在执行中采用多种执行措施，运用相关联动机制，对被执行人及法定代表人进行威慑，促成其积极履行债务。同时，有关企业可以从本案中认识到总公司的法律责任及可能面临的法律风险，在一定程度上可规范相关企业的行为。

2.4.2 公司法概述

1. 公司法的概念

公司法是规定公司的法律地位、各种公司的设立、组织、活动和解散，以及股东权利义务的法律规范的总称。公司法有形式意义上的公司法和实质意义上的公司法之分。形式意义上的公司法是指体系化地制定在一个法律文件内的公司法，如我国的公司法。实质意义上的公司法，则是指调整公司内外部关系的法律规范的总称，其法律渊源可以是法律、行政法规、部门规章、地方法规和司法解释等①。

2. 公司法的性质

1）公司法是组织法

公司法规定公司的设立和成立、公司与成员的关系、公司成员间的关系、公司与第三人的关系、公司组织的变更与消灭等。这些是关于公司的组织法，属于团体法的范围，与只规定个人权利和义务的个人法不同。个人法的原则是尊重个人意思，重视个人利益；而组织法的原则是尊重团体意思，重视团体利益。

2）公司法是公法和私法相结合的法

公司是私人间基于私的利益而组织的营利性组织，属于私法人、营利法人，所以规定公司的组织与活动的法是私法，主要体现在公司设立自由、营业自由、解散自由等方面；但市场经济的发展又需要安全，国家基于社会安全的需要，会对公司法领域进行必要的限制和干预，体现在登记要件主义、重要事件公示主义、章程必要条款确定主义以及对最低资本额的限制等方面。

3）公司法是实体法和程序法相结合的法

公司法中包含了大量的实体法规范，如公司的设立条件、公司的组织机构、股东的权利义务等；同时又包含部分程序法规范，如清算、解散等。

3. 我国公司法的产生及发展

1）我国公司法的产生

中国的公司立法始于19世纪末。清末仿照西法制定的第一部新法即为《钦定大清商律》。1903年，清政府命载振、伍廷芳起草商律，起草完毕上奏后定名为《钦定大清商律》。它由“商人通例”和“公司律”两部分组成。此外，清政府还制定了《奖励华商公司章程》《奖给商勋章程》《公司注册试办章程》等相关法规。

中华民国成立以后，继续沿用了1903年的《钦定大清商律》。1914年，农商部制定了《公司条例》《商人通则》，规定了无限公司、两合公司、股份有限公司、股份两合公司共4种公司。1929年12月国民党政府制定并颁布了《公司法》，并于1931年7月1日起施行。1940年，国民党政府又颁布《特种有限公司条例》，作为

① 沈贵明. 公司法教程. 北京：法律出版社，2006：2-3.

1929年《公司法》的补充。抗日战争胜利后，国民党政府又仿效英美法制，增列有限责任公司，将《公司法》大加修订，并于1946年4月12日将修订后的《公司法》予以公布施行。

新中国成立后，自1956年对私营经济的社会主义改造完成后至1979年，传统的公司形式在我国消失。"文化大革命"期间，我国的法制建设遭到了彻底破坏，公司立法停顿。十一届三中全会后，我国进入了社会主义现代化建设的新的历史发展时期，包括公司立法在内的企业立法也得到迅速发展。1988年6月25日国务院颁布了《私营企业暂行条例》，规定私营企业可以采用独资企业、合作企业和有限公司三种形式。依该条例，私营有限责任公司是指投资者以其出资额对公司负责，公司以其全部资产对公司债务承担责任的企业。这样，该条例实际上是规定了以国内法人、自然人作为股东而设立有限责任公司的合法性。1992年5月15日，《有限责任公司规范意见》与《股份有限公司规范意见》由国家体改委正式发布。《有限责任公司规范意见》共计11章79条，《股份有限公司规范意见》共计12章119条，以大陆法系的公司制度为蓝本，在全面总结了自1978年以来我国公司制度实践经验的基础上，系统规定了有限责任公司和股份有限公司的基本原则、设立、公司治理、资本（股份）、合并与分立、解散与清算、财务会计、法律责任等基本制度。其后，相关部、委、办也相继发布了十余项配套文件，初步形成了极有特点的中国公司法律制度体系。两个《规范意见》发布后，各界要求尽快制定公司法的呼声很高。

1993年12月29日，第八届全国人大常委会第五次会议通过了《中华人民共和国公司法（以下简称《公司法》），自1994年7月1日起施行。这标志着我国的经济体制改革进入了一个新阶段，同时也为建立适应市场经济需要的我国现代企业法律体系奠定了基础。《公司法》分11章230条，全面规定了股份有限公司和有限责任公司这两种公司的设立、组织及其行为的各种有关问题。

2）我国公司法的修订

由于我国公司实践起步较晚、市场发展迅速等多方面原因，《公司法》虽然有230条之多，但条文存在着原则性强、可操作性差、法律漏洞多等诸多不足，在实际应用中问题颇多。因此，1999年12月25日《公司法》进行了第一次修改，但只是对国有独资公司监事会的增设和对高新技术的股份有限公司发行新股和申请股票上市的条件进行了规定，对于司法实践应用的大量问题并没有做出相应修改。依据《行政许可法》的规定，2004年8月《公司法》又进行了第二次修改，但仅仅删除了一款"股票采用溢价发行的，须经国务院证券管理部门批准"的规定。2004年12月15日，国务院常务会议通过《中华人民共和国公司法（修订草案）》，提交全国人大常委会审议，历经三次审议之后，于2005年10月27日第十届全国人大常委会第十八次会议通过了修订后的《公司法》。国家主席胡锦涛签署第42号主席令予以公布，修订后的《公司法》自2006年1月1日起施行。该法共13章219条，分为：总则，有限责任公司的设立和组织机构，有限责任公司的股权转让，股份有限公司的设立和组织机构，股份有限公司的股份发行和转让，公司董事、监事、高级管理人员的资格和义务，公司债券，公司财务、会计，公司合并、分立、增资、减资，公司解散和清算，外国公司的分支机构，法律责任和附则。

2005 年修订的《公司法》对 1993 年的《公司法》做了比较全面的修订。修改的主要内容涉及以下几个方面。

第一，修订后的《公司法》，完善了公司设立和公司资本制度方面的规定。包括较大幅度地下调了公司注册资本的最低限额，降低了公司设立的“门槛”；扩大了股东可以向公司出资的财产范围；将“一人公司”纳入《公司法》的调整范围，允许一个自然人或法人投资设立一人有限公司；等等。

第二，修改完善了公司法人治理结构方面的规定。包括：完善了股东会和董事会制度，充实了股东会、董事会召集和议事程序的规定；增加了监事会的职权，完善了监事会会议制度，强化了监事会作用；对公司董事和高级管理人员对公司的忠实和勤勉义务以及违反义务的责任，作出了更为明确具体的规定。

第三，健全了对股东尤其是中小股东利益的保护机制。新《公司法》规定了 6 项小股东利益保护措施：① 独立董事制度；② 累积投票制；③ 表决权的限制与排除；④ 异议股东股份收买请求权；⑤ 中小股东的诉权；⑥ 请求法院强制解散公司。

第四，增加了“公司法人人格否认”的规定。新《公司法》在为公司的设立和经营活动提供较为宽松条件的同时，为防范滥用公司制度的风险，增加了“公司法人人格否认”制度的规定。当公司股东滥用公司法人独立地位和股东有限责任，逃避债务，严重损害公司债权人利益时，该股东即丧失依法享有的仅以其出资为限对公司承担有限责任的权利，而应对公司的全部债务承担无限责任。

综上，2005 年第三次修订的《公司法》进一步完善了我国公司法律制度，顺应了深化改革、促进发展的实践要求，为我国社会主义市场经济的发展提供了更加有力的制度支持。

值得一提的是，2013 年 12 月 28 日第十二届全国人大常委会第六次会议审议通过了关于修改公司法的决定，新《公司法》于 2014 年 3 月 1 日起实施。这是我国《公司法》的第四次修订，涉及 12 个条款。此次修改重点主要体现在三方面：一是将注册资本实缴登记制度改为认缴登记制度；二是放宽了注册资本登记条件；三是简化了登记事项和对登记文件的要求。此次立法修订进一步降低了我国公司设立的门槛，减轻了投资者的负担，有助于激励投资热情，鼓励创新创业，特别是对于促进微小企业、创新型企业的设立及成长具有重要意义。

此外，为配合《公司法》的实施，我国最高人民法院陆续颁布了与公司法有关的司法解释：2006 年 3 月 27 日，《最高人民法院关于适用〈中华人民共和国公司法〉若干问题的规定（一）》由最高人民法院审判委员会第 1382 次会议通过，自 2006 年 5 月 9 日起施行；2008 年 5 月 5 日，《最高人民法院关于适用〈中华人民共和国公司法〉若干问题的规定（二）》由最高人民法院审判委员会第 1447 次会议通过，自 2008 年 5 月 19 日施行；2010 年 12 月 6 日，《最高人民法院关于适用〈中华人民共和国公司法〉若干问题的规定（三）》由最高人民法院审判委员会第 1504 次会议通过，自

2011年2月16日施行；2014年2月，最高人民法院公布了《关于修改关于适用〈中华人民共和国公司法〉若干问题的规定的决定》，重新公布了上述三个公司法司法解释，该决定自2014年3月1日起施行。上述司法解释在我国公司法审判实践中发挥了重要的指导作用。

2.4.3 公司的设立与成立

1. 公司设立与成立的概念

依照公司法规定，在公司成立之前循序、连续进行的，目的在于取得公司法人资格的活动，称为设立。[①] 例如，达成筹组公司的股东协议、订立公司章程、认股及缴纳出资或股款等。但公司并不能仅由设立行为即为成立。按照法律规定，组织公司的成员完成设立行为后，依法办理登记，经主管机关发给执照（英美法称为“法人证书”）后，公司始为成立。在学说上，通常将设立和成立进行区分。

2. 公司设立的原则

从罗马社会到近代工业社会，公司设立原则经历了5种立法主义。

1）自由设立主义

自由设立主义，又称放任主义，指准许自由设立公司，不加限制，把设立公司行为看成是个人间的合同行为（与合伙同），适用合同自由原则。在历史上，只在中世纪末公司兴起的初期以及法国大革命时期对无限公司等实行过这种办法，以后再没有国家实行过。

2）特许成立主义

从中世纪后期到近代工业社会，公司成立须经国家元首特许或由立法机关制定专门法律，每成立一个公司就须颁发一道特许状或特别法令。例如，英国于1720年制定法律，不许滥设公司，规定具有法人资格的公司须经国会许可始得成立。至今英国仍保留着特许公司。

3）许可主义

公司成立须经行政机关逐个批准。1807年的《法国商法典》对股份组织的公司（股份公司和股份两合公司）采取这种办法。

4）登记准则主义

设立公司只要符合法律规定的要件，国家即给予登记，赋予法人人格。主管机关给予注册之前，并不对申请文件进行实质性审查。现代各国对公司设立大都实行登记准则主义。

5）严格的准则主义

垄断资本主义时期，立法对设立公司的要求又逐渐严格。一方面对某些种类的公司

---

① 江平. 新编公司法教程. 北京：法律出版社，1994：78.

（如银行等）实行许可制：另一方面对一般公司规定许多比较严格的条件（如资本最低额、股东资格等）。所以称为严格的准则主义。

根据我国《公司法》的规定，除了公司经营范围中有属于法律、行政法规规定须经批准的项目，应当依法经过批准之外，公司设立无须任何部门的批准，可以直接到公司登记机关申请登记。显然，我国新修订的《公司法》废止了公司设立的核准主义原则，改采登记准则主义。

3. 有限责任公司成立的要件

1）有限责任公司成立的实质要件

（1）股东符合法定人数。我国《公司法》第24条规定："有限责任公司由50个以下股东出资设立。"也就是说，一般情况下，50个以下自然人或法人可以出资设立有限责任公司。这符合有限责任公司的特征要求，因为股东人数太多，不利于相互信任与了解，不利于合作与经营，而规定50个以下的人设立有限责任公司也是国际上通行的做法。在2005年我国《公司法》修改以前，除国有独资公司股东可为一人外，有限责任公司的股东人数最低为两人以上。但在2005年《公司法》修改后，新《公司法》中特别设专节规定一人有限责任公司，即通常所说的一人公司。一个自然人股东或者一个法人股东也可出资设立有限责任公司。在市场经济充分发展的情况下，一人公司确实不可避免，故在法律上有条件地予以承认已成国际趋势。德国、法国、日本等主要资本主义国家与美国大多数州均已有条件地承认一人公司。

案例评析

案例：王某经营一个灯具商店，生意红火。2007年，王某为了扩大经营规模，打算将自己的灯具商店改为有限责任公司。王某向登记机关提交申请书中写明：股东为王某一人。问：王某能否成立有限责任公司？

评析：王某希望设立的公司在《公司法》中被称为一人公司。一人公司，也叫独资公司。一人公司既可以是有限责任公司，也可以是股份有限公司。我国《公司法》仅规定了一人有限责任公司。只要注册资本达到最低限额人民币10万元，一次足额缴纳公司章程规定的出资额，即可成立一人公司。所以王某能够申请设立。

（2）有符合公司章程规定的全体股东认缴的出资额。

2014年3月1日之前，我国旧《公司法》对股东的实缴资本要求十分严格。按照旧《公司法》的规定，有限责任公司的注册资本为在公司登记机关登记的全体股东认缴的出资额。公司全体股东的首次出资额不得低于注册资本的百分之二十，也不得低于法定的注册资本最低限额，其余部分由股东自公司成立之日起两年内缴足；其中，投资公司可以在五年内缴足。有限责任公司注册资本的最低限额为人民币3万元。法律、行政法规对有限责任公司注册资本的最低限额有较高规定的，从其规定。一人有限责任公司的注册资本最低限额为人民币10万元。股东应当一次足额缴纳公司章程规定的出资额。此外，旧《公司法》为了更好地保障注册资本的如期、足额认缴，还要求公司注册申请登记之前，需要先由依法设立的验资机构对股东缴纳的出资进行验证。

2013年年底我国《公司法》通过了第四次修订，新法自2014年3月1日生效。该次修订明确将“注册资本实缴登记制度”改为“认缴登记制度”。《公司法》第26条规定：“有限责任公司的注册资本为在公司登记机关登记的全体股东认缴的出资额。法律、行政法规以及国务院决定对有限责任公司注册资本实缴、注册资本最低限额另有规定的，从其规定。”按此规定，设立有限责任公司只需认缴出资即可。关于认缴出资额、出资方式、出资期限等可以全凭公司股东在章程中自主约定，公司营业执照中只体现全体股东拟认缴出资额，而不体现已经实际缴纳的出资额。新《公司法》使股东摆脱了“出资难”的困境，大大降低了公司设立门槛。

此外，新《公司法》放宽了注册资本登记条件，取消了旧法中关于“设立有限责任公司最低注册资本为3万元，一人有限责任公司最低注册资本是10万元”的规定。不再要求企业必须达到一定的注册资本方可设立公司，也不再限制公司设立时股东的首次出资比例及货币出资比例。对于分期缴纳的注册资本，不再强行设定认缴期间。新《公司法》使“白手起家”成为了现实。

与此同时，新《公司法》简化了对登记事项和登记文件的要求。旧《公司法》规定股东认缴出资额需要经过验资机构验收资本，办理公司设立登记时，需要提交验资证明文件。由于新《公司法》将注册资本实缴登记制度改变为认缴登记制度，即公司在注册时不再要求提交已实缴资本的验资情况，并且公司营业执照也不需要载明公司实收资本，因此，新《公司法》取消了在公司登记时需要提交验资报告的规定，减少了登记事项所需要的材料，简化了登记程序。

案例

2011年元月，庄某与林某、黄某、周某四人在仙游县工商局注册成立仙游县某出租汽车有限公司，注册资本1000万元。其中，林某等3人系挂名股东，实际没有参股。出租汽车有限公司实际上系庄某单独经营。2011年1月7日，庄某向他人借款950万元用于公司注册验资。三天后，庄某就把该950万元从公司注册资本金中抽逃用于归还借款。仙游县法院经审理认为，庄某违反公司法的规定，在公司成立后又抽逃其出资950万元，数额巨大，其行为构成抽逃出资罪，判处有期徒刑3年，并处罚金人民币50万元。

庄某不服一审判决，上诉至莆田市中级人民法院。其辩称：2014年4月24日，全国人民代表大会常务委员会作出了关于《中华人民共和国刑法》第158条、第159条的解释。根据该解释，抽逃出资罪只适用于依法实行注册资本实缴登记制的公司。而其成立的出租汽车有限公司不属于实行注册资本实缴登记制的公司，其抽逃出资950万元的行为现已不认为是犯罪，依法应当宣告无罪。2014年10月，法院二审作出判决，撤销仙游县人民法院的刑事判决，宣布上诉人庄某无罪。（案例来源：找法网）

评析：实缴制与认缴制是企业登记时两种不同的注册资本模式。实缴制下，企业营业执照上的注册资本是多少，该公司的银行验资账户上就必须有相应数额的资金；而认缴制下，工商部门只登记公司认缴的注册资本总额，无须登记实收资本，亦不再收取验资证明文件。我国 1993 年年底出台的《公司法》设置了很高的注册资本门槛，采取了公司注册资本实缴登记制。为维护市场经济秩序，立法者不但商事法律中规定了虚报注册资本的民事责任，还在《刑法》中设立了“虚报注册资本罪”和“虚假出资、抽逃出资罪”。长期以来，我国公司在注册过程中虚报注册资本等现象比较普遍，司法实践面临着“普遍性犯罪”和“选择性执法”的尴尬。2013 年 12 月 28 日《公司法》第四次修订，将“实缴登记制”改为“认缴登记制”，并取消了注册资本最低限额制度和缴足出资的期限规定。《公司法》的修改引发了对《刑法》中相关规定是否要修改的讨论。2014 年 4 月 24 日，全国人民代表大会常务委员会作出了关于《中华人民共和国刑法》第 158 条、第 159 条的解释，明确了《刑法》中“虚报注册资本罪”和“虚假出资、抽逃出资罪”的适用范围，指出此二罪只适用于依法实行注册资本“实缴登记制”的传统公司，不再适用于“认缴登记制”的新型公司。

在此需强调的是，尽管“认缴登记制”下抽逃出资者无需承担刑事责任，却可能面临其他法律后果。依据我国《最高人民法院关于适用〈中华人民共和国公司法〉若干问题的规定（三）》之规定，股东未履行或者未全面履行出资义务或者抽逃出资，公司可根据公司章程或者股东会决议对其利润分配请求权、新股优先认购权、剩余财产分配请求权等股东权利作出相应的合理限制；有限责任公司的股东未履行出资义务或者抽逃全部出资，经公司催告缴纳或者返还，其在合理期间内仍未缴纳或者返还出资的，公司可以股东会决议解除该股东的股东资格。

---

(3) 股东共同制定公司章程。公司章程，美国称为 articles，英国则习惯称为 memorandum of association。世界各国有关公司的立法都规定公司必须有章程，这是公司设立的要件，也是有限责任公司设立的必要条件。有限责任公司的公司章程是公司股东全体订立的，股东、公司的内部组织机构的组成人员、公司的内部职工等必须遵守的内部行为规则。它对外公开，申明公司的宗旨、营业范围、资本数额、权利及一系列为公众了解公司所必需的内容。这些内容从根本上决定了公司的组织原则、业务经营范围和方式及公司的发展方向，是书面的公司组织和行动的准则。有些国家在立法上直接规定公司的章程须经公证才发生效力，我国《公司法》对此未予规定。也就是说，公证不是有限责任公司章程发生效力的必经阶段。依据我国《公司法》第 25 条规定，有限责任公司章程应当载明下列事项：公司名称和住所；公司经营范围；公司注册资本；股东的姓名或者名称；股东的出资方式、出资额和出资时间；公司的机构及其产生办法、职权、议事规则；公司法定代表人；股东会会议认为需要规定的其他事项。

(4) 有合法的名称与组织机构。如同自然人有姓名一样，公司要有名称，这是公司具有法律主体资格的必要条件。公司名称是公司人格特定化的标记，公司借自身的名称区别于其他民事主体。公司应当依法选择自己的名称，并申请登记注册，公司自成立之日起享有名称权。根据《企业名称登记管理规定》和 2004 年 7 月 1 日起施行的《企业名称登记管理实施办法》的规定，公司名称具有唯一性，一个公司只能有一个名称；公司名称具有排他性，公司名称中不得含有另一个公司名称，公司分支机构名称则应当冠以其所从属公司的名称。不仅使用相同名称为法律所禁止，类似名称亦为法律所不许。公司名称应当使用符合国家规范的汉字，民族自治地方的企业名称可以同时使用本民族自治区地方的民族文字。公司名称需译成外文使用的，则由公司依据文字翻译原则自行翻译使用，不需报工商行政管理机关核准登记。公司名称不得含有下列内容和文字：有损于国家、社会公共利益的；可能对公众造成欺骗或者误解的；外国国家（地区）名称、国际组织名称、政党名称、党政军机关名称、群众组织名称、社会团体及部队编号；汉语拼音字母（外文名称中使用的除外）、数字。有限责任公司的名称除了应符合上述规定外，还必须在公司名称中标明“有限责任公司”字样。此外，有限责任公司应建立符合要求的组织机构，以保障公司及公司交易对方的合法权益，维护社会经济秩序。

（5）有公司住所。公司的住所指公司的法定所在地。关于公司住所的确定，各国的理论与立法均不尽一致，大致有下述三种：① 主事务地说，公司的主要办事机构所在地为其住所；② 本公司地说，以总公司之所在地为其住所；③ 营业中心地说，公司主要营业中心所在地为其住所。我国采用第一种观点。我国《民法通则》第 39 条规定：“法人以它的主要办事机构所在地为住所。”《公司法》也规定，公司以其主要办事机构所在地为住所。住所的确定，对于诉讼管辖、法律适用、文书送达、债务履行及登记管理机关、税管机关的确定等，均具有重要的法律意义。在涉外经济纠纷的解决中，住所是解决法律冲突的主要依据之一。因此，各国均规定公司的住所不仅应作为绝对必要事项记载于公司章程之中，而且均须依法予以登记注册。我国新《公司法》废除了原《公司法》关于设立公司须有“固定的经营场所和必要的经营条件”的要求，仅规定只需有住所即可。这一变化无疑降低了投资者设立公司的成本。

2）有限责任公司成立的程序要件

按照我国《公司法》的规定，设立有限责任公司应当经过下列程序。

（1）订立公司章程，确定组织机构的设立。

（2）法律、行政法规规定须经有关部门审批的要进行报批，获得批准文件。

（3）股东认缴公司章程规定的出资。

（4）向公司登记机关申请设立登记。申请时，应提交公司登记申请书、公司章程、批准文件等资料。公司登记机关对符合公司法规定条件的，予以登记，发给公司营业执照；对不符合规定条件的，不予登记。公司营业执照签发日期，为有限责任公司成立日期。

（5）公告，签发出资证明书。有限责任公司成立后，应予公告，向股东签发出资证明书。

以上为我国有限责任公司设立的基本程序。

案例评析

案例：2013 年 7 月，某高校下属的生物工程技术开发集团公司 A、生产企业 B、私营企业 C 决定共同投资设立一家生产性的科技发展有限责任公司。就成立公司事宜，做了以下登记申请工作：制定了公司章程；公司名称定为“北京某某科技发展有限责任公司”；按我国《公司法》的要求设立了股东会、董事会、监事会等组织机构；三方就出资达成协议如下：“A 以生物工程的高薪技术成果出资，作价 15 万元；B 以厂房及办公场地和设施出资，作价 20 万元；C 以现金 15 万元出资；由全体股东指定的代表向公司登记机关申请设立登记。①问：该公司能否设立成功？

评析：按照当时生效的《公司法》之规定，有限责任公司的设立须符合下列条件：股东符合法定人数；股东出资达到法定资本最低限额；股东共同制定公司章程；有公司名称，建立符合有限责任公司要求的组织机构；有公司住所。具体而言，有限责任公司由 50 个以下股东出资设立，注册资本的最低限额为人民币 3 万元，股东可以用货币出资，也可以用实物、知识产权、土地使用权等可以用货币估价并可以依法转让的非货币财产作价出资，全体股东的货币出资金额不得低于有限责任公司注册资本的 30%。本案中股东人数为 3 人，符合法定人数要求，注册资本 50 万元也符合注册资本最低额的要求，拟定了公司名称，建立了符合有限责任公司要求的组织机构，拥有公司住所，全体股东的货币出资金额 15 万元刚好符合注册资本的 30%。综上，该公司能够成功设立。

需提及的是，2014 年 3 月 1 日生效的《公司法》将“实缴登记制”改为“认缴登记制”，并取消了注册资本最低限额制度和缴足出资的期限规定。因此，该生物工程技术开发集团公司若设立于 2014 年 3 月 1 日以后，则设立门槛更低。

4. 股份有限公司成立的要件

1）股份有限公司成立的实质要件

（1）发起人符合法定人数。发起人，即公司的创办人。其主要活动是进行可行性调查研究，联合人员，筹措资金，对公司设立的一系列行为负责。发起人就其性质来说，是设立中公司的机关，他们对外代表设立中的公司，对内履行公司设立行为。发起人可以是自然人也可以是法人，作为发起人的自然人应当具有完全民事行为能力。设立股份有限公司，应当有二人以上二百人以下为发起人。对于发起人的国籍问题，西方国家公司法一般对发起人是否必须具备所在国国籍不加以限制，对外国人与本国国民实行同等待遇。但也有一些国家对此作出了一些限制性的规定，如规定发起人中必须有一定比例具有所在国的国籍或满足一定的所在国居留时间。我国《公司法》规定，发起人中须有半数以上的发起人在中国境内有住所。也就是说，发起人中须有过半数的公民或法人在中国境内有居住地或主要办事机构，才符合要求。这一规定主要在于加强国家对发起人

① 改编自：宋彪. 企业公司法典型案例. 北京：中国人民大学出版社，2003：170.

的管理，防止有些发起人自境外来中国骗取资财，损害广大公民的利益。股份有限公司的设立主要有赖于发起人的努力和行动，发起人要承担很大的风险，负有极重的责任。如果公司依法成立，取得法人资格，发起人即转而成为股东，其行为所产生的权利义务由股份有限公司承受；但若公司未能成立，发起人的行为所产生的权利义务只能由其自行承担。《公司法》第 94 条规定，股份有限公司的发起人应当承担下列责任：① 公司不能成立时，对设立行为所产生的债务和费用负连带责任；② 公司不能成立时，对认股人已缴纳的股款，负返还股款并加算银行同期存款利息的连带责任；③ 在公司设立过程中，由于发起人的过失致使公司利益受到损害的，应当对公司承担赔偿责任。

(2) 有符合公司章程规定的全体发起人认购的股本总额或者募集的实收股本总额。股份有限公司的设立，可以采取发起设立或者募集设立的方式。发起设立，是指由发起人认购公司应发行的全部股份而设立公司。募集设立，是指由发起人认购公司应发行股份的一部分，其余股份向社会公开募集或者向特定对象募集而设立公司。申请设立股份有限公司，必须满足一个最低股本额。例如，法国规定设立股份有限公司的最低股本为 10 万法国法郎（股票或债券不公开发行）或 50 万法郎（股票或债券公开发行）；德国规定为 10 万德国马克；奥地利要求 100 万奥地利先令以上。我国 2005 年修订的《公司法》规定，股份有限公司的注册资本最低限额为人民币 500 万元。股份有限公司注册资本最低限额需高于上述所定限额的，由法律、行政法规另行规定。由于公司的设立方式不同，发起人对最低限额的责任承担比例也不同。采取发起设立方式设立的，注册资本为在公司登记机关登记的全体发起人认购的股本总额。公司全体发起人的首次出资额不得低于注册资本的 20%，其余部分由发起人自公司成立之日起两年内缴足；其中，投资公司可以在 5 年内缴足。在缴足前，不得向他人募集股份。

2013 年年底，我国《公司法》第四次修订。该法第 80 条明确规定："股份有限公司采取发起设立方式设立的，注册资本为在公司登记机关登记的全体发起人认购的股本总额。在发起人认购的股份缴足前，不得向他人募集股份。股份有限公司采取募集方式设立的，注册资本为在公司登记机关登记的实收股本总额。法律、行政法规以及国务院决定对股份有限公司注册资本实缴、注册资本最低限额另有规定的，从其规定。"显然，此次修订不仅取消了之前立法关于"股份有限公司注册资本的最低限额为人民币五百万元"的规定，同时还取消了"首次出资额比例不得低于注册资本的百分之二十"及出资期限的限制。

(3) 股份发行、募办事项符合法律规定。发起人应依法筹划公司发行股份事宜，并依法认购公司发行的股份，确定公司名称，建立符合股份有限公司要求的组织机构等。

(4) 发起人制定公司章程，采用募集方式设立的经创立大会通过。股份有限公司与有限责任公司一样，必须有章程，这是公司设立的必经程序。由于公司不是发起设立便是募集设立，股东的介入时间很难固定，所以，公司章程的制定人不是全体股东，而是由公司的发起人。股份有限公司的章程应当载明下列事项：公司名称和住所；公司经营范围；公司设立方式；公司股份总数、每股金额和注册资本；发起人的姓名或者名称、认购的股份数、出资方式和出资时间；董事会的组成、职权、任期和议事规则；公司法定代表人；监事会的组成、职权、任期和议事规则；公司利润分配办法；公司的解散事由与清算办法；公司的通知和公告办法；股东大会会议认为需要规定的其他事项。

(5) 有公司名称，建立符合股份有限公司要求的组织机构。设立股份有限公司，既要有符合规定的规范名称，同时又要按股份有限公司的特殊要求设立组织机构。

(6) 有公司住所。没有住所或住所不明确，公司就无法从事正常的活动，如履行合同、参加诉讼等。

2) 股份有限公司成立的程序要件

股份有限公司的设立程序，是指公司成立所必须进行的一系列包括认缴资本、订立公司章程、登记注册行为的过程。股份有限公司的设立程序，因设立方式不同而有别。

根据我国《公司法》的规定，发起设立股份有限公司的步骤如下。

(1) 认足股份。以发起设立方式设立股份有限公司的，发起人应当书面认足公司章程规定其认购的股份，并且各发起人所认购的股份总额及股款总额等于公司要发行的总股份及总资本额；否则，发起设立的形式不能成立。

(2) 缴纳股款。以发起设立方式设立股份有限公司的，发起人以书面认足公司章程规定发行的股份后，应按照公司章程规定缴纳出资。我国《公司法》规定，股东可以用货币出资，也可以用实物、知识产权、土地使用权等可以用货币估价并可以依法转让的非货币财产作价出资。不允许以劳务、信用作为出资方式。对作为出资的非货币财产应当评估作价，核实财产，不得高估或者低估作价。法律、行政法规对评估作价有规定的，从其规定。以实物、工业产权、非专利技术或者土地使用权抵作股款的，应当依法办理其财产权的转移手续。需要注意的是，以工业产权、非专利技术作价出资的，应注意其有效期和约定的保密期限，以便正确估价。

(3) 订立公司章程。认缴出资的全体发起人，制定公司章程，规定公司重大事项和具体事项的原则，为公司的组织管理和业务执行有章可循提供依据。

(4) 选举公司的董事会和监事会。认足及缴纳了全部股款的发起人召集会议，选举出董事和监事，这些选任的董事和监事，组成公司的董事会和监事会，形成公司组织的基本框架。

(5) 申请设立登记。根据我国《公司法》的规定，发起人认足公司章程规定的出资后，应当选举董事会和监事会，由董事会向公司登记机关报送公司章程以及法律、行政法规规定的其他文件，申请设立登记。公司章程、验资证明、登记申请书等文件。申请人可以到公司登记机关提交申请，也可以通过信函、电报、电传、传真、电子数据交换和电子邮件等方式提出申请。

根据我国《公司法》的规定，募集设立股份有限公司的步骤如下。

(1) 发起人认购规定数额的股份。我国《公司法》第84条规定："以募集设立方式设立股份有限公司的，发起人认购的股份不得少于公司股份总数的百分之三十五；但是，法律、行政法规另有规定的，从其规定。"即在向社会公开募股前，发起人确定其所认定的股份额必须占总股份的35%以上。

(2) 申请公开募股。发起人必须向国务院证券管理部门提交募股申请，并报送指定的有关资料和文件，经过批准，才可以向社会公开募集股份。

(3) 招股缴款。公开募集股份时，必须公告招股说明书，并制作认股书。认股书应当载明发起人认购的股份数、每股的票面金额和发行价格、无记名股票的发行总数、募集资金的用途、认股人的权利、义务。发起人向社会公开募集股份，应当由依法设立的证券公司承销，签订承销协议。还应当同银行签订代收股款协议。代收股款的银行应当按照协议代收和保存股款，向缴纳股款的认股人出具收款单据，并负有向有关部门出具收款证明的义务。

(4) 创立大会。发行股份的股款缴足后，必须经依法设立的验资机构验资并出具证明。发起人应当在三十日内主持召开公司创立大会。创立大会由认股人组成。发起人应当在创立大会召开十五日前将会议日期通知各认股人或者予以公告。创立大会应有代表股份总数过半数的认股人出席，方可举行。

创立大会行使下列职权：① 审议发起人关于公司筹办情况的报告；② 通过公司章程；③ 选举董事会成员；④ 选举监事会成员；⑤ 对公司的设立费用进行审核；⑥ 对发起人用于抵作股款的财产的作价进行审核；⑦ 发生不可抗力或者经营条件发生重大变化直接影响公司设立的，可以作出不设立公司的决议。创立大会对前款所列事项作出决议，必须经出席会议的认股人所持表决权过半数通过。

(5) 申请设立登记。创立大会选举出的董事、监事组成董事会、监事会。董事会在创立大会后主要参与和负责股份有限公司的设立登记。董事会应于创立大会结束后三十日内，向公司登记机关报送下列文件，申请设立登记：① 公司登记申请书；② 创立大会的会议记录；③ 公司章程；④ 验资证明；⑤ 法定代表人、董事、监事的任职文件及其身份证明；⑥ 发起人的法人资格证明或者自然人身份证明；⑦ 公司住所证明。

案例评析

案例：某市经济协作发展公司与长征汽车集团公司（私营）等3家公司订立了以募集方式设立某汽车配件股份有限公司的发起人协议，公司注册资本5 000万元，募集设立。3家发起人公司按协议制定章程，认购部分股份，起草招股说明书，签订股票承销协议、代收股款协议，经国务院证券监督管理机构批准，向社会公开募股。由于该汽车配件公司发展前景光明，所以股份募集顺利，发行股份股款缴足后经约定的验资机构验资证明后，发起人认为已完成任务，迟迟不召开创立大会。经股民强烈要求，才在2个月后召开创立大会，发起人为图省事，只通知了代表股份总数的1/3以上的认股人出席，会议决定了一些法定事项。问：该公司设立过程中存在什么问题？（案例来源：中

律网）

评析：设立股份有限公司，应当具备下列条件：发起人符合法定人数（二人以上二百人以下）；有符合公司章程规定的全体发起人认购的股本总额或者募集的实收股本总额；股份发行、筹办事项符合法律规定；发起人制定公司章程，采用募集方式设立的经创立大会通过；有公司名称，建立符合股份有限公司要求的组织机构；有公司住所。股款缴足之日起，发起人应当在三十日内主持召开公司创立大会。创立大会由认股人组成，发起人应当在创立大会召开十五日前将会议日期通知各认股人或者予以公告。创立大会应有代表股份总数过半数的认股人出席，方可举行。本案中该公司设立符合股份有限公司成立的实质条件，但违反了程序要求：创立大会没有在三十日内召开，仅通知了代表股份总数的三分之一以上的认股人出席。

2.4.4 公司资本制度

1. 公司资本的概念及特点

公司资本（Capital），又称股本或股份资本，是公司成立时章程规定的，由股东出资构成的财产总额。

资本具有以下特点。

(1) 资本是公司自有的独立财产。在公司占有、使用的财产中，有的是自有即自己所有的财产，有的是借贷来的财产。公司法上的资本仅指公司自己所有、不受他人支配的独立财产。资本也是公司的原始财产。公司成立后，会有多种财产来源，但最初的财产就是公司的资本。

(2) 资本是一个抽象的财产金额。资本是抽象的价值金额，而不是具体的财产形式，虽然构成资本的财产总是以货币或者以实物、工业产权、土地使用权等具体形式存在，但资本却是不受具体财产形式影响的财产金额。因此，同样的资本会有完全不同的具体财产构成，而相同的财产构成会代表完全不同的资本。

(3) 资本来源于股东的出资。公司资本是公司全体股东的永久性投资，只能由股东出资构成，股东出资总额即为公司资本总额。经营积累或接受赠与等形成的财产，非属股东出资而不能直接计入公司资本。

(4) 资本是在公司成立时由章程予以规定的。任何公司成立时都必须制定章程，而公司资本则是章程必须予以记载的事项。

(5) 资本是一个确定不变的财产数额。公司资本一经确定，即不能自然或随意改变。公司的盈利或亏损，导致其资产数额的变化，但这并不自然改变公司资本额。如果根据实际情况需要改变资本，亦须严格履行相关的法定程序。

2. 公司资本与相近概念的比较

1) 资本与资产

公司资产（Assets），亦称为公司实有财产，是公司实际拥有的全部财产，包括有形财产和无形财产。在财产形态上，资产分为流动资产、长期投资、固定资产、无形资产和递延资产等。在财产来源上，资产主要来自于三个方面：股东的出资即公司资本、公司对外负债、公司的资产收益和经营收益。资产与负债作为公司资产负债表中的两个栏目，存在互动的对应关系，由于负债是资产的来源，因此公司负债的增减必导致资产的相应增减。

就概念的范围而言，公司资产要大于资本，资本只是资产的一部分。但就实际情况而言，资本与资产的对应关系会因公司的经营状况而有很大差别。公司成立时，没有任何对外负债，其资本就是其全部资产，公司成立后，随着公司对外负债的发生，资产通常都会高于资本，但并不排除因公司的极度亏损或公司资产价值的剧烈变化而导致资产低于资本的情况发生。公司法人的独立财产责任，非以资本而是以实有的全部资产对其债务负责，公司资产才是公司对外承担财产责任的实际担保。

2）资本与净资产

公司的净资产（Net Assets，Net Worth）指公司全部资产减去全面负债后的余额。公司的资产实质上分为自有资产和借贷资产，借贷资产虽然形式上或暂时属公司所有，但债务一经清偿，公司资产即相应减少，实质属公司所有的是其中的自有资产，净资产正是公司自有资产的价值，也是其实质的财产能力和资产信用的基础。公司成立时，没有任何对外负债，其资本就是其全部资产，同时也是其净资产，公司成立后，资产价值及相应的净资产的价值就处于不断的变化之中，净资产可能高于资本，也可能低于资本。在公司资产等于负债时，净资产等于零；而在公司资不抵债时，净资产则为负值。

3）资本与股东权益

股东权益（Equity），又称所有者权益，是指股东对公司净资产享有的权利。股东权益分为4个部分，即资本、资本公积、盈余公积和可分配利润，资本是其中的一部分。因此，一般情况下，股东权益要大于资本，但如果公司没有资本收益，从未盈利，因而也从未提留资本公积和盈余公积，则股东权益可能等于资本，如果公司亏损，可分配利润为负值的话，股东权益还会低于资本。同时，股东权益只是股东对公司净资产的抽象价值的权利，而不是对任何具体形态资产的权利；股东权益无论多大，都无权直接支配或处分公司财产。

4）资本与投资总额

公司投资总额是为公司设立和经营而向其投入的全部财产总额，包括股东出资形成的注册资本和注册资本之外向公司的投入。投资总额的概念主要在外商投资企业法中使用，但在普通公司中，也有约定或规定公司投资总额的情况。对投资总额中资本之外投资部分的法律性质，究竟属于股东对公司的借贷还是出资性投入，尚无明晰、一致的界定。

3. 公司资本形成制度

公司资本是通过股份的发行而形成的，它可以在公司设立时一次性形成，也可以在公司成立后分次形成，各国公司法对资本的形成方式有不同的设计，并制定了相应的法律规则，由此产生了以下三种相对稳定的资本形成制度。

1）法定资本制

法定资本制，是指在公司设立时，必须在章程中明确规定公司资本总额，并一次性发行、全部认足或募足，否则公司不得成立的资本制度。其主要内容如下。

(1) 公司设立时，必须在公司章程中明确规定资本总额。

(2) 公司设立时，必须将资本或股份一次性全部发行并募足，由发起人或股东全部认足。

(3) 资本或股份经认足或募足后，各认股人应根据发行的规定缴纳股款。缴纳股款，分为一次性缴纳和分期缴纳两种方式，但分期交纳时，每次缴纳的股款数不得少于应缴纳股款的一定比例，其余部分可由公司另行通知缴纳。

(4) 公司成立后，因经营或财务上的需要而增加资本，必须经股东会决议、变更公司章程，再办理变更登记手续。

法定资本制的主要特点是资本或股份的一次发行，而不是一次缴纳股款。几乎在实行法定资本制的所有大陆法系国家，都允许股款的分期缴纳，只是要求首次缴纳的部分不得低于资本总额的一定比例，如法国规定为 25%。同时，对分期缴纳有一定的时间限制，如法国规定为 5 年。而在各国实践中，一次性缴纳的情况较为普遍，分期缴纳的则为少数。从理论上讲，大陆法系的法定资本制有以下优点：利于公司资本的稳定和确定；利于防止公司设立中的欺诈行为；使公司从成立时就有足够资金担保债务履行；利于提高市场交易的安全性。但这一制度也因给某些大型公司设立形成资金障碍、导致某些公司资本的闲置和浪费、增资程序烦琐、费时费钱等弊端而受到批评。为此，大陆法系不少国家公司法逐渐放弃了以往严格的法定资本制，吸收了英美法系公司法的做法，改采折中资本制，如德国、法国等。

2）授权资本制

授权资本制，是指在公司设立时，虽然应在章程中载明公司资本总额，但公司不必发行资本的全部，只要认足或缴足资本总额的一部分，公司即可成立。其余部分，授权董事会在认为必要时一次或分次发行或募集。授权资本制的内容如下。

(1) 公司设立时，必须在章程中载明资本总额，此点与法定资本制相同。但同时章程亦应载明公司首次发行资本的数额。

(2) 公司章程所定的资本总额不必在公司设立时全部发行，而只需认足或募足其中的一部分。

(3) 公司成立后，如因经营或财务上的需要欲增加资本，仅需在授权资本数额内，由董事会决议发行新股，而无须股东会议变更公司章程。

授权资本制的主要特点是资本或股份的分期发行，而不是法定资本制的一次发行、分期缴纳。正是在授权资本制之下，才有了授权资本与发行资本的概念和区别。公司章程所定的只是授权资本，发行资本则取决于公司决定发行的数额。

授权资本制具有以下优势：其一，公司不必一次发行全部资本或股份，减轻了公司设立的难度；其二，授权董事会自行决定发行资本而不须经股东会决议变更公司章程，简化了公司增资程序；其三，董事会根据具体情况发行资本，既适应了公司经营活动的需要，又避免了大量资金在公司中的冻结和闲置，能充分发挥财产的效益。但授权资本制也有其弊端，由于公司章程中的资本仅是一种名义上的数额，同时又未对公司首次发行资本的最低限额及其发行期限作出规定，因而极易造成公司实缴资本与其实际经营规模和资产实力的严重脱节，也容易发生欺诈性的商业行为，并对债权人的利益构成风险。

授权资本制是英国和美国公司法长期发展的产物。从总体上看，它是比较成功的一种制度，基本上能满足市场经济的需要，因而许多大陆法系国家纷纷采用授权资本制或修改原有的法定资本制，向授权资本制靠拢。

3）折中资本制

折中资本制，是在法定资本制和授权资本制基础上衍生和演变而成的资本制度。具体又分为许可资本制和折中授权资本制两种类型。

(1) 许可资本制。许可资本制，亦称认许资本制，是指在公司设立时，必须在章程中明确规定公司资本总额，并一次性发行、全部认足或募足，同时公司章程可以授权董事会在公司成立后一定期限内，在授权时公司资本一定比例的范围内，发行新股，增加资本，而无须股东会的特别决议。原实行法定资本制的大陆法系国家，包括德国、法国、奥地利等基本上都实行了许可资本制，如德国《股份法》第202～206条规定，公司章程可以授权董事会在公司成立后5年内，在授权时公司资本的半数范围内，经监事会同意而发行新股，增加资本。

许可资本制是在法定资本制基础上，通过对董事会发行股份的授权、放宽限制、简化公司增资程序而形成的。这种制度既坚持了法定资本制的基本原则，又吸收了授权资本制的灵活性。但许可资本制的核心仍是法定资本制。

(2) 折中授权资本制。折中授权资本制，是指公司设立时在章程中载明资本总额，并只需发行和认足部分资本或股份，公司即可成立，未发行部分授权董事会根据需要发行，但授权发行的部分不得超过公司资本的一定比例。此与许可资本制的相同点都是授权董事会发行，但许可资本制是在资本总额之外发行，而折中授权资本制是在资本总额范围内发行。原来实行法定资本制的一些大陆法系国家和地区，如日本实行的就是这种折中授权资本制。日本商法第166条规定，公司设立时发行的股份总数不得低于公司股份总数的四分之一。

折中授权资本制是在授权资本制基础上通过对董事会股份发行授权的限制、规定其发行股份的比例和期限形成的。这种制度既坚持了授权资本制的基本精神，又体现了法定资本制的要求，而其核心则是授权资本制。

4. 资本三原则

我国《公司法》对公司资本的规定，实行了法定资本制，[①] 1993年年底出台的《公司法》采用的是严格法定资本制，要求股东一次性缴足出资；2005年《公司法》修订后，采用较宽松的法定资本制，允许股东分期缴纳出资，但对首次出资比例及出资期限做了限制性规定；2013年《公司法》第四次修订，将“实缴登记制”改为“认缴登记制”，取消了对首次出资比例及出资期限的限制性规定。从本质上来看，上述立法修

① 沈贵明. 公司法教程. 北京：法律出版社，2006：135.

订并未改变我国采用“法定资本制”的做法。法定资本制奉行的是“资本三原则”，即资本确定原则、资本维持原则和资本不变原则。它们贯穿于公司资本立法的始终。

1）资本确定原则

资本确定原则是指公司在设立时，必须在章程中对公司的资本总额作出明确的规定，并须由股东全部认足，否则公司就不能成立。它有两层含义：一是要求公司资本总额必须明确记载于公司章程，使它成为一个具体的、确定的数额；二是要求章程所确定的资本总额在公司设立时必须分解落实到人，即由全体股东认足。

2）资本维持原则

资本维持原则，即公司在存续过程中，应保持与其资本额相当的财产以防止公司资本的实质性减少，维持公司偿债能力，保护债权人利益。该原则主要体现在公司法的下述规定中：我国《公司法》规定，股东可以用货币出资，也可以用实物、知识产权、土地使用权等可以用货币估价并可以依法转让的非货币财产作价出资；但是，法律、行政法规规定不得作为出资的财产除外。对作为出资的非货币财产应当评估作价，核实财产，不得高估或者低估作价。有限公司和股份公司的发起人、股东在公司成立后不得抽逃其出资。有限公司和股份公司在弥补亏损、提取公积金之前，不得向股东分配利润。股份公司的股票发行价格可以按票面金额，也可以超过票面金额，但不得低于票面金额发行股份。

3）资本不变原则

资本不变原则，即公司不得任意增加或减少资本。《公司法》规定公司增加或减少资本必须经股东会决议通过并依法申请办理变更登记。在减少资本时，公司还应编制资产负债表、财产清单，向债权人发出通知、公告，债权人有权要求公司提供担保或者要求公司清偿债务。

需补充说明的是，有学者指出：“传统的资本三原则并不能达到立法者的预期，或者至少可以说其实际功能与初始设计的目标存在着巨大落差。……传统的资本制度，尤其是‘资本三原则’，得到相当程度的修正。……我国公司法顺应潮流，也对公司资本制度进行了一定程度的改革。”①

2.4.5 公司法人治理结构

所谓公司法人治理结构，是指公司内部机构之间的相互制衡的一种机制。公司制是一种所有权与经营权分离的制度，正因为这种权利的分离，所以就相应形成了公司的权力机构、执行机构和监督机构。相互制衡是指公司各机构之间由于利益和权利相互制约束缚，从而达到一个平衡和谐的状态。

在我国，公司法人治理结构这种组织形式的产生发展较晚，从新中国成立以来我国私营企业的社会主义改造，到仅允许存在国营集体企业，再后来仿效前苏联建立职业化生产的大、中、小型企业相结合的生产体制，都不是现代意义上的公司制，也就当然不

① 施天涛. 公司法论. 2版. 北京：法律出版社，2006：165－166.

存在公司法人治理结构的问题。党的十一届三中全会以后，国家实行改革开放政策，逐渐建立起具有中国特色的社会主义市场经济，公司制才得以诞生，对法人治理结构也才有了具体的规定。

1. 股东会

有限责任公司股东会、股份有限公司股东大会由全体股东组成，是公司的权力机构。股东会是公司的权力机构。一人有限责任公司不设股东会。

1）股东会会议的种类

股东会是公司的必要机关，但非常设机关。股东会会议分定期会议和临时会议。定期会议是法定期限内必须召开的、主要讨论决定公司的重大事务的会议。有限责任公司应当按照公司章程的规定按时召开，股份有限公司股东大会应当每年召开一次年会。临时会议是指在两次股东定期会议之间不定期召开的讨论决定公司重大决策问题的股东会议。各国公司法一般规定以下三种情况可召开股东临时会议：董事会集体通过决议或董事会签署书面同意书后由董事会召开；由法定的持有一定数目股权的股东召开；法院根据自己的动议或有关董事、股东的申请发布指令召开。根据我国《公司法》的规定，有限责任公司代表十分之一以上表决权的股东，三分之一以上的董事，监事会或者不设监事会的公司的监事提议召开临时会议的，应当召开临时会议。股份有限公司有下列情形之一的，应当在两个月内召开临时股东大会：① 董事人数不足本法规定人数或者公司章程所定人数的三分之二时；② 公司未弥补的亏损达实收股本总额三分之一时；③ 单独或者合计持有公司百分之十以上股份的股东请求时；④ 董事会认为必要时；⑤ 监事会提议召开时；⑥ 公司章程规定的其他情形。

2）股东会的通知和召集

召集股东会，应该提前通知。各国公司法对此一般都有规定，以便于股东安排工作，保证会议的正常召开。《公司法》第 41 条规定，有限责任公司召开股东会会议，应当于会议召开十五日以前通知全体股东；但是，公司章程另有规定或者全体股东另有约定的除外。第 102 条规定，股份有限公司召开股东大会会议，应当将会议召开的时间、地点和审议的事项于会议召开二十日前通知各股东；临时股东大会应当于会议召开十五日前通知各股东；发行无记名股票的，应当于会议召开三十日前公告会议召开的时间、地点和审议事项。股东会一般由董事会或监事会召集。

我国《公司法》规定有限责任公司设立董事会的，股东会会议由董事会召集，董事长主持，有限责任公司不设董事会的，股东会会议由执行董事召集和主持。首次股东会会议由出资最多的股东召集和主持。股份有限公司股东大会会议由董事会召集，董事长主持；董事长不能履行职务或者不履行职务的，由副董事长主持；副董事长不能履行职务或者不履行职务的，由半数以上董事共同推举一名董事主持。董事会不能履行或者不履行召集股东大会会议职责的，监事会应当及时召集和主持；监事会不召集和主持的，连续九十日以上单独或者合计持有公司百分之十以上股份的股东可以自行召集和主持。

3）股东会的出席、表决和决议

有限责任公司股东会会议由股东按照出资比例行使表决权，但公司章程另有规定的除外。股东会的议事方式和表决程序，除公司法有规定的外，由公司章程规定。股东会会议作出修改公司章程、增加或者减少注册资本的决议，以及公司合并、分立、解散或者变更公司形式的决议，必须经代表三分之二以上表决权的股东通过。

股份有限公司股东出席股东大会会议，所持每一股份有一表决权。但是，公司持有的本公司股份没有表决权。股东大会作出决议，必须经出席会议的股东所持表决权过半数通过。但是，股东大会作出修改公司章程、增加或者减少注册资本的决议，以及公司合并、分立、解散或者变更公司形式的决议，必须经出席会议的股东所持表决权的三分之二以上通过。

对于股东会作出的决议，一般要求书面形式。我国《公司法》第41条第2款规定，股东会应当对所议事项的决定作成会议记录，出席会议的股东应当在会议记录上签名。这样规定，便于股东了解和查阅，利于防止纠纷的发生和股东权利的保障。

4）股东会的职权

股东会作为有限责任公司的权力机构，根据《公司法》第37条规定，其职权主要是：① 决定公司的经营方针和投资计划；② 选举和更换非由职工代表担任的董事、监事，决定有关董事、监事的报酬事项；③ 审议批准董事会的报告；④ 审议批准监事会或者监事的报告；⑤ 审议批准公司的年度财务预算方案、决算方案；⑥ 审议批准公司的利润分配方案和弥补亏损方案；⑦ 对公司增加或者减少注册资本作出决议；⑧ 对发行公司债券作出决议；⑨ 对公司合并、分立、变更公司形式、解散和清算等事项作出决议；⑩ 修改公司章程；⑪ 公司章程规定的其他职权。

对前款所列事项股东以书面形式一致表示同意的，可以不召开股东会会议，直接作出决定，并由全体股东在决定文件上签名、盖章。《公司法》第99条规定："本法第三十八条第一款关于有限责任公司股东会职权的规定，适用于股份有限公司股东大会。"

由上可知，股东在股东会的职权范围内拥有了表决权，也就相应地拥有了对董事、监事的任免权，以及对公司重大事项的决策权。我国新修订的《公司法》第105条规定，股东大会选举董事、监事，可以根据公司章程的规定或者股东大会的决议，实行累积投票制。所谓累积投票制，是指股东大会选举董事或监事时，每一股份拥有与应选董事或者监事人数相同的表决权，股东拥有的表决权可以集中使用。累积投票制使得中小股东能够在特定情况下选出一名或数名自己的董事进入董事会。但也有学者指出，实际上利用累积表决权作为保护少数股东的一种措施，其作用是极其有限的。在公司实践中，存在着多种方法可以减弱或者抵销累积表决权的效果。①

举例

股东A拥有30股表决权，在选举中要选出3名董事。他共拥有90票的总票数。根据累积投票制，股东A可以将90票全部投给某一位候选人，也可分别投给数个候选人。

需要强调的是，重大事项决策权的正确行使，必须建立在股东对公司经营及财务状

① 施天涛. 公司法论. 北京：法律出版社，2006：323.

况充分了解的基础之上。因此，股东享有知情权是各国公司法的普遍规定。我国公司法规定，有限责任公司“股东有权查阅、复制公司章程、股东会会议记录、董事会会议决议、监事会会议决议和财务会计报告。股东可以要求查阅公司会计账簿。股东要求查阅公司会计账簿的，应当向公司提出书面请求，说明目的。公司有合理根据认为股东查阅会计账簿有不正当目的，可能损害公司合法利益的，可以拒绝提供查阅，并应当自股东提出书面请求之日起十五日内书面答复股东并说明理由。公司拒绝提供查阅的，股东可以请求人民法院要求公司提供查阅”。股份有限公司“股东有权查阅公司章程、股东名册、公司债券存根、股东大会会议记录、董事会会议决议、监事会会议决议、财务会计报告，对公司的经营提出建议或者质询”。

案例评析

案例：2005 年 8 月 8 日，李某、钟某、上海某网络科技有限公司（以下简称网络公司）三方签订上海某信息技术有限公司章程及股东会决议各一份。章程规定：上海某信息技术有限公司股东为李某、钟某、网络公司；注册资本为 50 万元，其中李某出资 245 000 元、钟某出资 205 000 元、网络公司出资 5 万元；股东有权查阅股东会会议记录和公司财务报告；监事行使检查公司财务等职权。股东会决议通过公司章程，选举李某为监事，钟某为执行董事、法定代表人兼总经理。2005 年 9 月 8 日，上海某信息技术有限公司经工商局核准登记成立。后公司股东变更，现工商登记记载上海某信息技术有限公司股东为李某与钟某两人，其中李某认缴出资额 245 000 元、钟某认缴出资额 255 000 元。

2007 年 12 月，李某向上海某信息技术有限公司以及钟某挂号邮寄通知书一份，要求公司向其提供自设立时起至今的全部财务会计报表、会计账簿及凭证的原件，供李某查阅、审核。该挂号信于 2007 年 12 月 7 日由某物业管理公司加盖公司邮政收发专用章签收。上海某信息技术有限公司收信后未回复。李某起诉至法院。

庭审过程中，原告李某称，其在通知书中已明确表示查阅会计原始凭证是为了解公司经营状况。被告认为，通知书中未说明合理目的，原告有不当目的，且查阅原始会计凭证无法律依据。（案例来源：人民法院报）

评析：知情权是股东固有的法定权利，原告李某要求查阅公司有关财务会计报告等，符合法律和章程的规定，应予以支持，并不需要说明目的。如果被告公司有合理根据认为李某查阅会计账簿有不正当目的，可能损害公司合法利益的，可以拒绝提供查阅，但应自李某提出书面请求之日起十五日内书面答复并说明理由。但本案中，被告公司却未作答复，因此不能拒绝李某查阅财务会计报表、会计账簿及凭证的原件。

2. 董事会

董事会是公司法人组织的领导和管理机构，是公司经营决策和业务执行机关，公司的所有内外事务和业务都在其领导下进行。

1）董事的选任

董事是由股东会选举产生的，代表股东对公司的业务进行决策和执行的专门人才。

对于董事的选任，是否必须是股东，大多数国家的公司法都强调“适任原则”，即股东或公司以外的人均可任董事，以选择合适的管理人才。我国《公司法》未明确规定这方面的限制，因此可以认为同样遵从的是“适任原则”，不要求一定是股东才能担任董事。但有下列情形之一的，不得担任公司的董事：① 无民事行为能力或者限制民事行为能力；② 因贪污、贿赂、侵占财产、挪用财产或者破坏社会主义市场经济秩序，被判处刑罚，执行期满未逾 5 年，或者因犯罪被剥夺政治权利，执行期满未逾 5 年；③ 担任破产清算的公司、企业的董事或者厂长、经理，对该公司、企业的破产负有个人责任的，自该公司、企业破产清算完结之日起未逾 3 年；④ 担任因违法被吊销营业执照、责令关闭的公司、企业的法定代表人，并负有个人责任的，自该公司、企业被吊销营业执照之日起未逾 3 年；⑤ 个人所负数额较大的债务到期未清偿。公司违反前述规定选举、委派董事的，该选举、委派或者聘任无效。董事在任职期间出现本条第 1 款所列情形的，公司应当解除其职务。

各国公司法对董事会的人数有不同的规定，对此出发点应着眼于如何使董事会更有效地领导公司业务，所以一般只规定最高和最低人数，具体数额由各公司章程规定。此外，还有一个惯例，就是规定董事的数目须为奇数，目的是为了避免董事会进行表决时出现僵局。我国《公司法》规定有限责任公司的董事会人数为 3～13 人，两个以上的国有企业或者其他两个以上的国有投资主体投资设立的有限责任公司，其董事会成员中应当有职工代表。董事会中的职工代表由公司职工民主选举产生。董事会设董事长 1 人，可以设副董事长 1～2 人。董事长、副董事长的产生办法由公司章程规定。股东人数较少或者规模较小的有限责任公司，可以设一名执行董事，不设立董事会。股份有限公司董事会其成员为 5～19 人。董事会成员中可以有公司职工代表。董事会中的职工代表由公司职工通过职工代表大会、职工大会或者其他形式民主选举产生。董事会设董事长一人，可以设副董事长。董事长和副董事长由董事会以全体董事的过半数选举产生。

2）董事的任期

董事任期由公司章程规定，但每届任期不得超过 3 年。董事任期届满，连选可以连任。董事任期届满未及时改选，或者董事在任期内辞职导致董事会成员低于法定人数的，在改选出的董事就任前，原董事仍应当依照法律、行政法规和公司章程的规定，履行董事职务。这与西方公司法对董事的任期无限制性的规定是相适应的，有利于董事会组成人员的稳定及调动董事的积极性。

3）董事的义务

董事的义务是指董事作为公司的受任人和受信托人对公司所负的义务。尽管董事是由公司股东会所选任，但股东会属于公司内部的权力机构，并不能代表公司这一整体。所以说，董事只对公司而非对个别股东或者某一类股东负有义务。随着股东会中心主义向董事会中心主义的变迁，作为对内管理公司事务、对外代表公司的董事，其权利日趋扩张。基于扩权与扩责同步制衡的原则，在董事权利扩张之时，有必要强化董事的义务，并建立行之有效的责任追究制度。在英美公司法中，董事义务源于董事的代理人和受信托人的地位，这是由英美判例法确认的。在大陆法系国家和地区，董事义务源于董事的受任人地位。《日本商法》第254（3）条规定，董事与公司间的关系从有关委任的规定。我国《公司法》第147条规定，董事、监事、高级管理人员应当遵守法律、行政法规和公司章程，对公司负有忠实义务和勤勉义务；董事、监事、高级管理人员不得利用职权收受贿赂或者其他非法收入，不得侵占公司的财产。虽然对于董事与公司之间的关系并未明确规定，但是我国《公司法》将董事，监事和经理的义务一并规定，显然蕴含了大陆法的委任原理，因此从立法上来讲倾向于委任说。

董事义务在公司法学说中一般认为包括忠实和善良管理两个方面。前者主要是道德品行方面的要求，后者主要是能力方面的要求。

董事的忠实义务（Duty of Loyalty），在英美法系被称为信任义务（Fiduciary Duty），也有人将其译为“信托义务”。英美法系认为董事的忠实义务，源于作为受信人（Fiduciary）的董事与作为受益人（Benificiary）的公司之间的信任关系。董事应当在强行性法律规范与公序良俗允许的范围和程度之内，忠诚于公司利益，始终以最大的限度实现和保护公司利益作为衡量自己执行董事职务的标准，全心全意地为公司利益服务；在实施与公司有关的行为时必须具有公平性，必须符合公司的整体利益，在个人私利（包括与自己有利害关系的第三人的利益）与公司利益发生冲突时，必须以公司利益为先，不得利用其在公司中的优势地位为自己或与自己有利害关系的第三人谋求在常规交易中不能或很难获得的利益。概括而言，董事的忠实义务包括下列几个方面：① 董事不得因自己的身份而受益；② 董事不得收受贿赂、私下取得利益或所允诺的其他好处；③ 董事不得同公司开展非法竞争，如从事有竞争性的生产和销售活动，兼任与有竞争关系的公司之董事等；④ 董事不得与公司从事自我交易，如本人与公司订立买卖、租赁等合同；⑤ 董事不得泄露公司秘密；⑥ 董事不得利用公司的财产、信息和商事机会。公司董事不得将公司拥有权利、财产利益或正期待的机会或者理应属于公司的机会予以篡夺自用。

董事的善良管理义务，在大陆法系被称为“善良管理人的注意义务”；在英美法系被称为“注意义务”，其基本含义是指董事在职务行为中像一个具有相当学识和经验的人那样善意、谨慎地处理事务。这是衡量董事是否尽职及在行使职务中有无过错的客观、抽象的标准。

案例评析

案例：安尼斯顿公司是一家根据亚拉巴马州法律成立的以开采石灰石及制造石灰为主要业务的公司。该公司从1896年1月之前的一段时间起，就希望购买本案中的争议土地及地役权，因为该片土地蕴藏着一种有价值的石灰岩矿。1896年，公司已购得该土地及地役权的三分之一利益，而另外三分之二利益分别由Christopher和Martin所拥有。公司与Christopher谈判，希望购买其所有的土地及地役权，但是由于银行在Christopher的土地及地役权上尚有抵押权，所以Christopher无法将其所有权转移给公司。但在1896年1月，Christopher与公司订立契约，待其可以转移后，他会尽快将其所有的土地及地役权转让给公司。至于Martin所拥有的另外三分之一利益，公司已跟他谈过好几次，希望能够购买，但未产生任何合意。1897年，Ernest Lagarde，John

B. Lagarde 和 Louis D. Lagarde 成为安尼斯顿公司的股东，其后 John 和 Louis 当选为公司董事。因为工作关系二人知悉了有关本案争议土地的信息。后来成为被告的 John 和 Louis 在未告知公司的情形下，私下通过 J. A. Blount 先后向 Christopher 及 Martin 购买并取得土地的权利。于是安尼斯顿公司向地方法院提起诉讼，诉被告 Louis 违反对公司的诚信义务。地方法院支持了原告公司的诉求，被告 Louis 不服，向亚拉巴马州最高法院提起上诉。

亚拉巴马州最高法院认为，董事向第三人购买的财产并不属于公司，除非公司对该财产已经有利益存在，或是在现存权利的发展下，对该财产有期待性。而在本案中，被告 Louis 作为公司董事，明知原告公司对 Christopher 所拥有的财产已经存在期待利益，还予以购买。由于他们的介入阻止了公司利益的实现，因此认为他们违背对公司的义务，并掠夺了属于公司的利益。但对于被告 Louis 向 Martin 所购买的财产，由于 Martin 所持有的财产不属于公司的期待利益，因而不认为被告 Louis 违反了对公司的义务。因此，亚拉巴马州最高法院最终裁定：被告 Louis 违背其作为受托人的诚信义务，必须将公司已签约准备购买的 Christopher 所拥有的三分之一利益转归公司，而 Martin 所拥有的其余三分之一利益不属于公司的期待利益，则不必转归公司。（案例来源：凤凰出版传媒网）

评析：拉格德诉安尼斯顿公司案（Lagarde v. Anniston Lime & Stone Co.）被认为是美国早期关于公司机会原则的典型案例。在认定公司机会方面，其确立的“利益或期待性”标准被认为是认定公司机会最为传统而且仍在广泛使用的司法标准。董事不得利用公司的财产、信息和商事机会。公司董事不得将公司拥有权利、财产利益或正期待的机会或者理应属于公司的机会予以篡夺自用。这是董事的忠实义务的重要组成部分。

4）董事会的职权

我国《公司法》第 46 条规定，董事会对股东会负责，行使下列职权：① 召集股东会会议，并向股东会报告工作；② 执行股东会的决议；③ 决定公司的经营计划和投资方案；④ 制订公司的年度财务预算方案、决算方案；⑤ 制订公司的利润分配方案和弥补亏损方案；⑥ 制订公司增加或者减少注册资本以及发行公司债券的方案；⑦ 制订公司合并、分立、变更公司形式、解散的方案；⑧ 决定公司内部管理机构的设置；⑨ 决定聘任或者解聘公司经理及其报酬事项，并根据经理的提名决定聘任或者解聘公司副经理、财务负责人及其报酬事项；⑩ 制定公司的基本管理制度；⑪ 公司章程规定的其他职权。

上述关于有限责任公司董事会职权的规定，适用于股份有限公司董事会。对比董事会与股东会的职权，可见，董事会的主要任务在于将公司的经营方针具体化，提出专门业务事项的方案、措施，由股东会讨论通过；而对公司管理机构的设置，高级管理人员的任免及报酬，公司的基本规章行使实际权力，可以直接决定和负责。因此，董事会是在股东会的领导下，主管目标、方针和措施制订与实际执行的机构。

案例评析

案例：原告美瑞华公司于2006年5月11日起诉，以涉案董事会召开的程序违反公司章程的规定、董事会决议上陈某、孟某某的签名系伪造为由，请求确认2001年3月5日、2002年3月18日美进泰克公司董事会作出的涉案董事会决议无效。原告美瑞华公司诉称其与被告长客集团、被告武进图书公司共同组建美进泰克公司。根据美进泰克公司章程的规定，美进泰克公司日常工作中重要问题的决定，应由总经理和分管副总经理联合签署方能生效，需要联合签署的事项由董事会具体规定。2001年3月5日美进泰克公司形成董事会决议，该决议主要内容为美进泰克公司向长客集团投资500万元。原告认为该决议系伪造，主要体现在：陈某、孟某某系原告美瑞华公司委派到美进泰克公司的董事，陈某、孟某某没有接到前述董事会会议通知，没有出席会议，更没有在前述董事会决议上签字；原告美瑞华公司不知道有上述董事会决议；董事会决议亦不符合美进泰克公司章程的相关规定，故该决议应无效。2002年3月18日，美进泰克公司形成董事会决议，该决议主要内容为：美进泰克公司向长客集团增加投资100万元。该决议上共有5名董事签名，即孙元林、唐建宏、施肇凯（均为长客集团委派）、徐冠泽（武进图书公司委派）、陈卫（美瑞华公司委派，陈卫的签名既有中文名又有英文名）。美瑞华公司认为2002年3月18日的董事会召开程序违反美进泰克公司章程的规定、没有通知陈卫董事，该决议上陈卫董事的签名是假的（案例来源：江苏省常州市中级人民法院）

评析：涉案董事会决议产生的时间分别为2001年3月5日、2002年3月18日。我国旧《公司法》对董事会决议无效的情形没有明确规定。自2006年1月1日起施行的《中华人民共和国公司法》第22条第1款规定，公司股东会或者股东大会、董事会的决议内容违反法律、行政法规的无效。股东会或者股东大会、董事会的会议召集程序、表决方式违反法律、行政法规或者公司章程，或者决议内容违反公司章程的，股东可以自决议作出之日起六十日内，请求人民法院撤销。《最高人民法院关于适用〈中华人民共和国公司法〉若干问题的规定（一）》第2条规定，因公司法实施前有关民事行为或事件发生纠纷起诉到人民法院的，如当时的法律法规和司法解释没有明确规定时，可参照适用公司法的有关规定。故本案就涉案董事会决议的效力问题，可参照适用2006年《公司法》的有关规定。涉案两份董事会决议的内容均为美进泰克公司向长客集团投资事宜，我国法律、行政法规并未禁止合营公司向其股东投资，故两份涉案董事会决议的内容均符合我国法律的有关规定。原告主张董事陈某、孟某某未参加美进泰克公司于2001年3月5日的董事会，2001年3月5日董事会决议上两人的签名系伪造，2002年3月18日董事会决议上陈某的签名系伪造。这属于董事会决议形成的程序问题。对于董事会决议的形成存在程序瑕疵的，股东应自瑕疵董事会决议作出之日起60日内向人民法院提起撤销之诉。原告美瑞华公司于2006年5月11日起诉，请求确认2001年3月5日、2002年3月18日美进泰克公司董事会作出的涉案董事会决议无效，法律不予支持。

5）独立董事

所谓独立董事（Independent Director），是指独立于公司股东且不在公司内部任职，并与公司或公司经营管理者没有重要的业务联系或专业联系，并对公司事务作出独立判断的董事。

在美国公司法中，董事可分为内部董事与外部董事。在采取两分法的情况下，外部董事与独立董事有时互换使用。如果采取三分法，董事可以分为内部董事、有关联关系的外部董事与无关联关系的外部董事。其中，只有无关联关系的外部董事才可被称为独立董事。内部董事指兼任公司雇员的董事；有关联关系的外部董事指与公司存在实质性利害关系的外部董事。独立董事则指不在上市公司担任董事之外的其他职务，并与公司及其大股东之间不存在可能妨碍其独立作出客观判断的利害关系（尤其是直接或者间接的财产利益关系）的董事。中国证监会在《关于在上市公司建立独立董事制度的指导意见》中认为，上市公司独立董事是指不在上市公司担任除董事外的其他职务，并与其所受聘的上市公司及其主要股东不存在可能妨碍其进行独立客观判断关系的董事。

独立董事制度最早起源于 20 世纪 30 年代，1940 年美国颁布的《投资公司法》是其产生的标志。该法规定，投资公司的董事会成员中应该有不少于 40%的独立人士。其制度设计目的也在于防止控制股东及管理层的内部控制，损害公司整体利益。70 年代“水门事件”以后，许多著名公司的董事卷入行贿丑闻，公众对公司管理层的不信任感加剧，纷纷要求改革公司治理结构。1976 年美国证监会批准了一条新的法例，要求其国内每家上市公司在不迟于 1978 年 6 月 30 日以前设立并维持一个专门的独立董事组成的审计委员会，由此独立董事制度逐步发展成为英美公司治理结构的重要组成部分。据科恩-费瑞国际公司 2000 年 5 月份发布的研究报告显示，美国公司 1 000 强中，董事会的平均规模为 11 人，其中内部董事 2 人，占 18.2%；独立董事 9 人，占 81.1%。①另外，据经合组织（OECO）1999 年世界主要企业统计指标的国际比较报告，各国独立董事占董事会成员的比例为：英国 34%，法国 29%，美国 62%。独立董事制度的迅速发展，被誉为独立董事制度革命。

独立董事其最根本的特征是独立性和专业性。所谓“独立性”，是指独立董事必须在人格、经济利益、产生程序、行权等方面独立，不受控股股东和公司管理层的限制。所谓“专业性”，是指独立董事必须具备上市公司运作的基本知识，熟悉相关法律、行政法规、规章及规则，具有 5 年以上法律、经济或者其他履行独立董事职责所必需的工作经验，能够凭自己的专业知识和经验对公司的董事和经理以及有关问题独立地作出判断和发表有价值的意见。目前，我国企业的独立董事一般是社会名流，而且身兼数职，一年只有十几天的时间花在上市公司身上，他们对上市公司很难有时间全面了解，并在此基础上发表有价值的意见，而社会名流未必真正懂得经营和管理，更缺乏必要的法律和财务专业知识。

需说明的是，我国《公司法》第三次修订时仅在第 122 条规定：“上市公司设立独立董事，具体办法由国务院规定。”因此，在国务院相关规定尚未出台之前，我国有关

---

① 杨凡，郑桂华，刘建. 独立董事制度浅议. http://www.law-lib.com/lw/lw_view.asp?no=6243.

独立董事制度的具体规定主要体现于2001年证监会发布的《关于在上市公司建立独立董事制度的指导意见》中。根据证监会《关于在上市公司建立独立董事制度的指导意见》的相关规定，上市公司董事会、监事会、单独或者合并持有上市公司已发行股份1%以上的股东可以提出独立董事候选人，并经股东大会选举决定。提名人在提名前应当征得被提名人的同意。提名人应当充分了解被提名人职业、学历、职称、详细的工作经历、全部兼职等情况，并对其担任独立董事的资格和独立性发表意见。被提名人应当就其本人与上市公司之间不存在任何影响其独立客观判断的关系发表公开声明。在选举独立董事的股东大会召开前，上市公司董事会应当按照规定公布上述内容，并将所有被提名人的有关材料同时报送中国证监会、公司所在地中国证监会派出机构和公司股票挂牌交易的证券交易所。上市公司董事会对被提名人的有关情况有异议的，应同时报送董事会的书面意见。中国证监会在15个工作日内对独立董事的任职资格和独立性进行审核。对中国证监会持有异议的被提名人，可作为公司董事候选人，但不作为独立董事候选人。在召开股东大会选举独立董事时，上市公司董事会应对独立董事候选人是否被中国证监会提出异议的情况进行说明。独立董事当选后每届任期与该上市公司其他董事任期相同，任期届满，连选可以连任，但是连任时间不得超过6年。

为了充分发挥独立董事的作用，独立董事除应当具有公司法和其他相关法律、法规赋予董事的职权外，上市公司还应当赋予独立董事以下特别职权：① 重大关联交易（指上市公司拟与关联人达成的总额高于300万元或高于上市公司最近经审计净资产值的5%的关联交易）应由独立董事认可后，提交董事会讨论，独立董事作出判断前，可以聘请中介机构出具独立财务顾问报告，作为其判断的依据；② 向董事会提议聘用或解聘会计师事务所；③ 向董事会提请召开临时股东大会；④ 提议召开董事会；⑤ 独立聘请外部审计机构和咨询机构；⑥ 可以在股东大会召开前公开向股东征集投票权。

独立董事除履行上述职责外，还应当对以下事项向董事会或股东大会发表独立意见：① 提名、任免董事；② 聘任或解聘高级管理人员；③ 公司董事、高级管理人员的薪酬；④ 上市公司的股东、实际控制人及其关联企业对上市公司现有或新发生的总额高于300万元或高于上市公司最近经审计净资产值的5%的借款或其他资金往来，以及公司是否采取有效措施回收欠款；⑤ 独立董事认为可能损害中小股东权益的事项；⑥ 公司章程规定的其他事项。

为确保独立董事能够依法履行自己的职责，上市公司应当保证独立董事享有与其他董事同等的知情权。凡须经董事会决策的事项，上市公司必须按法定的时间提前通知独立董事，并同时提供足够的资料。独立董事认为资料不充分的，可以要求补充。当两名或两名以上独立董事认为资料不充分或论证不明确时，可联名书面向董事会提出延期召开董事会会议或延期审议该事项，董事会应予以采纳。上市公司应提供独立董事履行职责所必需的工作条件。上市公司董事会秘书应积极为独立董事履行职责提供协助，如介绍情况、提供材料等。独立董事发表的独立意见、提案及书面说明应当公告的，董事会秘书应及时到证券交易所办理公告事宜。独立董事行使职权时，上市公司有关人员应当积极配合，不得拒绝、阻碍或隐瞒，不得干预其独立行使职权。独立董事聘请中介机构的费用及其他行使职权时所需的费用由上市公司承担。上市公司应当给予独立董事适当的津贴。津贴的标准应当由董事会制订预案，股东大会审议通过，并在公司年报中进行披露。但除上述津贴外，独立董事不应从该上市公司及其主要股东或有利害关系的机构和人员处取得额外的、未予披露的其他利益。

3. 监事会

监事会是依法由股东会选举或以其他方式产生监事会成员，负责对董事会及其附属机关的活动实行监督的机构。它作为常设机构，代表股东和职工行使监督职能。对于有限责任公司，监事会在西方公司法中被视为公司的任意机关，既可以设置也可以不设置，或达到一定的条件才必须设置。在我国，除一人公司和规模较小的有限责任公司外，监事会是公司的必备机关。

1）监事会的组成和任期

根据我国公司法的规定，有限责任公司设立监事会，其成员不得少于三人。股东人数较少或者规模较小的有限责任公司，可以设一至二名监事，不设立监事会。股份有限公司则必须组成监事会。监事会应当包括股东代表和适当比例的公司职工代表，但董事及公司的经理、副经理、财务负责人、上市公司董事会秘书等高级管理人员不得兼任监事。其中职工代表的比例不得低于三分之一，具体比例由公司章程规定。监事会中的职工代表由公司职工通过职工代表大会、职工大会或者其他形式民主选举产生。监事会设主席一人，由全体监事过半数选举产生，股份有限公司还可以设置副主席。

监事和董事一样，有任职期限的规定。根据我国公司法的规定，监事的任期每届为三年。监事任期届满，连选可以连任。监事任期届满未及时改选，或者监事在任期内辞职导致监事会成员低于法定人数的，在改选出的监事就任前，原监事仍应当依照法律、行政法规和公司章程的规定，履行监事职务。

2）监事会的职权

在西方国家，监事会的职权主要包括审核、查阅会计文件，调查、检查公司的业务及财产状况，通知董事停止违法行为，必要时召集股东会等。我国公司法规定，监事会、不设监事会的公司的监事行使下列职权：① 检查公司财务；② 对董事、高级管理人员执行公司职务的行为进行监督，对违反法律、行政法规、公司章程或者股东会决议的董事、高级管理人员提出罢免的建议；③ 当董事、高级管理人员的行为损害公司的利益时，要求董事、高级管理人员予以纠正；④ 提议召开临时股东会会议，在董事会不履行本法规定的召集和主持股东会会议职责时召集和主持股东会会议；⑤ 向股东会会议提出提案；⑥ 依照《公司法》第152条的规定，对董事、高级管理人员提起诉讼；⑦ 公司章程规定的其他职权。

有限责任公司监事也可以列席董事会会议，并对董事会决议事项提出质询或者建议。监事会、不设监事会的公司的监事发现公司经营情况异常，可以进行调查；必要时，可以聘请会计师事务所等协助其工作，费用由公司承担。关于有限责任公司监事会职权的规定，同样适用于股份有限公司监事会。

4. 公司经理

公司经理或总经理，是负责并控制公司及其分支机构、各生产部门或其他业务单位的高级职员，他对公司事务进行具体管理，并能全权代表公司从事交易活动。经理必须服从董事会的所有决议和指示，并使之在公司的生产经营活动中得以有效地贯彻和执行。在西方国家，经理的具体权限范围一般在公司章程中规定；而我国对此更为重视，直接以法律的形式予以确定。根据西方国家公司发展的经验教训，参考国外的规定，我国《公司法》第 49 条明确具体地规定：有限责任公司可以设经理，由董事会决定聘任或者解聘。

经理对董事会负责，行使下列职权：① 主持公司的生产经营管理工作，组织实施董事会决议；② 组织实施公司年度经营计划和投资方案；③ 拟订公司内部管理机构设置方案；④ 拟订公司的基本管理制度；⑤ 制定公司的具体规章；⑥ 提请聘任或者解聘公司副经理、财务负责人；⑦ 决定聘任或者解聘除应由董事会决定聘任或者解聘以外的负责管理人员；⑧ 董事会授予的其他职权。公司章程对经理职权另有规定的，从其规定。

关于有限责任公司经理职权的规定，同样适用于股份有限公司经理。经理列席董事会会议，董事会也可以决定由董事会成员兼任经理。

案例评析

案例：1999 年 4 月，赵立霞开始担任金海群岛公司副经理职务，并兼任办公室主任，负责金海群岛公司业务活动。2000 年 4 月 20 日，金海群岛公司与赵立霞签订劳动合同书，约定合同期限为 3 年，自 2000 年 4 月 20 日至 2003 年 4 月 20 日；赵立霞在金海群岛公司从事管理工作；在合同有效期内，赵立霞若有同时为其他从事与金海群岛公司业务相类似的公司服务，借鉴或建议借鉴金海群岛公司各种创意或模式的行为，金海群岛公司可随时解除合同，并可依法追究赵立霞的民事和刑事责任，同时也可以向赵立霞进行索赔，索赔标准参照保密协议的有关条款。同日，金海群岛公司与赵立霞签订了保密协议，该协议约定赵立霞在工作期间或自离开金海群岛公司之日起 2 年内，不得在与金海群岛公司业务雷同的企业工作，若赵立霞违反本协议应承担违约责任，并须赔偿金海群岛公司 10 万元。2000 年 9 月，赵立霞向刘慧慧递交申请书，称因身体不舒服要求休假 1 个月，刘慧慧批示为同意。之后，赵立霞未办理离职手续，亦未再到金海群岛公司上班。2000 年 8 月，赵立霞与曾剑敏、荀庆华共同设立智汇建公司，赵立霞在智汇建公司担任监事一职，并曾以智汇建公司总经理名义对外开展业务。智汇建公司的经营范围与金海群岛公司相似。金海群岛公司以赵立霞的行为违反竞业禁止义务为由主张权利。（案例来源：高志海、平睿，红网）

评析：《公司法》第 148 条规定：董事、监事、高级管理人员应当遵守法律、行政法规和公司章程，对公司负有忠实义务和勤勉义务。第 149 条规定：董事、高级管理人员不得未经股东会或者股东大会同意，利用职务便利为自己或者他人谋取属于公司的商业机会，自营或者为他人经营与所任职公司同类的业务。第 217 条指出：高级管理人员，是指公司的经理、副经理、财务负责人，上市公司董事会秘书和公司章程规定的其他人员。需说明的是，此案裁判时应适用行为时法即 1999 年《公司法》，该法仅规定董事、经理不得自营或者为他人经营与其所任职公司同类的营业或者从事损害本公司利益的活动；从事上述营业或者活动的，所得收入应当归公司所有。但赵立霞与金海群岛公司签订的保密协议中亦有关于竞业禁止的约定，故赵立霞应属法律规定的负有竞业禁止义务的主体。赵立霞作为金海群岛公司副经理，在未办理离职手续情况下设立智汇建公司，其行为违反了竞业禁止义务，依法应承担法律责任。

2.4.6 公司股权与公司债券

1. 股票发行与股权转让

1）股票的概念及特征

股票是股份有限公司公开发行的证明股东在公司中拥有股权的一种有价证券。我国《公司法》第125条第2款规定："公司的股份采取股票的形式。股票是公司签发的证明股东所持股份的凭证。"因此，股票是股份有限公司的股份证书，是确定股东与公司之间权利义务关系的一种凭证。

股票具有以下几个基本特征。

(1) 股票是一种权利义务证书。股东合法持有股票，就有权利分享公司的利益，参与公司的决策和管理，同时也要承担一定的责任和风险。

(2) 股票是一种票式证券。股票是代表股东所持有的股份的具体形式，表明所拥有的具体份额。股票的制作和记载事项必须按法律的要求。如有些国家的公司立法规定，股票要由董事签名并经有关机关审查核准、登记方可发行，否则无效。

(3) 股票是一种有价证券。它既不是债权证券，也不是物权证券，而是一种具有财产内容的权利。它可以流通和转让，其转让即为股东权的转让。

(4) 股票是一种从属性的有价证券。股东所享有的权利并非由股票独创，股票并不设定权利，它只是把已经存在的基于对股份的拥有而产生的股东权表现为证券的形式。

(5) 股票是在股份有限公司成立后签发的。只有公司成立了，才会出现股票，而只有经过公司签发和在公司成立后交付的股票才具有法律效力，受到法律保护。我国《公司法》第132条规定："股份有限公司成立后，即向股东正式交付股票。公司成立前不得向股东交付股票。"

2）股票的分类

股票按划分标准的不同，有不同的种类。

(1) 普通股和特别股。

按股东承担的风险和享有权益的大小为标准，可分为普通股和特别股。

普通股是股份有限公司发行的标准股份或股票，是指对公司的财产享有平等的权利的股份，它是公司资本构成中最基本的股份。普通股股东在公司支付了公司债券利息和优先股的股息后才可获得股息，其股息是不固定的，根据公司净利润的变化而变化。当公司破产进行清算时，普通股股东在公司债权人、优先股股东之后分得公司的剩余财产。当股东大会讨论公司重大问题时，普通股股东拥有表决权。

特别股是与普通股相对而言的，其所代表的权利义务大于或小于普通股。特别股又可分为后配股与优先股。后配股股东只能后于普通股股东参加公司利润或剩余财产的分配。西方国家国有企业私营化改组为股份有限公司时，部分股份出售给公众，国家持有的股份则被规定为后配股，但国家往往对企业的经营方针拥有决定权。最常见的特别股则是优先股。优先股是对公司的资产、利润享有更优越权利的股份。优先股在分配利润时可优先获得股息，其股息往往是固定的，不因公司营业的好坏而变化；在公司清算时可优先获得分配公司资产；但优先股往往无表决权。目前，中国市场上发行的股票一般为普通股股票。

(2) 记名股和无记名股。

以股票有无记名为标准，股票可分为记名股和无记名股。

记名股票是在股票上载有股东姓名或名称并将其载入公司股东名册的一种股票。我国《公司法》第 129 条第 2 款规定，公司向发起人、法人发行的股票，应当为记名股票，并应当记载该发起人、法人的名称或者姓名，不得另立户名或者以代表人姓名记名。

记名股的转让，一定要把受让人的姓名或法人的名称记载于股票、股东名册上，即要办理过户手续。而且，股票须交付给受让人，方能生效。记名股不得私自转让。只有记名股的股东本人才有资格行使其股权。如果记名股票被盗、遗失或者灭失，股东可以依照民事诉讼法规定的公示催告程序，请求人民法院宣告该股票失效。依照公示催告程序，人民法院宣告该股票失效后，股东可向公司申请补发股票。

无记名股票就是没有记载股东姓名或名称的股票。无记名股票的转让，只需将股票交付给受让人即发生效力。凡持有股票者，即可取得股东资格。因此，无记名股的发行、转让都比较简便，但公司对其不容易控制。无记名股的发行数目往往依公司需要而定，不能超过股份总数的一定比例或要得到有关政府部门的批准。

(3) 额面股和无额面股。

根据股票上是否标明面额，可将股票分为额面股和无额面股。

股票上标有固定的面额或面值的股票为额面股。额面股原则上不得以低于票面值的价格发行。无额面股，又称比例股，即不标明票面金额，只标明每股占公司总额比例的股票，其价值随公司财产的增减而升降，股东享有的股份利润，按票面规定的比例来确定。但发行无票面值股票，会影响公司资本的确定性，还容易产生欺诈行为。我国《公司法》没有规定也不允许股份有限公司发行无额面股。

此外，根据所持股票的主体为标准，可将股票分为国家股、法人股、个人股和外资股。另外，目前中国证券市场上还有诸如 A 股、B 股、H 股的划分等。

3) 股票的发行

(1) 股票发行的原则。

我国《公司法》第 126 条规定："股份的发行，实行公平、公正的原则，同种类的每一股份应当具有同等权利。同次发行的同种类股票，每股的发行条件和价格应当相同；任何单位或者个人所认购的股份，每股应当支付相同价额。"

所谓公平，首先，是指发行的股份所代表权利的公平，即在同一次发行中的同一种股份应当具有同等的权利，享有同等的利益，同类股份必须同股同权、同股同利；其次，是指股份发行条件的公平，即在同次股份发行中，相同种类的股份，每股的发行条件和发行价格应当相同。无论任何人，获得相同的股份，应支付相同的对价。所谓公正，是指在股份的发行过程中，应保持公正性，不允许任何人进行内幕交易、价格操纵、价格欺诈等不正当行为获得超过其他人的利益。

需要注意的是，本条关于股份发行原则的规定，同修订前的《公司法》相比，有两点变化。第一，删除了修订前的《公司法》关于股份发行必须遵循公开原则的规定。公开原则意味着公司在发行股份时必须将与发行有关的资料向社会公布，这对于通过向社会不特定对象公开募集股份而进行股份发行即公募发行是适用的。但是，股份的发行按照法律的规定还包括私募发行，即向特定对象募集股份而进行的股份发行。对于私募发行，公开原则是不适用的。同时，《证券法》对公募发行股份必须坚持公开原则已经作出了规定，因此新《公司法》关于股份的发行原则没有规定"公开原则"。第二，将修订前的《公司法》中"同股同权，同股同利"修改为"同种类的每一股份应当具有同等权利"。实践中，股份有限公司为了公司运营的需要，有时会针对特定股东发行一些特别股，如优先股。这些特别股股东同普通股东所持有的普通股份相比，无论是在所代表的股东权利还是所享有的利益方面都是不同的。因此，如果同一次股份发行，既有特别股又有普通股，特别股和普通股实际上不会"同股同权，同股同利"。所以，为了文字表述上的更加准确，2005 年修订的《公司法》采用了"同种类的每一股份应当具有同等权利"的表述，以免在实际理解上产生歧义。

(2) 股票发行的种类。

股份有限公司发行股票，其基本目的是为了筹措资金，根据发行的时间先后，可分为以下两种方式。

① 设立发行。设立发行，即为了设立新的股份有限公司而发行股票。发起设立的公司，由发起人一次性全部认购发行的股份，不对外公开招募股票。募集设立的公司则是先由发起人认购发行股份的一部分，其余股份向社会招募。

② 新股发行。新股发行，是指已设立的股份有限公司为增加资本而发行股票。公司为拓展业务，扩大经营规模，需要不断扩充自有资本，而发行股票是极为有效的一种方法。股份有限公司发行新股主要是为了增加资本，扩大公司资本的总量与规模；把公司盈利或公积金的全部或部分转为新股配送股东；把可转换公司债券转为股票等。新股的发行必须符合一定的条件，并遵循法定的程序进行。旧《公司法》第 137 条规定公司发行新股，必须具备一定条件，2005 年修订的《公司法》则删除了旧法第 137 条关于"公司发行新股，必须具备的条件"的规定，因为这应该是《证券法》的范畴。新旧《公司法》对比可知，新法不再要求前次发行股份是否已经募足，是否间隔一年以上，是否三年内连续盈利，公司预期利润率是否可达同期银行存款利率。2005 年修订的《公司法》仅规定，公司发行新股可以根据公司经营情况和财务状况，确定其作价方案。

(3) 股票发行的价格。

我国《公司法》规定，股票发行价格可以按票面金额，也可以高于票面金额，但不能低于票面金额。按票面金额发行称平价发行，也称为等额发行或面额发行。由于股票上市后的交易价格通常要高于面额，平价发行能使投资者得到交易价格高于发行价格时所产生的额外收益，因此绝大多数投资者都乐于认购。平价发行方式较为简单易行，但其主要缺陷是发行人筹集资金量较少，多在证券市场不发达的国家和地区采用。我国最初发行股票时，就曾采用过该种平价发行。例如，1987 年深圳发展银行发行股票时，每股面额为 20 元。发行人按高于面额的价格发行股票称溢价发行，可使公司用较少的股份筹集到较多的资金，同时还可降低筹资成本。溢价发行又可分为时价发行和中间价发行两种方式。时价发行也称市价发行，是指以同种或同类股票的流通价格为基准来确定股票发行价格，股票公开发行通常采用这种形式。在发达的证券市场中，当一家公司首次发行股票时，通常会根据同类公司（产业相同，经营状况相似）股票在流通市场上的价格表现来确定自己的发行价格；而当一家公司增发新股时，则会按已发行股票在流通市场上的价格水平来确定发行价格。中间价发行是指以介于面额和时价之间的价格来发行股票。我国股份有限公司对老股东配股时，基本上都采用中间价发行。按低于票面金额发行称折扣发行，我国《公司法》明文禁止，西方国家也很少采用。

4）股权的转让

（1）有限责任公司的股权转让。

有限责任公司的股东不持有股票，而是持有股权证明书。股权证明书应载明下列事项：公司名称；公司成立日期；公司注册资本；股东的姓名或者名称、缴纳的出资额和出资日期；出资证明书的编号和核发日期。出资证明书由公司盖章。该股权证明书不具有可流通性。

我国《公司法》明确规定，有限责任公司股东向股东以外的人转让股权，应当经其他股东过半数同意。股东应就其股权转让事项书面通知其他股东征求同意，其他股东自接到书面通知之日起满三十日未答复的，视为同意转让。其他股东半数以上不同意转让的，不同意的股东应当购买该转让的股权；不购买的，视为同意转让。经股东同意转让的股权，在同等条件下，其他股东有优先购买权。两个以上股东主张行使优先购买权的，协商确定各自的购买比例；协商不成的，按照转让时各自的出资比例行使优先购买权。公司章程对股权转让另有规定的，从其规定。

人民法院依照法律规定的强制执行程序转让股东的股权时，应当通知公司及全体股东，其他股东在同等条件下有优先购买权。其他股东自人民法院通知之日起满二十日不行使优先购买权的，视为放弃优先购买权。自然人股东死亡后，其合法继承人可以继承股东资格，但是，公司章程另有规定的除外。

有下列情形之一的，对股东会该项决议投反对票的股东可以请求公司按照合理的价格收购其股权：① 公司连续五年不向股东分配利润，而公司该五年连续盈利，并且符合《公司法》规定的分配利润条件的；② 公司合并、分立、转让主要财产的；③ 公司章程规定的营业期限届满或者章程规定的其他解散事由出现，股东会会议通过决议修改章程使公司存续的。自股东会会议决议通过之日起六十日内，股东与公司不能达成股权收购协议的，股东可以自股东会会议决议通过之日起九十日内向人民法院提起诉讼。转让股权后，公司应当注销原股东的出资证明书，向新股东签发出资证明书，并相应修改公司章程和股东名册中有关股东及其出资额的记载。对公司章程的该项修改不需再由股东会表决。

（2）股份有限公司股权的转让。

股份有限公司股权的转让是通过股票转让得以实现的。流通性是股票的一个重要特征，股东可以随时将股票转让。卖出股票者，经过法定的手续后，就将股票所代表的股权转让给了受让人。股份有限公司作为典型的资合公司和开放性公司，股份的转让或买卖交易一般不受限制，但股份的转让必须依法进行。《公司法》第 139 条规定，股东转让其股份，应当在依法设立的证券交易场所进行或者按照国务院规定的其他方式进行。

① 记名股票的转让。由于记名股票将股东的姓名或名称载于其上，并且记名股票的持有者被记入股东名册，所以记名股票、不能随意转让，其转让必须遵照法律和公司章程的规定进行。《公司法》第 141 条规定，记名股票由股东以背书方式或者法律、行政法规规定的其他方式转让。背书是股票出让人在股票背面签字盖章的行为，为记名股票转让所必需。受让人随之在股票背面的受让人栏盖章，再由发行证券公司加盖公司印章，股票交付给受让人，则记名股票的转让就实现了。法律、行政法规规定的其他方式主要指无纸化股票，通过证券交易所的计算机系统交易。记名股票转让后，由公司将受让人的姓名或者名称及住所记载于股东名册。股东大会召开前二十日内或者公司决定分配股利的基准日前五日内，不得进行前款规定的股东名册的变更登记，这是为了方便股东大会的通知及股利分配的顺利进行，保护股东的合法权益。

② 无记名股票的转让。无记名股票的票面不记载股东姓名或名称，只要将股票交付给受让人，对方就成为持股人，转让行为即告成立。无记名股票的转让，可按票面价进行，也可按发行价或市价进行，主要由转让方与受让方商定。《公司法》第 140 条规定："无记名股票的转让，由股东将该股票交付给受让人后即发生转让的效力。"在现代证券市场上，这种转让一般是通过证券商（经纪人）在证券交易所发出指令，由计算机系统撮合成交的，无须持股人与受让人见面，转让效率比记名股票显然要高。

③ 股票转让的限制。股票转让自由并不是绝对的，为了保护公司及其他股东的利益，法律往往对某些特定人，如发起人、董事、监事、经理，所持股份的转让及股票受让人范围作必要限制。

发起人持有的本公司股份，自公司成立之日起一年内不得转让。公司公开发行股份前已发行的股份，自公司股票在证券交易所上市交易之日起一年内不得转让。这是为了防止发起人炒股，利用设立公司进行投机活动。《证券法》第 91 条也规定，在上市公司收购中，收购人对所持有的被收购的上市公司的股票，在收购行为完成后的六个月内不得转让，与《公司法》的规定旨趣相同。

案例评析

案例：洛阳中浩投资有限公司，于 1999 年 11 月投资成立了河南省国浩寻呼股份有限公司。2000 年 5 月 12 日，上述两公司与原告罗女士签订了《股票转让协议书》，协议约定：中浩公司转让国浩寻呼股份有限公司股票 10 000 股给罗女士，并盖有两公司印章及罗的签名。协议签订后，罗女士交款 12 000 元并领取了股票。

评析：两公司与原告罗女士签订的《股票转让协议书》是无效的。我国旧《公司法》规定，发起人持有的本公司股份，自公司成立之日起三年内不得转让。2005 年新修订的《公司法》改为，发起人持有的本公司股份，自公司成立之日起一年内不得转让。本案应适用旧法的规定。中浩公司作为发起人，在公司成立未满一年的期限内转让股份的行为明显违反了《公司法》的禁止性规定，自属无效。

公司董事、监事、高级管理人员应当向公司申报所持有的本公司的股份及其变动情况，在任职期间每年转让的股份不得超过其所持有本公司股份总数的百分之二十五；所持本公司股份自公司股票上市交易之日起一年内不得转让。上述人员离职后半年内，不得转让其所持有的本公司股份。公司章程可以对公司董事、监事、高级管理人员转让其所持有的本公司股份作出其他限制性规定。

我国《公司法》第142条明确规定："公司不得收购本公司股份。但是，有下列情形之一的除外：（一）减少公司注册资本；（二）与持有本公司股份的其他公司合并；（三）将股份奖励给本公司职工；（四）股东因对股东大会作出的公司合并、分立决议持异议，要求公司收购其股份的。公司因前款第（一）项至第（三）项的原因收购本公司股份的，应当经股东大会决议。公司依照前款规定收购本公司股份后，属于第（一）项情形的，应当自收购之日起十日内注销；属于第（二）项、第（四）项情形的，应当在六个月内转让或者注销。公司依照第一款第（三）项规定收购的本公司股份，不得超过本公司已发行股份总额的百分之五；用于收购的资金应当从公司的税后利润中支出；所收购的股份应当在一年内转让给职工。公司不得接受本公司的股票作为质押权的标的。"之所以规定公司不得接受本公司的股票作为质押权的标的，是因为当公司的债务人无力清偿到期债务时，公司有权将质押的股票折价归已所有，或依法拍卖、变卖，这等于是允许公司用自己的资金为债务人提供担保或者收回投资、减少公司资本。

案例评析

案例：2002年2月，诸先生、王先生等三人通过产权交易受让了某房产公司的整体产权，公司注册资本为2 000万元，王先生占其中的1 200万元，诸先生和另一股东各占400万元。王先生担任公司法定代表人、董事长、总经理，诸先生担任副总经理，但在后来的经营活动中，双方渐起摩擦。一年后，诸先生被免去副总经理职务，双方发生激烈冲突，甚至发展到拳脚相加。双方积怨日深，诸先生因此萌生退意。因房产公司变更注册资本及其他股权转让等事宜，诸先生后来持有该房产公司的股份为16%。诸先生遂以其遭排斥无法正常行使股东权为由，诉请法院判令房产公司以1 000万元股价回购其股份。（案例来源：陈忠仪、卫建萍，人民法院报）

评析：《公司法》第143条规定公司不得收购本公司股份，但在法定情形下有例外。该规定置于新《公司法》第5章"股份有限公司的股份发行和转让"中。从体例上分析，该规定应该不适用于有限责任公司。但是上述规定与其说是股份有限公司回购股份的特权，不如说是对其回购股份的限制。反观有关有限责任公司的规定，并无此种限制，因此可认为有限责任公司可回购股东股份。股份有限公司是开放性公司，社会影响力较大，法律自应严格监管，有限责任公司是封闭性公司，理论上应有更多的自治空间。但不能认为有限责任公司可任意回购股东股份，在司法实务中仍应持严格限制的立场。我国《公司法》第75条规定，有下列情形之一的，对股东会该项决议投反对票的股东可以请求公司按照合理的价格收购其股权：（一）公司连续五年不向股东分配利润，而公司该五年连续盈利，并且符合本法规定的分配利润条件的；（二）公司合并、分立、转让主要财产的；（三）公司章程规定的营业期限届满或者章程规定的其他解散事由出现，股东会会议通过决议修改章程使公司存续的。实践中，往往据此来认定是否允许有限责任公司回购股东股份。本案中诸先生以其遭排斥无法正常行使股东权为由，诉请法院判令房产公司以 1 000 万元股价回购其股份不符合上述规定，法院最终未支持其诉讼请求。

此外，我国《证券法》还对特定主体买卖股票设置了限制。《证券法》第 37 条规定，证券交易所、证券公司、证券登记结算机构从业人员、证券监督管理机构工作人员和法律、行政法规禁止参与股票交易的其他人员，在任期或者法定限期内，不得直接或者以化名、借他人名义持有、买卖股票，也不得收受他人赠送的股票。任何人在成为前款所列人员时，其原已持有的股票，必须依法转让。第 39 条规定，为股票发行出具审计报告、资产评估报告或者法律意见书等文件的专业机构和人员，在该股票承销期内和期满后六个月内，不得买卖该种股票；除前款规定外，为上市公司出具审计报告、资产评估报告或者法律意见书等文件的专业机构和人员，自接受上市公司委托之日起至上述文件公开后五日内，不得买卖该种股票。第 42 条规定，持有一个股份有限公司已发行的股份百分之五的股东，将其所持有的该公司的股票在买入后六个月内卖出，或者在卖出后六个月内又买入，由此所得收益归该公司所有，公司董事会应当收回该股东所得收益。但是，证券公司因包销购入售后剩余股票而持有百分之五以上股份的，卖出该股票时不受六个月时间限制。第 183 条规定，证券交易内幕信息的知情人员或者非法获取证券交易内幕信息的人员，在涉及证券的发行、交易或者其他对证券的价格有重大影响的信息尚未公开前，不得买入或者卖出该证券，或者泄露该信息或者建议他人买卖该证券。

2. 公司债券的发行与转让

1）公司债券的概念及分类

公司债券是指公司依照法定程序发行的，约定在一定期限还本付息的有价证券。公司债券是公司债的表现形式。基于公司债券的发行，在债券的持有人和发行人之间形成了以还本付息为内容的债权债务法律关系。因此，公司债券是公司向债券持有人出具的债务凭证。公司债券的还款来源是公司的经营利润，但是任何一家公司的未来经营都存在很大的不确定性，因此公司债券持有人承担着损失利息甚至本金的风险，风险性较大。正因如此，较高风险的公司债券需提供给债券持有人较高的收益。

公司债券通常可分为以下几类。

（1）按是否记名可分为记名公司债券和不记名公司债券。

记名公司债券，即在券面上登记持有人姓名或名称，支取本息要凭印鉴领取，转让时必须背书并到债券发行公司登记的公司债券。不记名公司债券，即券面上不需载明持有人姓名或名称，还本付息及流通转让仅以债券为凭，不需登记。

（2）按持有人是否参加公司利润分配，可分为参加公司债券和非参加公司债券。

参加公司债券，是指除了可按预先约定获得利息收入外，还可在一定程度上参加公司利润分配的公司债券。非参加公司债券，是指持有人只能按照事先约定的利率获得利息的公司债券。

(3) 按发行债券的目的，可分为普通公司债券、改组公司债券、利息公司债券和延期公司债券。

普通公司债券，即以固定利率、固定期限为特征的公司债券。这是公司债券的主要形式，目的在于为公司扩大生产规模提供资金来源。改组公司债券是为清理公司债务而发行的债券，也称为以新换旧债券。利息公司债券，又称为调整公司债券，是指面临债务信用危机的公司经债权人同意而发行的较低利率的新债券，用以换回原来发行的较高利率债券。延期公司债券，是指公司在已发行债券到期无力支付，又不能发新债还旧债的情况下，在征得债权人同意后可延长偿还期限的公司债券。

(4) 按发行人是否给予持有人选择权，可分为附有选择权的公司债券和未附选择权的公司债券。

附有选择权的公司债券，是指在一些公司债券的发行中，发行人给予持有人一定的选择权，如可转换公司债券（附有可转换为普通股的选择权）、有认股权证的公司债券和可退还公司债券（附有持有人在债券到期前可将其回售给发行人的选择权）。未附选择权的公司债券，即债券发行人未给予持有人上述选择权的公司债券。

在此，有必要对可转换公司债券作进一步的阐述。

可转换公司债券的全称为可转换为股票的公司债券，是指发行人依照法定程序发行，在一定期限内依照约定的条件可以转换为股票的公司债券。我国《公司法》第 161 条明确规定："上市公司经股东大会决议可以发行可转换为股票的公司债券，并在公司债券募集办法中规定具体的转换办法。上市公司发行可转换为股票的公司债券，应当报国务院证券监督管理机构核准。发行可转换为股票的公司债券，应当在债券上标明可转换公司债券字样，并在公司债券存根簿上载明可转换公司债券的数额。"第 162 条规定："发行可转换为股票的公司债券的，公司应当按照其转换办法向债券持有人换发股票，但债券持有人对转换股票或者不转换股票有选择权。"

理解可转换公司债券的概念，应该注意以下几点。

首先，可转换公司债券是一种公司债券，在可转换公司债券转换为股票之前，其特征和运作方式与公司债券相同。如果是附息债券，则按期支付利息。如果可转换公司债券在到期之前没有转换为股票，或者没有全部转换为股票，则这些可转换公司债券如一般意义上的公司债券一样，必须还本付息。在还本付息以后，这些可转换公司债券的寿命就宣告结束。

其次，可转换公司债券与一般意义上的公司债券有着明显的区别。一般意义上的公司债券须在一定期限内按照约定的条件还本付息；而可转换公司债券一旦转换为股票以后，其具有的公司债券特征全部丧失，而代之出现的是股票的特征。

再次，从理论上看，可转换公司债券的理论基础既有公司债券理论，也有股票理论。在可转换公司债券发行时，主要以公司债券理论为主，也要考虑股票理论。可转换公司债券转换为股票时，在定价方面既适用公司债券定价理论，也需参考股票定价理论。在转换为股票以后，主要适用的是股票理论。

2）公司债券的发行

我国《公司法》第 153 条规定，发行公司债券应符合《证券法》规定的发行条件。根据我国《证券法》第 16 条、第 18 条的规定，公开发行公司债券，应当符合下列条件：① 股份有限公司的净资产不低于人民币三千万元，有限责任公司的净资产不低于人民币六千万元；② 累计债券余额不超过公司净资产的百分之四十；③ 最近三年平均可分配利润足以支付公司债券一年的利息；④ 筹集的资金投向符合国家产业政策；⑤ 债券的利率不超过国务院限定的利率水平；⑥ 国务院规定的其他条件。

上市公司发行可转换为股票的公司债券，除应当符合第一款规定的条件外，还应当符合公开发行股票的条件，并报国务院证券监督管理机构核准。

有下列情形之一的，不得再次公开发行公司债券：① 前一次公开发行的公司债券尚未募足；② 对已公开发行的公司债券或者其他债务有违约或者延迟支付本息的事实，仍处于继续状态；③ 违反《证券法》规定，改变公开发行公司债券所募资金的用途。

3）公司债券的转让

我国《公司法》第 159 条明确规定："公司债券可以转让，转让价格由转让人与受让人约定。公司债券在证券交易所上市交易的，按照证券交易所的交易规则转让。"第 160 条规定："记名公司债券，由债券持有人以背书方式或者法律、行政法规规定的其他方式转让；转让后由公司将受让人的姓名或者名称及住所记载于公司债券存根簿。无记名公司债券的转让，由债券持有人将该债券交付给受让人后即发生转让的效力。"

2.4.7　公司财务、会计制度

1. 财务、会计制度概述

财务、会计制度是企业利用价值形式组织生产和进行分配及交换的必要手段。

财务管理是基于企业再生产过程中客观存在的财务活动和财务关系而产生的，是组织企业资金运动、处理企业与各方面财务关系的一系列经济管理工作的统称，具体包括财务预测与决策、财务计划与预算、财务控制、财务考核与分析等环节。组织财务预测与决策、制订财务计划与预算、实施财务控制、开展财务考核与分析，各个环节互相配合，紧密联系，形成系统的财务管理循环过程，构成完整的财务管理工作体系。

会计是运用凭证、账簿和专门报表，采用以货币为主要计算单位的各种计量方法，收集、分类、记录、报告、分析、比较和评价特定单位经济活动和经济效益的一种管理工作。我国对会计制度实行统一领导、分级管理的管理体制，由财政部制定统一的会计制度。会计制度着重对公司的经济活动和财产情况进行连续、系统和综合的反映。一般来说，会计制度包括会计凭证、科目、账户的设置，会计业务的处理程序和方法，会计报表、决算报告的编制、审批，会计监督和检查的内容，会计档案管理以及其他会计事务等。严格遵守会计制度，是顺利进行会计工作、保证会计工作秩序、提高会计工作质量的重要前提。

我国公司法规定，公司应当依照法律、行政法规和国务院财政部门的规定建立本公司的财务、会计制度。公司财务、会计虽是企业内部事务，但事关股东、债权人和社会公共利益，影响甚大，因此《公司法》特作专章规定。在此主要介绍公积金制度。

2. 公积金制度

公积金（Reserve），又称储备金，是公司为巩固公司财产基础，增强公司信用，弥补意外亏损，扩大业务规模等目的，而于资本额外所保留的一部分金额。公积金往往被称为附加资本，其结果是致使公司盈余分派于股东的金额减少，而公司财产因之增加。公积金的建立对公司的存在和发展具有重要意义，各国公司法几乎都规定了公积金制度，表现了国家对经济组织活动的积极干预，通过维持公司的存在和发展，进而维护社会经济秩序的稳定。我国公司法对公积金的提取和用途作了具体规定。

1）公积金的提取

根据公积金提取的来源不同，公积金可分为盈余公积金和资本公积金。

盈余公积金来源于公司营业利润，按是否受限制分为法定盈余公积金和任意盈余公积金两种。我国公司法规定，公司分配当年税后利润时，应当提取利润10％列入公司法定公积金，但公司法定公积金累计额为公司注册资本的50％以上的，可不再提取。根据《公司法》第203条的规定，公司不依照本法规定提取法定公积金的，由县级以上人民政府财政部门责令如数补足应当提取的金额，可以对公司处以二十万元以下的罚款。公司的法定公积金不足以弥补上一年度公司亏损的，在依照规定提取法定公积金和法定公益金之前，应当先用当年利润弥补亏损。任意盈余公积金，是指公司根据章程规定或股东会的决议，于公司利润中自由提取的公积金。根据《公司法》第166条第3款的规定，公司在从税后利润中提取法定公积金后，经股东会决议，可以提取任意公积金。

资本公积金，是指来源于企业非投资和经营所产生的收益。主要包括股本溢价、法定财产重估增值、接受捐赠的资产价值等。股份有限公司依照法律规定，以超过股票票面金额的发行价格发行股份所得的溢价款以及国务院财政主管部门规定列入资本公积金的其他收入，应当列为公司资本公积金。资本公积金都是法定公积金，资本公积金的提取没有最高金额的限制。

2）公积金的用途

一般来说，法定公积金与任意公积金的用途是不同的。法定盈余公积金主要用于增加企业资本，补充企业生产经营用资金以及弥补企业超过税前弥补期限后的亏损；而任意盈余公积金可用于股利发放。我国《公司法》对此未作明确划分。根据《公司法》第168条的规定，公司的公积金用于弥补公司的亏损，扩大公司生产经营或者转为增加公司资本。股份有限公司将公积金转为资本时，所留存的该项公积金不得少于转增前注册资本的25％。但是，资本公积金不得用于弥补公司的亏损。

2.4.8 公司的合并与分立

1. 公司合并与分立的概念

公司的合并，是指两个以上的公司，通过订立合并协议，依法定程序，合并为一个公司的法律行为。公司的合并，至少有两个公司才能达成。公司有种类的差别，于是在公司法上就产生了对合并的公司在种类上是否加以限制的问题，对此在立法和学说上有两种观点。① 公司种类非限制主义。即不仅同种类公司，如有限责任公司与有限责任公司之间可以合并，不同种类公司，如有限责任公司与股份有限公司之间也可以合并。② 公司种类限制主义。多数国家立法采取第二种观点，具体有两种不同做法：其一，限制合并前公司的种类，即有限责任公司或股份有限公司等只能同类之间相互合并；其二，限制合并后公司的种类，即各种公司都可以相互合并，但合并的公司，如果一方或双方为股份有限公司时，那么合并后存续的公司或因合并而新设的公司，必须是股份有限公司才行。我国《公司法》对公司合并是否有种类限制没有作出明确规定，可认为采取公司种类非限制主义。

公司的分立，是指一个公司依法定程序分开设立为两个或两个以上的公司的法律行为。但设立分公司不属于公司分立。

2. 公司的合并

1）公司合并的方式

公司的合并，一般采取两种方式。根据《公司法》第 172 条的规定，公司合并可以采取吸收合并或者新设合并。一个公司吸收其他公司为吸收合并，被吸收的公司解散；两个以上公司合并设立一个新的公司为新设合并，合并各方解散。为了保持主体资格的延续，公司合并大都采取吸收合并方式。

由此可见，公司合并将产生以下三种效果。① 公司解散，即合并后不复存在的公司归于解散。② 公司变更，公司合并后继续存在的公司，在吸纳了其他公司后，虽不改变原公司法人资格，但公司内容发生较大变化，导致公司章程和登记事项的变更。③ 公司设立，新设合并后产生的公司，与原有公司既不存在资产上的控股，也不存在组织上的管理等关系，完全是公司的重新创立，将按规定办理开业登记手续。

2）公司合并的程序

① 由合并各方公司董事会拟订合并方案。

② 签订公司合并协议。公司合并时，由参与合并各方法定代表人在协商一致的基础上签订合并协议。合并协议应采取书面形式，并载明：合并的宗旨，合并的原因、条件，合并后存续公司或新设公司的名称、性质、住所，合并各方的资产状况及其处置方法，合并各方债权债务的处理，新设公司或存续公司股份总数、种类及各股份数额或股份增加数额，股份的转换方式，合并公司或存续公司的股东，公司章程的拟定或修改，不同意参与合并的股东的退股和收购，以及合并以后新公司或存续公司的组织机构产生办法等事项。

③ 编制资产负债表及财产清单并通知债权人。公司合并，应当编制资产负债表及财产清单，并通告债权人。公司应当自作出合并决议之日起十日内通知债权人，并于三十日内在报纸上公告。债权人自接到通知书之日起三十日内，未接到通知书的自公告之日起四十五日内，可以要求公司清偿债务或者提供相应的担保。不依照法律规定通知或者公告债权人的，由公司登记机关责令改正，对公司处以一万元以上十万元以下的罚款。公司合并时，合并各方的债权、债务，应当由合并后存续的公司或者新设的公司

承继。

④ 登记。公司合并时，应在一定的期限内向登记主管机关申请办理有关登记手续。公司合并，登记事项发生变更的，应当依法向公司登记机关办理变更登记；公司解散的，应当依法办理公司注销登记；设立新公司的，应当依法办理公司设立登记。只有经过变更或设立登记，签发新的营业执照后，公司合并才算最终完成。

3）公司合并的法律后果

根据民法原理，合同之债权债务的转让须经对方当事人同意，但法律另有规定或当事人另有约定的除外。在合并过程中，被吸收公司的全部积极财产和消极财产均转移于存续公司，称为概括承受。我国《公司法》第 174 条明确规定："公司合并时，合并各方的债权、债务，应当由合并后存续的公司或者新设的公司承继。"

3. 公司的分立

1）公司分立的方式

公司分立有两种方式。① 公司将其部分财产或业务分离出去另设一个或几个新的公司，原公司继续保留法人资格，即存续分立。在存续分立中，可以是设立全资子公司，也可以是设立关联公司。公司将部分财产投入一个已经存在的公司或两个以上的公司共同出资组建一个新公司，属于公司转投资，不属于公司分立。② 公司以其全部财产分别设立两个或两个以上的新公司，原公司解散，原公司法人资格消灭，即为解散分立。

2）公司分立的程序

公司分立，因不涉及其他公司，在程序上相对来说比较简单。

（1）拟订公司分立决议。根据我国《公司法》的规定，公司分立先由公司董事会拟订分立方案，然后由公司的股东会（或股东大会）讨论作出决议。

（2）进行财产分割。财产是公司设立的基本物质条件，也是承担公司债务的保障，因此，进行公司分立，必须合理、清楚地分割原公司的财产。存续分立导致原公司财产的减少，解散分立则完全是公司财产的重新分配。

（3）编制表册，通告债权人。公司分立时，应当编制资产负债表及财产清单。公司应当自作出分立决议之日起十日内通知债权人，并于三十日内在报纸上公告。不依照法律规定通知或者公告债权人的，由公司登记机关责令改正，对公司处以一万元以上十万元以下的罚款。债权人自接到通知书之日起三十日内，未接到通知书的自公告之日起四十五日内，有权要求公司清偿债务或者提供相应的担保。

（4）登记。公司存续分立，必然出现原公司登记注册事项主要是注册资本的减少等变化和新公司的产生；解散分立中，必然出现的是原公司的解散和新公司的产生。因此，公司分立时，同样要办理公司变更登记、注销登记或设立登记。

3）公司分立的法律后果

公司分立前的债务，由分立后的公司承担连带责任，但是公司在分立前与债权人就债务清偿达成的书面协议另有约定的除外。① 公司分立时与债权人达成了债务承担协议，则应按协议执行。例如，A 企业分立为 B、C 两企业，分立时 B、C 与 A 的债权人 D 达成了协议，由 B 负担清偿 D 的债务，C 与此债务无关。那么，应按该协议执行。② 公司分立时与债权人未达成协议，应由分立后的公司对原公司债务承担连带责任。

公司分立前债权的继承同债务继承的规定，当事人之间有约定的从约定；没有约定的，分立后的公司享有连带债权。

案例评析

案例：2001 年 5 月，某市通利制药厂与某市物资公司签订了一份购买药材合同，合同约定：物资公司向通利制药厂供应 4 吨药材，每吨单价为 10 万元；交货期限为 2001 年 8 月底；通利制药厂应于 6 月 30 日前预付款 20 万元，其余货款待交付药材后 10 天内全部付清。合同对所购药材的质量以及双方的违约责任作了明确规定。合同签订后，通利制药厂按期预付了 20 万元的货款。7 月中旬，通利制药厂由于改制的需要，分立为通利药业有限公司和通利对外服务公司两个单位。通利制药厂向物资公司购买的 4 吨药材作为分配财产为通利药业有限公司所有。通利制药厂在清理原订合同时和对外服务公司协商约定，所购药材剩余价款由分立的两个单位各负担一半。8 月底，物资公司送货时被告知药材运至通利药业有限公司。通利药业有限公司向物资公司支付了 10 万元。物资公司向其追要剩余的 10 万元。通利药业有限公司按照公司分立时签订的协议回复，自己对这笔债务只负担一半，其余一半应由通利对外服务公司支付。而通利对外服务公司提出自己资金紧张，而且并未占有、使用这 4 吨药材，这是通利药业有限公司所欠的货款，与己无关。物资公司追索无果，遂向法院提起了诉讼。（案例来源：找法网）

评析：本案要解决的是公司分立后，原有债务如何承担的问题。我国公司法规定公司分立前的债务由分立后的公司承担连带责任，但是，公司在分立前与债权人就债务清偿达成的书面协议另有约定的除外。据此，通利制药厂分立为通利药业有限公司和通利对外服务公司两个单位后，分立前的债务仍由分立后的两家单位承担连带责任，即债权人可向任何一方主张权利。虽然通利制药厂在清理原订合同时和对外服务公司协商约定，所购药材剩余价款由分立的两个单位各负担一半，但没有征得债权人物资公司的同意，不能对抗债权人。物资公司既可要求对外服务公司支付货款，也可要求通利药业有限公司支付货款。通利药业有限公司支付货款后，可再向对外服务公司追偿。

2.4.9　公司的解散和清算

1. 公司的解散

公司解散是结束公司的正常经营活动，消灭其法人资格的一种法律程序。

1）公司解散的法定事由

根据我国公司法的规定，公司因下列原因而解散。

(1) 公司章程规定的营业期限届满或者公司章程规定的其他解散事由出现。

公司股东得约定公司存续的条件或期限，期限届满或条件成就时，公司自应解散。

但若经必要程序，在期限届满或条件成就时，公司也可不予解散。依据《公司法》第181条的规定，公司章程规定的营业期限届满或者公司章程规定的其他解散事由出现的，可以通过修改公司章程而使公司继续存续。修改公司章程，有限责任公司须经持有三分之二以上表决权的股东通过，股份有限公司须经出席股东大会会议的股东所持表决权的三分之二以上通过。

(2) 股东会或股东大会决议解散。

这是对公司提前解散作出的特别规定。有限责任公司必须经代表三分之二以上表决权的股东通过，股份有限公司的规定与此类似。

(3) 因公司合并或者分立需要解散。

(4) 依法被吊销营业执照、责令关闭或者被撤销。

依我国公司法的规定，对提交虚假材料或者采取其他欺诈手段隐瞒重要事实、情节严重的；公司成立后无正当理由超过六个月未开业的，或者开业后自行停业连续六个月以上的；利用公司名义从事危害国家安全、社会公共利益的严重违法行为的，可以由公司登记机关吊销营业执照。

(5) 人民法院依照《公司法》第183条的规定予以解散。我国《公司法》第183条规定："公司经营管理发生严重困难，继续存续会使股东利益受到重大损失，通过其他途径不能解决的，持有公司全部股东表决权百分之十以上的股东，可以请求人民法院解散公司。"股东请求解散公司诉讼是修订后公司法的一项制度创新。

为正确适用《中华人民共和国公司法》，2008年5月19日起施行的《最高人民法院关于适用〈中华人民共和国公司法〉若干问题的规定（二）》对此又作了进一步的细化。其中第1条规定："单独或者合计持有公司全部股东表决权百分之十以上的股东，以下列事由之一提起解散公司诉讼，并符合《公司法》第183条规定的，人民法院应予受理：(一) 公司持续两年以上无法召开股东会或者股东大会，公司经营管理发生严重困难的；(二) 股东表决时无法达到法定或者公司章程规定的比例，持续两年以上不能作出有效的股东会或者股东大会决议，公司经营管理发生严重困难的；(三) 公司董事长期冲突，且无法通过股东会或者股东大会解决，公司经营管理发生严重困难的；(四) 经营管理发生其他严重困难，公司继续存续会使股东利益受到重大损失的情形。"需要注意的是，股东提起解散公司诉讼应当以公司为被告。原告以其他股东为被告一并提起诉讼的，人民法院应当告知原告将其他股东变更为第三人；原告坚持不予变更的，人民法院应当驳回原告对其他股东的起诉。原告提起解散公司诉讼应当告知其他股东，或者由人民法院通知其参加诉讼。其他股东或者有关利害关系人申请以共同原告或者第三人身份参加诉讼的，人民法院应予准许。人民法院关于解散公司诉讼作出的判决，对公司全体股东具有法律约束力。

案例评析

案例：2001年12月，中科院半导体研究所、泰州丰达公司、王先生共三名股东共同出资设立科威傲微电子有限公司。2004年4月，北京市科学技术委员会向科威傲微公司颁发了《高新技术企业认定证书》。然而，根据科威傲微电子有限公司的年检报告、财务报表显示，该公司 2002 年至 2005 年始终处于亏损状态。中科院半导体研究所和另一股东泰州丰达公司都认为，鉴于目前的状况，科威傲微电子有限公司继续存续，只会使其继续蒙受经营成本上的损失，他们无意维持公司。而被告王先生则认为，科威傲微电子有限公司经营亏损主要是其他两家股东对自己不断排斥、干扰经营所致。双方争执不下，中科院半导体研究所遂向海淀区法院起诉，请求法院判令解散北京科威傲微电子有限公司，并依法进行清算。（案例来源：傅沙沙、魏玮，中新网）

评析：股东请求人民法院解散公司是公司解散的一种方式，属司法强制解散。股东请求人民法院解散公司的诉讼，称为解散公司诉讼。《公司法》概括规定了公司司法解散的法定事由，即公司经营管理发生严重困难，继续存续会使股东利益受到重大损失，通过其他途径不能解决。《最高人民法院关于适用〈中华人民共和国公司法〉若干问题的规定（二）》则对此作了进一步的细化。本案中科威傲微电子有限公司的股东之间对于公司是否应当存续存在严重的利益冲突。在这种情况下，公司继续存续，只会使其继续蒙受经营成本上的损失，这对公司股东权益以及社会资源的有效配置来说，无疑是重大损失。本案诉讼期间双方均指责对方的过错，这表明股东之间已经缺乏继续合作的信任基础，所以法院最终依据我国《公司法》第 183 条关于公司司法解散程序的规定，依法判令北京科威傲微电子有限公司于判决生效之日起解散。

2）公司解散的后果

公司解散并不标志着公司法人资格的立即消灭，而应进入清算程序，这种清算称为解散清算。它不同于企业法人不能清偿到期债务，并且资产不足以清偿全部债务或者明显缺乏清偿能力的破产清算。无论是解散清算还是破产清算，在清算期间内，公司的法人资格视为存续，但其权利能力仅限于清算范围内，具体由清算组处理公司未了结的业务。

2. 公司的清算

清算是指清理公司尚未了结的事务以消灭公司法人资格的一种法律程序。公司解散后，除因公司合并或者分立事由者外，都要经过清算程序。未办理清算事务，公司登记机关不得办理公司注销手续。

1）清算机构

解散清算必须依法组成清算组来完成对公司的清算任务。所谓清算组，是指在公司破产或解散过程中从事清算事务、处理公司财产和债权债务的执行机构，又称为“清算人”。公司除因公司合并或者分立而自然解散的之外，应当在解散事由出现 15 日内成立清算组，有限责任公司的清算组由股东组成，股份有限公司的清算组由董事或股东大会确定的人员组成。

虽然成立清算组但故意拖延清算的，违法清算可能严重损害债权人或者股东利益的，债权人可以申请人民法院指定有关人员组成清算组，进行清算。人民法院应当受理该申请，并及时组织清算组进行清算。

根据《最高人民法院关于适用〈中华人民共和国公司法〉若干问题的规定（二）》，

清算组成员可以从下列人员或者机构中产生：① 公司股东、董事、监事、高级管理人员；② 依法设立的律师事务所、会计师事务所、破产清算事务所等社会中介机构；③ 依法设立的律师事务所、会计师事务所、破产清算事务所等社会中介机构中具备相关专业知识并取得执业资格的人员。但有违反法律或者行政法规的行为、丧失执业能力或者民事行为能力、有严重损害公司或者债权人利益的行为的，不得成为清算组成员。

清算组成员应当忠于职守，依法履行清算义务。清算组成员不得利用职权收受贿赂或者其他非法收入，不得侵占公司财产。清算组成员因故意或者重大过失给公司或者债权人造成损失的，应当承担赔偿责任。清算组成员利用职权徇私舞弊、谋取非法收入或者侵占公司财产的，由公司登记机关责令退还公司财产，没收违法所得，并可以处以违法所得一倍以上五倍以下的罚款。

根据我国《公司法》第 184 条规定，清算组在清算期间行使下列职权：① 清理公司财产，分别编制资产负债表和财产清单；② 通知、公告债权人；③ 处理与清算有关的公司未了结的业务；④ 清缴所欠税款以及清算过程中产生的税款；⑤ 清理债权、债务；⑥ 处理公司清偿债务后的剩余财产；⑦ 代表公司参与民事诉讼活动。

2）清算程序

（1）通知及公告申报债权。根据我国公司法和相关司法解释的规定，清算组应当自成立之日起十日内通知债权人，并于六十日内根据公司规模和营业地域范围在全国或者公司注册登记地省级有影响的报纸上进行公告。清算组未按照规定履行通知和公告义务，导致债权人未及时申报债权而未获清偿，债权人主张清算组成员对因此造成的损失承担赔偿责任的，人民法院应依法予以支持。债权人应当自接到通知书之日起三十日内，未接到通知书的自公告之日起四十五日内，向清算组申报其债权。债权人在规定的期限内未申报债权，在公司清算程序终结前补充申报的，清算组应予登记。债权人申报债权，应当说明债权的有关事项，并提供证明材料。清算组应当对债权进行登记。在申报债权期间，清算组不得对债权人进行清偿。

（2）清偿债务。清算组在清理公司财产、编制资产负债表和财产清单后，应当制订清算方案，并报股东会、股东大会或者人民法院确认。执行未经确认的清算方案给公司或者债权人造成损失，公司、股东或者债权人主张清算组成员承担赔偿责任的，人民法院应依法予以支持。公司财产能够清偿公司债务的，在支付清算费用、职工的工资、社会保险费用和法定补偿金、缴纳所欠税款后对公司债务进行清偿。清算组在清理公司财产、编制资产负债表和财产清单后，发现公司财产不足清偿债务的，应当依法向人民法院申请宣告破产。公司在进行清算时，隐匿财产，对资产负债表或者财产清单作虚假记载或者在未清偿债务前分配公司财产的，由公司登记机关责令改正，对公司处以隐匿财产或者未清偿债务前分配公司财产金额百分之五以上百分之十以下的罚款；对直接负责的主管人员和其他直接责任人员处以一万元以上十万元以下的罚款。

（3）分配剩余财产。根据《公司法》和相关司法解释的规定，清偿公司债务后的剩余财产，有限责任公司按照股东的出资比例分配，股份有限公司按照股东持有的股份比例分配。清算期间，公司存续，但不得开展与清算无关的经营活动。公司在清算期间开展与清算无关的经营活动的，由公司登记机关予以警告，没收违法所得。公司财产在未按规定清偿清算费用、职工的工资、社会保险费用和法定补偿金，以及缴纳所欠税款、清偿公司债务前，不得分配给股东。债权人补充申报的债权，可以在公司尚未分配财产中依法清偿。公司尚未分配财产不能全额清偿，债权人主张股东以其在剩余财产分配中已经取得的财产予以清偿的，人民法院应予支持；但债权人因重大过错未在规定期限内申报债权的除外。债权人或者清算组，以公司尚未分配财产和股东在剩余财产分配中已经取得的财产，不能全额清偿补充申报的债权为由，向人民法院提出破产清算申请的，人民法院不予受理。

(4) 清算终结。在经过债务清偿和剩余财产分配后，清算即告终结。根据《公司法》第189条规定，公司清算结束后，清算组应当制作清算报告，报股东会、股东大会或者人民法院确认，并报送公司登记机关，申请注销公司登记，公告公司终止。清算组不依照法律规定向公司登记机关报送清算报告，或者报送清算报告隐瞒重要事实或者有重大遗漏的，由公司登记机关责令改正。

3) 公司股东的责任

有限责任公司的股东、股份有限公司的董事和控股股东未在法定期限内成立清算组开始清算，导致公司财产贬值、流失、毁损或者灭失，债权人主张其在造成损失范围内对公司债务承担赔偿责任的，人民法院应依法予以支持。

有限责任公司的股东、股份有限公司的董事和控股股东因怠于履行义务，导致公司主要财产、账册、重要文件等灭失，无法进行清算，债权人主张其对公司债务承担连带清偿责任的，人民法院应依法予以支持。上述情形系实际控制人原因造成，债权人主张实际控制人对公司债务承担相应民事责任的，人民法院应依法予以支持。

案例评析

案例： 1994年2月16日，被告卫辉市城郊乡河园村委会出资27.5万元，石某及陈某等11人出资22.5万元，共同组建了康达化工有限公司，期间，原告任毅先后7次借款15.5万元给康达公司。2006年10月24日，公司收回该7份借据，重新给原告出具了借款总凭证，载明向原告借款15.5万元。2006年10月25日，因公司未进行年检而被工商部门吊销营业执照，同期公司解散。公司解散后，未按法律规定的期限成立清算组对公司进行清算。2008年3月25日，河南省卫辉市人民法院对该案作出一审判决，法院判处被告卫辉市城郊乡村民委员会以其在康达化工有限公司的出资额为限，偿还原告任毅15.5万元。(案例来源：范诗平，中国法院网)

评析： 公司除因公司合并或者分立而自然解散的之外，应当在解散事由出现15日内成立清算组。有限责任公司的清算组由股东组成，股份有限公司的清算组由董事或股东大会确定的人员组成。逾期不成立清算组进行清算的，债权人可以申请人民法院指定有关人员组成清算组，进行清算；导致公司财产贬值、流失、毁损或者灭失，债权人主张其在造成损失范围内对公司债务承担赔偿责任的，人民法院应依法予以支持。本案中，城郊乡河园村委会作为占有康达公司55%股份的股东，在公司解散后，有义务组织其他股东成立清算组对公司的债权债务进行清算。其至今未予清算的不作为行为，造成原告债权无法实现，直接侵害了原告的合法权益。因此，被告河园村委会应对康达公司向原告的借款承担民事责任。至于是否被告仅需“以出资额为限”承担责任，尚值得商榷。

有限责任公司的股东、股份有限公司的董事和控股股东，以及公司的实际控制人在公司解散后，恶意处置公司财产给债权人造成损失，或者未经依法清算，以虚假的清算报告骗取公司登记机关办理法人注销登记，债权人主张其对公司债务承担相应赔偿责任的，人民法院应依法予以支持。

公司未经依法清算即办理注销登记，股东或者第三人在公司登记机关办理注销登记时承诺对公司债务承担责任，债权人主张其对公司债务承担相应民事责任的，人民法院应依法予以支持。有限责任公司的股东、股份有限公司的董事和控股股东，以及公司的实际控制人为二人以上的，其中一人或者数人按规定承担民事责任后，主张其他人员按照过错大小分担责任的，人民法院应依法予以支持。

公司解散时，股东尚未缴纳的出资均应作为清算财产。股东尚未缴纳的出资包括：到期应缴未缴的出资，以及依照《公司法》的规定分期缴纳尚未届满缴纳期限的出资。公司财产不足以清偿债务时，债权人主张未缴出资股东，以及公司设立时的其他股东或者发起人在未缴出资范围内对公司债务承担连带清偿责任的，人民法院应依法予以支持。

实务案例讨论

2001 年 3 月，博星公司、博德公司、董某分别出资 1 950 万元、45 万元、5 万元，三毛公司出资 2 000 万元，四方共同成立博华公司，从事基因芯片技术开发。公司设立协议及公司章程约定：先由三毛公司委派人员担任公司法定代表人一年；在此期间，博星公司向博华公司转让“肝炎基因芯片技术”；2002 年，应由博星公司委派人员担任公司法定代表人。

因博星公司未履行技术转让义务，博华公司于 2002 年亦未变更法定代表人。三毛公司、博星公司为此先后提起一个仲裁和两个诉讼，仲裁机构和法院分别作出了博星公司返还博华公司技术转让款 2 000 万元和三毛公司、博华公司履行变更法定代表人义务的裁决和判决，但各方均未实际履行裁决与判决。

此外，工商年检报告显示，自 2001 年 3 月博华公司成立以来，公司历年经营亏损，现已无主营业务收入，处于停业状态。

2006 年 6 月，博星公司、博德公司、董某三作为原告向上海市第二中级人民法院提起诉讼，请求判令解散博华公司。三毛公司不同意解散博华公司，认为只要博星公司履行返还技术转让款的义务，公司经营状况就会好转。

法院在该案审理中责成博华公司召开股东会，但博星公司要求解散公司、更换法定代表人、行使股东知情权三项议题以及三毛公司关于制定公司发展规划的议题，均未在股东会上形成有效决议。法院还曾要求各方股东就各自持有的博华公司股权进行内部或对外转让事宜，限期洽谈，并主持调解，未能达成调解协议。

请问：博华公司应否被解散？

思考题

1. 企业是否均具有法人资格？为什么？请阐述企业与法人之间的关系。

2. 我国个人独资企业和合伙企业的投资人在对所投资企业的债务承担上分别负有何种责任？请简要加以阐述。

3. 有限合伙企业与普通合伙企业在设立方面主要存在哪些区别？

4. 我国 2013 年修订的《公司法》有哪些新的制度亮点？

5. 在公司法人治理结构中，股东会、董事会和监事会分别处于何种地位？

6. 如果有朋友向你咨询“投资创设哪种类型的企业比较好”，你将提供何种建议？

第3章 合同法律制度

合同法是我国社会主义市场经济的最基本的法律准则。在市场经济条件下，一切交易活动均通过合同的缔结和履行得以进行，因此，合同关系是最基本的社会关系，合同法对于保障和促进我国经济建设和发展起着至关重要的作用。我国《合同法》分为总则和分则两大部分。总则是关于合同的一般原则和基本规则的规定，分则是关于各类典型合同的具体规定。由于合同法内容极其丰富，而本书篇幅有限，在此仅以《合同法》总则作为本章研讨的对象。

3.1 合同及合同法概述

3.1.1 合同的概念及特点

1. 合同的概念

在日常生活中，人们往往将“合同”与“契约”混用。有学者则指出二者存在区别：为谋不同利益而合意者为契约，如买卖，买者为物而卖者为钱；为谋共同利益而合意者，则应为合同，如合伙合同，合伙人的利益是一致的。① 但是，我国学界通常对二者不作区分。本书亦采此观点，将“合同”与“契约”等同使用。

合同有广义和狭义之分。广义的合同，泛指一切确立权利义务关系的协议，包括民事合同、行政合同、劳动合同等；狭义的合同即民事合同，指确立、变更、终止民事权利义务关系的协议。我国《合同法》第2条明确规定：“本法所称合同是平等主体的自然人、法人、其他组织之间设立、变更、终止民事权利义务关系的协议。”显然，我国《合同法》仅规范狭义的民事合同。

2. 合同的法律特征

(1) 合同是两个以上当事人意思表示一致的民事法律行为。

---

① 张俊浩. 民法学原理. 北京：中国政法大学出版社，1991：576.

合同必须是两个以上的主体缔结的，因而是当事人合意的产物。缔约各方的共同意志是合同成立的基础。

(2) 合同以设立、变更、终止民事权利义务关系为目的。

所谓设立民事权利义务关系，是指在当事人之间形成某种法律关系，如买卖合同使缔约方之间形成买卖关系；所谓变更民事权利义务关系，是指当事人通过订立合同，使原有的权利义务关系的内容发生变化，从而形成新的权利义务关系，如延期还款合同使债务清偿期发生改变；所谓终止民事权利义务关系，是指当事人通过订立合同，使原有的权利义务归于消灭，如终止合作关系的合同。

(3) 合同主体的法律地位平等。

缔约当事人的法律地位平等，任何一方不得将自己的意志强加给对方。当事人有权按照自己的意志，决定是否订立契约、与何人缔约以及以何为内容而缔约。只有当事人法律地位平等，才能保证合意的真实性和自愿性。

3.1.2　合同的分类

按照不同的标准，合同可划分为不同的种类。

1. 双务合同与单务合同

根据当事人是否互为权利人和义务人，可将合同分为双务合同与单务合同。所谓双务合同，是指当事人双方相互享有权利、承担义务的合同，如买卖、租赁、承揽、运输、保险等合同均为双务合同；所谓单务合同，是指当事人一方只享有权利而另一方只承担义务的合同，如赠与、借用合同即为单务合同。

2. 有偿合同与无偿合同

根据当事人取得权利是否以偿付为代价，可将合同分为有偿合同与无偿合同。所谓有偿合同，是指当事人一方为享有合同权利必须向对方付出相应代价的合同；所谓无偿合同，则是指当事人一方依据合同获得权利而无须付出相应代价的合同。

有偿合同是商品交换的典型法律形式，体现了等价有偿的交易规则。需要说明的是，一般而言，付出的代价与取得的利益在价值上应大致相当。至于“代价”是否应等于所得利益，原则上可以由当事人自行约定，但要避免显失公平的后果。无偿合同之“无偿”，并非不承担任何义务，如借用人负有正当使用和按期返还借用物的义务。

实践中，有些合同只能是有偿的，如买卖、租赁等合同；有些合同只能是无偿的，如赠与等合同；也有些合同既可以是有偿的，也可以是无偿的，具体要由当事人协商确定，如委托、保管等合同。

有偿合同与无偿合同的划分，与单务合同和双务合同的划分并不完全等同。但一般而言，双务合同都是有偿合同，单务合同原则上为无偿合同。

3. 诺成合同与实践合同

根据合同的成立是否以交付标的物为要件，可将合同分为诺成合同与实践合同。诺成合同，是指当事人意思表示一致即可成立的合同；实践合同，又称要物合同，是指除当事人意思表示一致外，还须交付标的物方能成立的合同。例如，自然人之间的借款合同便属于典型的实践合同。我国《合同法》第 210 条规定："自然人之间的借款合同，自贷款人提供借款时生效。"因此，即使自然人之间就借款事宜达成一致意见并签署了书面借款合同，但后期出借人仍可反悔并拒绝提供借款，因为该借款合同尚未生效，对出借人不具有法律约束力。实务中，绝大多数的合同属于诺成合同。

4. 要式合同与非要式合同

根据合同的成立是否需要符合法律规定的特定形式，可将合同分为要式合同与非要式合同。所谓要式合同，是指法律要求必须采取一定形式的合同。如我国《合同法》规定的融资租赁合同、建设工程合同、技术开发合同等。非要式合同，是指法律不要求必须采取一定形式的合同。

我国《合同法》第 10 条规定："当事人订立合同，有书面形式、口头形式和其他形式。法律、行政法规规定采用书面形式的，应当采用书面形式。当事人约定采用书面形式的，应当采用书面形式。"第 11 条规定："书面形式是指合同书、信件和数据电文（包括电报、电传、传真、电子数据交换和电子邮件）等可以有形地表现所载内容的形式。"

因此，除法律、行政法规规定采用书面形式，以及当事人约定采用书面形式的合同以外，其余合同均为非要式合同，即当事人可以自由决定采用口头、书面或其他形式。

案例评析

案例：某包装公司与某服装公司经常发生业务联系。2007 年 1 月，包装公司应服装公司的口头要求，又向其供应纸箱一批，共计价款 2 318.70 元。2007 年 10 月，包装公司向服装公司开具一张增值税发票，服装公司也办理了相应的税务抵扣手续，但一直未支付上述货款。包装公司于是向法院起诉，要求被告某服装公司归还货款 2 318.70 元。而服装公司则辩称：该协议只是口头作出的，不具有法律约束力。最终，法院一审判决被告某服装公司支付原告某包装公司价款 2 318.70 元。（案例来源：陈凯、袁爱兵，启东市人民法院）

评析：口头合同只要是当事人真实意思的表示，并且未违反法律法规的规定，即合法有效。但需强调的是，口头合同完全基于当事人双方的信赖关系，一旦一方否认合同的全部或部分内容，则另一方很难举证。所以，最好还是留下书面的证据。本案中，原告诉称的事实由原告提供的增值税发票、国家税务局认证清单、认证通知书等证据相互印证，因此能够得到法院的支持。如果缺乏证据，即使口头合同存在，原告亦无法胜诉。

5. 为订约当事人利益的合同与为第三人利益的合同

根据订立合同是为谁的利益，可将合同分为为订约当事人利益的合同与为第三人利益的合同。为订约当事人利益的合同，是指由订约当事人享有合同权利和直接取得利益的合同。为第三人利益的合同，是指订约的一方当事人不是为了自己，而是为第三人设定权利，使其获得利益的合同。在这种合同中，第三人既不是缔约人，也不通过代理人订立合同，但却可以直接享有合同中的某些权利，取得利益，如为第三人利益订立的保险合同。需要说明的是，第三人对该利益有独立的决定权，如果第三人拒绝接受该利益，则该利益归缔约人享有。

6. 主合同与从合同

根据合同间是否有主从关系，可将合同分为主合同与从合同。主合同是指不依赖其他合同而能够独立存在的合同；从合同是指须以其他合同的存在为前提而存在的合同。例如，借贷合同为主合同，保证合同为从合同。

7. 有名合同与无名合同

按照法律上是否规定一定的名称，可将合同分为有名合同与无名合同。有名合同是指法律上确定了具体名称的合同。如我国《合同法》分则第11章至第25章共列出了15个有名合同，具体包括：买卖合同；供用电、水、气、热力合同；赠与合同；借款合同；租赁合同；融资租赁合同；承揽合同；建设工程合同；运输合同；技术合同；保管合同；仓储合同；委托合同；行纪合同；居间合同。无名合同是指法律上未赋予统一名称的合同。依据契约自由原则，在不违反法律及公序良俗的前提下，当事人可自由确定合同的内容。因此，当事人根据自己的实际需要而订立无名合同的情形亦不鲜见。

区分有名合同与无名合同的法律意义在于，此两类合同所适用的规则不同。有名合同应直接适用法律的有关专门规定，而无名合同则首先应适用《合同法》的一般规则，同时可参照执行有名合同中类似的规则。我国《合同法》第124条规定："本法分则或者其他法律没有明文规定的合同，适用本法总则的规定，并可以参照本法分则或者其他法律最相类似的规定。"

3.1.3 合同法的产生及发展

1. 合同法的历史沿革

合同法是以平等主体之间的交易关系为调整对象，涉及财产或劳务的私人转让的法律。① 其历史沿革可分为三大阶段：古代合同法、近代合同法和现代合同法。

1）古代合同法

古代合同法是奴隶社会和封建社会时期的合同法。人类最早的合同法是由习惯发展而来的，后来习惯法逐渐为成文法所替代。《汉谟拉比法典》作为世界上迄今发现的最古老而又保存最完整的成文法典，其中关于合同及买卖的规定有120多条。古罗马的《十二铜表法》中亦存在关于合同的规定。但总体而言，古代合同法重形式轻内容。

2）近代合同法

近代合同法是指资本主义自由竞争时期的合同法。该时期的合同法以《法国民法典》中的合同制度为典型代表，其特点是强调契约自由原则。正如学者所言，以契约自

① 贝勒斯. 法律的原则. 北京：中国大百科全书出版社，1996：143.

由原则为主要标志的近代合同法，是资本主义自由竞争的市场经济所要求的。[①] 自由经济的基本观念是允许人们按照自己的意愿交换相互的财产或服务，即允许人们依照自己的意愿订立合同。自由经济理论在法律上的表现就是意思自治或契约自由原则。1900年颁布的《德国民法典》亦刻有鲜明的自由资本主义时代法律思想的烙印，因此，同样可归入近代合同法中。

3）现代合同法

现代合同法是资本主义垄断阶段的产物。在资本主义垄断时期，契约自由受到了限制。法律以强制性规定限制了意思自治和契约自由原则的使用范围。在责任制度上，也逐渐确立严格责任（无过错责任），并通过保险机制，由个人责任发展到社会责任。[②] 此外，随着经济一体化的发展，各国的合同法出现了统一的趋势，关于合同制度的国际统一立法也取得了一定的成果，如《国际货物买卖统一法公约》《国际货物买卖合同成立统一法公约》《联合国国际货物销售合同公约》等先后获得通过。

2. 我国合同法的发展

合同法在我国经历了曲折的发展过程。新中国成立之初，从1950年至1956年，为了加速恢复国民经济，适应当时多种经济成分并存的经济结构，国家在经济领域中广泛实行了合同制，中央各部委相继制定了一大批合同法规。1950年9月27日，政务院财政经济委员会颁布的《机关、国营企业、合作社签订合同契约暂行办法》是新中国的第一个合同规章。此后，中央各部委陆续制定了40多件合同法规，内容涉及社会经济流转的各个基本领域，对一些主要合同形式作出了规定。1957年以后，由于理论上否认和限制社会主义商品生产和市场经济，建立了高度集中的计划经济体制，合同制度的适用范围很小，甚至曾一度被废弃。

党的十一届三中全会以后，我国实行改革开放，大力发展社会主义商品经济，注意运用经济手段和法律手段管理经济，加强了合同立法工作，相继制定颁布了一系列重要的合同法规。但是，这些法规互相之间缺乏协调性，大都只规定某一种或某几种合同形式，缺乏适用于所有合同形式的一般原则和基本制度的规定；并且它们又都属于部门立法和地方性立法，缺乏普遍的法律效力。这些情况难以适应我国经济全面迅速发展的要求。

为了统一和完善我国的合同制度，消除单行合同法规之间的矛盾和冲突，1981年12月13日，我国五届人大四次会议通过了《中华人民共和国经济合同法》（以下简称《经济合同法》），该法自1982年7月1日起施行。《经济合同法》包括：总则、经济合同的订立和履行、经济合同的变更和解除、违反经济合同的责任、经济合同的调解和仲裁、经济合同的管理以及附则，共7章57条。《经济合同法》的颁布和施行，标志着我国的合同法发展进入了一个新的阶段。此后，国务院陆续依据该法制定了若干合同条例。1985年3月21日，我国又制定了《涉外经济合同法》。1987年6月23日，《技术合同法》正式出台。至此，我国合同法领域内呈现出“三足鼎立”的局面。

虽然，在一定时期内，我国《经济合同法》、《涉外经济合同法》和《技术合同法》

① 王利民，崔建远. 合同法新论：总则. 修订版. 北京：中国政法大学出版社，2000：83.

② 刘文华，王忠. 中华人民共和国合同法理论与实务. 北京：中国方正出版社，1999：10.

对于当事人利益的保护、交易秩序的维持和市场经济的发展，发挥了重大的作用，但同时也逐渐暴露出诸多问题，如三部合同法是我国改革开放初期由不同的行政部门牵头起草的，分别规范不同的合同关系，相互间缺乏协调一致性；此外，三部合同法存在较多的内容重复；关于要约与承诺、缔约过失责任等一些基本制度均未涉及；等等。

进入 20 世纪 90 年代后，这种三法并存的局面已明显不能够适应社会生活对法律调整的要求。正如梁慧星先生所言："改革开放的深入和市场经济体制的确立，要求统一市场交易规则，要求从法律规则中剔除反映计划经济体制本质特征和旧的民法理论的内容，要求采纳反映现代市场经济客观规律的共同规则，要求采纳市场经济发达国家和地区成功的立法经验和判例学说，要求与国际公约和国际惯例协调一致，要求兼顾经济效率和社会正义、兼顾交易安全和交易便捷，要求实现合同法的统一化、现代化，并尽可能增强可操作性。"①

1993 年 10 月，立法机关适时地将统一合同法的制定提上立法日程，委托学者专家设计了合同法立法方案。1995 年 1 月，由学者起草的建议草案得以形成。在此基础上，《中华人民共和国合同法》终于在 1999 年 3 月 15 日的第九届全国人民代表大会第二次全体会议上获得通过，该法自 1999 年 10 月 1 日起施行。与此同时，《经济合同法》、《涉外经济合同法》和《技术合同法》被废止。统一合同法抛弃了经济合同概念，不区分国内合同和涉外合同、商事合同和民事合同，实现了交易规则的统一。

1999 年 12 月 1 日，最高人民法院审判委员会第 1 090 次会议通过了《最高人民法院关于适用〈中华人民共和国合同法〉若干问题的解释（一）》，其中针对法律适用范围、诉讼时效、合同效力、代位权、撤销权、合同转让中的第三人、请求权竞合七大问题作出了具体的解释。2007 年 10 月 9 日至 10 日，《最高人民法院关于适用〈中华人民共和国合同法〉若干问题的解释（二）》征求意见座谈会在北京召开，来自北京、天津、山东、江苏等 20 个省、直辖市高级人民法院从事民商审判工作的法官参加了会议，并就该司法解释稿进行了认真的研讨。② 2009 年 2 月 9 日，《最高人民法院关于适用〈中华人民共和国合同法〉若干问题的解释（二）》（以下简称《合同法司法解释（二）》）由最高人民法院审判委员会第 1462 次会议通过，自 2009 年 5 月 13 日起施行。该司法解释是对我国《合同法》实施十年来合同审判实践中出现的问题、难题的一次集中梳理和应对。它以《合同法》为基本依据和前提，其规定具有针对性。《合同法司法解释（二）》共计 30 个条文，内容主要涉及合同法的五大问题，即主要针对合同的订立、合同的效力、合同的履行、合同的权利义务终止、违约责任问题做出解释。2012 年 3 月 31 日，《最高人民法院关于审理买卖合同纠纷案件适用法律问题的解释》由最高人民法院审判委员会第 1545 次会议通过，自 2012 年 7 月 1 日起施行。该司法解释包括 8 个部分，总计 46 条，对买卖合同的成立及效力、标的物交付和所有权转移、标的物毁损灭失的风险负担、标的物的检验、违约责任、所有权保留、特种买卖等具体适用法律问题作出了明确规定。

综上所述，我国目前已经形成了较为完善的合同法体系，有关司法解释的出台将进

---

① 梁慧星. 统一合同法：成功与不足. http://www.iolaw.org.cn/shownews.asp? id=1531.

② 黄建中. 合同法司法解释（二）征求意见座谈会召开. http://www.chinacourt.org.

一步增强立法的可操作性。

3.2 合同的订立

3.2.1 要约与承诺

合同是当事人合意的产物。当事人合意的达成，往往是通过对合同内容或条款进行磋商来实现的。尽管实践中这一磋商过程有长有短，但均可划分为两大阶段：要约与承诺。关于要约与承诺制度，在1999年《合同法》出台之前，我国三部合同法并未作出相应的规定。此次，统一《合同法》主要借鉴了《联合国国际货物销售合同公约》中关于要约和承诺的相关规定，填补了我国立法的空白。

1. 要约

1）要约的概念及构成要件

要约是希望和他人订立合同的意思表示。发出要约的一方称为要约人，受领要约的一方称为受要约人。

依据我国《合同法》第14条的规定，要约应当符合下列两项条件。

(1) 内容具体确定。所谓“具体”，是指要约的内容必须具有足以使合同成立的主要条款。如果没有包含合同的主要条款，受要约人难以做出承诺。即使做出了承诺，也会因为双方的这种合意不具备合同的主要条款而使合同不能成立。所谓“确定”，是指要约的内容必须明确，从而使受要约人理解要约人的真实意图。

关于合同的“主要条款”范围，应根据合同的性质来加以判断。就买卖合同而言，根据《联合国国际货物销售合同公约》的规定，如果包含了以下三项内容，即符合要求：① 载明货物的名称；② 明示或默示地规定货物的数量，或规定如何确定数量的方法；③ 明示或默示地规定货物的价格，或规定如何确定价格的方法。美国《统一商法典》则采取了较为宽松和灵活的态度，只要具备了货物的名称和数量，即可视为是一项有效的要约。

(2) 表明经受要约人承诺，要约人即受该意思表示约束。要约人发出要约的目的是订立合同。实践中，可以根据意思表示中所使用的语言、文字及其他情况，判定该意思表示是否对发出者具有约束力。如果有约束力，则为要约，如果无约束力，当属要约邀请。例如，当事人在其订约建议中提出“须以我方最后确认为准”或“仅供参考”，则该意思表示应为要约邀请。我国《合同法》第15条明确规定：“要约邀请是希望他人向自己发出要约的意思表示。寄送的价目表、拍卖公告、招标公告、招股说明书、商业广告等为要约邀请。”

在此有必要提及的是，大陆法的立法在传统上要求要约的相对人必须特定；而英美法尽管认为要约的对象可以是特定的也可以是不特定的人，但如果要约人向不特定人发出要约，由此所产生的责任应由要约人承担。[①]《联合国国际货物销售合同公约》第14条则明确规定，要约应向一个或一个以上的特定的人发出；向一个或一个以上的非特定的人提出的建议，仅应视为要约邀请，除非提出建议的人明确地表示相反的意图。因此，如果不是向特定的人发出的提议，原则上视为要约邀请。我国《合同法》并未将“向特定的人发出”作为要约必须符合的条件加以规定。但从实践中来看，要约往往是向特定的人发出的，仅在个别情形下要约可以向非特定的人发出，如悬赏广告、符合要约规定的商业广告在我国也可视为要约。[②]

案例评析

案例：刘某系一公司业务员。2008年2月，刘某从外地催收货款返回途中，不慎将装有50万元银行汇票及其他票据的皮包丢失在公交车上。刘某遂在报纸和电视上发布“寻物启事”，称若有人送还上述物品，将重谢5 000元。张某拾得后，送还给了刘某。但刘某反悔，拒绝支付酬金。张某遂向法院起诉，要求刘某支付酬金5 000元。法院经审理认为，刘某的“寻物启事”属悬赏广告，在张某将拾得物送还给了刘某后，张某与刘某间就形成了一种合同关系，刘某应根据诚实信用的原则履行自己的义务，遂判决刘某支付张某酬金5 000元。（案例来源：胡广明，新沂市人民法院）

评析：“悬赏广告”是指广告人以广告的方式，对完成广告指定行为的人给付一定报酬的行为。只要行为人依法完成了广告所指定的行为，广告人即负有给付行为人广告中约定的报酬的义务。刘某在报纸和电视上发布的“寻物启事”即为“悬赏广告”，是刘某向不特定人发出的要约。张某按广告要求完成了广告指定的送还拾得物的行为，即是对广告人刘某的有效承诺。此时，张某与刘某之间的合同成立，从而形成具备法律约束力的债权债务关系。刘某不能事后反悔拒绝给付张某酬金，而应根据诚实信用的原则履行自己的义务，按约定向张某支付悬赏广告中许诺的酬金5 000元。

2）要约的生效时间

关于要约的生效时间，各国立法态度不一，主要有两种观点：一是发信主义，即要约人发出要约以后，只要要约已处于要约人控制范围之外，要约即产生效力；二是到达主义，即要约必须到达受要约人之时才生效。《联合国国际货物销售合同公约》采纳的是到达主义。我国《合同法》第16条第1款亦规定：“要约到达受要约人时生效。”

到达是指要约的意思表示客观上传递到受要约人处即可，而不论受要约人主观上是否实际了解到要约的具体内容。例如，要约以电传方式传递，受要约人收到后因临时有事未来得及看其内容，要约也生效。此外，送达并非意味着一定要实际将要约送到受要约人及其代理人手中，只要将要约送达到受要约人能够控制的地方（如受要约人的信箱

① Carlill v. Carbolio Smoke Ball Co. 〔1893〕1 QB 256. //王利民，崔建远. 合同法新论：总则. 修订版. 北京：中国政法大学出版社，2000：133.

② 目前，我国学界关于“悬赏广告”的定性仍存在观点上的分歧：一是认为悬赏广告属于要约；一是认为悬赏广告属于单方法律行为。

等），即可视为送达。

3）要约的撤回与撤销

要约的撤回，是指要约人在发出要约后，要约尚未到达受要约人之前，取消要约的行为。要约的撤销，则是指要约人在要约到达受要约人处，但受要约人尚未作出承诺之前，将该项要约取消的行为。

要约的撤回为各国立法所承认，但撤回要约的通知应当在要约到达受要约人之前，或者与要约同时到达受要约人。

关于要约的撤销，两大法系态度不一。大陆法系认为要约一旦生效，要约人不得对要约随意撤销。英美法系则认为要约原则上可以被撤销，因为要约是一项允诺，除非要约人采取签字、盖章的形式，或者要约有对价支持，否则此项要约是不应该产生拘束力的。

比较之下，可以发现：大陆法系的规则有利于维护要约的拘束力，防止因要约人随意撤销要约而使受要约人遭受损失；英美法系的规则着眼于保护要约人的利益，减少其不必要的损失和浪费，因为在要约到达后承诺做出之前，要约人可能会因不可抗力、市场行情改变等各种原因而希望撤销要约。

我国《合同法》采取了与《联合国国际货物销售合同公约》《国际商事合同通则》相近的规定，即：要约可以撤销，撤销要约的通知应当在受要约人发出承诺通知之前到达受要约人。有下列情形之一的，要约不得撤销：① 要约人确定了承诺期限或者以其他形式明示要约不可撤销；② 受要约人有理由认为要约是不可撤销的，并已经为履行合同做了准备工作。

4）要约的失效

要约失效后，将不再对要约人产生拘束力。根据我国《合同法》第 20 条的规定，下列情形发生时，要约失效：① 拒绝要约的通知到达要约人；② 要约人依法撤销要约；③ 承诺期限届满，受要约人未作出承诺；④ 受要约人对要约的内容作出实质性变更。

显然，受要约人拒绝要约既可以采用明示的方式表达拒绝意愿，也可以在承诺期内不予理睬，还可以采用对要约内容进行实质性变更的方式进行。关于“实质性变更”的界定，我国《合同法》吸收了《联合国国际货物销售合同公约》及《国际商事合同通则》中的相关规定，在第 30 条中明确加以列举：“有关合同标的、数量、质量、价款或者报酬、履行期限、履行地点和方式、违约责任和解决争议方法等的变更，是对要约内容的实质性变更。”

2. 承诺

1）承诺的概念及构成要件

承诺是指受要约人同意要约的意思表示。承诺应当以通知的方式作出，但根据交易习惯或者要约表明可以通过行为作出承诺的除外。

承诺应满足以下条件。

(1) 承诺的主体只能是受要约人。只有受要约人才具有承诺的资格。受要约人为特定人时，由该特定人作出承诺；受要约人为非特定人时，由其中的任何人作出。非受要约人即使知悉要约内容而作出同意接受的意思表示，也不能构成承诺，而应视为向要约人发出了新要约。

(2) 承诺必须是向要约人作出。承诺含有愿意与要约人订定合同的意旨，因此只有向要约人发出，才能形成合意，从而产生合同。如果受要约人向其他人发出接受的意思表示，仍无法构成承诺。

(3) 承诺的内容与要约的内容应相一致。承诺是同意要约的意思表示，它强调承诺的内容与要约的内容应当一致。如果受要约人对要约作了实质性变更，则视为其向原要约人发出了一项新要约，而非承诺。

按照两大法系传统理论，承诺必须与要约的内容完全一致，不得作任何更改，即采纳所谓的"镜像原则"（Mirror Rule）。随着交易的发展，要求承诺与要约绝对一致，不利于鼓励交易的促成。英美法系首先采用设立例外的做法，允许对要约内容作出符合法律规定的变更。例如，美国《统一商法典》规定，承诺只要在一段合理的期限内发出，即使与原要约有所不同或对要约有所补充，仍具有承诺的效力，除非要约中明确规定，以要约人同意这些不同的或者补充的条款为承诺的生效条件。《联合国国际货物销售合同公约》第 19 条也作出了与美国《统一商法典》相同的规定，即：对要约表示接受但载有添加或不同条件的答复，如所载条件在实质上并不变更该要约的条件，则除要约人在不过分迟延的期间内以口头或书面方式提出异议外，仍可作为承诺。

我国《合同法》在第 30 条和第 31 条中规定，承诺的内容应当与要约的内容一致，受要约人对要约的内容作出实质性变更的，为新要约；承诺对要约的内容作出非实质性变更的，除要约人及时表示反对或者要约表明承诺不得对要约的内容作出任何变更的以外，该承诺有效，合同的内容以承诺的内容为准。

(4) 承诺应在要约确定的期限内到达要约人。我国《合同法》第 23 条明确规定："承诺应当在要约确定的期限内到达要约人。要约没有确定承诺期限的，承诺应当依照下列规定到达：(一) 要约以对话方式作出的，应当即时作出承诺，但当事人另有约定的除外；(二) 要约以非对话方式作出的，承诺应当在合理期限内到达。"

受要约人超过承诺期限发出承诺，除要约人及时通知受要约人该承诺有效的以外，为新要约。受要约人在承诺期限内发出承诺，按照通常情形能够及时到达要约人，但因其他原因承诺到达要约人时超过承诺期限的，除要约人及时通知受要约人因承诺超过期限不接受该承诺的以外，该承诺有效。

2) 承诺的生效

承诺生效的时间在合同法中具有重要的意义，因为它直接决定了合同的成立时间。关于承诺的生效时间，两大法系同样做法不一：大陆法系依旧采纳到达主义，即承诺的意思表示于到达要约人支配的范围内时生效；英美法系采纳发信主义或投邮主义，即如果承诺的意思以邮件、电报表示，则承诺人将信件投入邮筒或电报交付电信局即生效力，除非要约人和承诺人另有约定。这一规则最早起源于 1818 年英国的亚当斯诉林塞尔案。①

---

① Adams v. Lindsell〔1818〕1 B & b Ald. 681. //王利民，崔建远. 合同法新论：总则. 修订版. 北京：中国政法大学出版社，2000：162.

到达主义与发信主义在承诺生效问题上存在以下区别：按照到达主义，若因邮局、电信局及其他原因而导致承诺通知丢失或延误的，承诺不生效，合同未成立，后果一律由承诺人承担。而按照发信主义，则后果相反，即使要约人并未收到承诺通知，承诺仍生效。英美法系的规则有利于促进交易迅速达成，但对于要约人过于苛刻，使要约人处于不利地位。

《联合国国际货物销售合同公约》采纳了大陆法系的做法。我国《合同法》亦规定，承诺通知到达要约人时生效。承诺不需要通知的，根据交易习惯或者要约的要求作出承诺的行为时生效。承诺生效时合同成立，承诺生效的地点为合同成立的地点。

若当事人采用合同书形式订立合同的，则该合同自双方当事人签字或者盖章时成立。当事人采用信件、数据电文等形式订立合同的，可以在合同成立之前要求签订确认书，签订确认书时合同成立。在此值得关注的是，我国《合同法司法解释（二）》第5条规定："当事人采用合同书形式订立合同的，应当签字或者盖章。当事人在合同书上摁手印的，人民法院应当认定其具有与签字或者盖章同等的法律效力。"此规定源于河北省一位律师的建议。它体现了最高人民法院在合同成立问题上从宽认定的精神，既方便交易，也符合现实中的交易习惯。

3）*承诺的撤回*

所谓承诺的撤回，是指受要约人发出承诺通知后，在承诺正式生效之前取消承诺。我国《合同法》第27条规定："承诺可以撤回。撤回承诺的通知应当在承诺通知到达要约人之前或者与承诺通知同时到达要约人。"如果承诺已经生效，则合同已成立，受要约人不能再撤回承诺。

3.2.2 附和缔约与格式条款

实践中，当事人往往通过磋商的方式完成合同的订立。于是，在要约发出后，常伴随着多个往返的新要约产生，最终才出现承诺。19世纪末20世纪初，一种不同于传统要约承诺缔约步骤的合同缔结方式得到广泛发展，即当事人一方提供事先拟定好的格式条款，对方不得更改条款内容，只有附和该条款方可使合同成立，因而被称为附和缔约。

1. 格式条款与格式合同的概念

我国《合同法》第39条第2款规定："格式条款是当事人为了重复使用而预先拟定，并在订立合同时未与对方协商的条款。"格式合同则是指由附和缔约而成立的合同，又称为定式合同或标准合同。

有学者认为，定式合同是当事人为了重复使用而预先拟定，并在订立合同时未与对方协商的条款，又称为格式合同、格式条款、标准合同、附和合同、一般交易条件或条款。① 这种将格式合同与格式条款混同的观点值得商榷。因为，格式合同中并非全部为格式条款，也有可能存在少量的非格式条款。

① 李永军. 合同法. 2版. 北京：法律出版社，2005：282.

2. 格式合同的特点

1）合同条款具有不可协商性

格式合同中存在着大量的格式条款，而这些格式条款是不可协商的。格式合同的提供方事先将自己的意志用文字表达在合同条款中，与其缔结合同的当事人只能选择全部接受或者不接受，而没有就其中个别条款进行磋商的可能性，即所谓的"要么接受，要么走开"（take it or leave it）。格式条款内容一旦向社会公开，便普遍适用于一切要与其订立合同的当事人，且条款内容相同，不因相对人的不同而有所区别。相对人与其签订合同只是一种机械的重复活动。合同的差异常常仅体现为相对人的姓名或名称，以及标的数量的多少。

2）缔约方经济地位往往不平等

提供格式合同的一方往往是在经济上处于较强的地位或占据垄断优势，因此可以将预先拟定好的反映其单独意志的条款强加于他人。例如，在我国，格式合同被广泛运用于邮政、电信、保险、银行、铁路、航空、城市用电、用水、用气等具有相对垄断性的行业。

3）格式合同以书面明示为原则

一般情况下，拟定格式条款的当事人会把格式条款的内容印制成书面形式，具体详尽，以便对方当事人知晓，如保险合同、贷款合同等。但在现实生活中，也有少量的格式合同并未将格式条款以书面形式加以体现。

3. 格式合同的优点及弊端

格式合同的优点在于便捷、缔约成本低。以买卖合同为例，大宗商品的卖方如果不采用格式合同，则需花费大量时间，去和每一个交易对象就每一笔买卖合同进行磋商，这显然会导致交易过程的延缓和缔约成本的增加。因此，格式合同对于重复性交易的达成无疑是一种较好的选择。

但与此同时，格式合同的缺点也是十分突出的。它往往会损害合同相对人的利益，主要原因如下。

首先，合同相对人的缔约自由受到了很大限制。我国《合同法》第 4 条规定："当事人依法享有自愿订立合同的权利，任何单位和个人不得非法干预。"即当事人有选择合同相对人、合同内容、合同形式的自由。而采取格式条款订立合同，这些自由却受到了极大的限制，因为格式条款由一方当事人单方事先拟定，相对人不参与条款的制定过程，没有办法通过协商的方式来决定合同的内容和形式。同时，拟定格式条款的当事人往往在社会上某一行业处于垄断或独占地位，相对人签订这方面的合同，在选择对象的权利上受到限制。为此，即使相对人接受了对方的格式条款，也是不得已而为之，是表面上的双方当事人意思表示一致，掩盖了事实上的不一致。

其次，格式条款的拟定者在条款中往往加大自己的权利，限制或免除自己的责任。格式条款的拟定者，在拟定条款时，往往利用自己的优势地位，制定一些有利于自己而不利于相对人的条款，使自己享有较多的权利，承担较少的义务。甚至制定一些免责条款，来免除或限制自己的责任。这就损害了相对人的利益，违背了公平原则。

正是由于格式合同存在上述缺陷，各国无不关注对格式条款的规制问题。

4. 我国《合同法》对格式条款的规制

我国《合同法》对采用格式条款签订合同从以下方面做了限制。

1）提供格式条款当事人的义务

我国《合同法》第39条规定："采用格式条款订立合同的，提供格式条款的一方应当遵循公平原则确定当事人之间的权利和义务，并采取合理的方式提请对方注意免除或者限制其责任的条款，按照对方的要求，对该条款予以说明。"根据此条的规定，格式条款的提供方负有三项义务。

(1) 应遵循公平原则确定当事人的权利和义务。按照公平原则确定当事人的权利和义务，是《合同法》的基本原则之一。格式条款的提供者在拟定格式条款时，应将双方当事人在合同中享有的权利和承担的义务规定得大体对等，不能一方只享有权利，而另一方只承担义务，或者一方多享有权利、少承担义务，而另一方多承担义务、少享受权利。

(2) 提请相对人注意的义务。在经济生活中，一些格式条款的拟定者，为引诱相对人订立合同，损害相对人的利益，不提请相对人注意条款内容。我国《合同法》规定，采用格式条款订立合同的，提供格式条款的一方应采取合理的方式提请相对人注重免除或者限制其责任的条款。在采用格式条款订立合同时，由于拟定条款的当事人对内容较为熟悉，而相对人对其内容事先并不知道，条款内容又较多、较细，相对人看的时候也主要是看自己享有哪些权利和义务，很少注意对方在条款中设定的免责内容，再加上有些免责条款表述得似是而非，非专业人士很难一下子完全理解其含义。因此，格式条款提供者在订立合同时，必须以合理的方式提请相对人注意免除或者限制其责任的条款。《〈合同法〉司法解释（二）》第6条规定："提供格式条款的一方对格式条款中免除或者限制其责任的内容，在合同订立时采用足以引起对方注意的文字、符号、字体等特别标识，并按照对方的要求对该格式条款予以说明的，人民法院应当认定符合《合同法》第39条所称'采取合理的方式'。提供格式条款一方对已尽合理提示及说明义务承担举证责任"。

(3) 格式条款提供方负有应相对人要求，对格式条款予以说明的义务。相对人有权要求拟定格式条款的一方就格式条款的有关问题做出说明，以便相对人了解该条款的真实含义。对于相对人提出的要求，提供格式条款的一方应按要求做出说明。

2）格式条款的无效

虽然，我国《合同法》要求格式条款的提供者在拟定格式条款时，应按公平原则确定双方当事人的权利和义务。但在实际生活中，格式条款的提供方为了自身利益，往往不遵循公平原则确定双方当事人的权利和义务，甚至明显免除自己责任，加重对方责任，严重损害对方当事人的合法权益。为抑制这种情况，我国《合同法》第40条针对格式条款的无效问题作了专门的规定："格式条款具有本法第52条和第53条规定情形的，或者提供格式条款一方免除其责任、加重对方责任、排除对方主要权利的，该条款无效。"

我国《合同法》第52条是关于合同无效情形的规定，本书将于"合同效力"部分展开详细阐述。第 53 条则是关于免责条款无效的规定，即："合同中的下列免责条款无效：（一）造成对方人身伤害的；（二）因故意或者重大过失造成对方财产损失的。"因此，凡是属于第 52 条和第 53 条规定的情形之一的，均会导致格式条款无效。

此外，如果格式条款提供者免除自己在通常情形下应当承担的责任，或者在格式条款中排除相对人在通常情形下应当享有的主要权利，或者含有使相对人承担在通常情形下不应承担的责任，则该格式条款也应归于无效。

案例评析

案例：原告张某诉称，2005 年 2 月 22 日原告在被告邮政局所属速递公司邮寄手机 22 部到杭州东方公司，东方公司至今没有收到该邮件。被告确认该邮件已丢失，但至今没有对其进行赔偿。原告请求法院判令被告赔偿损失 31 910 元并承担本案诉讼费用。被告辩称，本案是邮政合同纠纷，应适用邮政法，故只能按《国内特快专递邮件处理规则》的规定赔偿原告两倍的邮资。一审法院认为，原、被告双方是邮政服务合同关系，被告不但没有将邮件安全送达原告指定的收货人，反而将邮件丢失，已构成违约，故应对原告承担赔偿责任。本案应当适用《合同法》而不能适用《邮政法》。根据《中华人民共和国民法通则》第 106 条第 2 款，《中华人民共和国合同法》第 62 条第 2 款的规定，判决被告于本判决生效后十日内赔偿原告手机损失 23 646.81 元（经查明，原告的损失为 23 646.81 元）。一审判决后，被告邮政局不服，以一审中抗辩理由向二审法院提起上诉。二审法院经审理认为一审判决合法，驳回被告邮政局的上诉，维持原判。（案例来源：金琴，淮安市清河区人民法院）

评析：《邮政法》第 33 条第 4 项规定：邮政企业对于邮件丢失、损毁、内件缺少，按照国务院邮政主管部门规定的办法赔偿或者采取补救措施。《国内特快专递邮件处理规则》规定：未保价邮件发生丢失、损毁、短少时，应按实际损失赔偿，但最高赔偿金额不超过所付邮费的二倍。由此可见，邮政法实行的是限制赔偿原则。《民法通则》第 112 条第 1 款和《合同法》第 113 条第 1 款均规定当事人一方违反合同的赔偿责任，应当相当于另一方因此所造成的损失。因此，《民法通则》和《合同法》实行的是完全赔偿原则。虽然《邮政法》在性质上也属于"法律"，但只是由全国人大常委会制定的一般法律。而《民法通则》和《合同法》均是全国人大制定的基本民事法律，因此应优先适用《民法通则》《合同法》。作为行政规章的《国内特快专递邮件处理规则》与作为法律的《民法通则》《合同法》相比是下位法，当其与上位法发生冲突时，不应被适用。即使在快件上印有只赔二倍邮资的条款，但该条款排除了原告的主要权利，免除了被告的主要责任，是典型的无效格式条款。因此，被告辩称其在签订合同时已告知原告该条款，不能成为减轻其责任的理由。

3）格式条款的解释

采用格式条款订立合同后，在合同履行过程中，相对人与格式条款的提供方有可能就其中的某个条款在理解上产生分歧。如何处理这种争议，则至关重要。

我国《合同法》第 41 条明确规定："对格式条款的理解发生争议的，应当按照通常理解予以解释。对格式条款有两种以上解释的，应当做出不利于提供格式条款一方的解释。格式条款和非格式条款不一致的，应采用非格式条款。”

(1) 按照通常理解予以解释。对合同中某些知识或者术语，应根据条款的字面意思所能得出的理解或解释意见进行解释。这样不会引致异议，使同一地域、同一职业团体或在同一时间上的合同当事人保持解释的同一性。

(2) 按照不利于提供格式条款一方的解释。“不利解释原则”起源于罗马，后来被大陆法系和英美法系的很多国家所承继。所谓“不利解释原则”，即双方当事人对格式条款含义理解发生争议时，应当做出不利于格式条款提供者的解释。格式条款的提供者，在拟定条款时对条款内容有义务做出明确的、按通常具有本行业知识的人都能够理解的词语表述，如果其所表述的词语有两种或两种以上理解的，只能理解为格式条款提供者故意或过失地制造该词语的不确定性。

在此需说明的是，有学者指出，格式合同有时也可能由第三方拟定；在我国，有些地方政府为了规范市场而统一起草、印制并要求当事人在交易中适用的合同文本，如房屋预售契约等，也应作为定式合同来认定，若在此类合同的理解上发生分歧，则应参考德国学理与判例适用的规则，即哪一方当事人有单方面将一般交易条件引入合同的意图。显然，在房屋买卖中，出卖人具有此种意图。① 这一观点值得肯定。

案情

2011 年 10 月下旬，崔某在某保险公司成都支公司为其小轿车投保了含多种险种的机动车损失保险。该保险合同第 5 条载明：“因雷击、暴风、暴雨、洪水、龙卷风等原因造成保险机动车的全部或部分损失，保险人依照合同约定负责赔偿”；但第 9 条第 5 项又载明：“发动机进水后导致的发动机损坏，保险人不负责赔偿”，并加黑标注作特别提示。

2012 年 9 月 10 日上午，崔某投保的车辆在四川泸州当地行驶过程中突遇暴雨，致车辆发动机进水损坏。出险当日，其投保的保险公司出具了估损单并加盖了该公司的理赔专用章。后经出险当地一汽车销售服务公司维修，共产生 37 896 元的维修费和 400 元的施救费。随后，崔某向保险公司申请理赔，保险公司却以被保险车辆系因发动机进水致损，属保险合同约定的免责情形为由不予理赔，从而引发纠纷。

法院一审认为，本案中，原、被告双方对被保险车辆在保险期间因暴雨造成车辆受损的事实均无异议。该保险合同第 5 条和第 9 条两条款对赔付范围的约定存在歧义与冲突。按通常理解，因暴雨造成车辆受损应当包括暴雨导致发动机进水造成的车辆受损，故判决保险公司赔偿车主崔某车辆维修费及施救费共计 38296 元。此后，保险公司提起上诉，法院二审依法驳回上诉，维持原判。②

评析：依照我国合同法的相关规定，采用保险人提供的格式条款订立的保险合同，保险人与投保人对合同条款有争议的，应当按照通常理解予以解释。对合同条款有两种

① 李永军. 合同法. 2 版. 北京：法律出版社，2005：284 - 285.

② 案例来源：王鑫等，人民法院报.

以上解释的，人民法院或者仲裁机构应当作出不利于格式条款提供一方的解释。因此，本案中保险公司应承担赔偿责任。

---

(3) 格式条款与非格式条款不一致的处理。实际生活中，有时当事人采用格式条款订立合同不能将双方协商的全部意思表达清楚，在此情况下另行签订书面协议，或者通过协商对格式条款进行修改补充。这些经双方当事人协商所做出的具体约定为非格式条款。这种条款是双方当事人协商约定的，能充分反映双方当事人的意愿。因此，在合同履行过程中，若格式条款与非格式条款发生抵触或者有不一致的，应当首先尊重双方当事人的意思表示，优先适用非格式条款。如在格式合同中除了有印刷文字，还出现了手写文字，但二者却不一致，此时手写体应优先于打印体。

3.2.3　合同的一般条款

无论是采用要约承诺方式缔结合同，还是采用附和缔约方式订立合同，当事人最终均可在合同条款上达成意思表示的一致。合同种类不同，条款则有所不同，即使是同类合同，也会因为缔约方的能力和要求不同，而详略有别。因此，《合同法》只能就合同的一般条款作出规定。

我国《合同法》第 12 条明确规定："合同的内容由当事人约定，一般包括以下条款：（一）当事人的名称或者姓名和住所；（二）标的；（三）数量；（四）质量；（五）价款或者报酬；（六）履行期限、地点和方式；（七）违约责任；（八）解决争议的方法。当事人可以参照各类合同的示范文本订立合同。"

需说明的是，上述一般条款并非是合同的必备条款。换言之，即使其中某些条款欠缺，也不会影响合同的有效性。因为根据我国《合同法》第 61 条和第 62 条的规定，合同生效后，当事人就质量、价款或者报酬、履行地点等内容没有约定或者约定不明确的，可以协议补充；不能达成补充协议的，按照合同有关条款或者交易习惯确定。如果当事人就有关合同内容约定不明确，依照《合同法》第 61 条的规定仍不能确定的，则法律提供了以下解决方案。

(1) 质量要求不明确的，按照国家标准、行业标准履行；没有国家标准、行业标准的，按照通常标准或者符合合同目的的特定标准履行。

(2) 价款或者报酬不明确的，按照订立合同时履行地的市场价格履行；依法应当执行政府定价或者政府指导价的，按照规定履行。

(3) 履行地点不明确，给付货币的，在接受货币一方所在地履行；交付不动产的，在不动产所在地履行；其他标的，在履行义务一方所在地履行。

(4) 履行期限不明确的，债务人可以随时履行，债权人也可以随时要求履行，但应当给对方必要的准备时间。

(5) 履行方式不明确的，按照有利于实现合同目的的方式履行。

(6) 履行费用的负担不明确的，由履行义务一方负担。

3.2.4 缔约过失责任

1. 缔约过失责任的概念

缔约过失责任自罗马法开始，即为立法及学说上讨论的重要问题。但对其进行系统和深刻、周密的分析研究，则始自德国法学家耶林撰写的《缔约上过失，契约无效与不成立时之损失赔偿》一文。

所谓缔约过失责任，是指在合同订立过程中缔约人故意或者过失地违反先合同义务，致使另一方的信赖利益受到损失而依法应承担的民事责任。缔约过失责任的责任基础是过失。它要求当事人在缔约中应当遵守诚实信用原则，承担相互协助、相互保护、相互通知的义务。

举例

在甲乙谈判过程中，甲向乙表示：如果乙不与丙签订合同，则甲将与乙正式签订合作合同。乙因信赖甲的允诺而放弃了与丙缔约，但甲却最终拒绝与乙签约，从而使乙遭受损失。

2. 缔约过失责任的成立要件

缔约过失责任的构成应满足以下要件。

1）缔约过失责任发生在合同订立阶段

缔约过失责任是发生在合同缔结过程中，而不是发生在合同成立之后。我国多数学者认为，只有在合同尚未成立，或者虽然成立但因不符合法定的生效要件而被撤销或被确认为无效时，缔约人才承担缔约过失责任。

2）缔约方违反了先合同义务

此处的“先合同义务”，是指自缔约双方为签订合同而互相接触磋商开始（即在订立合同的过程中至合同成立前）所产生的注意义务，具体包括互相协助、互相照顾、互相保护、互相通知等依据诚实信用原则所产生的义务。所谓“诚实信用原则”，是指当事人在从事民事活动时，应诚实守信，以善意的方式履行其义务，不得滥用权利及规避法律或合同规定的义务。在合同订立阶段，尽管合同尚未成立，但当事人彼此之间已具有订约上的联系，因此应依诚实信用原则负有一些先合同义务。大多数国家对先合同义务作出了规定，有的规定较笼统，有的较具体。

缔约一方违反先合同义务，应向对方当事人负赔偿责任，该责任就是缔约过失责任。因此，缔约过失责任作为一种责任形态存在，应以违反先合同义务为前提，是随缔约双方的接触而产生及发展的。

3）缔约方存在过失

这里的“过失”实质上应该是“过错”之意，包括故意和过失。对诚实信用义务的违反本身即在客观上构成过失。当然对于过失的举证，应由受害方举证。需要注意的是，若合同无效的原因属于缔约双方的故意时，法律没有保护恶意之人的必要，在双方恶意串通并损害社会公共利益、国家利益、集体利益或第三人的合法利益时，尤其如此。此场合不成立缔约上过失责任，而应由双方各自承担相应的责任。

4）造成另一方信赖利益损失

损失的存在，是缔约过失责任的又一重要要件。如果没有给对方造成实际信赖利益的损失，即使合同未成立、无效、被撤销，也不应承担赔偿责任。此外，损害结果的出现应系缔约过失行为所必然引起；否则，即使出现了信赖利益的损害，当事人也不应承担责任。缔约过失责任的因果关系应适用民法关于一般因果关系的认定。在司法实践中，应切实把握缔约过失行为与损害事实之间是否存在因果关系。

在缔约过失责任情形下，所应赔偿的为信赖利益的损失，即无过错的当事人信赖合同有效成立，但因法定事由发生，致使合同不成立、无效、被撤销等造成的损失。信赖利益的损失包括因过错方的缔约过失行为而致信赖人直接财产的减少，也包括信赖人的财产应增加而未增加的利益。

关于直接财产的减少，即直接损失的赔偿，实践中较一致地认为包括以下几个方面：① 缔约费用，包括邮电、文印费用、赴订约地或察看标的物所支付的合理费用；② 履约准备费用或损失，包括为运送标的物或受领对方给付所支付的合理费用，或因信赖合同成立而购租房屋、厂房、机器设备或雇工所支付的费用等；③ 因支付上述费用而失去的利息。

举例

A 向 B 发出要约，要将自己的房子以 20 万元的价格卖给 B，要求 B 在 10 天内答复并持币来购买。B 为筹集购房款，将刚买来的小车（花费 23 万元）以 20 万元的折价卖掉。第 9 天当 B 前去购房时，A 已将房子卖于 C 并已办过户手续，C 已取得该房子的所有权。此时，A 与 B 的买卖合同并未成立，但 A 应承担缔约过失责任，赔偿 B 折价卖车的损失 3 万元及相关缔约费用。

一般而言，缔约人的信赖利益不能高于其履行利益；否则，就必然违背经济学上“成本低于收益”的一般原则，也不符合缔约人从事商品交易的最初目的。《德国民法典》第 179 条明确规定，信赖利益损失的赔偿额不得超过相对人在契约有效时可得到的利益。这一规定在我国《合同法》中并未体现，但在审判实践中可供参考。

3. 我国关于缔约过失责任的规定

我国《合同法》第 42 条规定：“当事人在订立合同过程中有下列情形之一，给对方造成损失的，应当承担损害赔偿责任：（一）假借订立合同，恶意进行磋商；（二）故意隐瞒与订立合同有关的重要事实或者提供虚假情况；（三）有其他违背诚实信用原则的行为。”第 43 条规定：“当事人在订立合同过程中知悉的商业秘密，无论合同是否成立，不得泄露或者不正当地使用。泄露或者不正当地使用该商业秘密给对方造成损失的，应当承担损害赔偿责任。”

3.3 合同的效力

3.3.1 合同的有效要件

1. 合同生效与合同成立

合同生效，是指已经成立的合同在当事人之间产生了一定的法律约束力。合同的约束力原则上应局限于合同当事人之间，这是由合同的相对性决定的。此外，由于合同能否正常履行也可能受到第三人行为的影响，因此为了保证合同的履行和维护当事人的利益，也应使合同具有排斥第三方非法干预和侵害的效力。

长期以来，我国司法实践并不严格区分合同的成立与生效。但事实上，合同生效与合同成立并不相同，虽然二者常常密切地联系在一起。如果当事人依法订立合同，且合同的内容和形式都符合法律规定，则合同一旦成立便自然会产生法律约束力。我国《合同法》第 44 条第 1 款明确规定："依法成立的合同，自成立时生效。"但有时，合同的成立和生效并非同时发生。按照学者的一般见解，合同成立是指合同订立过程的完成，即当事人经过平等协商对合同的基本内容达成一致意见，要约承诺阶段宣告结束，合同成立是当事人合意的成果。① 但合同成立并不能等同于合同生效。即使合同已经成立，若不符合法律规定的生效条件，则仍不能生效。例如，违法合同虽然可以成立，但却不会发生法律效力。因此，合同成立后并不是必然生效的。已成立的合同是否生效，要看其能否满足有效合同的诸要件。正如有学者概括的那样，合同成立制度主要表现了当事人的意志，体现了合同自由原则，而合同生效制度则体现了国家对合同关系的肯定或否定的评价，反映了国家对合同关系的干预。②

2. 合同的生效要件

所谓合同的生效要件，是指已经成立的合同发生法律效力所应具备的条件。我国关于合同的生效要件主要体现为以下几点。

1）行为人具有相应的民事行为能力

合同生效要求行为人具有相应的民事行为能力，即所谓的"主体合格原则"。民事行为能力是与意识能力密切联系在一起的。不具备相应的行为能力，就不能独立地进行意思表示，也不能正确地理解自己行为的性质和后果。因此，各国均要求缔约主体必须具有相应的民事行为能力。

我国《民法通则》规定，自然人按照民事行为能力的不同，可分为无民事行为能力

---

① 苏惠祥. 略论合同成立与生效. 法律科学，1990（2）.

② 陈安. 涉外经济合同的理论与实务. 北京：中国政法大学出版社，1994：103.

人、限制民事行为能力人和完全民事行为能力人。其中，无民事行为能力人是指不满10周岁的未成年人，以及不能辨认自己行为的精神病人；限制民事行为能力人是指10周岁以上的未成年人，以及不能完全辨认自己行为的精神病人；完全民事行为能力人则是指年满18周岁，或年满16周岁不满18周岁以自己的劳动收入为主要生活来源的人。

由于限制民事行为能力人智力发育还不成熟，不能充分理解并预见自己的行为后果，因此，只可以进行与其年龄、智力、精神健康状况相适应的民事活动；其他民事活动由其法定代理人代理，或者征得其法定代理人的同意。至于无民事行为能力人，则因其年龄太小或因为精神病而完全失去了识别能力，不能独立进行民事活动，其所需从事的民事活动只能由其法定代理人代理。如果无民事行为能力人和限制民事行为能力人订立了依法不能由其独立订立的合同，则合同应属效力待定的合同（详见后文“效力待定的合同”），并不能直接产生有效合同的效果。

法人的行为能力不同于自然人，它没有完全民事行为能力、限制民事行为能力和无民事行为能力的划分。我国学界曾普遍认为，法人的行为能力应与其权利能力的范围相一致，即法人必须在其成立时被核准的范围内从事经营，超出其经营范围的无效。① 学界的上述认识来源于当时的有关立法规定：1985年国家工商局《关于无效经济合同的确认》中规定，超越经营范围订立的合同为无效合同。1986颁布的《民法通则》第42条规定：“企业法人应当在核准登记的经营范围内从事经营。”依据这些规定，超越经营范围订立的合同一律被确认无效。

我国司法实践也曾在相当长的时期内坚持“超经营范围的合同一律无效”这一做法，但却严重危害了交易的安全。实践中，许多合同尽管一方当事人超越其经营范围，但对方当事人愿意接受履行，且该履行并不损害国家和社会公共利益。这种情况下确认合同无效，判决双方返还，只能导致交易的中断和社会财富的大量浪费，甚至损害善意第三人的利益。同时，违约一方以其超越经营范围为由主张合同无效，必然损害守约方的合法权益，由此大大降低人们对合同的信赖程度。从世界范围来看，现代立法总的趋势是加强对善意相对人的保护，确认超经营范围的合同有效。

我国1999年颁布的《合同法》对超越经营范围的合同效力没有作出明确规定，在关于合同无效的情形中也未将其列入其中。但1999年12月1日通过的《最高人民法院关于适用〈中华人民共和国合同法〉若干问题的解释（一）》第10条规定：“当事人超越经营范围订立合同，人民法院不因此认定合同无效。但违反国家限制经营、特许经营以及法律、行政法规禁止经营规定的除外。”因此，关于超越经营范围的合同效力问题，我国已经有了新的明确的态度。该司法解释体现了缩小无效合同范围、鼓励市场交易的立法思想。

2）意思表示真实

意思表示真实是合同生效的重要构成要件。合同作为缔约方合意的结果，应体现缔约方的真实意愿。大多数情况下，行为人表示于外部的意思同其内心真实意思是一致

① 王家福. 民法债权. 北京：法律出版社，1991：318；张俊浩. 民法学原理. 北京：中国政法大学出版社，1991：190.

的，但有时也会出现不吻合的状况。意思表示不真实，既包括因表意人主观原因而致意思表示不真实的情形，也包括因相对人的恶意行为而致意思表示不真实的情形。前者如重大误解，后者如欺诈、胁迫等。此时，合同即使已经成立，也不一定会成为有效的合同，因为当事人可申请法院或仲裁机构予以撤销（详见后文“可撤销合同”）。

3）不违反法律和社会公共利益

合同不违反法律，是指合同的内容合法，各项条款必须符合法律、行政法规的强制性规定。此外，合同还不得违反社会公共利益。有学者指出：“社会公共利益是一个抽象的概念，凡我国社会生活的政治基础、社会秩序、道德准则和风俗习惯等，均可列入其中。它们的法律地位与国外立法例中的公共秩序及善良风俗有相似之处。”①

将不违反社会公共利益作为有效合同的要件之一，使得那些表面上并未违反法律、行政法规的强制性规定，但实质上损害了全体人民共同利益的合同被排除在有效合同范围之外。

4）合同形式合法

我国《合同法》规定，当事人订立合同，可以采用书面形式、口头形式和其他形式。但法律、行政法规规定采用书面形式的，或者当事人约定采用书面形式的，应当采用书面形式。因此，我国大多数合同的订立在形式上并无特殊要求，只要缔约方意思表示一致，合同依法成立，并自成立之日起生效。

但是，如果订立的合同属于要式合同的范畴，则当事人必须依法执行。例如，我国《合同法》第44条第2款规定：“法律、行政法规规定应当办理批准、登记等手续生效的，依照其规定。”《最高人民法院关于适用〈中华人民共和国合同法〉若干问题的解释（一）》进一步指出：“依照《合同法》第44条第2款的规定，法律、行政法规规定合同应当办理批准手续，或者办理批准、登记等手续才生效，在一审法庭辩论终结前当事人仍未办理批准手续的，或者仍未办理批准、登记等手续的，人民法院应当认定该合同未生效。法律、行政法规规定合同应当办理登记手续，但未规定登记后生效的，当事人未办理登记手续不影响合同的效力，合同标的物所有权及其他物权不能转移。”

案例评析

案例：张某与李某经朋友介绍认识。2005年6月份，张某将其位于市中心的一套商品房卖给李某，并签订了房屋买卖协议。该协议约定，此商品房的总房价为84万元。双方还就其他事项进行了约定。买卖合同签订后，李某依约给付了84万元房款，张某将该商品房交付给李某，但双方一直未办理房屋过户手续。近两年来，房价持续成倍上涨，李某要求张某协助办理房屋过户手续，但张某拒不过户。故李某起诉至法院，要求张某协助其办理房屋过户手续。在案件审理过程中，张某主张房屋未办理过户手续，故双方之间的房屋买卖协议未生效。法院则未予采信，判令被告张某在判决生效之日起十日内将房屋所有权证过户给李某，并承担案件的诉讼费用。

评析：房屋过户登记仅是房屋所有权转移的条件，并非房屋买卖合同生效条件。因

① 王家福. 民法债权. 北京：法律出版社，1991：323.

此，未办理过户登记并不影响张某与李某签订的房屋买卖协议的合法有效性。李某已经履行了协议约定的交付购房款的义务。张某拒不过户的行为有违诚信原则，已构成违约。需提醒的是，我国法律对房屋等不动产所有权采取的是登记确认主义，即登记具有公示物权的性质。因此，未办理过户登记，即使房屋已经交付使用，产权仍属于卖方。

此外，需说明的是，违反合同的形式要求，并不必然导致合同不成立和无效。因为我国《合同法》规定，法律、行政法规规定或者当事人约定采用书面形式订立合同，当事人未采用书面形式但一方已经履行主要义务，对方接受的，该合同成立；采用合同书形式订立合同，在签字或者盖章之前，当事人一方已经履行主要义务，对方接受的，该合同成立。因此，虽然在绝大多数情形下，合同形式的不合法将会影响到合同的有效性，但在上述情形发生时，合同却可视为成立并生效。

3. 附条件和附期限的合同

1）附条件的合同

所谓附条件的合同，是指当事人在合同中约定一定的条件，以条件的成就与否来决定合同效力的发生或消灭。附条件的合同之所以为法律所认可，是因为它充分尊重当事人的意志。一般而言，合同只要符合生效的诸要件，即可在成立之时生效。但有时当事人基于某些因素的考虑，并不希望合同一经成立就生效，因此附条件的合同能够将当事人的动机表现在合同中，满足当事人的不同需要。

我国《合同法》第 45 条第 1 款明确规定：“当事人对合同的效力可以约定附条件。附生效条件的合同，自条件成就时生效。附解除条件的合同，自条件成就时失效。”在附条件的合同中，条件必须满足以下要求：① 条件必须是将来可能发生的不确定的事实；② 条件必须是合法的。

举例

甲乙双方约定，甲调动成功后就将现在的家具赠送给乙。此时，“调动成功”即成为一个使赠与合同生效的条件。该合同为附生效条件的合同。

附条件的合同成立后，在条件尚未成就之前，当事人不得为了自己的利益而以不正当的行为促成或阻挠条件的成就。我国《合同法》第 45 条第 2 款明确规定：“当事人为自己的利益不正当地阻止条件成就的，视为条件已成就；不正当地促成条件成就的，视为条件不成就。”

举例

甲乙双方约定，甲调动成功后就终止与乙的房屋租赁关系。该条件属于解除条件。乙为了让甲长期租赁其房屋，采用不正当手段阻挠甲的工作调动。此时，应视为条件已成就，甲有权终止与乙的租赁合同。

2）附期限的合同

所谓附期限的合同，是指当事人在合同中设定一定的期限，将期限的到来作为合同生效或失效的依据。我国《合同法》第 46 条规定："当事人对合同的效力可以约定附期限。附生效期限的合同，自期限届至时生效。附终止期限的合同，自期限届满时失效。"

"期限"一般采用"某年某月某日"的表达方式，但在特殊情形下，也可能以将来必然发生的某一事实作为期限。

举例

甲乙双方约定，甲死亡后就将现在的住房赠送给乙。由于"甲死亡"是将来必然发生的事实，因此该合同不是附生效条件的合同，而是附生效期限的合同。

3.3.2 违反生效要件的合同

合同成立后，只有符合合同生效的诸要件，才能成为有效合同。实务中，违反生效要件的合同比比皆是，主要分为三大类：无效合同、可撤销合同和效力待定的合同。

1. 无效合同

无效合同是指严重欠缺合同的生效要件，在法律上确定的、当然的、完全不发生法律效力的合同。[①] 无效合同自合同成立时起即无法律约束力，无须经法定程序裁定其无效性，也无须当事人主张，因此属于绝对无效的合同。

我国《合同法》第 52 条对合同无效作出了明确的列举。

1）一方以欺诈、胁迫的手段订立合同，损害国家利益

所谓欺诈，是指一方当事人采用故意捏造虚假情况，或者歪曲、掩盖事实真相的手段，致使对方产生认识上的错误，并且基于这一认识错误而签订合同。所谓胁迫，是指以将来要发生的损害或以直接施加损害相威胁，使对方产生恐惧并因此而订立合同。胁迫行为既可以给公民及其亲友造成损害和威胁，也可以给法人造成损害进行要挟。

我国已废止的《经济合同法》曾规定，采取欺诈、胁迫等手段所签订的合同无效。而现行《合同法》则将因欺诈、胁迫订立的合同效力分两种情况加以规定：一是把一方以欺诈、胁迫的手段，使对方在违背真实意思的情况下订立的合同，列入可撤销合同范围，受损害方有权请求法院或仲裁机构变更或撤销；二是将一方以欺诈、胁迫的手段订立的合同，损害国家利益的列入无效合同范畴。因此，是否"损害国家利益"成为判定此类合同是无效合同还是可撤销合同的重要标准。

2）恶意串通，损害国家、集体或者第三人利益

恶意串通的合同，是指缔约当事人之间故意合谋，损害国家、集体或第三人合法权

---

① 刘文华，王忠. 中华人民共和国合同法理论与实务. 北京：中国方正出版社，1999：61.

益的合同。其需具备以下条件：当事人存在恶意；存在通谋行为；通谋的目的是损害国家、集体或第三人的利益。

3）以合法形式掩盖非法目的

所谓以合法形式掩盖非法目的，是指当事人订立的合同在形式上是合法的，但在目的上是违法的。因此，当事人在合同中表达出来的意思并不是其真实的意思体现，只是希望通过合法的行为来掩盖其想达到的非法目的。

4）损害社会公共利益

社会公共利益体现了全体社会成员的最高利益。违反社会公共利益或公序良俗的合同无效，已为各国立法所普遍认可。我国亦将损害社会公共利益的合同规定为无效合同的表现形式之一。因此，凡是订立损害国家公共安全和秩序，损害社会公德，危害公共健康和环境，以及其他损害社会公共利益的行为，均为无效合同。

5）违反法律、行政法规的强制性规定

所谓法律，即由全国人民代表大会及其常委会颁布的规范性文件。法规可分为行政法规和地方性法规。前者是指国务院颁布的规范性文件，后者指地方权力机关颁布的本辖区内具有拘束力的规范性文件。在此，需强调以下两点。

首先，违反地方性法规不应导致合同无效。因为合同的效力标准应是统一的。如果将地方性法规也作为判定合同效力的依据，那么当事人在签订合同以前就必须通晓有关的地方性法规，否则合同就可能因违反地方法规而被确认无效。这不仅给当事人带来极大不便，而且在审判实践中也容易导致认定合同效力的标准混乱，在某个地区有效的合同，到另一个地区就可能成为无效。因此，违反地方性法规，不应成为判定合同无效的标准。

其次，只有违反法律、行政法规的“强制性规定”才会导致合同无效。法律、行政法规中往往既包含强行性规范，也包含任意性规范。强行性规范不允许当事人以意思表示排除其适用；任意性规范则是起指导性作用的规范，当事人可以意思表示排除其适用。只有在合同违反强行性规范时，国家才应主动干预，确认其无效。如果当事人违反的是其他非强行性规范，则只承担相应的法律责任，如主管部门对其处罚，但合同并不当然无效。

我国《合同法》的上述规定，使得违法合同与无效合同得以区分开来。违法合同不一定是无效合同，但无效合同一定是违法合同。如此一来，无效合同被限定在一个统一而狭小的范围内，体现了我国减少干预、鼓励交易的立法思想。

案例评析

案例：如东县某工业园区内有两家企业常有业务往来，两企业的法定代表人关系很好。2006年5月，乙企业因经营所需，向甲企业借款40万元，并约定月息1分，借期1年。借款后，乙企业因经营不善，到期后未能偿还，后停产歇业。为此，甲企业诉至法院，要求被告偿还借款40万元，并支付借期内利息48 000元，逾期利息20 000元。法院审理后认为，根据我国《合同法》第52条的规定，违反法律、行政法规的强制性规定而订立的合同无效。我国有关金融法规禁止企业之间拆借资金，因而本案这一借款合同无效。合同无效，合同关于利息的约定也无效，但借期内给原告造成的利息损失，双方按责任分担，本案中双方均有过错，责任各半。借款逾期后利息按最高法院有关批复应予收缴。为此，法院作出了被告返还原告借款本金 40 万元，赔偿原告利息损失 24 000 元，收缴被告非法利益 20 000 元的判决。(案例来源：张金山，如东县人民法院)

评析：关于合同效力问题，我国金融法规明确规定，禁止企业之间借贷。因此，本案借款合同无效，合同中关于利息的约定亦无效，由此造成原告的利息损失，应由双方分担。关于借款届满后的利息处理问题，最高人民法院于 1996 年 9 月 23 日有专门批复，规定："企业借贷合同违反有关金融法规，属无效合同，对自双方当事人约定的还款期满之日起，至法院判决确定借款人返还本金期满期间内的利息，应当收缴，该利息按借款双方原约定的利率计算，如果双方当事人对借款利息未约定，按同期银行贷款利率计算。"因此，法院的判决是正确的。

---

2. 可撤销合同

可撤销合同是指因合同当事人意思表示不真实，法律允许撤销权人行使撤销权而使已生效的合同归于无效。因此，可撤销合同主要是意思表示不真实的合同，并且法律将是否撤销合同的权利留给当事人自由决定。撤销权通常是由意思表示不真实而受损害的一方当事人所享有。各国立法往往规定撤销权人必须在法定期限行使撤销权，超过了该期限，则撤销权消灭。我国《合同法》亦明确规定："有下列情形之一的，撤销权消灭：（一）具有撤销权的当事人自知道或者应当知道撤销事由之日起一年内没有行使撤销权；（二）具有撤销权的当事人知道撤销事由后明确表示或者以自己的行为放弃撤销权。"

对于合同的撤销，法院采取不告不理的态度。如果当事人不提出合同的撤销请求，法院不能主动地宣告合同撤销。当事人请求变更的，人民法院或者仲裁机构亦不得撤销该合同。这恰恰体现出可撤销合同与无效合同之间的差异性。对于无效合同的效力认定，当事人不能选择，即使其不主张无效，法院和仲裁机构也会主动依法宣告合同无效。此外，可撤销合同在未被撤销前仍旧是有效合同，如果撤销权人未在规定期限内行使撤销权，或者仅要求变更合同条款，则该合同一直对当事人产生约束力。而无效合同是当然无效，不可能有效。

根据我国《合同法》第 54 条的规定，下列合同属于可撤销合同。

1）因重大误解订立的合同

重大误解，是指当事人因自己的过失而对合同的主要内容发生认识上的错误。误解可以是单方面的，也可以是双方的误解。一般的误解并不能成为撤销合同的理由，只有重大误解才可以。《最高人民法院关于贯彻执行〈中华人民共和国民法通则〉若干问题的意见》（试行）第 71 条规定：行为人因为行为的性质，对方当事人，标的物的品种、质量、规格和数量等错误认识，使行为的后果与自己的意思相悖，并造成较大损失的，可以认定为重大误解。

此外，重大误解应由误解方自身的过失所致，如果是因他人欺诈而产生认识上的错误，则不属于误解。值得探讨的是，如果一方发生了误解，对方明知其误解却沉默不语，是构成重大误解还是构成欺诈？此时，应具体情况具体分析：如果对方有义务向另一方告知关于商品的性能、质量等情况，但在另一方误解时却未加提醒，应构成欺诈；反之，则构成重大误解。

从大陆法系各国民法典的立法来看，均用“错误”而不用“误解”一词。我国《民法通则》和《合同法》均使用“误解”而不用“错误”。有学者指出，我国法上的误解，同德国法及日本法上的错误是在同一意义上适用的。①

2）订立时显失公平的合同

显失公平的合同是指当事人在情况紧迫或缺乏经验时缔结的明显对自己有重大不利的合同。该类合同往往使当事人权利和义务极不对等，经济利益失衡，违反了公平合理原则。将此类合同纳入可撤销合同范围，是公平原则的具体体现。

显失公平的合同具有以下特征：首先，显失公平是在缔约时即已形成，而非缔约后才形成；其次，一方获得的利益超过了法律所允许的限度；再次，受害的一方在缔约时缺乏经验或情况紧迫。

3）因欺诈、胁迫而订立的合同

如前文所述，我国现行《合同法》将因欺诈、胁迫订立的合同效力分两种情况加以规定。一方尽管采取了欺诈、胁迫的手段订立合同，如果不损害国家利益，仅损害了对方当事人的利益，合同并不当然无效，其效力的决定权在受损害方，受损害方有权申请法院或仲裁机构撤销该合同。如果受损害方在一年内不提起诉讼或申请仲裁，行使撤销权，该合同继续有效。

在《合同法》制定的过程中，对于欺诈的法律后果一直存在争议：一种观点为撤销主义，即认为因欺诈而订立的合同应作为可撤销合同对待；另一种观点为无效主义，即认为因欺诈而订立的合同应作为无效合同对待。目前，大多数国家立法采用撤销主义。从表面上看，将因欺诈而订立的合同作为无效合同似乎有助于对受欺诈人的保护，但实际上，将之界定为可撤销合同更有利于受欺诈一方。因为在某些情形下，尽管某些欺诈行为可能给受欺诈者造成了损失，但受欺诈者依然认为此合同对其有利并且愿意受此合同的约束。例如，受欺诈者非常希望得到合同的标的物。如果将因欺诈而订立的合同一概界定为无效合同，则受欺诈人就不能实现合同订立的目的。

4）乘人之危而订立的合同

所谓乘人之危，是指行为人利用他人的危难处境或紧迫需要，强迫对方接受某种明显不公平的条件并作出违背其真实意思的表示。危难处境并不是乘人之危一方的不法行为所致，而是由于受害人自己的原因造成的。受害人明知对方在利用自己的危难或急迫而获得利益，但由于陷于危难或出于急迫需要而订立了合同。因此，此类合同从根本上违背了受害人的真实意志。此外，乘人之危的行为，往往使受害人被迫接受对自己十分不利的条件，而乘人之危者则可获得在正常情况下不可能取得的重大利益，亦违背了公平原则。

---

① 李永军. 合同法. 2 版. 北京：法律出版社，2005：344.

案例

2012年秋，无儿无女的马老太在老年公寓去世。按当地风俗，要把灵柩运回老家才能安葬。马老太有两个侄子大马和小马，办丧事的重任就落在这两个年轻人的身上。

马老太在老家有个30多平方米的房子，但要进这处老房子，必须先经过村民孙某家的大门。几天后，大马和小马等人抬着灵柩经过孙某家的大门时，遭到了阻挠。孙某的理由很直接——灵柩穿过自家大门不吉利，他坚决不同意，除非用马老太生前的老房子做补偿。送灵柩的当天，气温非常高，小马不忍姑母尸体暴晒，答应把姑姑30多平方米的老房子以4 000元的价格转让给孙某，双方签订了《房屋处理协议》。

等到姑姑的丧事处理完，小马就把孙某告上了法庭。小马在诉状中说，他和孙某之间的《房屋处理协议》是在被迫的情况下签订的，请求法院依法撤销。2013年4月，高邮市人民法院正式开庭审理了此案。法院认为，小马和孙某签订的《房屋处理协议书》是在小马姑母尸体运送遇阻的情况下签订的，存在胁迫情节，遂判令撤销。（案例来源：何寿青、孙宁，高邮市人民法院）

评析：根据《合同法》第54条的规定，一方以欺诈、胁迫的手段或者乘人之危，使对方在违背真实意思的情况下订立的合同，受损害方有权请求人民法院或者仲裁机构变更或者撤销。虽然孙某与小马签署了《房屋处理协议》，但该协议内容并不是小马的真实意思表示，应予以撤销。

在此值得一提的是，《〈合同法〉司法解释（二）》正式确立了“情势变更”原则。其第26条规定：“合同成立以后客观情况发生了当事人在订立合同时无法预见的、非不可抗力造成的不属于商业风险的重大变化，继续履行合同对于一方当事人明显不公平或者不能实现合同目的，当事人请求人民法院变更或者解除合同的，人民法院应当根据公平原则，并结合案件的实际情况确定是否变更或者解除。”情势变更原则是合同法上的一个重要原则，大陆法系及英美法系国家立法均有相关制度规定。我国在20世纪90年代末制订《合同法》时，“情势变更”原则也曾一度被写入草案，但最终却没有被立法者采纳。此次，最高人民法院以司法解释的方式明确将“情势变更”原则纳入其中，使我国合同法原则与国际合同法发展趋势更加接近。

3. 效力待定的合同

所谓效力待定的合同，是指合同虽然已经成立，但是否生效尚不确定，只有经有权人的追认才能生效，若有权人拒绝追认则合同归于无效。效力待定的合同主要是因为有关当事人欠缺缔约能力、代订合同的资格及处分能力，因而可以通过权利人的追认而生效。

效力待定的合同不同于无效合同，也不同于可撤销的合同。虽然可撤销合同也存在有效和无效两种可能，但从合同成立之时起，可撤销的合同即有效；而效力待定的合同在成立之时，效力是悬而未决的。

我国《合同法》规定的效力待定的合同主要包括以下几类。

1）限制民事行为能力人依法不能独立订立的合同

我国《合同法》第47条规定：“限制民事行为能力人订立的合同，经法定代理人追认后，该合同有效，但纯获利益的合同或者与其年龄、智力、精神健康状况相适应而订立的合同，不必经法定代理人追认。相对人可以催告法定代理人在一个月内予以追认。法定代理人未作表示的，视为拒绝追认。合同被追认之前，善意相对人有撤销的权利。撤销应当以通知的方式作出。”

对于该条款中所讲的“相适应”该如何理解？司法实践中的判断标准有三：一是看行为与本人生活相关联的程度；二是看本人的智力是否理解其行为，并预见相应的行为后果；三是看行为标的的数额。从实际情况看，限制民事行为能力人一般可以单独从事以下民事活动：① 进行满足日常生活的、定型化的、标的额不大的民事行为，如购买学习用品、零食等；② 进行只获纯法律上的利益而不承担义务的民事行为，如作为受赠方签订赠与合同。

案例评析

案例：刚满 13 周岁的朱某，是某中学初一（3）班学生。朱某因迷恋上网玩游戏，曾欠下百余元的外债。2007 年 9 月 26 日，朱某瞒着家长私自将家中的一块价值 2 400 元的瑞士产英纳格牌 24 钻男士手表，以 200 元低价卖给网吧老板赵某，并为赵某写下字据：永不反悔。不久，卖表的事被其父朱志刚发觉，朱父遂找到买表人赵某，愿按原价赎回，遭到赵某拒绝。原告为此诉至法院。该案在审理期间，曾存在两种截然相反的意见。一种意见认为，朱某与赵某的买卖合同成立。理由是：朱某是一名初中生，应有一定的认知能力，且为赵某写下“永不反悔”的字据，朱某应当知道这种行为的法律后果；另外，从诚信的角度来讲，朱某也不应要求被告返还手表。因此，法院应认定朱某与赵某的买卖行为有效，判决驳回原告朱某的诉讼请求。另一种意见认为，朱某与赵某的买卖手表行为无效，不受法律保护。理由是：朱某属于我国《民法通则》规定的限制民事行为能力人，其卖表行为事先并未征得其家长的同意，事后也未经过其家长的追认。卖表行为不具有法律效力，因此，应判决被告向原告返还手表，原告向被告返还价款。最终，法院采纳了第二种意见，判决被告向原告返还手表，原告向被告退还价款。（案例来源：张勇，铜山县人民法院）

评析：本案朱某系未成年人，未经其家长同意，擅自将一块贵重的手表以极低的价格卖给赵某，这一民事活动明显与朱某的年龄、智力不相适应。这绝不同于实施小额的、日常生活所必需的法律行为。因此，该合同为效力待定的合同。在朱某的法定代理人拒绝追认的情形下，法院认定这一手表买卖合同无效于法有据，判决结果符合我国《民法通则》及《合同法》的立法精神。

2）无权代理人订立的合同

无权代理，是指无代理权的人代理他人从事民事行为，它包括：行为人没有代理权、超越代理权和代理权终止后的代理。当无权代理人以被代理人的名义签订合同后，该合同即为效力待定的合同。

我国《合同法》第 48 条明确规定：“行为人没有代理权、超越代理权或者代理权终止后以被代理人名义订立的合同，未经被代理人追认，对被代理人不发生效力，由行为人承担责任。相对人可以催告被代理人在一个月内予以追认。被代理人未作表示的，视为拒绝追认。合同被追认之前，善意相对人有撤销的权利。撤销应当以通知的方式作出。”

由上述规定可知，被代理人享有追认和拒绝追认的权利，相对人则享有催告权和撤回权。所谓撤回权，是指善意相对人在被代理人未追认之前，可撤销其对无权代理人作出的意思表示。该权利的规定，是为了保护善意相对人的利益。此外，无权代理人订立的合同如果未能获得被代理人的追认，则该合同对被代理人不产生法律约束力，但是无权代理人应承担责任。

案例

湖北小伙刘辉只身在吴江经营办公用品。2011 年年底至 2012 年年初，他为某公司供应了标签纸和封袋纸，共计 8 030 元货款没有收回。期间，该公司经营不善、多次易主。刘辉在多次上门催讨无果后，一纸诉状将该公司告上法庭，要求该公司立即支付拖欠的 8 030 元货款。

在开庭审理过程中，刘辉提交了三份送货单，声称收货人处签名的是被告公司的员工。但被告诉讼代理人却否认货物签收者是该公司的员工，并强调该人没有得到公司的任何授权，送货单上也没有公司的盖章，因此对该送货单的真实性以及关联性均不予认可。

庭后，法官向刘辉做了法律释明和疏导工作。虽然法院对其处境表示理解，但是打官司毕竟是讲证据的。刘辉既没合同，又没发票和对账单，连送货单上的签收人是谁也无法证明，因此要让法院支持刘辉的主张很困难。最终，刘辉撤回起诉。（案例来源：郝振、徐飞云，苏州市吴江区人民法院）

评析：这起买卖合同纠纷虽然标的额小，但是对当事人的影响却很大。在没有合同、发票和对账函的情形下，由于送货手续存在瑕疵，刘辉无法证明送货单上的签字人员就是被告的员工，也无法证明签字者享有合法的收货代理权，因此其诉讼请求不能得到法院的支持。当然，若在两年内刘辉能搜集到其他有利的证据，可再次向法院起诉要求被告支付拖欠的货款。

需强调的是，如果构成表见代理，则即使是无权代理人订立的合同，也应为有效而非效力待定。所谓表见代理，是指在无权代理的情况下，善意第三人在客观上有充分理由相信无权代理人具有代理权，而与其实施法律行为，该法律行为的效果直接由被代理人承担。我国《合同法》第 49 条即体现了表见代理制度，该条规定：“行为人没有代理权、超越代理权或者代理权终止后以被代理人名义订立合同，相对人有理由相信行为人有代理权的，该代理行为有效。”

表见代理的构成要件如下。① 具备有代理权的外观。撇开行为人是否具有代理权这一内在要件，从行为人的行为外观来看，完全符合有权代理的特征。② 交易相对人为善意。如果第三人不是善意，即明知或者应该知道行为人不具有代理权而仍然与其进行法律行为，此时不构成表见代理，而应该属于狭义的无权代理，被代理人不需承担行为人与第三人所为法律行为的后果。

举例

李某是某企业的销售人员，随身携带盖有该企业公章的空白合同书。后来，李某因私下收取回扣被企业除名，但空白合同书未被该企业收回。李某继续以此合同书与以往的客户签订购销合同。在客户不知李某被开除的情形下，空白合同书足以使其相信李某有代理权，故构成表见代理。该企业应当承担李某所为行为的法律后果。如果客户明知李某已被开除，但仍与李某订立了合同，则不能构成表见代理，无权主张李某原来所在的企业承担合同责任，除非该企业予以追认。

3）无权处分人订立的合同

法律上的处分，主要包括财产的出让、赠与等行为。以处分财产为目的的合同，处分人应具有处分权。然而实践中常出现无权处分人订立的合同。我国《合同法》第 51 条规定："无处分权的人处分他人财产，经权利人追认或者无处分权的人订立合同后取得处分权的，该合同有效。"由于原权利人可能因无权处分而遭受损失，但这只是一种可能性，无权处分也有可能符合原权利人的意思和利益，因此，法律赋予原权利人追认权。原权利人追认和无权处分人取得处分权皆可补正合同的效力，使无权处分合同归于有效。

值得关注的是：按照我国《合同法》第 51 条的规定，在无权处分合同被认定无效后，善意买受人不仅不能取得标的物的所有权，甚至无法向出卖人（无权处分人）主张违约责任，要求赔偿包括预期利益在内的全部损失，而只能向出卖人主张缔约过失责任，请求赔偿信赖利益，两种不同性质的赔偿，差距甚大。显然，这一制度设计伤害了善意买受人的利益，无法保障交易安全，与现代民商法越来越注重保护交易安全的趋势相悖。

事实上，无权处分合同的效力问题一直困扰着司法实践。学界亦针对《合同法》第 51 条的规定提出了诸多批评意见，并就无权处分合同效力与善意取得制度之间的协调问题进行了多次探讨。

2012 年 6 月 6 日，最高人民法院公布了《关于审理买卖合同纠纷案件适用法律问题的解释》。该解释第 3 条规定："当事人一方以出卖人在缔约时对标的物没有所有权或者处分权为由主张合同无效的，人民法院不予支持。出卖人因未取得所有权或者处分权致使标的物所有权不能转移，买受人要求出卖人承担违约责任或者要求解除合同并主张损害赔偿的，人民法院应予支持。"从该条文义可知，最高法院的态度是无论权利人是否追认，无权处分合同均属有效。

最高法院出台司法解释将无权处分合同的效力规定为有效，无疑是符合现代民商立法的发展趋势。但解释法律不能无视现行立法的规定。我国《合同法》第 51 条语义明晰，并未引发任何歧义，因此司法解释与《合同法》的冲突显而易见，实为法院造法。必须承认，关于无权处分合同效力问题，出台司法解释只能是权宜之计，将来在修订《合同法》时应从法律层面做出制度的更改。

4. 合同被确认无效或被撤销的后果

根据我国《合同法》第56条和第57条的规定，无效的合同或者被撤销的合同自始没有法律约束力。合同部分无效，不影响其他部分效力的，其他部分仍然有效。合同无效、被撤销或者终止的，不影响合同中独立存在的有关解决争议方法的条款的效力。

德国学者拉伦茨指出，合同完全无效的说法不能导致这样的观点，即这种行为就等于“零”。这种行为作为一种“曾经进行过的行为”而作为事件是存在的，只是这种行为的法律后果是不被承认的，例如，赔偿责任等。① 因此，被宣告无效或撤销的合同不发生法律效力，只是指不发生合同当事人希望发生的法律后果，即：使得当事人在合同中约定的产生、变更或终止民事权利义务的意图不能得以实现，但并非不发生任何法律后果。

根据我国《合同法》第58条和第59条的规定，合同无效或被撤销后可能产生以下法律后果。

1）返还财产

合同无效或被撤销后，因该合同取得的财产，应当予以返还。返还财产旨在使财产关系恢复到合同订立前的状况。因此，返还财产主要适用于已经作出履行的情形，若当事人尚未开始履行，财产未交付，则不会涉及财产返还问题。应返还的财产仅限于原物和因原物而生的孳息。从实践中来看，返还既可能是单方返还，也可能是双方返还。

2）折价补偿

当不能返还或者没有必要返还的，负有返还义务的当事人应折价补偿。“不能返还”包括事实上的不能返还和法律上的不能返还两种情况。② 事实上的不能返还，主要是指标的物已经变形、毁损等。法律上的不能返还主要是指财产已经转让给了善意第三人，该善意第三人取得对标的物的所有权。

3）赔偿损失

合同无效或者被撤销后，有过错的一方应当赔偿对方因此所受到的损失；双方都有过错的，应当各自承担相应的责任。当事人一方若要主张损害赔偿，则必须举证证明损害的事实存在。因合同被宣告无效或被撤销而导致的损失包括：在合同订立过程中当事人所遭受的损失，以及在合同履行中当事人所遭受的损失。在性质上，该损害赔偿责任属于缔约过失责任。因此，合同无效或被撤销而导致的赔偿损失应适用过错责任原则，即只有在当事人存在过错时才需承担此赔偿责任。如果是双方过错，则应根据双方的过错程度来分担此损失。如果双方的过错相当且损失大体相同，则由双方各自承担自己的损失。在双方故意违法的情形下，任何一方当事人均不得享有请求对方赔偿损失的权利。

案例评析

案例：泗洪县某中学学生杜某（16岁）于2007年11月2日在未告知父母的情况下，以购买跑步机为由，向其表姐张某（26岁）借款3800元。借款时，杜某言明

① 拉伦茨. 德国民法通论. 王晓晔，译. 北京：法律出版社，2003：629.

② 王家福. 民法债权. 北京：法律出版社，1991：334.

三个月后由其母归还借款，并向张某出具了借据。2008 年 2 月 2 日，张某向杜某的母亲索要借款时，杜母称其不知此事，拒绝归还。而此时杜某已将借款 3 800 挥霍一空。张某遂于 2008 年 2 月 12 日诉至法院，请求法院判令杜某的法定代理人杜母归还该借款。

法院经审理认为，杜某借款时系在校学生，属限制民事行为能力人，张某明知杜某尚无完全民事行为能力，仍借款给杜某，自身有一定过错。因此，法院判令杜母归还张某 3 000 元，张某自身承担 800 元。（案例来源：李明军，江苏法院网）

评析：杜某与张某签订的借款合同应为效力待定的合同。若杜母追认，则合同有效。在杜母拒绝追认的情形下，合同为无效，杜某应返还借款。由于杜某已将借款用完，无法偿还，因此给张某造成了损失。鉴于张某缔约时也有过错，应由张某和杜某根据过错大小共同承担此损失。本案中杜某过错较大，并且尚未成年，因此应由杜母承担损失的大部分。

4）追缴财产收归国有或返还集体、第三人

我国《合同法》第 59 条规定："当事人恶意串通，损害国家、集体或者第三人利益的，因此取得的财产收归国家所有或者返还集体、第三人。"早先颁布的《民法通则》则规定"收归国家、集体所有或者返还第三人"。相比之下，《合同法》的规定更科学。因为只有国家才能依靠强制力去追缴财产以体现处罚，集体和第三人均为利益主体，并无处罚权，只能要求返还财产。

3.4 合同的履行

合同的履行，是指债务人全面地、适当地完成其合同义务，债权人的合同债权得到完全实现，如交付约定的标的物，完成约定的工作并交付工作成果，提供约定的服务等。[①] 正如学者所言："合同履行是其他一切合同法律制度的归宿或延伸。"[②]

3.4.1 合同履行的原则

合同履行的原则，是当事人在履行合同债务时所应遵循的基本准则。其中，诚实信用原则、公平原则、平等原则是贯穿整个合同法的基本原则，而适当履行原则、协作履行原则、经济合理原则、情势变更原则属于合同履行的专有原则。以下仅就合同履行的专有原则分述之。

---

① 王利民，崔建远. 合同法新论：总则. 修订版. 北京：中国政法大学出版社，2000：317.

② 苏惠祥. 中国当代合同法论. 长春：吉林大学出版社，1992：146.

1. 适当履行原则

适当履行原则，又称为全面履行原则或正确履行原则，它是指由适当的合同主体按照合同规定的标的、质量、数量，在约定的或法定的履行期限、履行地点，以适当的履行方式，全面完成合同义务的履行原则。该原则要求：履行主体适当、履行标的适当、履行期限适当、履行方式适当等。

2. 协作履行原则

协作履行原则，是指当事人不仅应适当履行自己的合同债务，还应基于诚实信用原则的要求，为对方当事人履行债务提供协助的原则。因此，协助履行是诚实信用原则在合同履行方面的具体体现。只有当事人互相配合，才可能实现合同的适当履行。合同义务的履行往往需要债权人的配合与协助，协助履行可以视作是债权人的义务。一般认为，债务人履行债务的，债权人应依法受领；债务人有权要求债权人创造必要的条件或提供便利等。

3. 经济合理原则

经济合理原则，是指合同履行应讲求经济效益，以最小的成本获取最佳的合同利益。该原则往往体现为：在运输方式的选择、运输路线的选定、履行期限的选定等方面都要力求实现合同履行的利益最大化；同时，在一方违约时，另一方应尽力采取补救措施，以防止损失的进一步扩大。

4. 情势变更原则

情势变更原则，是指合同依法成立后，因不可归责于双方当事人的原因发生了不可预见的变化致使合同的基础动摇或丧失，若继续维持合同原有的效力则显失公平，因此允许当事人变更或解除合同的原则。

在我国《合同法》的起草过程中，对于是否应规定情势变更原则存在争论。正式颁布施行的《合同法》最终没有关于情势变更的规定。有相当一部分学者认为这是一大遗憾。与此同时，有学者指出：虽然我国合同法没有明文规定情势变更原则，但这并不能否定情势变更原则在弥补合同法漏洞方面的作用，更不能说我国《合同法》上没有这一原则适用的空间。因为：① 许多国家中，特别是大陆法系国家中，情势变更大多也是通过学理与判例发展起来的，民法典也是没有明文规定；② 情势变更的依据多是“诚实信用原则”，而我国《合同法》与《民法通则》都有关于诚实信用原则的明文规定，所以，我们的学理与判例也完全可以通过解释诚实信用原则而适用情势变更理论。① 这一观点值得肯定。

3.4.2 双务合同履行中的抗辩权

所谓抗辩权，是指对抗请求权或否认对方权利主张的权利。双务合同中，缔约当事人互为权利人和义务人，因此各方均有向对方履行合同义务的责任。我国《合同法》共规定了三项双务合同履行中的抗辩权，即同时履行抗辩权、后履行抗辩权和不安抗辩权。

① 李永军. 合同法. 2版. 北京：法律出版社，2005：570.

1. 同时履行抗辩权

我国《合同法》第 67 条规定："当事人互负债务，没有先后履行顺序的，应当同时履行。一方在对方履行之前有权拒绝其履行要求。一方在对方履行债务不符合约定时，有权拒绝其相应的履行要求。"

2. 后履行抗辩权

我国《合同法》第 67 条规定："当事人互负债务，有先后履行顺序，先履行一方未履行的，后履行一方有权拒绝其履行要求。先履行一方履行债务不符合约定的，后履行一方有权拒绝其相应的履行要求。"后履行抗辩权反映了履行义务在后的一方当事人享有后履行的利益即顺序利益。

举例

甲乙双方在买卖合同中约定，甲方于 2008 年 6 月 30 日付清全部货款，乙方应在 7 月 15 日送货上门。后来，甲方未按期付款，乙方也一直未送货。如果甲在 7 月 15 日致电，要求乙方送货，则乙方可以行使后履行抗辩权予以拒绝，并可主张甲方承担违约责任。

后履行抗辩权与同时履行抗辩权在效力表现上是相同的，但两者亦存在明显的差异：首先，后履行抗辩权的权利主体不可能是双方当事人，只能是履行义务在后的一方当事人，而同时履行抗辩权则可由任何一方当事人行使；其次，后履行抗辩权产生的前提是当事人有义务履行先后顺序，而同时履行抗辩权产生的前提则是债务履行没有先后顺序。

3. 不安抗辩权

所谓不安抗辩权，是指双务合同中依约定须先履行义务的当事人一方，在相对人难以作出对待履行以前有权拒绝先作出履行的权利。具体而言，是指双方合同订立以后，履行义务在先的一方在有后给付一方无力履行合同的确凿证据以后，有权中止履行合同，除非对方恢复了履行能力或对履行合同提供了担保。因此，不安抗辩权制度是为了使先履行义务一方免受损害而设的。

我国《合同法》第 68 条明确规定："应当先履行债务的当事人，有确切证据证明对方有下列情形之一的，可以中止履行：（一）经营状况严重恶化；（二）转移财产、抽逃资金，以逃避债务；（三）丧失商业信誉；（四）有丧失或者可能丧失履行债务能力的其他情形。当事人没有确切证据中止履行的，应当承担违约责任。"第 69 条进一步规定："当事人依照本法第 68 条的规定中止履行的，应当及时通知对方。对方提供适当担保时，应当恢复履行。中止履行后，对方在合理期限内未恢复履行能力并且未提供适当担保的，中止履行的一方可以解除合同。"

不安抗辩权制度为大陆法系各国民法典所规定，与英美法系的预期违约制度极为相近，但又有所不同。我国《合同法》突破了大陆法系的传统规定，不再局限于后履行方财产状况恶化有难为对待给付之虞，即财产明显减少的情况。《合同法》第 68 条规定的

"下列情形"既包括财产状况的恶化，又包括商业信誉的丧失，甚至把各种可能有害于合同履行、危及交易秩序的行为都包括进去。但是在扩大适用范围的同时，我国合同立法却忽略了将"有难为对待给付之虞"作为评价相对人资信恶化的底线标准。相对人的经营状况恶化到何等程度才可以对其行使不安抗辩权？转移财产、抽逃资金、丧失商业信誉是否一定意味着相对人"有难为对待给付之虞"？显然，如果不以"有难为对待给付之虞"或者"危及对待给付"作为资信恶化的评判标准，那么不安抗辩权极易被滥用。

3.5 合同债权的保全

所谓合同债权的保全，是指为防止债务人的财产不当减少而给债权人的债权带来危害，法律赋予债权人行使代位权或撤销权，以维护其债权。

合同债权的保全是债权对外效力的体现。按照债法的一般原理，债权具有相对性，即债权人只能向债务人请求履行，债权无涉及第三人的效力，债权人不得干预债务人与第三人的法律关系。但是，当债务人与第三人的行为危及到债权人债权的实现时，法律就有必要赋予债权人一定的权利，以排除这一危害，确保债权的实现。

债权保全制度起源于罗马法上的撤销之诉，后来，《法国民法典》继承了该项制度，并创设了代位权制度。但德国、瑞士等强制执行制度较为发达的国家，不承认代位权。我国《民法通则》中并无合同债权保全制度的规定，直至1999年《合同法》出台，我国合同债权保全制度才得以形成。此后，《最高人民法院关于适用〈中华人民共和国合同法〉若干问题的解释（一）》中专门针对代位权和撤销权作出了细致的规定。

3.5.1 代位权

1. 代位权的概念

代位权是指在债务人怠于行使其对第三人的到期债权而影响到债权人债权的实现时，债权人得以自己的名义替代债务人行使债权的制度。代位权是基于法律的规定而产生的，不以当事人的约定为前提。

关于债权人行使代位权的方式，国外有两种做法：一是诉讼方式，二是直接行使方式。依据我国《合同法》第73条可知，在我国代位权必须通过诉讼方式行使。在代位权诉讼中，次债务人（债务人的债务人）对债务人的抗辩，可以向债权人主张。代位权的行使范围应以债权人的债权为限。债权人行使代位权的请求数额超过债务人所负债务额或者超过次债务人对债务人所负债务额的，对超出部分人民法院不予支持。

2. 行使代位权应满足的条件

我国《最高人民法院关于适用〈中华人民共和国合同法〉若干问题的解释（一）》

针对债权人提起代位权诉讼应符合的条件作出了明确的规定。

1）债权人对债务人的债权合法

代位权的行使必须以合法债权的存在为前提。如果债权人的债权是非法的，则法律根本无须为其提供保护。

2）债务人怠于行使其到期债权，对债权人造成损害

所谓“怠于行使”，是指债务人不以诉讼方式或者仲裁方式向其债务人主张其享有的具有金钱给付内容的到期债权。次债务人（即债务人的债务人）不认为债务人有怠于行使其到期债权情况的，应当承担举证责任。

在此需特别强调的是，并非在所有债务人怠于行使到期债权的情形下，债权人均可行使代位权。只有当怠于行使债权的行为致使债权人的到期债权未能实现时，债权人才可以行使该权利。

3）债务人的债权已到期

如果债务人对次债务人的债权没有到期，自然不能对次债务人主张履行债务，此时根本不会涉及“怠于行使”问题。因此，债务人的债权已到期应是代位权行使的必要条件之一。

4）债务人的债权不是专属于债务人自身的债权

所谓专属于债务人自身的债权，是指基于扶养关系、抚养关系、赡养关系、继承关系产生的给付请求权和劳动报酬、退休金、养老金、抚恤金、安置费、人寿保险、人身伤害赔偿请求权等权利。这些权利具有同债务人自身不可分离的特点，无法强制执行，因此不能被代位行使。只有那些可以与债务人相分离的债权才可以由债权人代位行使。

3. 代位权行使所获利益的归属

债权人在行使代位权后，能否就行使代位权的结果直接受偿？换言之，债权人可否对行使代位权所得的利益享有优先受偿权？关于此问题学界存在较大争议。

传统理论认为，债权人行使代位权后，应将其所得的私法上的利益归属于债务人，行使所得成为债务人履行对全体债权人债务的担保，债权人不能就此获得优先受偿权，而应与其他债权人处于平等地位。我国部分学者对此持支持态度，他们认为：“由于债权人只是代替债务人行使权利，因此债权人代替债务人行使权利所获得的一切利益均归属于债务人。在行使代位权过程中，债权人也不得请求债务人的债务人直接向自己履行债务。”①

与此同时，也有学者认为，债权人一经行使代位权，对于因第三人的清偿而归属于债务人的利益得按其债权数额，享受优先受偿权。理由是：优先受偿虽然与通说的债权平等不符，但如果考虑到行使代位权的债权人在程序上所花费的金钱和劳力，为平衡其为全体债权人利益所作的牺牲，赋予其个人优先受偿权也无不妥；如果兼顾通说所持的平等主义原则、代位债权人与其他债权人的利益，可以考虑令其他债权人以独立当事人身份参加代位诉讼，利用该诉讼主张自己的债权，使其在胜诉后与代位债权人平等接受

① 王利民，崔建远. 合同法新论：总则. 修订版. 北京：中国政法大学出版社，2000：385.

清偿，也可以得到实质参与分配的机会。① 还有学者指出，日本学者提出的方案有可取之处，一方面赋予行使代位权的债权人以优先受偿权；另一方面，赋予其他债权人参与分配的权利。②

综上可知，从代位权制度的价值目的上看，的确不应赋予行使代位权的债权人优先受偿权。但是，如果不赋予优先受偿权，则会挫伤债权人行使代位权的积极性，因为当债务人有多个债权人时，极易导致“搭便车”现象。既然没有优先受偿权，则每一个债权人都不愿去为公共利益而花费时间和精力。因此，我国《最高人民法院关于适用〈中华人民共和国合同法〉若干问题的解释（一）》第20条明确规定：“债权人向次债务人提起的代位权诉讼经人民法院审理后认定代位权成立的，由次债务人向债权人履行清偿义务，债权人与债务人、债务人与次债务人之间相应的债权债务关系即予消灭。”显然，在我国提起代位权诉讼的债权人可以要求次债务人直接向其履行清偿义务，这实际上赋予了债权人优先受偿权。

案例评析

案例：上海恒洋国际贸易有限公司对上海子能公司享有巨额债权1 000余万元。因子能公司未自觉履行，上海恒洋国际贸易有限公司申请强制执行。在申请执行过程中，发现子能公司对徐先生享有130万元债权却没有主张。于是，2007年7月5日一纸诉状告至法院，请求判令通过代位权追款，直接要求徐先生归还130万元。徐先生则主张：自己与子能公司之间的债务关系已过诉讼时效，且实际借款50万元，而不是130万元；同时认为，恒洋公司早已向子能公司提起诉讼，法院作出生效判决后，恒洋公司亦申请了执行，且将徐先生作为第三人协助执行，所以恒洋公司不能再行使代位权，否则将得到两笔可执行债权。法院认为：本案中，债权人恒洋公司依照合同法规定提起代位权诉讼，符合法律规定。徐先生在人民法院对其所作的笔录中自认其向子能公司借款130万元，并已归还20万元，该事实与恒洋公司提供的证据相印证，予以确认。徐先生虽提出其与子能公司的债务已过诉讼时效，但因徐先生在2005年12月对上述借款予以了确认，并承诺归还，故认定徐先生与子能公司之间债务的时效期间中断。徐先生另辩称恒洋公司不能再行使代位权，因依据不足，不予采信。2008年2月5日，恒洋公司的行使代位权请求获得了法院的支持，上海市闵行区人民法院判决徐先生直接向恒洋公司归还110万元。（案例改编自：杨克元，中国法院网）

评析：本案中，债务人子能公司怠于行使其到期债权，对债权人恒洋公司造成了损害，因此，恒洋公司可以向人民法院请求以自己的名义代位行使子能公司的债权，但只能在次债务人徐先生所欠债务范围内主张支付。

---

① 戴世英．债权人代位权制度之目的、发展、存废与立法评议//梁慧星．民商法论丛：第17卷．香港：金桥文化出版公司，2000：100－101.

② 李永军．合同法．2版．北京：法律出版社，2005：582.

3.5.2 撤销权

1. 撤销权的概念

债权人的撤销权，是指当债务人放弃其到期债权、无偿或低价处分财产而损害债权人的债权时，债权人可依法请求人民法院撤销该行为的权利。被撤销的债务人的行为自始无效。

债权人的撤销权起源于罗马法。现代各国一般都设置了撤销权制度。我国《合同法》第74条规定："因债务人放弃其到期债权或者无偿转让财产，对债权人造成损害的，债权人可以请求人民法院撤销债务人的行为。债务人以明显不合理的低价转让财产，对债权人造成损害，并且受让人知道该情形的，债权人也可以请求人民法院撤销债务人的行为。撤销权的行使范围以债权人的债权为限。债权人行使撤销权的必要费用，由债务人负担。"

2. 撤销权的构成要件

1）客观要件

债务人应在客观上实施了危害债权的处分行为。首先，必须是债务人实施了一定的处分行为，如转让、抛弃、免除债务等。其次，债务人的行为须有害于债权。只有当处分行为减少债务人的责任财产时，债权人方可行使撤销权。如果债务人处分其财产后仍有足够的清偿能力，则债权人不得请求撤销债务人的处分行为。

2）主观要件

如果债务人与第三人之间的行为是无偿的，则只要符合客观要件，债权人即可行使撤销权。但如果债务人与第三人之间的行为是有偿的，则撤销权的行使不仅要求符合客观要件，还要求符合主观要件，即债务人及第三人主观上均存在恶意。如果第三人主观上为善意，则债权人不得行使撤销权。

3. 撤销权行使的期间

我国《合同法》第75条规定："撤销权自债权人知道或者应当知道撤销事由之日起一年内行使。自债务人的行为发生之日起五年内没有行使撤销权的，该撤销权消灭。"

案例评析

案例：王某向张某借款200万元，并出具借条称自2005年7月1日起还款，至2006年12月30日还清。之后王某一直未还款，张某将王某诉至朝阳法院，法院判决王某偿还200万元欠款，判决生效后王某一直未予偿还。2006年11月22日，王某与第三人王某某签订二手房买卖合同，将位于朝阳区小关北里45号某小区建筑面积为179.83平方米的房产卖给王某某，房产总价实际为120万元。张某得知后，诉至北京市朝阳区人民法院，请求法院撤销房产买卖合同。王某某当庭陈述其实际支付了购房款152万余元，但没有充分的证据加以证明，其提交的房屋契税完税证显示房屋的计税金额为120万元。案件审理过程中，法院向朝阳房管部门调取了涉案房屋的相关资料，显示王某购买该房屋时的售价为8 500元/平方米，房屋总价为152万余元。庭审中，王某表示其无力偿还张某的债务。法院经审理后认为，王某在2000年购买涉案房屋时的价格为每平方米8 500元，而在2006年11月22日将涉案房屋卖给第三人王某某的价格为每平方米约6 600元，该价格明显低于涉案房屋现在应有的价值，王某的行为属于以明显不合理的低价转让财产的行为。王某非法转让财产的行为，致使张某的债权无法得到实现。王某某作为第三人，其在购买房屋时应当知道王某所卖房屋的价格，也应对涉案房屋现在应有的价值有所了解。王某某在明知王某以明显不合理低价出售房屋的情形下仍然购买，可以推定王某某与王某在签订二手房买卖合同时具有恶意，故张某有权行使撤销权。张某的诉讼请求，符合法律规定撤销权的成立要件及行使要件，予以支持。一审宣判后，被告王某对判决不服提出上诉，2008年3月二审维持了原判。（案例来源：白晓莉，中国法院网）

评析：本案是一起债务人以不合理低价转让房产，债权人行使撤销权的案件。依照我国《合同法》相关规定，债务人以明显不合理的低价转让财产，对债权人造成损害，并且受让人知道该情形的，债权人可以请求人民法院撤销债务人的行为。本案中，法官根据实际案情采用了推定的方式，认定第三人王某某具有恶意，值得肯定。

3.6 合同的变更与转让

3.6.1 合同的变更

1. 合同变更的概念

广义上的合同变更，包括合同内容的变更与合同主体的变更。前者指不改变合同的当事人而仅改变合同的某些具体内容；后者又称合同的移转，指在不改变合同内容的前提下，合同上的债权或债务由第三人予以承受。狭义的合同变更则仅指前一种情形。我国《合同法》便是采用了狭义的概念，将合同的变更与合同的转让分别加以规定。①

狭义的合同变更通常包括：① 标的物的变更，如标的物种类的变换、数量的增减、品质的改变、规格的更改等；② 履行条件的变更，如履行期限、履行地点、履行方式等的改变；③ 合同性质的变更，如变买卖为租赁等；④ 所附条件的变更，如条件的增加或删除；⑤ 合同其他内容的变更。

① 张广兴，韩世远. 合同法总则（下）. 北京：法律出版社，1999：1.

2. 合同变更的方式

合同变更的方式主要有三种。一是因法定原因而变更。例如，当不可抗力致使合同义务不能履行时，债务人的债务数额可缩小或可以延期履行。二是依法院或仲裁机构的裁判而变更。例如，《合同法》第 54 条规定的可撤销合同便属于此类情形。三是因合同当事人协议而变更。这是最常见的合同变更的方式。我国《合同法》第 77 条明确规定："当事人协商一致，可以变更合同。法律、行政法规规定变更合同应当办理批准、登记等手续的，依照其规定。"需注意的是，以协议方式变更合同内容时，应同样适用合同成立的要约和承诺规则，并且应以明确的方式作出约定。《合同法》第 78 条规定："当事人对合同变更的内容约定不明确的，推定为未变更。"

3. 合同变更的效力

合同变更后，各方当事人均应受变更后的合同的约束。合同变更的效力原则上只对未履行的部分发生，对已履行的部分没有溯及力，但法律另有规定或当事人另有约定的除外。我国《民法通则》第 115 条规定："合同的变更或者解除，不影响当事人要求赔偿损失的权利。"因此，在当事人协商变更时，若合同的变更将会使一方当事人遭受损失，则各方当事人可就损失的处理在变更后的合同中作出约定。即使未有此方面的约定，受损害的一方仍享有请求赔偿的权利。

3.6.2　合同的转让

1. 合同转让的概念

合同转让，是指合同当事人一方依法将其权利和义务的全部或部分转让给第三人。因此，合同的转让是合同主体的变化，并不改变原合同的权利义务内容。

2. 合同转让的具体形态

合同转让具体包括：合同权利的转让、合同义务的转让及合同权利义务的概括移转三种形态。

1）合同权利的转让

合同权利的转让，又称合同债权的转让，它是指不改变合同的内容，合同债权人将其享有的债权全部或部分地移转于第三人享有。因此，债权的转让又可分为部分转让和全部转让两种形态。实践中多为合同债权的全部转让。

合同债权的转让可因法律规定或法律行为而产生。其中，因法律行为而转让合同债权是最常见的情形。虽然，合同债权的转让可以基于遗嘱等单方法律行为而产生，但学者多将其界定为契约行为，即通过债权转让合同来转让合同债权。

所谓债权转让合同，是指原合同债权人与第三人之间关于移转合同债权的合同。债权转让合同原则上为非要式合同，不需采用特别方式。但若转让的是须经批准或登记的合同的债权，则仍应经原批准机关批准或登记机关登记。债权转让合同除了必须满足有效合同的一般构成要件以外，还须符合以下条件。

（1）须存在有效的合同债权，并且该合同债权的转让不改变原合同内容。合同债权的有效存在，是合同转让的根本前提。以不存在或无效的合同债权转让他人，或者以已消灭的合同债权转让他人，即为标的不能。受让人因此受到损害的，转让人应当予以赔偿。此外，由于合同债权的转让关系到债务人的利益，因而债权人在转让合同债权时不得改变合同债权的内容，即不仅不得任意增加债务人的负担，也不得自行决定免除债务人的部分债务。如果试图免除，应直接向债务人作出免除的意思表示。

(2) 该合同债权具有可转让性。多数国家对可转让的合同债权不作列举性规定，而仅就不得转让的合同债权作出明确列举。我国亦是如此。《合同法》第 79 条便规定了三种不得转让的合同债权。一是依其性质不得转让的合同债权。例如，基于个人特别信任关系发生的合同债权、以特定身份关系为基础的合同债权、不作为债权等。二是依当事人的约定不得转让的合同债权。当事人就有关合同债权转让作出禁止性约定的，应依其约定。该约定可以在订立原合同时作出，也可以在原合同生效后作出。并且当事人可以约定禁止向一切人转让，或禁止向某一特定的人转让。此外，还可以约定在一定时间内禁止向他人转让。三是法律规定不得转让的合同债权。

(3) 债权转让须通知债务人。由于债务人并不是债权转让合同的当事人，因此债务人对债权的转让是否同意，并不影响债权转让合同的成立和生效。但债权转让的结果又确实与债务人的利益存在重大联系，如债务人并不知债权已转让，而仍旧向原债权人履行债务。此时，若不承认该行为的清偿效力，仍认定债务人未履行债务，则显然对债务人不公。于是，各国法律均规定，合同债权的转让必须通知债务人。我国《合同法》第 80 条亦规定："债权人转让权利的，应当通知债务人。未经通知，该转让对债务人不发生效力。债权人转让权利的通知不得撤销，但经受让人同意的除外。"合同债权的通知以到达债务人或其代理人时生效。

案例评析

案例： 1999 年 11 月 26 日，徐州某建筑集团公司承接徐州淮海食品城的建设工程后，把工程发包给徐州云龙建筑公司。云龙建筑公司又将整个工程转包给张某，张某又将其中的部分土建任务转包给冯某。张某与冯某结算工程款，因欠冯某 4.8 万元，张某出具了一张欠据。后来，张某将云龙建筑公司的 4.8 万元债权凭证交付给冯某，冯某当即出具收条一张，写明收到的债权凭证用于抵张某所欠的债务。之后，冯某多次到云龙建筑公司要求付款，云龙建筑公司均以未结算为由暂时未付。2004 年 4 月，冯某以未从云龙建筑公司拿到欠款为由，向人民法院起诉，要求张某给付所欠工程款。法院认为，张某把云龙建筑公司的债权已转让给冯某，张某与冯某之间的债权债务关系已消灭，判决驳回冯某的诉讼请求。（案例来源：袁辉、陈杰，启东市人民法院）

评析： 本案涉及对债权转让的效力理解问题。张某将债权凭证交付冯某，冯某又出具收据认可该债权用于支付 4.8 万元债务，这足以说明债权转让是双方当事人真实意思的表示，对张某和冯某均具有约束力。同时，冯某已多次向云龙建筑公司催要过工程款，云龙建筑公司仅以未结算为由暂时未付，这说明建筑公司已知道债权转让的事实，因此，债权转让对建筑公司也产生了法律效力。冯某与建筑公司之间形成了新的债权债务关系，冯某只能向法院起诉云龙建筑公司，而非张某。

合同债权依法转让后，转让人对转让的合同债权应承担权利瑕疵担保义务。在债权全部转让的情形下，受让人将取代原债权人的地位成为合同新主体。在债权部分转让的情形下，受让人将加入到合同关系中成为共同债权人。如果原债权人与受让人未就合同债权约定按份享有，或虽有约定但约定不明的，则视受让人为连带债权人。此外，受让人还可以取得与债权有关的从权利，但从权利专属于原债权人自身的除外。对债务人而言，在接到债权转让通知后，则负有向受让人履行债务的义务，而不得再向原债权人履行。否则，债务人将对受让人负合同不履行的责任。若原债权人接受履行，便构成不当得利。

债务人对让与人的抗辩，可以向受让人主张。我国《合同法》第 83 条规定："债务人接到债权转让通知时，债务人对让与人享有债权，并且债务人的债权先于转让的债权到期或者同时到期的，债务人可以向受让人主张抵销。"如果因抵销而使受让人遭受损失，受让人可准用权利瑕疵担保的规定，请求原债权人给予补偿。

2）合同义务的转让

合同义务的转让，又称合同债务承担，它是指不改变合同的内容，债务人将其负担的债务全部或部分移转于第三人负担。因此，债务承担亦包括全部承担和部分承担两种形态。其中前者又称免责的债务承担，即第三人取代原债务人的地位成为新债务人；后者又称为并存的债务承担或债务加入，即第三人加入到合同关系中与原债务人共同承担债务。如果原债务人与受让人未就合同债务约定按份承担，或虽有约定但约定不明的，则视受让人为连带债务人。

合同债务承担可因法律规定而产生，如我国《继承法》第 33 条规定，继承遗产应当清偿被继承人依法应当缴纳的税款和债务，也可因法律行为而产生。其中，依债务承担合同而引起债务承担是最常见的原因。

债务承担合同通常采用以下三种方式：第三人与合同债务人订立的债务承担合同；第三人与合同债权人订立的债务承担合同；第三人与合同债务人、债权人共同订立的债务承担合同。债务承担合同除了须满足一般合同的构成要件外，还应具备以下条件才能发生法律效力。

（1）须有有效的债务存在。

（2）被转让的债务应具有可移转性。性质上不可移转的债务、法律规定不得移转的债务原则上不能作为债务承担合同的标的。但当事人约定不得移转的债务却仍有可能成为债务承担合同的标的，因为当事人之间的约定可以因债权人的同意转让而失效。

（3）债务转让必须经债权人同意。此为债务承担合同生效的最主要的要件。不同人的偿债能力是有区别的，债务转让若不需经债权人同意便可生效，无疑将会影响到债权人利益的实现。因此，各国均以债权人同意为债务承担合同生效的要件。我国《合同法》第 84 条亦规定："债务人将合同义务全部或部分转移给第三人的，应当经债权人同意。"债权人的同意可以明示的方式作出，也可以默示的方式作出。例如，债权人向第三人请求履行或受领第三人以债务承担为意图的履行，即可推定为债权人已同意。

值得一提的是，在第三人与合同债权人订立债务承担合同的情形下，订约行为本身便表明债权人已同意债务的转让。只不过此时债权人应当通知债务人。但如果债务人反对债务转让，则该债务承担合同是否有效？此问题目前尚存争议，有肯定（有效）与否定（无效）两说，但以肯定说为通说。[①] 在第三人与合同债务人、债权人共同订立债务承担合同的情形下，订约行为本身便表明债权人和债务人均同意债务的转让，因而自合同成立时起即可发生债务移转的效力。

《合同法》第 85 条规定："债务人转移义务的，新债务人可以主张原债务人对债权人的抗辩。"第 86 条规定："债务人转移义务的，新债务人应当承担与主债务有关的从债务，但该从债务专属于原债务人自身的除外。"

3）合同权利义务的概括移转

合同的移转，除单纯的合同债权转让及单纯的债务承担外，较为常见的情形是合同权利义务的概括移转。合同权利义务的概括移转，可为全部合同债权债务的移转，也可以是部分合同债权债务的移转。后者应由当事人确定承受人的具体受让份额，否则在原当事人与承受人之间将产生连带债权债务关系。

合同权利义务的概括移转通常有两种情形，一为合同承受，二为企业合并与分立。

（1）合同承受。所谓合同承受，是指一方当事人与他方订立合同后，依照其与第三人的约定，并经对方当事人的同意，将原合同上的权利义务一并移转于该第三人，由第三人享有权利，承担义务。被承受的合同应为双务合同。单务合同只能成立单纯的合同债权转让或单纯的债务承担。

（2）企业合并与分立。企业合并是市场经济条件下一种较为常见的现象。我国《公司法》第 184 条规定的公司合并包括两种情形：一为吸收合并，即一个公司将原存的其他公司吸收而成为自己的一部分，被吸收的公司解散；二为新设合并，即两个或两个以上的公司合并设立一个新公司，合并各方均解散。显然，人们通常所说的"兼并"便是指前者，即吸收合并。

企业分立亦可分为两种情形：一为分设分立，即一个企业将自己的一部分分立出去而成为一个新的企业，其自身主体资格仍存在；二为分解分立，即一个企业将自己分解成若干个新的企业，其自身主体资格不再存在。

无论是企业的合并还是企业的分立，都会对原企业所享有的合同债权和负有的合同债务产生影响。我国《合同法》第 90 条规定："当事人订立合同后合并的，由合并后的法人或者其他组织行使合同权利，履行合同义务。当事人订立合同后分立的，除债权人和债务人另有约定的以外，由分立的法人或者其他组织对合同的权利和义务享有连带债权，承担连带债务。"

---

① 胡长清．中国民法债篇总论．香港：商务印书馆，1935：508．

3.7　合同权利义务的终止

3.7.1　合同权利义务终止的原因

我国《合同法》第 91 条规定了合同权利义务终止的 7 种情形：① 债务已经按照约定履行；② 合同解除；③ 债务相互抵销；④ 债务人依法将标的物提存；⑤ 债权人免除债务；⑥ 债权债务同归于一人；⑦ 法律规定或者当事人约定终止的其他情形。由此可见，合同权利义务终止的原因大致可分三类：一是基于当事人的意思，如免除、约定解除等；二是基于合同目的的实现，如履行、提存、混同、抵销等；三是基于法律的直接规定。

合同的权利义务终止，除消灭原有债权债务关系外，从权利和从义务也一并消灭。但在当事人之间将可能存在后契约义务。所谓"后契约义务"，是指依诚实信用原则和交易习惯，在合同关系消灭后，原合同当事人所负担的对他方当事人的照顾义务。[①] 这在我国《合同法》第 92 条中有所体现："合同的权利义务终止后，当事人应当遵循诚实信用原则，根据交易习惯履行通知、协助、保密等义务。"后契约义务在性质上属于附随义务。这种义务在合同订立时并不明确，法律也不具体规定其内容。它要根据合同的具体情况，在合同终止时具体判断。并非所有的合同都会发生后契约义务，但一旦发生，当事人就必须履行，否则便应对因此而给对方带来的损害承担赔偿责任。此外，按照《合同法》第 98 条规定，合同权利义务的终止并不影响合同中结算和清理条款的效力。

3.7.2　清偿

所谓清偿，是指债务已经按约定履行，它是合同终止的一般原因。清偿为实现合同目的的行为，与履行意义相同。只不过履行是从债的动态方面而言，清偿则是自合同的权利义务终止角度而言。

1. 清偿人

清偿人包括必须清偿之人和得为清偿之人。合同债务人既是必须清偿之人，也是得为清偿之人。但清偿并不以合同债务人为限。除法律规定、当事人特别约定以及债务的性质必须由债务人本身履行的以外，一般可由债务人的代理人进行，或者由第三人代为清偿。基于债务性质而必须由债务人本身履行的债务，主要包括：以债务人本身的特别技能或技术为内容的债务、因债权人与债务人之间的特殊信任关系所生的债务、不作为债务等。

① 张广兴，韩世远. 合同法总则（下）. 北京：法律出版社，1999：37.

2. 清偿受领人

清偿必须对有受领权的人为之并经其接受后，始发生清偿的效力。债权人为合同债权的主体，当然享有清偿受领权，但正处于破产清算中的债权人，不得受领清偿。除债权人以外，下列主体也可成为清偿受领人：① 债权人的代理人；② 破产财产管理人；③ 债据的持有人，即持有债权人签名的收据的人，但债务人已知或应知其无权受领而仍为履行的，不在此限；④ 行使代位权的债权人；⑤ 债权人与债务人约定的受领清偿的第三人；⑥ 经债权人认可或受领后取得债权的人。

3. 清偿标的

清偿标的，即债务人应履行的债务的内容。合同内容不同，清偿标的也有所不同，如交付财物、移转权利、提供劳务等。清偿必须以合同约定的标的进行；否则便会构成不适当履行，应承担违约责任。但在某些情形下，也可采用以其他标的来代替原标的履行的方式，即所谓的代物清偿。

代物清偿应具备以下要件。① 必须有原债务存在。② 必须有当事人的合意。③ 须以他种给付代替原定给付。债务的内容无非有财产、劳务与权利三种，此三者可相互代替。即使同为财产，但具体种类不同，亦可成立代物清偿。需要注意的是，在代物清偿中，有时原定给付与他种给付在价值上并不相等。为平衡当事人之间的利益，应允许他们在达成代物清偿的合意时对价值差额的处理作出约定。但若无此约定，则无论代替给付与原定给付价值有无差别，自代物清偿成立时，合同关系消灭。④ 代物清偿为要物合同。清偿人须现实地提出代替物并经清偿受领人实际接受，才能发生代物清偿的效力。①

4. 清偿地

清偿地又称债务履行地。合同中有约定的，应依其约定。当事人没有约定或约定不明确时，依《合同法》第 61 条、第 62 条第 3 项确定。

5. 清偿期

清偿期，即履行期，是债务人应履行债务的日期。合同中有约定的，应依其约定。当事人没有约定或约定不明确时，依《合同法》第 61 条、第 62 条第 4 项规定来确定。

6. 清偿费用

通常情况下，清偿费用包括运送费、包装费、汇费、登记费、通知费等。法律对清偿费用无明文规定，当事人对此亦无明确约定的，清偿费用由债务人负担。但因债权人变更住所或其他行为而致清偿费用增加时，增加的费用由债权人负担。

3.7.3 合同的解除

合同的解除是指合同有效成立后未履行完毕前，因法律规定或当事人约定的事由发

① 王家福. 民法债权. 北京：法律出版社，1991：197－198.

生，以一方或双方当事人的意思表示使合同关系消灭。因此，合同解除有约定解除和法定解除之分。

1. 约定解除

我国《合同法》第93条规定："当事人协商一致的，可以解除合同。当事人可以约定一方解除合同的条件。解除合同的条件成就时，解除权人可以解除合同。"由此可见，约定解除的方式可由当事人自行决定。但无论是事后的协议解除，还是事先约定解除条件，均须双方当事人达成协议，且该协议必须符合合同有效成立的要件。

案例评析

案例： 原、被告双方于2005年8月9日签订了一份土地内部合作开发协议书。该协议约定，被告将其承包时集镇人民政府所有的原窑厂厂部南面430亩土地中的148亩转包给原告经营，承包费为每年14 800元，承包期限从2005年9月1日至2017年9月1日。其中第4条约定："如承包方未能按期交纳承包费，发包方有权收回该土地承包权，并且不负任何法律责任。"由于原告未按时交付首付款及第二年的承包费，被告催款无果后，通知解除了与原告的承包合同关系。为此，原告起诉至法院，要求被告履行土地内部合作开发协议。庭审中，被告即以原告未交纳承包费为由，向法院提出反诉，要求解除双方所签订的土地内部合作开发协议。法院经审理查明：土地内部合作开发协议签订后，原告应按约定一次性交给被告两年的承包费29 600元，但原告只实际交付给被告18 000元。此外，按照协议约定，原告还应于2006年9月1日前向被告交纳2006年9月1日至2007年9月1日之间的承包费14 800元，而原告没有提供充分证据证明其在2006年9月1日前向被告交纳了承包费。最终，法院一审判决解除该土地内部合作开发协议。被反诉人因不服该判决提出上诉，二审法院维持原审判决。（案例来源：薄顶侠，新沂市人民法院）

评析： 原、被告双方所签订的土地内部合作开发协议，系双方当事人的真实意思表示，合法有效。本案中，原告迟延交纳承包费的行为违反了协议的约定，且造成了协议约定的合同解除权行使条件的成就。因此，被告依约定解除土地内部合作开发协议的行为，应得到法院的支持。

2. 法定解除

我国《合同法》第94条规定了法定解除合同的情形。

(1) 不可抗力致使不能实现合同目的的。

所谓不可抗力，是指不能预见、不能避免并不能克服的客观情况。世界各国均承认不可抗力为合同解除的条件，并且是免除合同责任的原因。但不可抗力并不必然导致合同的解除，只有当它致使合同目的不能实现时，才可成为解除合同的法定原因。

(2) 履行期限届满之前，当事人一方明确表示或者以自己的行为表明不履行主要债务。

此项制度借鉴了英美法上的预期违约制度和大陆法上的拒绝履行理论。[①] 当事人一方明确表示或者以自己的行为表明不履行主要债务，属于完全不履行合同的违约形态。在此情况下，对方当事人有权解除合同或者要求其继续履行。但需注意的是，如果当事人只是明确表示将不履行次要义务，则不能适用此条款。

(3) 当事人一方迟延履行主要债务，经催告后在合理期限内仍未履行。

履行主要债务是当事人订立合同所追求的目的，迟延履行主要债务已导致使合同目的落空的危险。因而，《合同法》赋予非违约方催告权，由其向违约方发出履行催告。若违约方在宽限期内仍未履行的，则非违约方有权解除合同。

(4) 当事人一方迟延履行债务或者有其他违约行为致使不能实现合同目的。

在迟延履行非主要债务或存在其他违约行为的状态下，当事人是否有权解除合同，各国立法有所不同。《联合国国际货物销售合同公约》吸收了两大法系的经验，确立了"根本违反合同"的概念。我国《合同法》将"致使不能实现合同目的"视为根本违反合同，并且在确立合同解除制度的同时，更注重对解除权行使的限制，即并非一般的违约行为就可以导致合同的解除，只有当违约行为已使合同的存在对债权人不具有实质意义时，债权人才能获得法定解除权。

(5) 法律规定的其他情形。

法律规定的其他情形，是指法律直接规定可以解除合同的情形。它既包括《合同法》规定的情形，也包括其他法律规定的情形。例如，《合同法》第 268 条规定，定作人可以随时解除承揽合同；《合同法》第 410 条规定，委托人或者受托人可以随时解除委托合同等。

3.7.4 抵销

抵销是指合同当事人互负到期债务时，各以其债权冲抵债务，从而使双方的债务在对等额内相互勾销。其中，用作抵销的债权，称为主动债权，被抵销的对方当事人的债权，称为被动债权。抵销不仅可以便利有关当事人，免于双方的实际履行行为，节省履行费用，而且在特殊情况下还可以对当事人具有担保作用。例如，互负债务的一方当事人财产状况恶化，不能履行所负债务时，对方当事人将可能因得不到对待给付而受到损失，但抵销却可以使该当事人避免此种风险。

抵销分为法定抵销和意定抵销两种方式。

1. 法定抵销

法定抵销，是指由法律规定其构成要件，一旦条件具备，当事人一方便可以依单方意思表示而发生债务抵销的效力。法定抵销属于单方民事法律行为。因此，一经抵销权人作出意思表示即发生法律效力，而无须对方当事人的同意。抵销的意思表示发出后，不得撤销。并且抵销不得附条件或期限，否则效力不定，将有悖于抵销的主旨。

法定抵销的构成要件包括以下 4 个方面。

---

① 史尚宽. 债法总论. 北京：中国政法大学出版社，1991：394.

(1) 须当事人互负债务、互享债权，并且该债权债务关系为合法。

超过消灭时效期间的债权，不得作为主动债权而主张抵销。此外，亦不得将第三人的债权用作抵销，但也存在例外。例如，我国《合同法》第 83 条规定，债权让与时，债务人对原债权人享有债权的，可以向债权受让人主张抵销。

(2) 债务的标的物种类、品质相同。

适于抵销者，以金钱和种类物居多。标的物种类相同而品质不同时，原则上不允许以低等级的债务抵销高等级的债务。对于特定物，原则上不允许法定抵销，但当事人可以约定抵销。

(3) 债务均届清偿期。

债务未到清偿期，债权人尚不能请求履行，因为以自己的未到期债权作抵销，无异于强令债务人提前清偿。但被动债权即使未届清偿期，亦可被抵销。此时，视作对方当事人抛弃时效利益。但在破产程序中却存在例外：破产债权无论是否已届清偿期，也无论是否附期限或条件，均可抵销。

(4) 必须不属于按债务性质或法律规定不得抵销的债务。

所谓按债务性质不得抵销，是指依照给付的性质，如果允许抵销将有违债务成立的本旨。例如，不作为债务、提供劳务的债务、与人身不可分离的债务等。此外，法律不允许抵销的债务，也不得抵销。例如，因故意侵权行为而产生的债务、禁止强制执行的债务、约定应向第三人为给付的债务等。

2. 意定抵销

所谓意定抵销，又称约定抵销，是指依当事人的合意所为的抵销，是当事人意思自治的体现。我国《合同法》第 100 条规定："当事人互负债务，标的物种类、品质不相同的，经双方协商一致，也可以抵销。"因此，意定抵销为双方或多方民事法律行为。抵销契约的成立，应依民法关于意思表示的一般规定。意定抵销的效力同于法定抵销，即消灭当事人之间同等数额内的债务关系。

案例评析

案例：黄秋菊欠张青华人民币 6 万元，经催要未果，2004 年诉至法院，同年，法院判决黄秋菊给付张青华该笔欠款。判决生效后，张青华申请强制执行。法院通知黄秋菊履行债务。此时，黄秋菊诉张青华返还财产 10 万元案，法院正在审理。执行员就执行问题召集双方谈话，张青华同意待返还财产案审结后，两案合并执行，并作笔录。该案执行中止。2005 年，法院判决确认：张青华应返还黄秋菊人民币 4 万元。随后，黄秋菊一直没有履行抵销后的债务，也没有申请人民法院执行张青华所欠自己的债务。张青华见黄秋菊不履行剩余债务，请求法院全额执行，不再同意抵销债权。此时，黄秋菊持有的判决书已逾申请执行期限。

法院认为，黄秋菊的债权已经人民法院判决确认，其对张青华的债权确实存在。在执行过程中，黄秋菊提出抗辩，张青华同意债务相抵，应视为达成执行和解协议，该协议对张青华有约束力。依据合同法有关规定，债因抵销而消灭。所以本案债务应当抵销，张青华只能要求法院继续执行抵销后的债权，其要求法院恢复执行黄秋菊所欠全部

债权没有法律依据，应当不予支持。（案例来源：韩振，睢宁县人民法院）

评析：本案中，张青华同意待判决确认后合并执行，其意思表示为：如法院确认其对黄秋菊负有债务，或者能确定债务的数额，那么债权债务可相互抵销。因此，虽然黄秋菊的债权标的额及履行期限尚未经法院确定，不符合法定抵销要件，但却属于双方合意抵销，即意定抵销。既然是合意抵销，自然无须书面或口头另行通知。所以，合意抵销对双方均有约束力。张青华不得以黄秋菊不履行尚未抵销部分债务为由，撤回抵销权，要求黄秋菊履行全部债务6万元。

3.7.5 提存

提存是指由于债权人的原因致使债务人难以履行债务的，债务人将标的物交给提存机关而消灭债务的制度。债务的履行往往需要债权人的协助。如果债权人无正当理由拒绝受领或不能受领，债务人的债务便无法消灭。为解决这一问题，各国民法一般都规定了提存制度，有的国家和地区甚至制定了专门的提存法。① 我国《合同法》亦将提存作为债务消灭的一种原因加以明确规定。

1. 提存的具体原因

我国《合同法》第101条规定，有下列情形之一的，难以履行债务的，债务人可以将标的物提存。

1）债权人无正当理由拒绝受领

所谓“无正当理由拒绝受领”，是指债权人应当能够受领，但却不受领。在通常情形下，受领为债权人的权利。但依诚实信用原则，当债务人的履行性质上需要债权人的协助时，债权人即发生协助履行的义务。债权人的协助义务应为随附义务的一种。违反此义务，债权人可能会因此而负担赔偿债务人损失的责任。然而，对债务人来说，其债务并不能因为债权人的拒绝受领而消灭。这对债务人显然不利。因此，通过提存的方式消灭债务负担便成为债务人的较佳选择。

2）债权人下落不明

所谓“下落不明”，是指债权人的下落在通常情形下无法为债务人所知道，并不一定是仅指债权人失踪。需说明的是，《合同法》这一规定存在缺陷。在债权人下落不明的情形下，只要其有代理人，债务人便可向该代理人履行债务，这应视同是债权人本人受领。只有当债权人失踪而代理人不详或债权人下落不明而无代理人或代理人不详时，债务人才可以并有必要采用提存方式。

案例评析

案例：2007年，合肥的卞某与唐某签订了一份买卖合同。约定卞某必须在收到

① 张广兴，韩世远. 合同法总则（下）. 北京：法律出版社，1999：65.

货物后20日内付清货款，否则支付1万元违约金。卞某收到货物后，立即按照唐某提供的汇款地址汇款，不料地址有误汇款被退了回来。后来，卞某又打电话联系唐某，可联系不上。由于担心20天后唐某以未按时付款为由主张支付违约金，卞某派人到处寻找唐某，开支很大。

评析：卞某最好是办理标的物提存公证。根据1995年6月司法部发布施行的《提存公证规则》规定，办理提存手续的部门应当是公证机关。办理提存公证时，应提交书面申请、申请人的身份证明、债务依据（如合同）、难以履行债务的证明和其他有关材料。公证处经审查认为符合条件的，即予以办理，出具提存公证书。然后由公证处将提存事实及领取时间、地点、方法通知债权人。从公证书确认的提存日期起，所提存的财物即转归债权人，债务人对提存债务的履行义务即告解除。

3）债权人死亡未确定继承人或者丧失行为能力未确定监护人

债权人死亡或者丧失行为能力，在有些情形下可能导致合同消灭，但有时却不能，如债务人应当交付财产的合同。在债权人死亡后，其继承人便依法成为合同的债权人。若债权人丧失行为能力，其监护人便有权代为受领。当继承人或监护人无法确定时，债务人便只能采用提存的方法使债务消灭。

4）法律规定的其他情形

此处的“法律”，不仅指《合同法》，还包括其他法律法规，如司法部于1995年6月颁布的《提存公证规则》。我国《合同法》第70条规定：“债权人分立、合并或者变更住所没有通知债务人，致使履行债务发生困难的，债务人可以终止履行或者将标的物提存。”《提存公证规则》亦规定了其他可以提存的情形。例如，债权人不在债务履行地又不能到履行地受领；双方当事人在合同中约定以提存方式给付；担保物或替代物依《担保法》规定提存。需指出的是，《担保法》所规定的提存虽然在提存的方法和程序上和《合同法》规定的提存相近，但其目的却截然不同。

2. 提存的条件

依《提存公证规则》和《合同法》的规定，提存除了必须符合提存原因外，还须满足下列条件。

1）提存之债真实、合法

只有真实、合法的债权债务关系，才可能发生提存的问题。

2）提存的标的物须适宜提存

所谓提存的标的，是指债务人应当交付的标的物，它应与债的标的相符。但并非所有的债务都可提存。我国《合同法》第101条第2款规定：“标的物不适于提存或者提存费用过高的，债务人依法可以拍卖或者变卖标的物，提存所得的价款。”如易燃易爆的危险品、新鲜食品等。显然，作为提存标的的物可以是特定物或种类物，但仅以动产为限，并且必须适于提存。《提存公证规则》第7条规定，适于提存的标的物包括货币、有价证券、票据、提单、权利证书、贵重物品、担保物（金）或其替代物以及其他适宜提存的标的物。

3）提存人具有行为能力，意思表示真实

提存是法律行为，因而需要债务人（提存人）具有行为能力，并且提存意思表示必须真实。[①] 债务人应在提交的提存书上载明债务人姓名或名称、提存物的名称、种类、数量以及债权人的姓名、住址等基本内容。此外，还应提交债务证据及无法向债权人清偿的证据。

3. 提存的效力

提存涉及债务人、提存机关和债权人三方当事人，因此，提存的效力亦可从三方面进行分析。

1）在债务人与提存机关之间的效力

债务人与提存机关之间是公法上的法律关系。在国外，一般都设有专门的提存所，附属于法院。在我国，公证处则为主要的提存部门。提存机关负有保管提存物的义务。但它不同于一般的保管合同，因为保管费不是由债务人负担，而应由债权人负担。

2）在债权人与提存机关之间的效力

根据《合同法》第104条的规定，债权人可以随时领取提存物，但债权人对债务人负有到期债务的，在债权人未履行债务或者提供担保之前，提存部门根据债务人的要求应当拒绝其领取提存物。债权人领取提存物的权利，自提存之日起五年内不行使而消灭，提存物扣除提存费用后归国家所有。

3）在债权人与债务人之间的效力

提存后，无论债权人受领与否，均发生债务消灭的效力。《合同法》第103条规定："标的物提存后，毁损灭失的风险由债权人承担。提存期间，标的物的孳息归债权人所有。提存费用由债权人负担。"显然，提存使提存物的所有权发生转移，风险负担也随之转移。

3.7.6 免除

免除，指债权人向债务人为抛弃债权的一方意思表示并使债务发生消灭效力的单方法律行为。各国均承认免除为终止合同权利义务的原因之一，但关于其性质在立法与学说中却各有不同。大陆法系国家多将债务免除规定为契约行为，如《法国民法典》第1287条，《德国民法典》第397条等。日本和我国则规定其为债权人的单方行为，理由是债权人既然可以单方面抛弃自己的权利，当然也可以任意免除债务人的债务。

免除的效力在于使债权债务关系绝对消灭。免除须由债权人或其代理人向债务人或其代理人作出。其意思表示不需特定的方式，可以书面或口头，明示或默示，但免除的意思表示不得撤回；否则，将会有违诚实信用原则，还可能损及债务人的利益。债务可以全部免除或部分免除。主债务免除的，从债务随之免除；但从债务免除的，主债务并不消灭。

① 刘文华，王忠. 中华人民共和国合同法理论与实务. 北京：中国方正出版社，1999：160.

3.7.7 混同

我国《合同法》第 106 条规定："债权和债务同归于一人的，合同的权利义务终止，但涉及第三人利益的除外。"这便是所谓的混同。混同实质上是一种事实，无须作出意思表示，即可发生债的关系消灭的法律后果。

混同的成立原因主要如下。

1. 概括承受

债权债务的概括承受为混同的最主要的原因。在企业发生合并时，如果两个企业间存在债权债务关系，合并后则会发生债权债务的混同，即债权人与债务人为同一企业。此外，继承有时也可能发生混同的情形。

2. 特定承受

所谓特定承受，是指债权人承受债务人对他的债务或债务人受让债权人对他的债权。有关程序可依债权债务转让的有关规定办理。

需指出的是，当涉及第三人利益时，即使债权债务同归于一人，也不能发生合同权利义务终止的后果。例如，甲企业持有乙企业的债券，并以此债券向他人设定质权。随后，甲、乙两企业合并。若规定债权债务终止，即债券无效，则显然会损害质权人的利益。

3.8 违约责任

3.8.1 违约责任的概念及特征

1. 违约责任的概念

违约责任制度在合同法中具有十分重要的地位。所谓违约责任，又称违反合同的民事责任，它是指合同当事人不履行义务或履行不符合约定时，依法或依合同约定应承担的法律责任。

2. 违约责任的特征

违约责任除了具备民事责任的一般属性外，还具有以下特征。

1）违约责任的产生须以有效合同的存在为前提

无效合同或被撤销后的合同均无违约问题，当然谈不上违约责任。很显然，违约责任不同于缔约过失责任，也区别于侵权责任（详见后文"责任竞合"）。

2）违约责任可以由当事人在法律允许的范围内作出约定

我国《合同法》第 115 条规定："当事人可以约定一方违约时应当根据违约情况向

对方支付一定数额的违约金，也可以约定因违约产生的损害赔偿额的计算方法。”这是由于合同关系是因当事人的协议而成立，因此，当合同关系被破坏时，当事人自然可以约定作为补救措施的违约责任，但应在法律允许的范围内进行。

3）违约责任原则上是违约方向对方当事人承担的民事责任

这是与合同的相对性原则紧密相连的。一般情况下，第三人不会因合同当事人不履行合同而遭受损失，即使受到了损害，也只能是因为合同当事人的侵权所致。因此，不能要求违约方向其承担违约责任。但随着现代工商业的发展，现实经济生活的需要不断地突破合同相对性原则。最典型的体现便是对第三人利益合同的承认。在这类合同中，违约责任就可能是由违约方向第三人承担的，如运输合同中承运人对非合同当事人的收货人承担的违约责任。20 世纪，有关国家的判例和学说甚至立法正在进一步扩张合同关系对第三人的效力，如德国创设的“附保护第三人作用的合同”，美国《统一商法典》第 2-318 条规定的“利益第三人担保责任”。但总的来说，这些突破尚未根本上改变违约责任的此种特性。

3.8.2 违约责任的归责原则

归责原则就是确定责任的法律原则。就违约责任而言，其经历了从过错责任原则到无过错责任原则的演变。

所谓“过错原则”，是指以过错作为确定责任要件的归责原则。它为近代民法所普遍采用。我国《民法通则》和已废止的《经济合同法》采用的便是此种原则。所谓“无过错原则”，是指违约责任的成立不以过错为要件的归责原则。英美法又称之为“严格责任原则”。大陆法系国家一般采取过错原则，而英美法系则奉行严格责任。但如今无过错责任已成为现代合同法的发展趋势。《联合国国际货物销售合同公约》、《国际商事合同通则》及《欧洲合同法原则》均采用了严格责任原则。如果说《联合国国际货物销售合同公约》是受英美法的影响的话，则《国际商事合同通则》及《欧洲合同法原则》采纳严格责任应该被认为是两大法系的权威学者在经过充分的斟酌权衡之后所达成的共识，反映了合同法发展的共同趋势。① 我国《合同法》的最大修改便体现在违约责任的归责原则上。

无过错责任原则具有显而易见的优点，首先，原告只需向法庭证明被告违约的事实，而无须证明被告有过错，这样就免除了证明过错的困难，其次，只要存在违约事实，便应承担违约责任，这有利于维护合同的严肃性，避免违约方企图寻求无过错的理由而逃避违约责任的承担，更为关键的是，无过错责任符合违约责任的本质。因为违约责任是由合同义务转化而来的，本质上出于当事人之间的约定，而不是法律强加的。追究违约方的违约责任，只不过是执行当事人的意志和约定而已。质言之，违约责任处于当事人自己的约定，已使违约责任具有充分的合理性和说服力，无须其他理由。②

---

① 张广兴，韩世远. 合同法总则（下）. 北京：法律出版社，1999：86.

② 梁慧星. 从过错责任到严格责任. 民商法论丛：第 8 卷. 北京：法律出版社，1997：1－7.

举例

A公司向B公司购买500台电视，签订了买卖合同。但B公司不生产电视，而由C公司生产。于是，B公司又与C公司签订了一份电视机买卖合同，由C公司生产500台电视卖给B公司。最终，由于C公司不能按时完成生产，导致B公司不能按期向A公司供货。此时，B公司仍应对A公司承担违约责任，而不能以C公司违约，自己本身无过错为由，对A公司进行抗辩。

3.8.3　违约责任的一般构成要件

所谓违约责任的一般构成要件，是指当事人承担违约责任必须具备的条件。在无过错责任或严格责任原则下，只要当事人有违约行为就应承担违约责任。因此，违约责任的一般构成要件便是违约行为的存在。

依照《合同法》的规定，违约行为就是指不履行或不适当履行合同义务。此处的“合同义务”，不仅包括当事人在合同中约定的义务，也应包括法律直接规定的义务，如各种附随义务等。

违约行为的具体形态主要包括不履行、不适当履行和迟延履行三种。

1. 不履行

不履行是指当事人不履行全部合同义务，它包括实际不履行和预期违约两种情形。债务是否已届履行期，便是二者最重要的区别。

1）实际不履行

实际不履行，是指合同当事人在合同履行期限届满后，无正当理由拒绝履行全部合同义务的情形。拒绝可以是明示的，也可以是默示的。《合同法》第109条、第110条规定的便属于此种情形。拒绝履行可以向迟延履行转化。一旦当事人继续履行而该履行又被债权人接受的，拒绝履行就转化为迟延履行。

2）预期违约

所谓预期违约，是指在合同履行期限到来之前，一方当事人非因正当理由而明确肯定地向对方表示自己将不履行合同义务的情形。因此，预期违约不同于实际违约，前者表现为将来不履行合同义务，后者表现为现实违反合同义务。当事人签订合同时大多都约定履行期限，在期限到来之前债权人不能请求债务人履行债务，所以合同履行期限到来前发生的违约是“可能的违约”。如果债务人以自己的行为表明不履行债务或明确表示不履行债务，即使这种行为发生在合同履行期之前，债务人的行为也会违反合同规定的义务，同时表明其漠视应负的合同债务，因此仍构成违约。

预期违约制度是英美法系所独具的制度，我国《合同法》借鉴了这一国外制度，在第108条明确规定：“当事人一方明确表示或以自己的行为表明不履行合同义务的，对方可以在履行期限届满之前请求其承担违约责任。”

显然，预期违约主要包括两类形态：明示预期违约和默示预期违约。所谓明示预期违约，是指在合同履行期限到来之前，一方当事人无正当理由而明确肯定地向另一方当事人表示其将不履行合同；所谓默示预期违约，是指在履行期限到来之前，一方当事人以自己的行为表明不履行主要义务。

在一方当事人明确表示违约的情况下，对方可以直接解除合同，使合同关系消灭，并可要求预期违约方承担损害赔偿责任；也可以等待合同履行期的到来，在另一方当事人实际违约时，依照实际违约请求对方当事人承担违约责任。在默示预期违约时，一方当事人可以中止履行合同（如果已有合同义务的履行时），要求预期违约方提供充分的保证，如果在合理的期限内默示违约方未能提供充分担保的，另一方当事人可以解除合同，并可以要求损害赔偿。

2. 不适当履行

不适当履行，又称不完全履行，是指当事人履行合同不符合约定。具体表现为质量、数量、履行地点、履行方法上的不合约定以及其他附随义务的违反，但不包括违反履行时间的行为，因为它属于迟延履行。

3. 迟延履行

迟延履行是指在履行期限届满时没有履行。它包括债务人迟延履行和债权人迟延受领两种情形。迟延交付、迟延支付价款或报酬均属于债务人迟延履行。而债权人迟延受领则是指债权人无正当理由未按约定接受债务人的履行，其不利后果是标的物毁损灭失的风险自违反约定之日起由债权人承担。需说明的是：若债权人有正当拒绝受领理由的，则不属于迟延受领。例如，债务人提前履行或未在履行地点交付、履行标的有瑕疵等情形。

3.8.4 违约责任的承担方式

我国《合同法》第107条规定："当事人一方不履行合同义务或者履行合同义务不符合约定的，应当承担继续履行、采取补救措施或者赔偿损失等违约责任。"具体说来，违约责任的主要承担方式有以下几种。

1. 强制履行

强制履行，又称实际履行或继续履行，是指在违约方不履行合同时，由法院强制违约方继续履行合同债务的违约责任方式。强制履行虽然是合同履行的继续，但它同一般的履行合同债务有所不同：一是履行时间不一致，强制履行的时间晚于正常履行合同义务的时间；二是强制履行具有国家强制性，是对违约的否定性评价。而一般的合同履行则是债务人自愿的行为。

值得一提的是，在违约责任的承担问题上，两大法系存在明显差异：英美法系采用"损害赔偿优先"，大陆法系采用"实际履行优先"。英美普通法认为，对违反合同的主要救济方法是损害赔偿，而不是实际履行。只有当金钱赔偿不足以弥补受损害一方的损失时，衡平法才考虑判令实际履行。也就是说，英美法一般采用替代方式来解决违约责任问题。但是，大陆法特别是德国法认为，实际履行是对不履行合同的一种主要的救济方法。也就是说，大陆法一般不主张采用违约责任的替代。①

长期以来，我国无论是在合同法理论上还是在合同实务中，实际履行一直被看作是首要的违约补救措施，以至于被解释为：只有当实际履行在事实上已经不可能和不必要，或法律规定一方违约只赔偿损失的情况下，才允许以支付违约金、赔偿金作为补偿；否则，必须履行合同。② 这便是实际履行原则的内涵，它反映了强制履行（实际履行）在违约责任方式中所处的首要和优先的地位。但我国 1999 年《合同法》却一改以往的做法，没有规定实际履行原则。对于违约责任方式采用了由当事人选择的原则。

需注意的是，并非所有的情形下当事人均可选择强制履行。依照我国《合同法》第 110 条的规定，当事人一方不履行非金钱债务或者履行非金钱债务不符合约定的，对方可以要求履行，但有下列情形之一的除外。

(1) 法律上或事实上不能履行。在某些情况下法律法规只要求违约方承担违约金或赔偿损失的责任，并不要求承担强制履行之责，如《合同法》第 312 条关于承运人违约责任的规定。而“事实上的不能履行”，往往是因为标的物客观不能，如特定物已灭失。如果只是暂时不能履行或部分不能履行，则仍可适用强制履行。

(2) 债务的标的不适于强制履行或者履行费用过高。首先，基于人身关系而产生的合同不得强制履行，如服务合同、委托合同、合伙合同、信托合同等。此外，履行费用过高，在经济上不合理的，也不能适用强制履行。

(3) 债权人在合理期限内未要求履行的。债权人在合理期限内未要求履行，便意味着履行对债权人并无太大意义，即使强制履行也无法达到债权人预期的目的。此时，也不宜适用强制履行。只有当事人在合理期限内提出强制履行的请求，才会适用该责任方式。

案例评析

案例： 位于上海市沪青平公路 598 号的上海东方国贸西郊批发市场系由东方国贸公司投资设立，该市场中有一条贯穿东西的 6 米通道，将市场分成南北两大块。自 1997 年起，东方国贸公司开始将北块商铺对外短期出租，其中一楼为服装区。1999 年起，东方国贸公司陆续将南块商铺对外出租，大部分的租赁用途为家电经营，称为家电区。2002 年起，东方国贸公司（甲方）陆续与周序乐等各承租户（乙方）签订为期 20 年的租赁合同，约定甲方同意乙方租赁一楼服装区商铺，租期为 20 年。甲方同意不得在二期市场内开设与一期市场类同的经营项目，乙方也同意不得在一期市场内开设与二期市场类同的经营项目。签约后，双方各自履行了支付租金及交付租赁商铺的义务，并至上海市宝山区公证处对上述合同进行了公证。之后，东方国贸公司以市场南块家电区经营亏损为由，将其改建为新服装区，并经公开招商后，于 2005 年 12 月 28 日对外正式开业，即引发了原服装区众多租赁户的强烈不满。周序乐等人遂诉讼至法院，要求判令东方国贸公司继续履行双方签订的租赁合同，即关闭二期市场内所有开设的与一期市场相

① 成晓霞. 论违约责任的替代及其条件：从实际履行到损害赔偿. 政法论坛，1999 (3).

② 张广兴，韩世远. 合同法总则（下）. 北京：法律出版社，1999：140.

同的服装商铺。法院经审理后认为，东方国贸公司的行为构成违约，但原告的请求实际上是要求被告解除与二期市场内新服装区租赁户间的租赁合同，或禁止二期市场内新服装区租赁户经营服装。因二期市场内租赁户的合同合法有效，同样应受到法律保护，因此原告的诉请在法律和事实上均无法履行。法院遂判决驳回原告诉请。一审判决后，周序乐等人不服，提起上诉，要求撤销原审判决。二审判决：驳回上诉，维持原判。（案例来源：黄蓓，上海市第一中级人民法院）

评析：东方国贸公司未按约履行合同条款，已构成违约，对此双方当事人均无争议。本案的争议焦点在于，周序乐等要求东方国贸公司继续履行合同，即关闭二期市场内的服装商铺，是否应当得到支持。一审法院认为本案属于法律上或事实上不能履行，并不恰当。本案周序乐等要求东方国贸公司继续履行合同，应属履行合同费用过高，故不适用实际履行。因为若判令东方国贸公司继续履行合同义务、关闭二期市场，必然会导致二期市场服装商铺租赁合同的终止履行。此时将会引起连锁反应，即租赁二期市场服装商铺的承租人会向东方国贸公司提出违约索赔，从而再次影响到相关合同的履行。如此一来，将会发生过高的履行费用，在经济上当属不合理；另一方面，也不利于社会财富的增长，有悖于合同法的宗旨。

---

2. 采取补救措施

当交付的合同标的品质不符合合同约定的条件，不需继续履行而只需采取适当补救措施即可达到合同目的时，守约方可要求违约方采取补救措施。例如，交付的产品质量不符合约定的，守约方可根据标的的性质以及损失的大小，合理选择要求对方承担修理、更换、重做、退货、减少价款或者报酬等违约责任。

3. 赔偿损失

赔偿损失是违约责任中最普遍适用的补救方式，它是指违约方不履行或不适当履行合同义务时，依法或依约补偿对方损失的一种责任方式。赔偿损失是原合同债务的一种转化形态。

1）赔偿损失的构成要件

赔偿损失的构成要件包括：① 有违约行为；② 受害人必须受到损失；③ 违约行为与损失之间有因果关系。

需说明的是，关于财产损失，《合同法》明确其不仅包括财产的积极减少，亦包括财产的消极不增加。对于损失是否包括非财产损失（精神损害），各国见解不一。我国法律对此未作明文规定，国内学说大多持否定态度。但在司法实践中，有的判决承认了债务不履行时的非财产损害赔偿（精神损害赔偿）。

案例评析

案例：2007年10月3日，是华某与女友携手走进婚姻殿堂的日子。为了能将当天的婚礼进程拍摄记录下来，两人委托同事吴某提供当日全程的婚庆摄像服务，并口头约定了摄像服务费300元，由吴某提供摄像光盘一张。结婚当日，吴某为华某夫妇进行了摄像服务。十日后，华某按照约定的日期向吴某催要摄像光盘时，吴某称录像资料已毁灭，无法提供光盘。双方协商未果后，华某夫妇将吴某告上法院，请求法院判令被告赔偿精神损失费 10 000 元。法院审理后认为，原告与被告约定由被告为原告提供有偿的婚礼摄像服务，并负责将服务成果交付原告，现被告由于过失将原告的具有特殊纪念意义的物品遗失，造成了原告夫妇的精神损害，理应承担相应的赔偿责任。2008 年 7 月 25 日，法院判决被告吴某赔偿原告华某夫妇精神赔偿抚慰金 4 000 元。（案例来源：朱小荣，中国法院网）

评析：本案的焦点在于原告可否基于违约主张被告承担精神损害赔偿。目前，不仅我国学界对此存在争议，司法实践部门亦态度不一。理论上看，违约责任原则上不可以适用精神损害赔偿，但在一些特殊的情况下违约精神损害赔偿却有着存在的合理性与必要性，如合同的目的就是提供安宁和快乐的享受或者是为了摆脱痛苦和烦恼。本案中，原告请被告拍摄婚礼场景作为一生的重要留念，这一合同的主要目的就是为了得到欢乐和满足。被告的违约使得原告的这种预期利益被剥夺，这一损失是无法弥补的。因此，法院支持了原告的诉讼请求。随着社会文明的进步，人们对精神生活方面的追求显得越来越强烈，以获取精神利益为目的的合同也越来越多，如录像合同、旅游观光合同等。违约精神损害赔偿问题将日益受到重视。

2）损害赔偿的分类

(1) 约定赔偿和法定赔偿。所谓约定赔偿，是指依当事人的意思而定的损害赔偿。例如，《合同法》第 114 条规定，当事人可以约定因违约产生的损失赔偿额的计算方法。如果存在约定赔偿，应当优先适用。只有在当事人没有约定赔偿时，才采用法定赔偿。我国《合同法》第 113 条第 1 款规定："当事人一方不履行合同义务或者履行合同义务不符合约定，给对方造成损失的，损失赔偿额应当相当于因违约所造成的损失，包括合同履行后可以获得的利益，但不得超过违反合同一方订立合同时预见到或者应当预见到的因违反合同可能造成的损失。"

(2) 补偿性赔偿和惩罚性赔偿。一般情形下，违约方仅需补偿对方因此而受的损失。但在特殊情形下，亦会存在惩罚性赔偿问题。我国《合同法》第 113 条第 2 款规定："经营者对消费者提供商品或者服务有欺诈行为的，依照《中华人民共和国消费者权益保护法》的规定承担损害赔偿责任。"我国《消费者权益保护法》第 49 条规定："经营者提供商品或者服务有欺诈行为的，应当按照消费者的要求增加赔偿其受到的损失，增加赔偿的金额为消费者购买商品的价款或者接受服务的费用的一倍。"此条款在我国创设了惩罚性赔偿。

案例评析

案例：2008 年 7 月 3 日，河南省安阳市文峰区人民法院审结一起货款纠纷案，判令上海七星公司双倍退还消费者货款共计 10 656 元。2008 年 1 月 26 日，席荣通过电视购物的方式，以每对 888 元的价格，购买了 6 对 12 只上海七星公司销售的"送福送宝小金鼠"，共计汇款 5 328 元。席荣收到货物后，将其中 1 只送到金店检验。经检验，

"送福送宝小金鼠"并非广告宣传的黄金制品。席荣与该公司交涉无果，遂诉至法院。法院审理认为，上海七星公司在销售"送福送宝小金鼠"时隐瞒了货物并非黄金制品的事实，已构成对顾客席荣的欺诈。上海七星公司没有证据证明席荣购买"送福送宝小金鼠"用于生产或其他非生活消费，席荣购买"送福送宝小金鼠"的行为属生活消费，适用《消费者权益保护法》，故依法作出上述判决。（案例改编自：马俭宇、晁震、李文军，人民法院报）

评析：本案中，席荣虽然购买了12只"小金属"，但仍属于"消费者"。上海七星公司销售的"送福送宝小金鼠"经检验并非黄金制品，这已证明其存在欺诈行为，因此适用《消费者权益保护法》第49条是正确的。

3）损害赔偿应遵循的规则

（1）完全赔偿规则。所谓完全赔偿原则，是指违约方应当对受害人所遭受的全部损失承担赔偿责任。该规则体现在我国《合同法》第113条之中，即：当事人一方不履行合同或履行合同不符合合同约定，给对方造成损失的，损失赔偿额应当相当于因违约所造成的损失，包括合同履行后可以获得的利益。

显然，完全赔偿规则下违约损害赔偿的范围包括实际损失和可得利益损失。实际损失，是指债权人因违约行为而造成的现有财产的毁损、减少、灭失等。可得利益损失，是指因当事人一方违约所造成的债权人本来可以得到的利益而未能得到所受的损失。

当然，完全赔偿规则并不是绝对的，它的适用也有一定的限制。例如，在法律规定了赔偿限额时，完全赔偿原则只能在法律规定的赔偿限额内适用。同时，完全赔偿规则还应受合理预见等其他规则的限制。

（2）合理预见规则。所谓"合理预见规则"，又称应当预见规则、可能预见规则，是指违约当事人承担的赔偿责任的范围应以订立合同时当事人应当预见到的损失为限度。在大陆法系，合理预见规则最早可见于法国学者波蒂埃在其1761年发表的《论债法》，后为1804年的法国民法典所采纳。[①] 英国普通法于1854年著名的哈德利诉巴克森戴尔案等判例基本构建了英国法上的合理预见规则。哈德利案判例对后世影响很大，正如吉尔莫所言，"哈德利规则仍然是而且也许永远是法哲学领域一颗不落的星。"[②]

案例

在著名的哈德利诉巴克森戴尔案中，原告为磨坊主，被告为承运人。原告磨坊的一个车轴受损，需要送回制造商，让他们再造一个。被告受聘把车轴从甲地送到乙地，合同规定用1天的时间。由于被告过失，磨坊车轴在运送途中被耽搁6天。原告要求赔偿

---

① 蓝承烈，闫仁河. 合理预见规则比较研究. 学习与探索，2000（4）.

② 吉尔莫. 契约的死亡. 曹士兵，姚建宗，吴巍，译//梁慧星. 为权利而斗争. 北京：中国法制出版社，2000：131.

因磨坊停工超过规定的日数 5 天所遭受的利润损失。被告不知道该车轴是磨坊的唯一一个车轴、没有车轴磨坊就会停工这一事实。法院在判决时指出："一方违反双方所订契约条件，他方有权根据这项违约而要求赔偿。但对赔偿应公平合理地考虑。换言之，必须根据通常事理，从违约本身或双方当事人意愿中，合理推断在订立契约时，违约损害发生之结果。"在本案中，法院根据这一原则，判决承运人对于磨坊主上述利润损失不负责任。

合理预见规则在我国《涉外经济合同法》《技术合同法》中早已确立，后来又被 1999 年《合同法》继续采纳。《合同法》第 113 条规定，违约方支付的损失赔偿额"不得超过违反合同一方订立合同时预见到或者应当预见到的因违反合同可能造成的损失"。这与《联合国国际货物销售合同公约》《国际商事合同通则》《欧洲合同法原则》及其他主要西方国家的立法基本一致。

在适用合理预见规则时，应如何确定损害是违约方"应当预见到"的呢？对此，学界观点不一，存在主观标准说与客观标准说。主观标准说认为：确定损害是否为应当预见的，应以违约方的主观预见能力为标准；若违约方实际能预见到该损害，则为应当预见的损害；若违约方实际上未能预见到该损害，则为不应当预见到的损害。客观标准说主张：确定损害是否为应当预见的，不能以违约当事人的主观认识为标准，而应当以社会一般人的认识能力为标准；只要该损害为社会一般人能够预见到的，就为应当预见到的损害，不问违约人是否能实际预见到。

(3) 减轻损失规则。减轻损失规则，又称为扩大损失规则，是指对因非违约方的原因而扩大的损失，违约方不承担赔偿责任。关于减轻损失规则，我国《民法通则》第 114 条明确规定："当事人一方因另一方违反合同受到损失的，应当及时采取措施防止损失的扩大；没有及时采取措施致使损失扩大的，无权就扩大的损失要求赔偿。"我国《合同法》第 119 条亦规定："当事人一方违约后，对方应当采取适当措施防止损失的扩大；没有采取适当措施致使损失扩大的，不得就扩大的损失要求赔偿。当事人因防止损失扩大而支出的合理费用，由违约方承担。"

(4) 损益相抵规则。损益相抵规则，又称为损益同销规则，是指债权人基于与损失发生的同一赔偿原因而受有利益时，其所能请求赔偿的数额应为从损失额中扣减其所受利益的差额。损益相抵规则并不是对赔偿责任的限制或减轻，而是在于要准确地确定非违约方因违约所受到的真正损失。我国 2012 年 3 月 31 日出台的《最高人民法院关于审理买卖合同纠纷案件适用法律问题的解释》第 31 条明确规定："买卖合同当事人一方因对方违约而获有利益，违约方主张从损失赔偿额中扣除该部分利益的，人民法院应予支持。"

可以从损失中扣除的利益，既包括积极利益，也包括消极利益。所谓积极利益，是指因违约方的违约行为而使债权人获得的利益。例如，供货商延期交货，零售商后来因该延期交付的商品涨价而获益。所谓消极利益，是指因违约行为使债权人得以节省的费用、利益。例如，卖方逾期交付出卖的种鸡，买方因此而节省的饲料等费用。适用赔偿损失责任时，债权人的损失须与违约行为有因果关系。

4. 违约金责任

违约金责任，是指合同当事人违反合同时应向对方支付约定的或法律规定的一定数额金钱的责任形式。

1）违约金的分类

（1）约定违约金和法定违约金。根据违约金产生原因的不同，可将其分为约定违约金和法定违约金。在 1999 年《合同法》出台之前，我国立法同时承认约定违约金和法定违约金，并且直接规定了较多的法定违约金。现行的 1999 年《合同法》已不再强调法定违约金，而是采取了当事人意思自治的原则。根据该法第 114 条的规定，当事人可以约定一方违约时应当根据违约情况向对方支付一定数额的违约金。

（2）惩罚性违约金和赔偿性违约金。从结果上看，违约金又可归结为惩罚性违约金和赔偿性违约金两大类。各国对二者之间的区分标准认识不一，但多数见解认为，应同时承认两类违约金，并且以赔偿性违约金为原则，惩罚性违约金为例外。我国《合同法》实际规定亦是如此。①

2）违约金的调整

根据我国《合同法》第 114 条第 2 款的规定：约定的违约金低于造成的损失的，当事人可以请求人民法院或者仲裁机构予以增加；约定的违约金过分高于造成的损失的，当事人可以请求人民法院或者仲裁机构予以适当减少。

至于何为“过分高于造成的损失”，我国各地法院裁判的尺度不一，在实践中存在一定的随意性。于是，我国《合同法司法解释（二）》对申请调整的标准进行了统一：如果当事人请求增加违约金，则增加后的数额以不超过实际损失额为限；如果当事人主张约定的违约金过高而请求予以适当减少的，人民法院应当以实际损失为基础，兼顾合同的履行情况、当事人的过错程度以及预期利益等综合因素，根据公平原则和诚实信用原则予以衡量，并作出裁决；当事人约定的违约金超过造成损失的百分之三十的，一般可以认定为“过分高于造成的损失”。显然，《合同法司法解释（二）》为我国法官自由裁量权的行使提供了具体的操作原则，可有效避免任意裁量行为。

案例

某礼品公司与某饮料公司于 2004 年 6 月 22 日签订供货合同。合同约定，饮料公司从礼品公司购买用于饮料促销的鼠标垫，货款共 2.2 万元，饮料公司在收货后 15 日内支付货款。但饮料公司在收货后并未按约定履行给付义务，礼品公司诉至法院，要求被告支付货款及合同约定的违约金 9 360 元。庭审过程中，饮料公司承认违约事实，同意给付货款，但认为按每日支付合同总额千分之三的违约金过高，请求法院予以调整。法院审理后认为，根据合同法的规定，当事人可以约定因违约产生的损失赔偿额的计算方法，约定的违约金过高，当事人可以请求人民法院予以适当减少。因此，法院酌情将违约金调整为每日支付所欠货款的千分之一。（案例来源：杨雪婷、姜在斌、王磊，北京现代商报）

① 张广兴，韩世远. 合同法总则（下）. 北京：法律出版社，1999：203.

5. 定金

我国《合同法》第 115 条规定："当事人可以依照《中华人民共和国担保法》约定一方向对方给付定金作为债权的担保。债务人履行债务后，定金应当抵作价款或者收回。给付定金的一方不履行约定的债务的，无权要求返还定金；收受定金的一方不履行约定的债务的，应当双倍返还定金。"（详见"担保法律制度"一章）

案例评析

案例：2007 年 12 月 19 日，张小兵与张照林约定：张小兵将某门面房的租用权以58 000元转让费转让给张照林。张照林当即支付给张小兵 10 000 元。张小兵出具了标题为《门面转让》的一份收条给张照林，上载明："建设街土产大楼某号已转给张照林，转让费为58 000元。门面于 2008 年 2 月 25 日交给张照林使用。已收到订金壹万元整，剩余转让费和房租费在 2 月 25 日前一次性付清。"2008 年 2 月 25 日前，张小兵到张照林处洽谈交房事宜，张照林妻子向张小兵表示不愿租用建设路某号房。2008 年 4 月 1 日，张小兵将该门面房转租给他人使用。2008 年 4 月 10 日，张照林向云南省镇雄县法院起诉，要求确认双方间的《门面转让书》无效，判令张小兵返还已付的订金 10 000 元。

法院经审理认为，自 2007 年 12 月 19 日双方订立房屋转租协议后，张小兵已进行腾房让房工作，并到张照林处要求交付房屋给张照林，张照林之妻向张小兵表示不愿租用该号房，张小兵完全有理由相信是张照林不愿转租。张照林认为是张小兵不愿交付房屋，未提举出相关证据予以证明，应由张照林承担举证不能的法律后果。双方间订立的房屋转租合同未履行是由于张照林违约造成。张照林应承担违约责任，赔偿张小兵在此期间受到的房租及腾房、让房的损失。至于张小兵主张收到张照林的 10 000 元是"订金"的请求，法院不予支持，因为收条已明确载明是"订金"。最终，云南省镇雄县人民法院作出以下判决：解除原告张照林与被告张小兵所订立转租协议；原告张照林已付给被告张小兵的 10 000 元订金，用于赔偿因原告张照林违约给被告张小兵造成的经济损失。（案例来源：王定志，中国法院网）

评析：根据《最高人民法院关于适用〈中华人民共和国担保法〉若干问题的解释》第 118 条的规定："当事人交付留置金、担保金、保证金、订约金、押金或者定金等，但没有约定定金性质的，当事人主张定金权利的，人民法院不予支持。"因此本案中 10 000 元不能被认定为是"定金"，张小兵无权扣留。但是，由于张照林的违约确实给张小兵造成了损失，因此法院判决以 10 000 元抵作赔偿金的做法值得肯定。

6. 违约责任承担方式之间的关系

1）强制履行与违约金的关系

我国《合同法》同时承认赔偿性违约金和惩罚性违约金。在赔偿性违约金情形下，违约金具有损害赔偿额预定的性质，因此不能与强制履行并存；而惩罚性违约金却可以如此。《合同法》第 114 条第 3 款规定："当事人就迟延履行约定违约金的，违约方支付违约金后，还应当履行债务。”

2）强制履行与损害赔偿的关系

损害赔偿可分为填补赔偿与迟延赔偿。前者具有替代实际履行的功能或目的，故不能与强制履行并存。而迟延赔偿意在补偿受害人因迟延履行而实际遭受的损失，它并不具有替代实际履行的功能，故可以与强制履行并存。《合同法》第 112 条规定：“当事人一方不履行合同义务或者履行合同义务不符合约定的，在履行义务或采取补救措施后，对方还有其他损失的，应当赔偿损失。”

3）违约金与损害赔偿的关系

《合同法》颁布之前，我国已废止的《经济合同法》第 31 条规定：“当事人一方违反经济合同时，应向对方支付违约金。如果由于违约已给对方造成的损失超过违约金的，还应进行赔偿，补偿违约金不足的部分。对方要求继续履行合同的，应继续履行。”从此条规定可知，我国《经济合同法》承认违约金与损害赔偿的并存。

但 1999 年《合同法》颁布后，违约金与损害赔偿的关系发生了改变。《合同法》以赔偿性违约金为原则，而赔偿性违约金是不能与损害赔偿并存的。如果已获得约定的赔偿性违约金，便不能请求损害赔偿。当然，根据我国《合同法》第 114 条第 2 款的规定，约定的违约金低于造成的损失的，当事人可以请求人民法院或者仲裁机构予以增加。但如果是惩罚性违约金，则仍存在与损害赔偿并存的可能。例如，当事人支付迟延履行违约金后，在继续履行的过程中又给对方造成损害的，仍应承担赔偿责任。

案例评析

案例：某房地产开发公司（以下简称房产公司）与某电梯有限公司（以下简称电梯公司）在 2005 年 11 月 25 日签订了一份电梯销售安装合同。其中约定：自合同签订之日起 40 天内，由房产公司支付 14 万元定金；定金交付 5 个月内房产公司应向电梯公司支付货款 16 万元，电梯公司即可发货，安装验收合格后付清余款；任何一方违约，需向对方支付违约金 20 万元。合同签订后，房产公司口头通知电梯公司，因资金困难，不能支付定金，让电梯公司先安排生产。此时，电梯公司为履行合同，已经与甲公司签订了销售合同，并约定了交货时间。履行期限将至，甲公司给电梯公司发来通知，告知其定购的电梯已全部生产完毕，包装待发，要求电梯公司支付货款。而房产公司于 2006 年 4 月 25 日又向电梯公司致函一份，称双方签订的电梯销售安装合同因合同技术参数与设计图纸技术参数不符及其他诸多因素，要求解除合同。电梯公司以房产公司单方毁约为由向法院起诉，要求房产公司支付违约金 20 万元，并赔偿损失 10 万元。（案例来源：中律网）

评析：电梯公司起诉时既主张支付违约金又主张支付赔偿金的做法，是不能得到法院支持的。如果电梯公司认为房产公司的违约行为给自己造成的损失高于 20 万元，则可主张法院将违约金调高，以弥补损失；如果损失未超过 20 万元，则电梯公司只能要求房产公司支付 20 万元违约金。

4）违约金与定金的关系

关于违约金与定金是否可以并存的问题，在 1999 年《合同法》颁布之前，我国学界见解不一。多数学者认为，二者性质不同，因此可以并存。有学者认为，约金与定金能否并罚，主要是一个合同的解释问题，即要探究定金及违约金的性质予以决定；另外，考虑到我国合同法上的违约金基本上是作为赔偿损失额的预定而存在的，因而当定金与违约金并罚导致数额不合理得高时，可以减少并罚的数额。① 目前，《合同法》对此问题已加以明确规定，其第 116 条指出："当事人既约定违约金，又约定定金的，一方违约时，对方可以选择适用违约金或定金条款。"显然，该条试图通过禁止并用来限制违约方的责任。

5）定金与损害赔偿的关系

定金的适用，并不以实际损失的发生为前提，它不是损失赔偿额的预定，因此二者可以并存。当事人一方不履行约定的债务而承担定金责任后，若对方仍有损失的，还应予以赔偿。

我国 2012 年 3 月 31 日出台的《最高人民法院关于审理买卖合同纠纷案件适用法律问题的解释》第 28 条明确规定："买卖合同约定的定金不足以弥补一方违约造成的损失，对方请求赔偿超过定金部分的损失的，人民法院可以并处，但定金和损失赔偿的数额总和不应高于因违约造成的损失。"

3.8.5　违约责任的免除

在合同履行过程中，当事人不能履行或不能完全履行合同义务，并非必然导致违约责任的承担。因为只要存在免责事由，当事人便可免去全部或部分违约责任。免责事由主要分为两大类：法定免责事由和约定免责事由。前者主要指不可抗力，后者主要指当事人协商同意的免责事由。鉴于不可抗力最为普遍适用，本部分将以此为介绍重点。

不可抗力，起源于罗马法。德国、法国等国家在立法上均将此界定为法定免责事由。我国亦如此。其中，《合同法》第 117 条第 2 款规定："本法所称不可抗力，是指不能预见、不能避免并且不能克服的客观情况。"

1. 不可抗力的范围

有关不可抗力的范围，各国立法一般不予以列举规定。但学理上通常将之主要分为三类。

1）自然原因的不可抗力

自然原因的不可抗力主要表现为：水灾、旱灾、风灾、火灾、地震等自然灾害。但并非所有的自然灾害均属于不可抗力。它必须满足"不能预见、不能避免并且不能克服的客观情况"这一限制性条件。

---

① 崔建远. 合同法. 北京：法律出版社，1998：274；崔建远. 新合同法原理与案例评释（上）. 长春：吉林大学出版社，1999：626－627.

2）社会原因的不可抗力

此种免责事由的发生原因具有社会性特征，"即产生这一事件的原因来自社会，而不是由于当事人的过错、第三人过错、国家行使行政或司法权力或者自然现象。"[①] 实践中，它通常表现为战争或武装冲突、罢工、骚乱等。

3）国家原因的不可抗力

在某些特别的条件下，国家原因也可构成不可抗力。如《海商法》第51条规定的"政府或者主管部门的行为、检疫限制或者司法扣留"便属于此类不可抗力。

当然，以上划分并不能涵盖所有的不可抗力情形。只要具有不可预见性、不可避免并不可克服性，均可构成不可抗力。

2. 不可抗力的影响后果

发生不可抗力以后，应根据不同的情形依照诚实信用原则进行处理：一时不能或部分不能履行的，应当由当事人先变更合同，延期履行或部分履行；全部不能履行的，依照我国《合同法》第94条第1款的规定，因不可抗力致使不能实现合同目的的，当事人可以解除合同。

就不能履约当事人而言，可以主张部分或全部免除责任，但法律另有规定的除外。并且当事人迟延履行后发生不可抗力的，不能免除责任。需注意的是，该当事人因不可抗力不能履行合同的，应及时通知对方，以减轻可能给对方造成的损失，并应在合理期限内提供证明。

不可抗力作为免责事由，只是在不可抗力影响所及的范围内不发生违约责任的承担问题。因此，如果损害的发生是由于不可抗力和债务人的原因而共同导致的，则应本着"原因与责任成比例"的精神，令债务人承担相应部分的责任。

3.8.6 违约责任与侵权责任的竞合

所谓"责任竞合"，指的是同一违法行为虽然符合多种法律责任的构成要件，但受害人只能选择其中之一而为请求。责任竞合可以发生在不同法律部门之间，也可以发生在同一法律部门内部。例如，民法中的违约责任与侵权责任的竞合等。

违约责任与侵权责任是民法中最基本的两种责任，二者存在较大区别，具体体现在：责任构成要件不同；归责原则不同；举证责任的内容不同；赔偿范围不同；诉讼时效不同；责任方式不同；免责条款的效力等方面的不同。正是由于这些"不同"的存在，使得当事人可能会因为选择不同种类的诉讼而结果大相径庭。例如，因履行辅助人的过失而造成对方当事人的人身损害，此时受害人若选择侵权之诉，则只能以该履行辅助人为被告，而通常情形下原告实际获得赔偿的可能性较小。反之，如果选择违约之诉，以合同债务人（履行辅助人受雇的公司）为被告，则原告实际获得赔偿的可能性就较大。[②] 因此，当事人选择何种责任，直接关系到其切身利益。

---

① 张新宝. 中国侵权行为法. 北京：中国社会科学出版社，1995：410.

② 张广兴，韩世远. 合同法总则（下）. 北京：法律出版社，1999：226.

案例评析

案例：2006 年 9 月 15 日，李某等三人搭乘了苏州交运汽车出租有限公司一出租车，从某镇返回独墅湖湖底隧道工地。当车行驶至独墅湖底隧道工地便道，离高尔夫球场约二三百米时，遇大型汽车挡道，出租车绕过该车时又遇反道停放的平推车。由于驾驶员急打方向盘，导致车后轮撞上平推车边齿上，车辆左后轮破裂变形。同时，致使坐在后排座的原告李某撞击受伤。车辆无法正常行驶。驾驶员更换轮胎后，将原告送至医院治疗。后经诊断原告为椎体压缩性骨折，经鉴定为十级伤残。由于李某与出租车公司在赔偿问题没能达成一致，于是 2007 年 4 月 27 日，李某起诉至苏州工业园区法院，要求依据《合同法》和《消费者权益保护法》的有关规定，判令被告出租车公司赔偿李某医疗费、残疾者生活补助费、残疾赔偿金、被抚养人生活费、精神抚慰金 12 项共计 172 138.79 元。2007 年 7 月 19 日，苏州工业园区人民法院认为原告所主张损失在《最高人民法院〈关于审理人身损害赔偿案件适用法律若干问题的解释〉》规定范围内的项目及金额，法院应予以支持，超出部分不予支持。据此，判决被告赔偿原告李某 48 639.79 元。(案例来源：覃华炜，苏州市工业园区人民法院)

评析：本案是一起典型的违约责任和侵权责任竞合的案件。原告有权选择违约之诉或侵权之诉。《最高人民法院〈关于审理人身损害赔偿案件适用法律若干问题的解释〉》中规定的赔偿涉及违约责任和侵权责任竞合的情况，因此法院在判决时以此作为依据。

在处理违约责任与侵权责任竞合问题上，各国立法态度不一，主要有三种模式：以法国为代表的禁止竞合模式，以德国为代表的允许竞合和选择请求权模式，以及以英国为代表的有限制的选择诉讼模式。我国则采用了第二种模式，即允许竞合和选择请求权模式。《合同法》第 122 条明确规定：“当事人一方的违约行为，侵害对方人身、财产权益的，受损害方有权选择依照本法要求其承担违约责任或者依照其他法律要求其承担侵权责任。”实际上，同一个违反民事义务的行为，既构成违约行为又构成侵权行为时，受害人主张两者中的任何一种责任都具有法律依据，自然应该允许当事人选择，只是不能双重请求罢了。

总之，实践中由于民事关系极其复杂，侵权责任与违约责任发生竞合的现象层出不穷。统一后的《合同法》对责任竞合和选择请求权制度的明确规定，无疑将更加有助于保护受害人的合法民事权益。

实务案例讨论

案例讨论一：

张先生在逛街时收到了一份江苏省某房地产开发公司制作的房产广告宣传页和售楼专刊，得知由该开发公司开发的某住宅小区商品房于 2004 年 12 月开始对外销售。宣传彩页上注明：“小区占地 74 亩……绿化率 40%……2.5 万平方米的坡地式绿化林阴带营造的植物园……五大主题景观带，曲径通幽的设计风格……近万平方米的绿色健身休闲广场，让你充分感受有氧运动的魅力。”售楼专刊上注明：交房标准有 21 项，包括卫生间给水管道、厨房地漏、室内可视对讲系统、厨房及卫生间地面做防水处理、有线电视、电话、宽带、暖气、防盗网等；并且上面注明“保证广告宣传内容与实际一致。经有关部门认定属虚假广告的，退款退息或按已付房价款的3%赔偿”。

张先生正是看上了这样优惠的条件，特别是小区优美的户外环境，才与开发公司签订了商品房买卖合同，并一次性支付了58万元的全部房价款。商品房买卖合同上约定：开发公司应于2005年8月31日前交付该房，若逾期超过90日后交房，原告有权要求“出卖人按日支付已交付房价款万分之一的违约金”。

2006年4月18日，即在开发公司允诺的交房时间7个多月之后，张先生终于从开发公司领取了房屋钥匙。办理入住手续时，却发现：该商品房的室内设施，没有售楼专刊上写明的卫生间给水管道、厨房地漏等；室外景观，小区绿化率远未达到40%；没有五大主题景观带，没有近万平方米的健身休闲广场，更没有2.5万平方米坡地式绿化林阴带营造的植物园。

请问：广告宣传页和售楼专刊上的内容能够成为张先生主张违约责任的依据吗？张先生应如何维护自身的权利？

案例讨论二：

因认为牙膏宣传失实、存在欺诈，王海热线网站经理王华林将6种知名牙膏的五家生产厂家与销售商诉至北京市石景山区人民法院，要求对方赔偿双倍货款、误工费损失及赔礼道歉。

原告王华林诉称：其于2007年11月24日在被告商店（华联综合超市石景山店）购物时，看到了竹盐、田七、洁银中药、中华本草五珍、高露洁全效美白等牙膏包装上宣传：其各自产品大都具有消炎抑菌、清热去火，缓解牙龈出血、预防牙周疾病等多种口腔护理疗效。原告认为，用这些牙膏刷牙就可以消炎抑菌、清热去火、缓解牙龈出血、预防牙周疾病。于是，购买了上述牙膏。原告回家使用了一段时间后，发现上述牙膏并非像宣传中那样，明显存在虚假宣传，误导、欺骗了消费者；并且认为牙膏产品执行GB 8372—2001标准，该标准涉及物理和化学性能，包括净含量、有效期、感官、卫生指标、氟含量等标注规定，但以上牙膏均未对此做出相应说明。原告指出，被告牙膏厂商将产品宣传与药品功效相混淆，间接地宣传治疗作用，存在误导欺骗。根据相关规定为维护其合法权益诉至法院，要求相应的赔偿。

庭审过程中，被告华联超市石景山店辩称：原告非《消费者权益保护法》所保护的消费者，购买行为是有组织有预谋的商业投机行为；原告提供的证据，并不能证明原告就是牙膏产品的购买者、消费者。牙膏具有功效是受外界因素的影响，原告武断地认为牙膏没有这些功效，是不具有可信度的。被告超市已经尽到了相应的审查责任。原告提出的诉讼请求于法无据，请求法院驳回其诉讼请求。

同时，被诉知名牙膏生产厂家均辩称：原告不属于《消费者权益保护法》所保护的消费者，无权依据该法进行索赔。原告自诩其为“职业打假人”，其购买牙膏行为是为了所谓的“职业”需要，而不是为了生活消费需要。因此，原告不属于《消费者权益保护法》所保护的消费者。另外，被诉知名牙膏的外包装宣传效果与实际功效是相符的，均经过科学实验及专家论证得以证实，故知名牙膏生产厂家不存在虚假宣传及商业欺诈。关于原告的诉讼请求，其要求退货没有正当理由；误工费索赔的前提条件应当是经营者提供的商品或者服务确实存在质量问题，原告却没有相应证据，而本案中各知名牙膏均不存在任何质量问题。请求法院驳回原告的诉讼请求。

请问：王华林是消费者吗？应如何看待职业打假行为？

思考题

1. 订立合同可以采用口头形式吗？它与订立书面合同相比，有何优缺点？
2. 请结合所学知识，对生活中出现的格式条款加以评析。
3. 无效合同、可撤销合同和效力待定的合同有何区别？
4. 什么是代位权？行使代位权应满足哪些条件？
5. 我国《合同法》所确立的违约责任归责原则是什么？有哪些违约责任的承担方式？
6. 什么是合理预见规则？该规则设置的意义何在？

第 4 章

担保法律制度

商务活动过程中，商事主体为了降低交易风险，保障其债权的实现，往往要求交易对方提供担保。担保方式的选择、担保的法律后果将直接影响到商事主体的切身利益。因此，担保制度成为商事主体顺利开展经营活动所必需的一项法律制度。

4.1 担保及担保法概述

4.1.1 担保的含义及分类

1. 担保的含义

民法上所谓担保，简而言之是指促使债务人履行债务，保障债权人的债权得以实现的法律措施。① 担保有广义和狭义之分。从最广义上说，担保是指对某一事项所作出的承诺保证，如“我保证她今天会来”，这里的担保甚至不具法律意义；从法律上说，担保是指对某一法律义务的履行或责任承担所作的保证，② 如刑事诉讼中的取保候审。狭义上的担保，是对合法债务的履行保证。担保法上的担保，仅指狭义的担保。

2. 担保的分类

1）一般担保与特别担保

债务人就其债务，原则上应以其财产全部负其责任，此项责任财产为债权的一般担保。③ 债的一般担保，是保证债权人一般利益的担保，是债的法律效力的自然结果。民法中债的保全制度（撤销权、代位权）就是为了加强债务人一般担保的能力。

债的特别担保，是法律为保证特定债权人的债权实现而设定的担保。担保法上的担保，都属于债的特别担保。

---

① 孔祥俊. 担保法例解与适用. 北京：人民法院出版社，1996：1.

② 郭明瑞，杨立新. 担保法新论. 吉林：吉林人民出版社，1996：4.

③ 王泽鉴. 债法原理：第一册. 北京：中国政法大学出版社，2001：31.

2）典型担保与非典型担保

这是根据法律规定和类型化的程度进行的区分。

典型担保是指由法律明文规定的担保方式，如《中华人民共和国担保法》第 2 条第 2 款规定的保证、抵押、质押、留置和定金。

非典型担保，是指虽具有担保的作用，但法律尚未明确规定其为担保的担保方式。可分为两种情形：① 法律虽未明文规定但其主要功能为担保的担保方式，如所有权保留（分期付款）、押金等；② 担保不是其主要功能的担保方式，如违约金的主要功能是民事责任，但又兼有担保的功能。因上述方式不具有担保的典型意义，本章将不作专门介绍。

3）约定担保与法定担保

这是根据担保发生的依据进行的区分。约定担保是指由当事人通过合同的约定而产生的担保，如保证、抵押、质押、定金；法定担保则是由法律直接规定的担保，如留置。

4）人的担保、物的担保、金钱保

这是根据担保的标的进行的区分。人的担保（简称人保）是指以人的信用（如自然人或法人自身的资产和信用）进行担保，保证是其典型样态；物的担保（简称物保）是指以特定的财产来担保债权的担保方式，如抵押、质押；金钱担保（简称金钱保）其实是物保的一种特殊方式，其标的是作为种类物的金钱，如定金。

4.1.2　担保的设立

设立担保是当事人设定担保法律关系的双方民事法律行为，是一种合同行为。当事人设定担保的合同称为担保合同，合同双方当事人是债权人和担保的提供人。担保的提供人既可以是债务人，也可以是第三人（如保证的场合）。担保的设立是以债权人和债务人之间预先存在某种关系为前提的，这种关系多为借款、买卖等合同关系。上述关系的存在是担保产生的必要条件但不是充要条件，债权人不可能仅仅因为其债权的存在就当然地获得担保权益。

担保的产生必须经过相应的设立程序。当债务人自己为担保提供人时，一般由债权人先向债务人提出要求，债务人做出同意与否的意思表示，债权人接受则担保合同成立。当第三人为担保提供人时，一般先由债权人向债务人提出提供担保的要求，然后由债务人向第三人提出请对方为自己担保的请求，第三人同意的，第三人与债权人再签订担保合同。第三人与债务人的关系并不是担保关系，而是担保合同的基础关系。基础关系的效力如何并不影响担保合同的成立和效力。

4.1.3　反担保

反担保也称求偿担保，是指债务人或第三人向担保人做出保证或设定物的担保，在担保人因清偿债务人的债务而遭受损失时，向担保人作出清偿。简言之，也就是担保的担保。在债务清偿期届满，债务人未履行债务时，由第三人承担担保责任后，第三人即成为债务人的债权人，第三人对其代债务人清偿的债务，有向债务人追偿的权利。当第三人行使追偿权时，有可能因债务人无力偿还而使追偿权落空，为了保证追偿权的实现，第三人在为债务人作担保时，可以要求债务人为其提供担保。反担保主要在国际贸易、工程承包和资金借贷等业务中采用。

反担保是担保人转移担保风险的一种措施，其本质和担保并无差别。它们的区别是：① 反担保中的债权人为原担保人；② 反担保是以原担保有效存在为前提的，本担保合同无效，反担保合同当然无效；③ 反担保仅仅限于约定担保；④ 反担保所担保的实际是原担保人的代位求偿权。由于原担保人的代位求偿权是在一定条件下才出现的，因此反担保所担保的属于未来的债权。

我国《担保法》第 4 条第 2 款规定："反担保适用于本法担保的规定。"《物权法》第 171 条第 2 款规定："第三人为债务人向债权人提供担保的，可以要求债务人提供反担保。反担保适用本法和其他法律的规定。"从字面理解，《担保法》规定的五种典型担保方式都可适用于反担保。但从反担保的性质理解，却有一定的限制：① 留置不能为反担保的方式，因为留置权为法定担保方式，只有具备法定条件才能成立，而反担保是约定担保；② 定金也不能作为反担保方式，因为定金只适用于双务合同，而担保合同却是单务合同。所以反担保的种类实际上只有求偿低押、求偿质押和求偿保证三种。

4.1.4 担保法概述

担保法是调整担保关系的法律规范的总称。担保法有形式意义与实质意义之分。形式意义的担保法，指以担保法命名的法律，如《中华人民共和国担保法》；实质意义上的担保法，指有关调整担保关系的法律规范的总称。

对于担保制度的成文立法，大陆法系国家一般将之规定在民法典中，而且并不设专门的担保篇章，只是将不同的担保方式规定在不同章节。① 在我国，由于一直没有制定一部完整的民法典，因而不仅在《民法通则》和其他民事单行法中规定了债的担保，而且为了适应社会主义市场经济的需要，于 1995 年 6 月 30 日经八届全国人大第十四次会议通过、制定了一部专门调整担保关系的民事法律《中华人民共和国担保法》。该法横跨物权法、债权法两大领域，共 7 章 96 条，以一个单行法的形式概括了所有的担保种类，这在大陆法系国家是绝无仅有的。它与《民法通则》的规定相比，无论在担保物权的种类设置上还是在可操作性上都前进了一大步。

为了正确适用担保法，结合审判实践经验，2000 年 9 月 29 日，最高人民法院审判委员会第 1133 次会议通过了《最高人民法院关于适用〈中华人民共和国担保法〉若干问题的解释》，在一定程度上弥补了《担保法》上的许多漏洞和缺陷。

2007 年 3 月 16 日，第十届全国人民代表大会第五次会议通过了《中华人民共和国物权法》。该法在担保物权部分对我国担保制度进行了较大的修改。就制度创新而言，

---

① 孔祥俊. 担保法例解与适用. 北京：人民法院出版社，1996：2.

有些法条的内容是《物权法》独有的。最突出的莫过于《物权法》引入了动产浮动抵押制度，第 181 条、第 189 条、第 196 条对动产浮动抵押的概念、设立以及抵押财产的确定等方面作出了规定。另外一个创新之处在于肯定了最高额质押制度。《物权法》第 122 条规定，最高额质押可以参照最高额抵押的规定。此外，值得注意的是，最高额抵押部分增加了很多新的内容，第 194 条就抵押权顺位问题作了专门规定。总之，《物权法》对《担保法》的修改幅度相当大。《物权法》生效后，《担保法》与《物权法》规定不一致的，应当适用《物权法》。

4.2 保 证

4.2.1 保证的概念与特征

《担保法》第 6 条规定，本法所称保证，是指保证人和债权人约定，当债务人不履行债务时，保证人按照约定履行债务或者承担责任的行为。保证人原则上是以其全部财产作履行债务的担保，因此债权人于主债务人外，又增加了保证人即从债务人，一主一从，使其债权的实现更加可靠。①

保证的特征有四个方面。① 本条规定的保证为约定保证。所谓约定保证，是指保证的产生源于当事人的自愿协商，其权利与义务也是由当事人在法律允许的范围内约定的。② 保证人的责任具有补充性。即只有在债务人不履行债务时，保证人才承担保证责任。③ 保证具有人身属性。保证是保证人以自己的信用和一般财产作为他人履行债务的担保，属于人的担保。保证与保证人的人身密不可分。④ 保证人为债务人以外的第三人。保证是保证人以自己的财产为债权人提供一般担保，而债务人也是以其自己的财产作为债权的一般担保，债务人就是自己债务的一般保证人，因而不可能成为担保法意义上的保证人。所以保证人必须是债务人以外的第三人。

4.2.2 保证的设立

保证的设立须经保证人与债权人的合意。所以，保证的设立多以保证合同的方式实现，因而只有保证合同有效，才能成立保证人的保证债务。保证合同为合同的一种，其成立必须具备合同成立的各种要件。

1. 保证合同的法律性质

1）保证合同具有附从性

保证合同是依附于主债权合同而存在的，随主合同消灭而消灭，其附从性具体表现

① 张俊浩. 民法学原理. 北京：中国政法大学出版社，1997：605.

在五个方面。① 保证以主合同的成立为前提。主债不成立，保证亦不成立，主债不生效，保证亦不生效。② 保证债务的强度和范围不得强于或大于主合同债务。如有超过，应缩减至主合同债务的程度。例如，约定保证债务的利息高于主合同债务的利息的，应缩减至主合同债务的利息。③ 移转上的附从性。债权人依法将主债权转让给第三人的，保证原则上亦随之移转，保证人在原保证范围内继续承担保证责任。但是保证人与债权人事先约定仅对特定的债权人承担保证责任或者禁止债权转让的，保证人不再承担保证责任。④ 主债务消灭，如无效、被撤销、解除时，保证债务因失去其存在的根据也随之消灭。⑤ 主合同和保证合同发生纠纷提起诉讼，应根据主合同确定管理。

2）保证合同具有相对独立性

保证债务虽附从于主债务，但并非主债务之一部分，而是一个独立的债务，因此在附从范围内其强度和范围可以不同于主债务。例如，可以就无条件的主债务成立附条件的保证，允许就主债务的某一部分成立保证债务。另需指出，在国际贸易中运用的“不可撤销保函”“见索即付的保函”等，则纯粹为独立于主债务的保证合同，不因主合同无效、被撤销受到影响，称为“独立保证”。但在我国司法实践中，是严格区分国内和国际两种情况的，对于国内企业、银行之间约定的独立保证，均采取否定态度。

3）保证合同具有补充性

保证债务的履行，需有两个前提要件：① 债务人不履行主债务，一般保证中还需强制执行主债务人财产但无效果；② 债权人提出请求。即于主债务人不履行债务时，保证人才负履行之责，此即保证债务的补充性。

2. 保证范围及被保证主债权的种类

1）保证范围

保证范围，即被保证债务的范围，应依当事人的约定予以确定，没有约定则按《担保法》第 21 条处理，即：保证范围及于全部主债务，包括主债权及利息、违约金、损害赔偿金和实现债权的费用，但其最大范围一般不得超出主债务的范围。在保证期限内，保证债务随主债务的减少而减少，当主债务增加时，非经保证人同意，保证范围不随之扩大。

2）被保证的主债权种类

（1）主债权的种类既可以是种类之债，也可以是特定之债，即可以是专属性的债务，也可以是非专属性的债务。如果被保证的债务是非金钱债务，可以由保证人代替履行，如果不能代替履行，则由保证人承担赔偿责任。

（2）自然债务也可以作为保证的对象。《最高人民法院关于适用〈中华人民共和国担保法〉若干问题的解释》第 35 条规定，保证人对已经超过诉讼时效期间的债务提供保证的，又以超过诉讼时效为由抗辩的，人民法院不予支持。也就是说，无论保证人是否得知该债务为自然之债，只要承诺保证，就必须承担保证责任。不过，如果是在保证成立后主债务因时效完成而变为自然债务的，保证人也可以主张债务人对债权人不予履行的抗辩。需要注意的是，保证人一旦就此类债务自愿承担了保证责任，就不得再反悔。

（3）对于未来的债权，也可以进行担保。《担保法》第 14 条规定，当事人可以协议在最高债权额限度内就一定期间连续发生的借款合同或者某项商品交易合同订立一个保证合同。这就是所谓的“最高额保证”。一般来说，最高额保证只担保一定期限内所发生的债务。如果当事人疏忽而没有约定该期限，就会出现不定期的最高额保证。为了避免保证人承担无休止的债务保证责任，法律必须拟制一个确定的决算期限。如果当事人有约定，应当以约定期限的终点为决算期；如果没有约定，则以保证人的通知到达债权人之日为决算期。但应当注意，保证人所担保债务的具体数额并非指确定期间发生的全部债权总额，而是指决算期时的债权余额。

案例评析

案例： 2003 年 10 月 22 日，被告徐维明、周先富与中国建设银行临海支行（以下简称临海支行）签订一份领用龙卡协议。协议约定，徐维明为持卡人，周先富为承担连带责任的保证人，准贷记卡透支按月计收单利，透支利率为万分之五，并根据中国人民银行的此项利率调整而调整。经临海支行审查同意，于 2003 年 10 月 22 日向徐维明发放一张准贷记卡，信用度 A 级，信用额度 1 万元。被告徐维明 2004 年 6 月 30 日发生透支。至 2006 年 5 月 29 日，共欠本金人民币 35 875.80 元，透支利息 14 660.46 元。原告临海支行经多次催讨无果，诉至法院。（案例来源：梁统、傅煊，人民法院报）

评析： 本案周先富为承担连带责任的保证人，其保证性质可认定为最高额保证。当事人可以协议在最高债权额限度内就一定期间连续发生的借款合同或者某项商品交易合同订立一个保证合同。本案中徐维明领用的准贷记卡信用额度 1 万元，这可理解为周先富所担保的最高债权额限度为 1 万元，因此对超出部分不应承担保证责任。

3. 保证的方式

1）一般保证与连带保证

所谓一般保证，是指当事人在保证合同中约定，债务人不能履行债务时，由保证人承担保证责任。一般保证人享有先诉抗辩权，又称为检索抗辩权，即保证人在主合同纠纷未经审判或者仲裁，并就债务人财产依法强制执行仍不能履行债务前，对债权人可以拒绝承担保证责任。

所谓连带保证，是指当事人在保证合同中约定由保证人和债务人承担连带责任的保证。连带保证与一般保证最大的区别是保证人是否享有先诉抗辩权，连带责任保证人不享有先诉抗辩权。这表明，保证人在一般保证中的地位比较优越，承担责任的风险较低；而连带保证的保证人则风险较大，只要债务人不履行债务，保证人就得满足债权人提出的履行请求。按法律规定，当事人对保证方式没有约定或者约定不明确的，按照连带责任保证承担保证责任。

2）单独保证与共同保证

一般保证与连带保证是担保法明文区分的担保方式，但理论上还可从保证人的数量角度区分单独保证与共同保证。单独保证指只有一个保证人担保债权的保证。

共同保证是指两个以上保证人担保同一债权的保证。其中，“共同”仅指数量上的复数，各个保证合同是否同时成立、彼此间有无意思联络，均在所不问。关于共同保证的效力，《担保法》第 12 条规定："同一债务有两个以上保证人的，保证人应当按照保证合同约定的保证份额，承担保证责任，没有约定保证份额的，保证人承担连带责任，债权人可以要求任何一个保证人承担全部保证责任，保证人都负有担保全部债权实现的义务。"《最高人民法院关于适用〈中华人民共和国担保法〉若干问题的解释》第 19 条第 1 款进一步规定："两个以上保证人对同一债务同时或者分别提供保证时，各保证人与债权人没有约定保证份额的，应当认定为连带共同保证。"这说明了我国采取了如下处理原则：① 首先看保证人与债权人之间有没有对保证份额进行明确约定；② 有约定的为按份共同保证，没有约定的认定为共同保证，各个保证人都负有担保全部债权实现的义务；③ 共同保证人不得以内部约定对抗债权人；④ 按份共同保证的保证人相互之间保证责任分开，在其承担保证责任后，只能向债务人追偿，而不能向其他保证人追偿；连带共同保证的保证人则在承担保证责任后有权向债务人追偿，也有权要求承担连带责任的其他保证人清偿其应当承担的份额。

但需要指出的是，不能将所谓的"连带共同保证"的担保方式与"连带责任保证"的担保方式混淆。前者仅仅为"保证人的连带"，即为保证人之间的连带责任；后者指保证人与债务人之间的连带责任。

4. 保证合同的无效

保证合同效力原则上应适用《民法通则》和《合同法》的一般规定，这里只介绍担保法规定的情况。按照民事法律行为的一般原理，民事行为的无效可分为绝对无效和相对无效。绝对无效的民事行为，不以当事人之间为限，任何人均可主张其无效；相对无效的民事行为，仅当事人之一方可主张其无效。① 本书也遵循这一原则，分开予以讨论。

1）绝对无效

绝对无效，即保证自始、绝对的不发生效力。主要有下列九种情形。

（1）企业法人的分支机构未经法人书面授权或企业法人的职能部门提供保证的，保证合同无效。《担保法》第 10 条明文规定，企业法人的分支机构、职能部门不得对外保证，分支机构只有在法人书面授权的情况下才能进行保证，这是因为它们均不具有独立的民事主体资格。而《最高人民法院关于适用〈中华人民共和国担保法〉若干问题的解释》第 17 条进一步规定，法人有授权但授权不明的，视为无限授权，保证有效，由分支机构的财产承担保证责任，不足部分由法人承担。第 18 条又规定，职能部门在任何情况下以自己名义签订的保证合同统归无效。

（2）国家机关未经国务院批准而与债权人签订保证合同的，保证无效。国家机关为公务而设立，因此原则上无保证能力，但经国务院批准为使用外国政府或者国际经济组织贷款进行转贷的除外。

（3）学校、幼儿园、医院等以公益为目的的事业单位、社会团体与债权人订立保证合同的，保证无效；但从事经营活动的事业单位、社会团体为保证人的除外。公益乃不

---

① 梁慧星. 民法总编. 北京：法律出版社，1996：193.

特定之多数人的利益，法律为防止减损公益财产故限制其权利能力。但对于一些已经独立核算、从事经营活动的事业单位、社会团体，可以作为保证人。

(4) 董事、高级管理人员违反《中华人民共和国公司法》第 149 条第 3 款的规定，违反公司章程，未经股东会、股东大会或者董事会同意，以公司财产为他人提供担保的，担保合同无效。公司是否可以作为保证人，理解上有分歧。一些国家和地区的法律对公司的保证能力进行限制。我国现行《公司法》第 16 条和第 149 条改变了原来禁止公司担保的方法态度，规定公司为他人提供担保，依照公司章程的规定，由董事会、股东会或股东大会决议。这是防止董事和高级管理人员绕过股东会、股东大会或者董事会任意处分公司财产。因此，公司可以作为保证人。

(5) 以法律、法规禁止流通的财产或者不可转让的财产设定担保的，担保合同无效。如用自己合法持有的枪支为他人担保，因枪支在我国为禁止流通物，该担保合同无效。

(6) 有下列情形之一的，对外担保合同无效：① 未经国家有关主管部门批准或者登记，对外担保的；② 未经国家有关主管部门批准或者登记，为境外机构向境内债权人提供担保的；③ 为外商投资企业注册资本、外商投资企业中的外方投资部分的对外债务提供担保的；④ 无权经营外汇担保业务的金融机构、无外汇收入的非金融性质的企业法人提供外汇担保的；⑤ 主合同变更或者债权人将对外担保合同项下的权利转让，未经担保人同意和国家有关主管部门批准的，担保人不再承担担保责任。但法律、法规另有规定的除外。

(7) 主合同当事人双方串通，骗取保证人提供保证的，保证合同无效。

(8) 主合同债权人一方采取欺诈、胁迫等手段，使保证人在违背真实意思的情况下提供保证的，保证无效。

(9) 主合同债务人一方采取欺诈、胁迫等手段，使保证人在违背真实意思的情况下提供保证的，债权人知道或者应当知道欺诈、胁迫事实的，保证无效。

2) 相对无效

相对无效，即承认保证的续存效力，但将撤销权赋予一方当事人。我国对可撤销的保证合同只规定了一种情形，即《最高人民法院关于适用〈中华人民共和国担保法〉若干问题的解释》中第 41 条规定的：“债务人与保证人共同欺骗债权人，订立主合同和保证合同的，债权人可以请求人民法院予以撤销。”这意味着债权人在这种情况下既可以撤销主合同，也可以撤销保证合同。因合同撤销给债权人造成损失的，由保证人与债务人承担连带赔偿责任。

3) 保证合同无效的法律后果

保证合同无效，并不意味着当事人之间不能产生任何权利义务关系。这时应先看当事人之间有没有约定，没有约定的，则按照合同无效的规则处理。《担保法》第 5 条第 2 款规定：“担保合同被确认无效后，债务人、担保人、债权人有过错的，应当根据其过错各自承担相应的民事责任。”

《最高人民法院关于适用〈中华人民共和国担保法〉若干问题的解释》中对此问题作了进一步的细化规定。其第 7 条规定：“主合同有效而担保合同无效，债权人无过错的，担保人与债务人对主合同债权人的经济损失，承担连带赔偿责任；债权人、担保人有过错的，担保人承担民事责任的部分，不应超过债务人不能清偿部分的二分之一。”按照这一规定，在主合同有效而担保合同无效的情况下，首先要确定债权人有无过错，如果债权人无过错，则由担保人和债务人承担连带赔偿责任，而不管担保人和债务人是否有过错。在“担保人因无效担保合同向债权人承担赔偿责任后，可以向债务人追偿”，而且即使担保人本身也是有过错的，仍然可以向债务人追偿。如果债权人有过错，应承担相应的责任；如果担保人没有过错，则不承担任何责任，即使担保人有过错，其承担责任的范围也不应超过债务人不能清偿的1/2。第8条规定：“主合同无效而导致担保合同无效，担保人无过错的，担保人不承担民事责任；担保人有过错的，担保人承担民事责任的部分，不应超过债务人不能清偿部分的三分之一。”依此规定，在主合同无效而导致担保合同无效的情况下，担保人只有在有过错的情况下才承担责任，但其承担的责任范围不应超过不能清偿部分的1/3。这是因为担保人不是主合同的当事人，只有担保人明知或应知主合同效力有瑕疵却仍然提供担保，而提供的担保是主合同成立的基础时，担保人才承担主合同无效的过错责任，但主合同无效的主要原因不是担保人提供担保，因此对其责任限制在一定范围内。第9条规定：“担保人因无效担保合同向债权人承担赔偿责任后，可以向债务人追偿，或者在承担赔偿责任的范围内，要求有过错的反担保人承担赔偿责任。担保人可以根据承担赔偿责任的事实对债务人或者反担保人另行提起诉讼。”司法解释中上述有关担保合同无效的法律后果的规定可适用于保证合同无效的情形。

4.2.3 保证人的抗辩权

保证合同单务性、无偿性的特点，决定了保证人对于债权人只能享有消极的防御权利——抗辩权，此权利于保证人意义甚巨，故有必要给予重视。所谓抗辩权，是指权利人用以对抗他人请求权之权利。①

保证人可享有以下抗辩权。

(1) 保证人可以主张债务人享有的抗辩权。抗辩权是指债权人行使债权时，债务人根据法定事由，对抗债权人行使请求权的权利。抗辩权包括延期性抗辩和灭却性抗辩，前者如主债务人对债权人之同时履行抗辩权、不安抗辩权等，后者如主合同不成立或无效、主债务时效届满等。②

(2) 保证人可主张债务人享有的类似抗辩的权利。这主要包括合同撤销权、抵销权等。

(3) 保证人享有一般债务人应有的抗辩权。此权利为合同应有的效力，如保证期限未至的抗辩、保证合同不成立或无效的抗辩、保证合同诉讼时效届满的抗辩等。

(4) 保证人专属的抗辩权。先诉抗辩权（检索抗辩权），仅为一般保证人所享有，是指一般保证人在债权人就债务人财产强制执行无效果前，得拒绝其履行请求。这里所谓的执行无效果，指对债务人的存款、现金、有价证券、成品、半成品、原材料、交通工具等可以执行的动产和其他方便执行的财产执行完毕后，债务仍未能得到清偿的状

① 梁慧星. 民法总论. 北京：法律出版社，1996：66.

② 王泽鉴. 民法总则. 增订版. 北京：中国政法大学出版社，2001：92.

态。一般保证的债权人向债务人和保证人一并提起诉讼的，人民法院可以（而非应当）将债务人和保证人列为共同被告参加诉讼。但是，应当在判决书中明确在对债务人财产依法强制执行后仍不能履行债务时，由保证人承担保证责任。另外，依《担保法》第 17 条第 3 款的规定，有下列情形之一的，保证人丧失先诉抗辩权：债务人住所变更，致使债权人要求其履行债务发生重大困难的；人民法院受理债务人破产案件，中止执行程序的；保证人以书面形式放弃前款规定的权利的。

4.2.4　保证求偿权与保证代位权

1. 保证求偿权

我国《担保法》第 31 条明确规定，保证人在承担保证责任后，有权向债务人追偿。而在共同保证的场合，承担了保证责任的保证人享有双重求偿权，其既可以向债务人追偿，也可以要求其他保证人清偿其应当承担的份额。

求偿权行使要件包括：① 保证人已经向债权人作出清偿；② 保证人的清偿使主债务得以消灭，如果保证人的履行有瑕疵，主债务不消灭或不完全消灭，则保证人不能或只能部分追偿；③ 须保证人的清偿没有过错，如果保证人清偿时没有尽到应有的注意义务，使主债务人的利益受到不应有的损失，则保证人在其过错范围内丧失求偿权。需注意的是，保证人的求偿权在性质上为债权请求权，应当受诉讼时效的限制，依据《最高人民法院关于适用〈中华人民共和国担保法〉若干问题的解释》和《民法通则》的相关规定，保证人求偿权的诉讼时效保证权人向债权人承担保证责任之日起 2 年届满，并适用诉讼时效中断和中止的规定。

2. 保证代位权

有求偿权的保证人，可以取代债权人的地位，行使其债权，称之为保证代位权。其成立条件是：保证人承担了保证责任和保证人依法获得求偿权。代位权的效力以求偿权的范围为限，且债务人对于债权人的抗辩同样可以对抗保证人。

4.2.5　保证期间与保证债务的诉讼时效

1. 保证期间

保证期间又称保证责任的期限，是指依照法律规定或者当事人的约定，保证人仅在一定期限内承担保证责任，超过该期限保证人不承担保证责任。

当事人可以约定保证期间；没有约定的，保证期间为主债务履行期届满之日起六个月；在最高额保证场合，如果没有约定未来债务的清偿期限，保证期间自最高额保证终止之日或自债权人收到保证人终止保证合同的书面通知到达之日起六个月。

如果保证合同约定的保证期间早于或者等于主债务履行期限的，推定为没有约定；保证合同约定保证人承担保证责任直至主债务本息还清时为止等类似内容的，视为约定不明，保证期间为主债务履行期届满之日起两年。

对于保证期间的起算时间，一般规定为主债务履行期限届满之日，但如果主合同对主债务履行期限没有约定或者约定不明的，保证期间自债权人要求债务人履行义务的宽限期届满之日起计算。债权人超过保证期间不请求保证人履行债务的，保证人可以免责。保证期间不属于诉讼时效，因为保证期间除法定外还可以约定（诉讼时效为法定期间），而且不得中止、中断、延长。

案情

2012 年 5 月 7 日，被告张某与原告安乡县农村信用合作联社所属的某农村信用社签订个人贷款合同。合同约定借款金额 10 万元，借款期限为 24 个月，以及借款年利率及逾期罚息利率等。同日，被告李某、徐某分别与安乡县某农村信用社签订连带偿债责任保证书，约定的主要内容均为愿意为张某所借贷款 10 万元向原告提供连带偿还保证担保；保证范围为主债权本金、主债权利息（含罚息）及实现主债权偿还的一切费用（含违约金、损害赔偿金）；保证期间为“直至此户此笔贷款全部偿清本息为止”。随后，安乡县某农村信用社向张某发放贷款 10 万元。贷款到期后，张某未按时偿还贷款本息，截至 2015 年 1 月 26 日，张某尚欠贷款本金 10 万元，利息及罚息 3 万余元。被告李某、徐某亦未按连带偿债责任保证书的约定代为履行还款义务，原告遂诉至法院。

湖南省安乡县人民法院公开开庭审理此案。法院认为，原告与被告签订的借款合同及保证书均系双方当事人真实意思表示，且不违反法律规定，合同有效，应受法律保护。原告履行合同义务后，在借款人张某未履行还款义务的情况下，担保人应按约承担连带担保责任。①

评析：2000 年 12 月 13 日起施行的《最高人民法院关于适用〈中华人民共和国担保法〉若干问题的解释》规定：保证合同约定的保证期间早于或者等于主债务履行期限的，视为没有约定，保证期间为主债务履行期届满之日起六个月。保证合同约定保证人承担保证责任直至主债务本息还清时为止等类似内容的，视为约定不明，保证期间为主债务履行期届满之日起二年。本案中，保证书仅约定“担保人李某和徐某应承担连带保证责任，直至此笔贷款全部偿清本息为止”，并没有明确承担担保责任的具体期限，因此应视为约定不明，保证期间为主债务履行期届满之日起二年。本案主债务履行期届满日期为 2014 年 5 月 7 日，至起诉时并没有超过二年的期限，故依法判决被告李某、徐某对被告张某的 10 万元借款及利息、罚息承担连带清偿责任。

2. 保证债务的诉讼时效

债权人如欲行使保证请求权，需要在诉讼时效内向保证人请求履行。保证期间与诉讼时效的关系是：如果债权人在保证期间及时保全了保证请求权，保证期间便功成身退，让位于诉讼时效，诉讼时效由此起算。《最高人民法院关于适用〈中华人民共和国担保法〉若干问题的解释》对此作了详细的规定，分两种情形。① 一般保证，债权人

① 案例来源：夏江霞，人民法院报．

在保证期间届满前对债务人提起诉讼或者申请仲裁的，从判决或者仲裁裁决生效之日起，开始计算保证合同的诉讼时效。这里，债权人提起诉讼或申请仲裁就是保全保证请求权的行为，同时为确保一般保证人的先诉抗辩权，诉讼时效自判决或仲裁裁决生效之日起计算。② 连带保证，债权人在保证期间届满前要求保证人承担保证责任的，从债权人要求保证人承担保证责任之日起，开始计算保证合同的诉讼时效。在这里，债权人请求保证人履行债务就是保全行为，诉讼时效同时起算。

3. 主债务诉讼时效与保证债务诉讼时效的关系

按照主从关系原理，如果主债务的诉讼时效发生障碍，从债务的时效也应与之同一命运，否则主债务时效未完成，从债务时效便已届满，从债务的功能便难以实现。按照《最高人民法院关于适用〈中华人民共和国担保法〉若干问题的解释》第 36 条的规定，应区分不同情形：① 在一般保证中，主债务诉讼时效中止或中断的，保证债务的诉讼时效也随之中止或中断；② 在连带责任保证中，主债务诉讼时效中止，保证债务诉讼时效也同样中止，但主债务诉讼时效中断的，保证债务诉讼时效却不中断。

4.2.6　保证责任的减免

所谓保证责任的减免，是指在保证合同有效存在的情况下，因某种法定事由的出现而全部或部分免除保证人的责任。“减免”与“无责任”不同，后者是指保证合同不成立或不生效而保证人自始没有责任。

按照相关规定，保证责任的减免主要有以下情形。

（1）保证期间届满，如果债权人没有进行一定的保全行为，即一般保证下对债务人提起诉讼或仲裁，连带责任保证下没有请求保证人履行债务，保证人可以免除责任。

（2）保证人与债权人事先约定仅对特定的债权人承担保证责任或者禁止债权转让的，债权人转让其债权的，保证人不再承担保证责任。

（3）保证期间，债权人许可债务人转让部分债务未经保证人书面同意的，保证人对未经其同意转让部分的债务，不再承担保证责任。

（4）债权人与债务人协商变更主合同内容的，极有可能损害保证人利益，担保法规定保证人可不再承担保证责任。但《最高人民法院关于适用〈中华人民共和国担保法〉若干问题的解释》区分不同情况做了灵活处理：“保证期间，债权人与债务人对主合同数量、价款、币种、利率等内容做了变动，未经保证人同意的，如果减轻债务人的债务的，保证人仍应当对变更后的合同承担保证责任；如果加重债务人的债务的，保证人对加重的部分不承担保证责任。债权人与债务人对主合同履行期限作了变动，未经保证人书面同意的，保证期间为原合同约定的或者法律规定的期间。债权人与债务人协议变动主合同内容，但并未实际履行的，保证人仍应当承担保证责任。”

（5）主合同当事人双方协议以新贷偿还旧贷，原则上保证人应当免责。因为在这种情况下，以贷还贷虽无法律明文禁止，但如果债务人与债权人以新贷改变了旧贷的用途，而保证人又对此并不知情，很可能增大保证人承担责任的风险。但这里有两个限制条件：一是“保证人知道或者应当知道”该事实的，仍然需要承担责任；二是旧贷和新贷的保证人为同一人的，保证人不能免责。

（6）一般保证的保证人在主债权履行期间届满后，向债权人提供了债务人可供执行财产的真实情况的，债权人放弃或者怠于行使权利致使该财产不能被执行，保证人可以请求人民法院在其提供可供执行财产的实际价值范围内免除保证责任。

4.2.7 保证与物权担保并存

人的担保与物的担保之间的关系，自《担保法》实施以来一直是学界关注的焦点。我国《担保法》第28条规定，债权既有保证又有物的担保的，保证人对物的担保以外的债权承担保证责任；债权人放弃物的担保的，保证人在放弃权利的范围内免除保证责任。显然，根据《担保法》的规定，债权人只能先行使担保物权，在不能获得完全清偿时才能就余额部分向保证人主张权利。如果该主债权项下的担保物权行使难度大，债权人则因有物的担保存在，而不能向保证人主张权利，这明显损害了债权人的利益，不符合债权人设定债权担保时的初衷。

有鉴于此，《最高人民法院关于适用〈中华人民共和国担保法〉若干问题的解释》第38条规定："同一债权既有保证又有第三人提供的物的担保的，债权人可以请求保证人或者物的担保人承担担保责任。当事人对保证担保的范围或者物的担保范围没有约定或者约定不明的，承担了担保责任的担保人，可以向债务人追偿，也可要求其他担保人清偿其应当分担的份额。"但该司法解释未对保证人与债务人自己提供的物的担保并存时应如何选择适用问题作明确规定。

基于《担保法》与《最高人民法院关于适用〈中华人民共和国担保法〉若干问题的解释》存在上述不一致的规定，我国《物权法》规定："被担保的债权既有物的担保又有人的担保的，债务人不履行到期债务或者发生当事人约定的实现担保物权的情形，债权人应当按照约定实现债权；没有约定或者约定不明确，债务人自己提供物的担保的，债权人应当先就该物的担保实现债权；第三人提供物的担保的，债权人可以就物的担保实现债权，也可以要求保证人承担保证责任。提供担保的第三人承担担保责任后，有权向债务人追偿。"显然，《物权法》明确限制了债权人的选择权，弥补了《最高人民法院关于适用〈中华人民共和国担保法〉若干问题的解释》的不足。

4.3 抵　押

4.3.1 抵押的概念与抵押权的特征

1. 抵押的概念

我国对于抵押的认识经历了一个变化过程。1986年颁布的《民法通则》受前苏联民法的影响，虽将抵押物扩及于不动产、动产及权利，但未能明确区分抵押与质押，将二者合并为一种担保方式来理解。1995 年颁布的《担保法》将抵押与质押明确区分，该法第 33 条规定："本法所称抵押，是指债务人或者第三人不移转对本法第三十四条所列财产的占有，将该财产作为债权的担保。债务人不履行债务时，债权人有权依照本法规定以该财产折价或者以拍卖、变卖该财产的价款优先受偿。"显然，抵押是典型的物的担保。

2. 抵押权的特征

我国《物权法》从担保物权的角度对抵押权作了如下界定："为担保债务的履行，债务人或者第三人不转移财产的占有，将该财产抵押给债权人的，债务人不履行到期债务或者发生当事人约定的实现抵押权的情形，债权人有权就该财产优先受偿。"《物权法》增加了当事人可以约定行使担保物权的情形的内容，扩展了行使担保物权的条件，便于债权人行使权利。其中，为他人债权提供财产担保的债务人或第三人为抵押人，享有抵押权的债权人为抵押权人，供作债权担保的财产为抵押物，抵押权人享有的权利为抵押权。抵押权具有以下特征。

1）抵押权是担保物权

抵押权是抵押权人直接对物享有的权利，可以对抗物的所有人及第三人，因此抵押权是一种物权，但其目的在于担保债的履行，而不在于对物的使用和收益。所以，抵押权属于担保物权的一种。

2）抵押权的标的物主要是不动产

作为抵押物的财产必须为债务人或第三人所有，法律不允许设定所有人抵押权。虽然物权因混同之结果，有抵押权存在于自己（抵押权人所有）的财产上的可能，但这仅是变态而非常例。[①] 抵押物主要是不动产，但也可以是动产及财产权利。抵押权是就债务人或第三人提供的抵押物上设定的，要债权人（抵押权人）与债务人或第三人就抵押物设定抵押权进行约定。在这一点上，它与依法律规定产生的留置权有所不同。

3）抵押权不转移对标的物占有

抵押权的成立不以对标的物的占有为要件。抵押人不必将抵押物移转给债权人（抵押权人）占有，而是由自己继续对抵押物进行使用、收益、处分，发挥物的效用。

4）抵押权是就抵押物优先受偿的权利

抵押权人在债务人不履行债务时，有权依法律以抵押物折价或从抵押物的拍卖、变卖价金额中优先得到清偿，即抵押权人能够排除无抵押权的债权人就抵押物优先受偿。次序在先的抵押权人比次序在后的抵押权人优先受偿。

4.3.2 抵押权的设定

抵押权的取得，大致可分为依法律行为取得与基于法律行为以外的原因而取得两

① 李建华. 物权法. 北京：中国人民大学出版社，2008：211.

种①。后者主要指基于法律规定而取得，如合同法规定的建设工程承包人对建设工程的变价款享有优先受偿的权利和基于继承而取得。大多情况下，抵押权皆依法律行为而取得，其中最常见的是通过设定取得抵押权（称为意定抵押权）。抵押权依双方当事人的合意而设定，抵押合同是债权人与担保人设定抵押权的法律行为。

1. 抵押合同的内容

设立抵押权，当事人应当采取书面形式订立抵押合同。抵押合同一般包括下列条款：① 被担保债权的种类和数额；② 债务人履行债务的期限；③ 抵押财产的名称、数量、质量、状况、所在地、所有权归属或者使用权归属；④ 担保的范围。

抵押权所担保的范围包括原债权及利息、抵押权实现费用、违约金和损害赔偿金。对于抵押担保的范围，当事人可以有特别约定。抵押合同不完全具备上述内容时，当事人可以补正。抵押合同对被担保的主债权种类、抵押财产没有约定或者约定不明，根据主合同和抵押合同不能补正或依法推定的，抵押不成立。

抵押权人在债务履行期届满前，不得与抵押人约定债务人不履行到期债务时抵押财产归债权人所有。抵押合同中有上述约定的，内容无效，但该内容的无效不影响抵押合同其他部分的效力。主债权被分割或者部分转让的，各债权人可以就其享有的债权份额行使抵押权；主债务被分割或者部分转让的，抵押人仍以其抵押物担保数个债务人履行债务。但是，第三人提供抵押的，债权人许可债务人转让债务未经抵押人书面同意的，抵押人对未经其同意转让的债务，不再承担担保责任。在实现抵押权时，抵押物折价或者拍卖、变卖所得的价款低于抵押权设定时约定的价值的，应当按抵押物实现的价值进行清偿。不足清偿的剩余部分由债务人清偿。在实现抵押权时，抵押物折价或者拍卖、变卖所得的价款，当事人没有约定的，按照实现抵押权的费用、主债权的利息、主债权顺序清偿。

2. 抵押物

抵押物，是指债务人或第三人提供担保的财产。

1）可以抵押的财产

按照《物权法》第 180 条的规定，下列财产可以作为抵押物：① 建筑物和其他土地附着物；② 建设用地使用权；③ 以招标、拍卖、公开协商等方式取得的荒地等土地承包经营权；④ 生产设备、原材料、半成品、产品；⑤ 正在建造的建筑物、船舶、航空器；⑥ 交通运输工具；⑦ 法律、行政法规未禁止抵押的其他财产。

抵押人可以将前款所列财产一并抵押。

上述第七项的规定表明，凡法律法规没有明确禁止抵押的财产，根据“法无明文禁止者可为”的原则，都可以抵押。

此外，我国《物权法》第 181 条规定，经当事人书面协议，企业、个体工商户、农业生产经营者可以将现有的以及将有的生产设备、原材料、半成品、产品抵押，债务人不履行到期债务或者发生当事人约定的实现抵押权的情形，债权人有权就实现抵押权时的动产优先受偿。第 182 条规定，以建筑物抵押的，该建筑物占用范围内的建设用地使

① 谢在权. 民法物权论：下册. 北京：中国政法大学出版社，1999：565.

用权一并抵押。以建设用地使用权抵押的，该土地上的建筑物一并抵押。此即所谓“房随地走、地随房走”。抵押人未依照前款规定一并抵押的，未抵押的财产视为一并抵押。

我国《最高人民法院关于适用〈中华人民共和国担保法〉若干问题的解释》规定，学校、幼儿园、医院等以公益为目的的事业单位、社会团体，以其教育设施、医疗卫生设施和其他社会公益设施以外的财产为自身债务设定抵押的，人民法院可以认定抵押有效。按份共有人以其共有财产中享有的份额设定抵押的，抵押有效。共同共有人以其共有财产设定抵押，未经其他共有人的同意，抵押无效。但是，其他共有人知道或者应当知道而未提出异议的视为同意，抵押有效。

2）不得抵押的财产

根据我国《物权法》第 184 条的规定，下列财产不得抵押：① 土地所有权；② 耕地、宅基地、自留地、自留山等集体所有的土地使用权，但法律规定可以抵押的除外；③ 学校、幼儿园、医院等以公益为目的的事业单位、社会团体的教育设施、医疗卫生设施和其他社会公益设施；④ 所有权、使用权不明或者有争议的财产；⑤ 依法被查封、扣押、监管的财产；⑥ 法律、行政法规规定不得抵押的其他财产。

4.3.3 抵押登记

我国《担保法》将抵押登记视为抵押合同的生效要件，在第 41 条中明确规定：“抵押合同自登记之日起生效。”据此，抵押合同签订后，若抵押人违背诚信而拒绝履行抵押登记手续，则该抵押合同将因抵押权尚未登记而不能生效，致使债权人无法追究抵押人的违约责任。为解决这一困境，《最高人民法院关于适用〈中华人民共和国担保法〉若干问题的解释》作出了进一步的规定：“法律规定登记生效的抵押合同签订后，抵押人违背诚实信用原则拒绝办理抵押登记致使债权人受到损失的，抵押人应当承担赔偿责任。”以此规制抵押人的失信行为。

《物权法》出台后，第 15 条明确规定：“当事人之间订立有关设立、变更、转让和消灭不动产物权的合同，除法律另有规定或合同另有约定外，自合同成立时生效；未办理物权登记的，不影响合同效力。”同时，该法第 14 条规定：“不动产物权的设立、变更、转让和消灭，依照法律规定应当登记的，自记载于不动产登记簿时发生效力。”显然，我国《物权法》采取了不同于《担保法》的规定，将登记作为担保物权的设立要件，而非担保合同的生效要件。

就抵押而言，我国《物权法》规定：以建筑物和其他土地附着物；建设用地使用权；以招标、拍卖、公开协商等方式取得的荒地等土地承包经营权或者正在建造的建筑物抵押的，应当办理抵押登记。抵押权自登记时设立。企业、个体工商户、农业生产经营者以现有的以及将有的生产设备、原材料、半成品、产品抵押的，应当向抵押人住所地的工商行政管理部门办理登记。抵押权自抵押合同生效时设立；未经登记，不得对抗善意第三人。以生产设备、原材料、半成品、产品、交通运输工具或者正在建造的船舶、航空器抵押的，抵押权自抵押合同生效时设立；未经登记，不得对抗善意第三人。

案例

2010 年 8 月，为周转工厂资金，林文夫妇通过朋友介绍，向吴刚借款 40 万元。吴刚提出借款数额太大，需要提供担保人才肯出借。林文夫妇陆续找到丁明等三人作担保，但他们提出：林文夫妇必须先用自家的房子作抵押，若到时不能清偿，也必须先用林文夫妇的房子清偿债务。2010 年 11 月，林文夫妇向吴刚出具借条，明确借款 40 万元，后丁明等三人作为担保人在借条上签字。随后，林文夫妇又向吴刚写了承诺书，承诺将自己所有的一处房产抵押给吴刚。然而之后，林文夫妇却以房屋上有贷款为由，提出延缓办理房屋抵押登记。最终，房屋抵押未办理登记。

在借款到期后，林文夫妇失踪了。在无法找到林文夫妇的情况下，吴刚将 3 位担保人告上法庭。在审理中，丁明等三位担保人在法庭上辩诉，他们的身份应为见证人，而非担保人，作为担保人签字的前提是办理好房屋抵押登记，但经核实，房产证及土地证都是假证，故本案涉嫌诈骗，应由公安机关予以处理。最终，法院判决林文夫妇归还吴刚借款 37.6 万元，丁明等三人对还款承担连带责任。（案例来源：陆芳芳，江苏法院网）

评析：本案中，虽然房产证、土地证系假证，但房屋确实属于林文夫妇所有，因此诈骗罪是否成立关键要看林文夫妇借款时的主观动机，并且应当由公安部门来侦查认定。本案查明的假证事实并不影响对借款担保关系的处理。依据我国《物权法》的规定，房产抵押情形下，抵押权自登记时设立。因此，未办理房产抵押登记，则不产生有效的抵押权。丁明等三人作为担保人，在对保证方式没有约定的情况下，应按连带责任保证方式承担保证责任。

4.3.4 抵押合同当事人的权利

1. 抵押人的权利

抵押人在其财产设定抵押后，仍享有对抵押物的使用、收益和处分权。但是，抵押人在行使上述权利时，必然要受到已设定的抵押权的一定影响。

首先，虽然抵押人在一般情况下仍然有权收取抵押物的孳息，但债务履行期届满，债务人不履行债务致使抵押物被人民法院扣押的，自扣押之日起，抵押权人有权收取由抵押物分离的自然孳息以及抵押人就抵押物可以收取的法定孳息。抵押权人未将扣押抵押物的事实通知应当清偿法定孳息的义务人的，抵押权的效力不及于该孳息。自扣押之日起抵押权人收取的自然孳息和法定孳息，按照收取孳息的费用、主债权的利息、主债权的顺序清偿。

其次，抵押人的处分权受到影响。由于事实上的处分往往会改变抵押物的物质形态，会涉及抵押权人的利益，因此，除了对抵押物进行有益的保存、改良行为外，抵押人一般不得对抵押物进行事实上的处分。由于抵押权具有优先的性质，法律上的处分一般不会影响抵押权人的利益，所以抵押人仍可行使其法律上的处分权。其主要体现如下。

1）仍可就抵押物为他人设定抵押权

为使用作担保的财产尽量发挥其担保价值，法律允许抵押人就同一抵押物设定数个抵押权。同一财产向两个以上债权人抵押的，拍卖、变卖抵押财产所得的价款依照下列规定清偿：① 抵押权已登记的按照登记的先后顺序清偿，顺序相同的按照债权比例清偿；② 抵押权已登记的先于未登记的受偿；③ 抵押权未登记的，按照债权比例清偿。

举例

甲向乙、丙分别借款20万元，并以自己价值26万元的汽车作抵押；先后与乙、丙签订抵押合同，两抵押合同均未登记。甲到期不能清偿债务，乙、丙二人应分别受偿抵押物拍卖或变卖后的金额，各自得到一半。

2）仍可转让其抵押物

按物权法基本原理，所有权人不因他物权（权利人根据法律的规定或合同的约定，对他人所有之物享有的物权）的设定而丧失其所有权，就其所有物仍有法律上的处分权能。也就是说，抵押人不因抵押权的设立而丧失对抵押物法律上的处分权。按《物权法》第191条的规定，抵押期间，抵押人经抵押权人同意转让抵押财产的，应当将转让所得的价款向抵押权人提前清偿债务或者提存。转让的价款超过债权数额的部分归抵押人所有，不足部分由债务人清偿。抵押期间，抵押人未经抵押权人同意，不得转让抵押财产，但受让人代为清偿债务、消灭抵押权的除外。取得抵押物所有权的受让人，可以代替债务人清偿其全部债务，使抵押权消灭。受让人清偿债务后可以向抵押人追偿。

3）仍可设定用益物权或租赁权

设定抵押权后，抵押人可以就同一标的物再设定用益物权或租赁权。《物权法》第190条规定，订立抵押合同前抵押财产已出租的，原租赁关系不受该抵押权的影响。即抵押权实现后，租赁合同在有效期内对抵押物的受让人继续有效。抵押权设立后抵押财产出租的，该租赁关系不得对抗已登记的抵押权。即抵押人将已抵押的财产出租的，抵押权实现后，租赁合同对抵押物的受让人不具有约束力。抵押人将已抵押的财产出租时，如果抵押人未书面告知承租人该财产已抵押的，抵押人对出租抵押物给承租人造成的损失承担赔偿责任；如果抵押人已书面告知承租人该财产已经抵押的，抵押权实现造成的承租人的损失，由承租人自己承担。

2. 抵押权人的权利

抵押权人的权利主要有以下三项。

1）抵押物的保全及物权请求权

由于抵押权人并不直接占有抵押物，因此，法律赋予抵押权人保全抵押物的权利。在抵押人的行为足以使抵押物的价值减少时，抵押权人有权要求抵押人停止其行为。如果因抵押人的行为使抵押物价值减少时，抵押权人有权要求抵押人恢复抵押物的原状，或者提供与减少的价值相当的担保。在抵押权人恢复原状或者提供担保的请求被拒绝时，抵押权人可以请求债务人履行债务，也可以请求提前行使抵押权。抵押人对抵押物价值的减少无过错的，抵押权人有权在抵押人因损害而得到的赔偿范围内要求提供担保。抵押物价值未减少的部分，仍作为债权的担保。抵押物被依法继承或者赠与的，抵押权不受影响。已经设定抵押的财产被采取查封、扣押等财产保全或者执行措施的，不影响抵押权的效力。在抵押权存续期间，第三人的行为对抵押物构成侵害，且足以使抵押物的价值减少，从而影响抵押权的实现时，抵押权人可以向该第三人行使物权请求权。

2）抵押权的处分权

抵押权人可以让与其抵押权，或就抵押权为他人提供担保，也可以抛弃抵押权，让与、抛弃、变更抵押权次序。《物权法》第192条规定，抵押权不得与债权分离而单独转让或者作为其他债权的担保。债权转让的，担保该债权的抵押权一并转让，但法律另有规定或者当事人另有约定的除外。此即“一体让与主义”。

抵押权的让与系抵押权主体的变更，一般须经登记始生让与的效力。抵押权虽已办理移转登记，但如果债权的移转不具备移转的生效要件时，受让人仍不能实行其抵押权。①《物权法》第194条规定，抵押权人可以放弃抵押权或者抵押权的顺位。抵押权人与抵押人可以协议变更抵押权顺位及被担保的债权数额等内容，但抵押权的变更，未经其他抵押权人书面同意，不得对其他抵押权人产生不利影响。债务人以自己的财产设定抵押，抵押权人放弃该抵押权、抵押权顺位或者变更抵押权的，其他担保人在抵押权人丧失优先受偿权益的范围内免除担保责任，但其他担保人承诺仍然提供担保的除外。

3）优先受偿权

在债务人不履行债务时，抵押权人可以与抵押人协议以抵押物折价或以拍卖、变卖后的价款受偿；协议不成的，抵押权人可以向人民法院提起诉讼。同一财产向两个以上债权人抵押的，顺序在后的抵押权所担保的债权先到期的，抵押权人只能就抵押物价值超出顺序在先的抵押担保债权的部分受偿；顺序在先的抵押权所担保的债权先到期的，抵押权实现后的剩余价款应予提存，留待清偿顺序在后的抵押担保的债权受偿。在抵押物灭失、毁损或者被征用的情况下，抵押权人可以就该抵押物的保险金、赔偿金或者补偿金优先受偿。如果抵押物灭失、毁损或者被征用时，抵押权所担保的债权又未届清偿期的，抵押权人可以请求法院对保险金、赔偿金或者补偿金等采取保全措施。

4.3.5 抵押权的实现

1. 抵押权实现的要件

1）须抵押权有效存在

抵押权的实现，必须以抵押权有效存在为前提。若抵押权无效，或抵押权已经消灭，或抵押权人已经抛弃抵押权，则不会涉及抵押权的实现问题。

① 李建华. 物权法. 北京：中国人民大学出版社，2008：219.

2）债务人不履行到期债务或发生当事人约定的实现抵押权的情形

抵押权只是担保债务履行的方法，在债务清偿期未到，债务人还不必履行债务时，抵押权人自然没有实现其抵押权的权利。如果债务已届清偿期，债务人已如期履行债务时，抵押权所担保的债权消灭，抵押权也随之消灭。只有在债务已届清偿期，债务人不履行债务时，抵押权人才可以实现其抵押权。

"发生当事人约定的实现抵押权的情形"是我国《物权法》新增加的规定。《物权法》之所以将当事人约定的情形作为实现抵押权的事由，是为了对抵押人的某些行为进行约束，以更好地保护抵押权人的权益。现以浮动抵押为例加以说明：浮动抵押是以抵押人现有的以及将有的动产作抵押，抵押期间抵押人在正常经营范围内可以自由处分其动产。如果只允许抵押权人在债务人到期不履行债务时才能实现抵押权，则可能会由于抵押人在经营过程中的非正常经营行为或者恶意的行为造成抵押权实现时抵押财产大量减少，无法对抵押权人的债权起到担保作用，从而损害抵押权人的利益。如果允许抵押权人与抵押人约定提前实现抵押权的条件，那么抵押权人就可以在抵押合同中对抵押人的某些行为进行约束。一旦抵押人违反约定从事了这些行为，满足了约定的实现抵押权的条件，抵押权人就可以提前实现抵押权，以保障自己的债权得到清偿。

2. 抵押权的实现方法

依照我国《物权法》第 195 条的规定，抵押权实现主要有三种方法。

1）协议折价

在债权清偿期届满后，抵押权人与抵押人订立合同，由抵押权人取得抵押物的所有权，将抵押物价值高于债权额的部分，返还抵押人。在抵押物上有数个抵押权时，如果由在先次序的抵押权人取得抵押物的所有权，应当由第三人（如会计师事务所、审计师事务所）对抵押物价值进行评估，从而确定该抵押权人应当返还给抵押人的价款数额，以免损害其他抵押权人的利益。在抵押权人和抵押人以协议折价由抵押权人取得抵押物时，如果损害了顺序在后的担保物权人和其他债权人的利益的，顺序在后的担保物权人或其他债权人可以在知道或应当知道撤销事由之日起 1 年内请求人民法院撤销该协议。

2）拍卖

抵押权人在债权已届清偿期而未受清偿时，可以依一定的程序拍卖抵押物，就其所卖得的价金进行受偿。拍卖是将抵押物以公平竞争方式，由多个竞买人竞相报价，确定报价最高的数额为出售价金，出售给报最高价额的人。拍卖抵押物所得的价金，在扣除拍卖费用以后交给抵押权人。如果抵押权人有数人时，应按其抵押权的次序分配，次序在先的优先受偿，次序相同的按债权额的比例受偿。抵押权人就价金受偿后，其债权、抵押权即归于消灭。如果价金超过抵押权人应受偿的债权额时，应将受偿后的剩余部分交付抵押人。当然，抵押权人分配的抵押物价金不足以清偿其债权额时，债权已受清偿的部分消灭，其余部分仍存续，但抵押权却因抵押物的拍卖而消灭。城市房地产抵押合同签订后，土地上新增的房屋不属于抵押物。需要拍卖该抵押的房地产时，可以将该土地上新增的房屋与抵押物一起拍卖，但对拍卖新增房屋所得，抵押权人无权受偿。抵押物被拍卖后，抵押人对于抵押物的所有权消灭。如果抵押物是由抵押人自己提供的，抵押物所有权虽然消灭，但其债务已经得到清偿，当然没有其他问题；如果抵押物是由第三人提供的，该第三人是物上保证人，在其抵押物所有权因拍卖丧失时，等于是代替债务人履行债务，那么该第三人有权在其代为清偿的范围内，对债务人享有求偿权。

3）变卖

这是在抵押权人不愿意拍卖抵押物，也不愿意取得抵押物的所有权的情形下，以一般的买卖方法，将抵押物出卖，从而以卖得的价金受偿。

4.3.6 特殊抵押

特殊抵押是相对于普通抵押而言的。传统民法上的抵押，是指基于协议，抵押人提供不动产作为债权担保，债务人届期不履行债务时，债权人就抵押物的交换价值优先受偿的一种担保方式，民法理论上称其为普通抵押。随着社会经济的发展，尤其是市场经济的完善，抵押在其发展进程中呈现出多样化、多种类的特点，理论中将这些与普通抵押不完全相同的抵押称为特殊抵押。

1. 共同抵押

共同抵押是为担保同一债权于数个物上设定的抵押。作为共同抵押的数个物可以是动产、不动产以及不动产用益物权。可以是一人所有之物，也可以分属不同抵押人。在共同抵押中，数个物并不是本身结合而视为一物，而是在担保同一债权的目的上互相结合担保债权。所以，共同抵押与一般抵押不同，是一种特殊的抵押。共同抵押所担保的债权已届清偿期而未受清偿时，债权人可以就抵押物进行清偿。债权人受清偿的权利因是否限定各个抵押物的负担金额而有所不同。

(1) 如果限定了各个抵押物的负担金额时，应当按照当事人的约定，就各个抵押物的卖得价金分别就其负担金额进行清偿。

举例

甲对乙享有债权10万元，在乙的房屋上设定了抵押权，约定负担8万元，又在丙的汽车上也设定了抵押权，约定负担2万元。在抵押权实行时，尽管拍卖乙的房屋就能清偿债权，但也不能仅拍卖乙的房屋，而应将乙抵押的房屋和丙抵押的汽车一同拍卖。甲就乙房屋的拍卖价金受偿8万元，就丙汽车的拍卖价金受偿2万元。之所以如此，既在于要尊重当事人之间的约定，也在于保护抵押物上后顺位的抵押权人的利益。因为如果乙的房屋上还有后次序的抵押权人丁，若甲仅就乙的房屋价金受偿，则后次序的抵押权人丁就可能无法受偿或不能完全受偿。

(2) 未明确限定各个抵押物的负担金额时，抵押权人原则上可以任意就设定共同抵押的某个抵押物的卖得价金受偿。如上例中，甲既可拍卖乙抵押的房屋清偿全部债权，也可以拍卖丙抵押的汽车清偿全部债权。如果乙抵押的房屋的卖得价金仍不足以实现全部债权时，甲还可以拍卖丙的汽车进行清偿，反之亦然。可见这种抵押，每个财产都担保债权的全部，亦称为连带抵押。在财产上有后次序的抵押权人时，如果前次序抵押权人选定了某一财产受偿时，该财产的后次序的抵押权就可能不能受偿或不能完全受偿。因此，承担担保责任以后的抵押人及该抵押物上的后次序抵押权人，可以向其他抵押人行使代位求偿权。

2. 最高额抵押

最高额抵押是对于将来发生的债权，预先确定一最高的限度而设定的抵押权，又称最高限额抵押。主要适用于连续交易关系、劳务提供关系、连续借款关系的情况。①

举例

甲公司与乙公司就其产品订立经销契约，约定经销期为 5 年，为担保以后各笔贷款的清偿，由乙提供别墅两套设定抵押权于甲，其最高限额为 600 万元。这就是最高额抵押。

一般抵押权是先有债权，然后再设定抵押权，而最高额抵押是为将来的债权而设定的抵押。不过将来发生的债权，有的其债权额现在已经确定，如附延缓条件的债权，为这种债权设定的抵押权本质上仍是一般抵押权。但有的为将来发生的债权设定抵押，而其债权额现在尚未确定，对这种债权的担保，是预先确定一个最高限额作为抵押物担保的范围标准，这才是最高额抵押。

最高额抵押是一种为适应连续商业交往而产生的特殊抵押，它能够实现持续交易中信用的不断供给，具有回避连续设定普通抵押权的各种繁琐程序与成本，为不少国家民法所承认。我国《担保法》在第三章第五节规定了最高额抵押。《物权法》在第十六章第二节用了五个条文的篇幅规定了最高额抵押权，具体内容如下：为担保债务的履行，债务人或者第三人对一定期间内将要连续发生的债权提供担保财产的，债务人不履行到期债务或者发生当事人约定的实现抵押权的情形，抵押权人有权在最高债权额限度内就该担保财产优先受偿。最高额抵押权设立前已经存在的债权，经当事人同意，可以转入最高额抵押担保的债权范围。最高额抵押担保的债权确定前，部分债权转让的，最高额抵押权不得转让，但当事人另有约定的除外。最高额抵押担保的债权确定前，抵押权人与抵押人可以通过协议变更债权确定的期间、债权范围以及最高债权额，但变更的内容不得对其他抵押权人产生不利影响。因为最高限额并不是实际担保的债权额，因而在实行抵押权时，应当确定实际担保的债权数额，确定该数额的时间为决算期。如果抵押合同没有约定决算期，一般是债权关系终了时确定债权额。另外，如果抵押合同中约定了最高额抵押的存续期间，该期间就是决算期。

最高额抵押的设定，亦须进行登记。《物权法》第 206 条规定：“有下列情形之一

① 李建华. 物权法. 北京：中国人民大学出版社，2008：222.

的，抵押权人的债权确定：（一）约定的债权确定期间届满；（二）没有约定债权确定期间或者约定不明确，抵押权人或者抵押人自最高额抵押权设立之日起满二年后请求确定债权；（三）新的债权不可能发生；（四）抵押财产被查封、扣押；（五）债务人、抵押人被宣告破产或者被撤销；（六）法律规定债权确定的其他情形。”债权确定时如果债权额超过最高额时，即以该最高额为抵押权所担保的数额，其超过部分应为无抵押担保的普通债权；如果债权额比最高额低时，就以实际发生的债权额为抵押权所担保的数额。被担保债权一旦确定，即发生与普通债权同样的效力，因此《物权法》第207条规定：“最高额抵押权除适用本节规定外，适用本章第一节一般抵押权的规定。”

4.4 质 押

4.4.1 质押的概念与质权的特征

1. 质押的概念

质押，是指为了担保债权的履行，债务人或第三人将其动产或权利移交债权人占有，当债务人不履行债务时，债权人有权就其占有的财产优先受偿的一种担保方式。质押可分为动产质押与权利质押。

质押关系的当事人是质权人和出质人。质权人即债权人。出质人即提供质物的人，一般即为债务人自己，第三人也可以用自己的财产为他人设定质权。

2. 质权的特征质权具有以下特征

（1）质权是担保物权。质权是为担保债权的履行而设定的。在债务人不履行债务时，质权人可以就质物优先受偿。

（2）质押必须移转质物的占有，质权以占有标的物为成立要件。在设立质押时，出质人（债务人或第三人）应当将质物移交给债权人占有。

（3）质权的标的分为动产和权利两类。

4.4.2 动产质押

1. 动产质押的概念

我国《担保法》第63条规定：“本法所称动产质押，是指债务人或者第三人将其动产移交债权人占有，将该动产作为债权的担保。债务人不履行债务时，债权人有权依照本法规定以该动产折价或者以拍卖、变卖该动产的价款优先受偿。”

2. 动产质权的取得

动产质权可基于法律行为而取得，也可基于法律行为以外的原因取得，如继承，常见的是前者。质权的设定是动产质权取得的基本方式。质权的设立，通常都是以合同方式进行的。设立质权，当事人应当采取书面形式订立质押合同。

质押合同一般包括下列条款：① 被担保债权的种类和数额；② 债务人履行债务的期限；③ 质押财产的名称、数量、质量、状况；④ 担保的范围；⑤ 质押财产交付的时间。质权合同不完全具备上述内容的，当事人可以补正。

在质权合同中，质权人在债务履行期届满前，不得与出质人约定债务人不履行到期债务时质押财产归债权人所有。此为流质契约，各国民法普遍禁止。质押合同中的此种约定无效，但该部分内容的无效不影响质押合同其他部分的效力。

3. 动产质押的标的及其交付

动产质押的标的一般是各类可让与的动产，不可转让或禁止流通的动产，不能成为质物。对可设定抵押权的动产（如汽车），理论上也可设定质押。债务人或第三人将其金钱包封以后，移交债权人占有作为债权的担保，债务人不履行债务时，债权人可以以该金钱优先受偿。这被称为封金质押。但押金和保证金是以担保为目的的所有权让与，不属质押。

质权的设定以交付为公示方法。《物权法》第 212 条规定，质权自出质人交付质押财产时设立。出质人以间接占有的财产出质的，自书面通知送达占有人时视为移交。出质人不能代质权人占有质物；债务人或者第三人未按质押合同约定的时间移交质物，因此给质权人造成损失的，出质人应当根据其过错承担赔偿责任。质押合同中对质押财产约定不明，或者约定的出质财产与实际移交的财产不一致的，以实际交付占有的财产为准。质物有隐蔽瑕疵，造成质权人其他财产损害的，应由出质人承担赔偿责任。但是，质权人在质物移交时明知质物有瑕疵而予以接受的除外。质权的效力及于质物的全部。主债权未受全部清偿的，质权人可以就质物的全部行使其质权。质物被分割或者部分转让的，质权人可以就分割或转让后的质物行使质权。质物因附合、混合或者加工使质物的所有权为第三人所有的，质权的效力及于补偿金；质物所有人为附合物、混合物或者加工物的所有人的，质权的效力及于附合物、混合物或者加工物；第三人与质物所有人为附合物、混合物或者加工物的共有人的，质权的效力及于出质人对共有物享有的份额。动产质权的效力及于质物的从物。但是，从物未随同质物交付于质权人占有的，质权的效力不及于从物。

4. 动产质押当事人的权利和义务

1）质权人的权利

（1）占有质物。对质物的占有，既是质权的成立要件，也是质权的存续要件，质权人有权在债权受清偿前占有质物，并以质物的全部行使其权利。质权人将质物返还给出质人后，即不可以其质权对抗第三人。但是，因不可归责于质权人的事由而丧失对质物的占有的，质权人可以向不当占有人请求停止侵害、恢复原状、返还质物。

（2）收取孳息。质权人有权收取质物的孳息，但质权合同另有约定的除外。质权人收取的孳息应当先冲抵收取孳息的费用，其次用于主债权的利息、主债权的清偿。如果孳息是实物，应当在实行质权时与质物一并拍卖或变卖。

(3) 质权的保全。《物权法》第216条规定，因不能归责于质权人的事由可能使质押财产毁损或者价值明显减少，足以危害质权人权利的，质权人有权要求出质人提供相应的担保；出质人不提供的，质权人可以拍卖、变卖质押财产，并与出质人通过协议将拍卖、变卖所得的价款提前清偿债务或者提存。

(4) 优先受偿。债务人不履行到期债务或者发生当事人约定的实现质权的情形，质权人可以与出质人协议以质押财产折价，也可以就拍卖、变卖质押财产所得的价款优先受偿。其价款超过债权数额的部分归出质人所有，不足部分由债务人清偿。在质物灭失、毁损或者被征用的情况下，抵押权人可以就该质物的保险金、赔偿金或者补偿金优先受偿。如果质物灭失、毁损或者被征用时，质权所担保的债权又未届清偿期的，质权人可以请求法院对保险金、赔偿金或者补偿金等采取保全措施。

(5) 转质权。质权人在质权存续期间，为担保自己的债务，经出质人同意，以其所占有的质物为第三人设定质权的，应当在原质权所担保的债权范围之内，超过的部分不具有优先受偿的效力。转质权的效力优于原质权，这被称为承诺转质。质权人在质权存续期间，未经出质人同意，为担保自己的债务，在其所占有的质物上为第三人设定的质权被称为责任转质。按我国现行相关法律和司法解释的精神，责任转质是无效的，质权人对于因转质而发生的损害承担赔偿责任。

2) 质权人的义务

(1) 保管质物的义务。质权人在质权存续期间，未经出质人同意，擅自使用、处分质押财产，给出质人造成损害的，应当承担赔偿责任。质权人负有妥善保管质押财产的义务。因保管不善致使质押财产毁损、灭失的，应当承担赔偿责任。

(2) 返还质物的义务。债务人履行债务或者出质人提前清偿所担保的债权的，质权人应当返还质押财产。

3) 出质人的权利

(1) 出质人在质权人因保管不善致使质物灭失、毁损时，有权要求质权人承担民事责任。质权人不能妥善保管质物可能致使其灭失或者毁损的，出质人可以要求质权人将质物提存，或者要求提前清偿债权而返还质物。在此种情况下将质物提存的，提存费用由质权人承担。同时，出质人提前清偿债权的，应当扣除未到期部分的利息。在质权存续期间，质权人未经出质人同意，擅自使用、出租、处分质物，因此给出质人造成损失的，出质人有权要求质权人承担赔偿责任。

(2) 出质人可以请求质权人在债务履行期届满后及时行使质权。质权人不行使的，出质人可以请求人民法院拍卖、变卖质押财产。出质人请求质权人及时行使质权，因质权人怠于行使权利造成损害的，由质权人承担赔偿责任。

(3) 债务履行期届满，债务人履行债务的，或者出质人提前清偿所担保的债权的，出质人有权要求质权人返还质物。

(4) 出质人如果是债务人以外的第三人，该第三人代为清偿债权或因质权实现而丧失质物的所有权时，有权向债务人追偿。

理论上，一般还认为出质人虽然把质物移转给质权人占有，但仍可行使质物的收益权和法律上的处分权。[①]

4）出质人的义务

（1）损害赔偿义务。如前所述，质物有隐蔽瑕疵造成质权人其他财产损害的，应由出质人承担赔偿责任。但是，质权人在质物移交时明知质物有瑕疵而予以接受的除外。

（2）偿还必要费用的义务。

4.4.3　权利质押

1. 权利质押的概念

权利质押，是指以债务人或第三人享有的实体财产以外的可以让与的财产权利作为质押标的，在债务人届期不履行债务时，债权人有权将该权利转化并优先受偿，以担保债权的实现。债权人对质押财产权利的交换价值享有的直接支配权以及优先受偿权统称为权利质权。[②]

2. 权利质押的标的

权利质押的标的是权利，但并非任何权利都可以作为权利质押的标的。能够作为权利质押标的的权利，在性质上必须具有下列特点。

（1）必须是财产权。财产权包括物权、债权及无体财产权等可以用金钱价格评估的权利。自然人、法人的人格权、身份权等人身权，不能转让，也就不能作为权利质权的标的。

（2）必须是可让与的财产权。财产权有可让与的，有不可让与的，只有可让与的财产权才可以作为权利质权的标的。设定权利质权，目的是就该权利受偿，如果该权利不能让与，不仅不能就该权利的变卖价金受偿，也不能由质权人取得权利，这样的权利质权就毫无意义。

（3）必须是不违背质权性质的财产权。不动产原则上不能设定质权。

我国《物权法》规定的可以作为权利质权标的的权利，具体包括以下几类。

1）汇票、本票、支票、债券、存款单、仓单、提单

以上述权利出质的，出质人应当在合同规定的期限内将权利凭证交付质权人。质权自权利凭证交付之日起生效。没有权利凭证的，质权自有关部门办理出质登记时设立。以载明兑现或提货日期的汇票、本票、支票、债券、存款单、仓单、提单出质的，其兑现或提货日期先于债务履行期的，质权人可以在债务履行期届满前兑现或者提货，并与出质人协议将兑现的价款或提取的货物用于提前清偿所担保的债权或提存；其兑现或提货日期后于债务履行期的，质权人只能在兑现或者提货日期届满时兑现款项或提取货物。以汇票、支票、本票等票据或公司债券出质的，出质人与质权人没有背书“质押”字样，这种票据或债券的质权不可以对抗第三人。以票据、债券、存款单、仓单、提单

---

① 李建华. 物权法. 北京：中国人民大学出版社，2008：230 - 231.

② 孙鹏. 担保法精要与依据指引. 北京：人民出版社，2005：324.

出质的，质权人再转让或者质押的无效。以存款单出质的，签发银行核押后又受理挂失并造成存款流失的，银行应当承担民事责任。

2）依法可以转让的基金份额、股权

转让时当事人应当订立书面合同。以基金份额、证券登记结算机构登记的股权出质的，质权自证券登记结算机构办理出质登记时设立；以其他股权出质的，质权自工商行政管理部门办理出质登记时设立。基金份额、股权出质后，不得转让，但经出质人与质权人协商同意的除外。出质人转让基金份额、股权所得的价款，应当向质权人提前清偿债务或者提存。

3）依法可以转让的商标专用权、专利权、著作权中的财产权

以上述知识产权出质的，出质人与质权人应当订立书面合同，并向管理部门办理出质登记。质权自有关主管部门办理出质登记时设立。知识产权中的财产权出质后，出质人不得转让或者许可他人使用，但经出质人与质权人协商同意的除外。出质人转让或者许可他人使用出质的知识产权中的财产权所得的价款，应当向质权人提前清偿债务或者提存。

4）应收账款

以应收账款出质的，当事人应当订立书面合同。质权自信贷征信机构办理出质登记时设立。应收账款出质后，不得转让，但经出质人与质权人协商同意的除外。出质人转让应收账款所得的价款，应当向质权人提前清偿债务或者提存。

5）法律、行政法规规定可以出质的其他财产权利

例如，公路桥梁、公路隧道或者公路渡口等交通设施的收费权、出口退税权、基础设施项目收益权、学生公寓收费权等。

权利质押除了一些特殊问题外，准用动产质押的规定。

案例评析

案例： 2000 年 12 月 28 日，原告陕西省西乡县农行与被告西乡县广电局（简称广电局）签订借款合同，借款金额 250 万元，期限 3 年，年利率 3%。西乡农行当日依约向广电局发放了借款 250 万元。2003 年 12 月 5 日，广电局申请对该笔即将到期的贷款展期 18 个月，经协商双方签订借款展期协议，对该笔借款展期到 2005 年 6 月 28 日。2002 年 6 月 6 日，广电局申请将 2001 年 5 月 31 日借款中的 170 万元转贷，双方协商后于 6 月 27 日签订了借款合同，借款金额 170 万元，期限 2 年，年利率 7.13%，用途为光缆加芯费。以上两笔贷款，双方均签订了权利质押合同，以广电局事业性收费权中个户网络建设费和光纤电视收视费作为质押担保。2003 年 4 月，广电局依省有关规定将其“资产经营权、服务收费权、人事管理权”移交给被告陕西省广播电视信息网络公司（简称网络公司），并以其广电资产作价出资 566 万元，持有网络公司股份 566 万股，每年分得红利 5 万～6 万元。广电局未告知西乡农行其资产经营权移交情况，亦未告知网络公司其收费权已质押的情况。2005 年 5 月，西乡农行得知广电局、网络公司之间网络资产经营权等移交的情况。西乡农行在贷款到期未得到偿还的情况下，诉至法院，要求判令广电局归还借款 420 万元及利息；宣告广电局擅自将在西乡农行设立的贷款质押的权利移交给网络公司的行为无效；网络公司对借款本金及利息承担连带清偿责任。

（案例来源：魏西霞，人民法院报）

评析：本案讼争的焦点是以有线网络收费权作质押的担保合同是否有效。广电网络收费权能否作为财产权利进行质押，法律没有明文规定。按照权利质押的一般原理，能够作为权利质押标的的权利，在性质上必须具有下列特点：① 必须是财产权；② 必须是可让与的财产权；③ 必须是不违背质权性质的财产权。有线网络收费权具有财产性，属于私法上的财产权；具有可让与性，在一定范围内可以转让，并且是有特定的管理机构管理的财产，与公路桥梁、公路隧道或者公路渡口等交通设施的收费权、出口退税权、基础设施项目收益权、学生公寓收费权等相类似，理应可作为权利质押的标的，所以质押合同是有效的。广电局应当偿付中国农业银行西乡县支行借款本金 420 万元及 2005 年 12 月 31 日前的利息 292951.70 元。广电局未清偿部分由网络公司以在西乡广电局原收费权范围内所收取的费用优先偿付上述债务。网络公司在承担清偿责任后，有权向西乡广电局追偿。

4.5　留　　置

4.5.1　留置的概念与留置权的特征

1. 留置的概念

留置是债权人合法占有债务人的财产，在债务人逾期不履行债务时，债权人有权留置该财产，并就该财产优先受偿的担保方式。

2. 留置权的特征

留置权具有以下特征。

（1）留置权是以动产为标的物的担保物权。留置权的作用，在于担保债权受偿，而不在于对物的使用、收益，因此留置权是一种担保物权。

（2）留置权是债权人留置债务人动产的权利。留置权是债权人对于自己的债权受清偿前，拒绝返还所占有的债务人的动产。在债务人超过法定期限仍不履行债务，债权人即可就留置物受偿，以满足其债权。

（3）留置权是一种法定担保物权。留置权在符合一定的条件时，依法律的规定产生，而不是依当事人之间的协议设定的。《担保法》规定：“因保管合同、运输合同、加工承揽合同发生的债权，债务人不履行债务的，债权人有留置权。”但当事人可以在合同中约定排除留置权。另外，留置权也具有从属性、不可分性和物上代位性等担保物权的共同属性。

4.5.2 留置权的取得

1. 留置权取得的积极要件

1）须债权人占有债务人的动产

留置权的目的，在于担保债的履行，因此享有留置权的应当是债权人。至于债权的发生原因，依《担保法》第84条的规定，因保管合同、运输合同、加工承揽合同发生的债权，债务人不履行债务的，债权人有留置权。

但在《物权法》中，并无此限制，应当认为只要合法占有债务人的动产，当债务人不履行到期债务时即可取得留置权。需注意的是，债权人须合法占有债务人的财产，其占有方式是直接占有还是间接占有均可。但单纯的持有，如雇用人操持家务，其在工作中使用家中的器具，是持有而不是占有，故不能成立留置权。债务人代债权人占有留置物的，留置权不成立。债权人合法占有债务人交付的动产时，不知道债务人无处分该动产的权利，债权人仍可以依法享有留置权。

2）债权已届清偿期

债权人虽占有债务人的动产，但在债权尚未届清偿期时，因此时尚未发生债务人不履行债务的问题，不发生留置权。只有在债权已届清偿期，债务人仍不履行债务时，债权人才可以留置债务人的动产。债权人的债权未届清偿期，其交付占有标的物的义务已届清偿期的，不能行使留置权。但是，债权人能够证明债务人无支付能力的除外。

3）该债权的发生与动产有牵连关系

债权人所占有的债务人的动产必须与其债权的发生有牵连关系，才有留置权可言。从我国过去的立法、司法实践看，留置权中的牵连关系为债权与留置物占有取得之间的关联，即债权与标的物的占有的取得是基于同一合同关系。在债权的发生与标的物的占有取得是因同一合同关系而发生，并且债务人不履行债务时，债权人有留置权。

与其他国家的立法相比较，我国的这种做法对留置权的发生限制得较严。为进一步满足社会发展的需要，对留置权的范围应适当地予以扩大。《物权法》第231条规定，债权人留置的动产，应当与债权属于同一法律关系，但企业之间留置的除外。

2. 留置权取得的消极要件

(1) 对动产不是因侵权行为而取得。留置权的取得，以对债务人的动产的占有为前提，但其占有必须是合法占有。如果是因侵权行为占有他人的动产，不发生留置权。

(2) 对动产的留置不违反公序良俗。对动产的留置如果违反公共利益或善良风俗，如留置他人的居民身份证，则是违法的。

4.5.3 留置权人的权利与义务

1. 留置权人的权利

(1) 留置标的物。在债务人不履行债务时，债权人可以留置标的物。

(2) 收取留置物的孳息。留置权人有权收取留置财产的孳息。前款规定的孳息应当先充抵收取孳息的费用。

(3) 债权人因保管留置物所支出的必要费用，有权向债务人请求返还。

(4) 就留置物优先受偿。留置权人与债务人应当约定留置财产后的债务履行期间。没有约定或者约定不明确的，留置权人应当给债务人两个月以上履行债务的期间，但鲜活易腐等不易保管的动产除外。债务人逾期未履行的，留置权人可以与债务人协议以留置财产折价，也可以就拍卖、变卖留置财产所得的价款优先受偿。

2. 留置权人的义务

留置权人负有妥善保管留置财产的义务，因保管不善致使留置财产毁损、灭失的，应当承担赔偿责任。在留置权关系中，留置权人占有留置财产，以担保自己债权的实现，这是留置权人依法享有的权利。但享有权利的同时还必须承担一定的义务。由于留置财产在留置权消灭之前依然属于债务人所有，因此，留置权人在占有留置财产的同时就必须对留置财产负有保管义务，应当妥善保管留置财产。留置权人如果违反此项义务致使留置财产毁损、灭失的，则应当对债务人承担赔偿责任。

关于何为“妥善保管”，有不同的认识。有的认为，留置权人应当以善良管理人的注意保管留置财产。留置权人对保管未予以善良管理人之注意的，即为保管不善，因此而导致留置财产毁损、灭失的，应当负赔偿责任。有的则认为，除因不可抗力造成留置财产毁损、灭失外，留置权人对留置财产的毁损、灭失均应负保管不善的赔偿责任。前一种意见为通说。

4.6 定　　金

4.6.1 定金的概念与特征

定金是指为担保合同债权的实现，合同双方当事人通过书面约定，一般是由具有金钱给付义务的一方当事人向对方当事人预先支付一定数额的金钱作为提供担保的方式。定金是一种古老的债的担保方式，古罗马称定金是“由债务人自己提供的债的担保”。我国早在六朝末期即已存在定金制度。

定金是由债务人为自己提供的担保。抵押、质押、留置等可能是由第三人提供担保，而保证则必然由第三人提供担保。

4.6.2 定金合同的特征

定金合同主要具有以下特征。

1）定金合同是从合同

除订约定金外，其他定金合同不可能独立存在，其永远依附于主合同。主合同的效力及于定金合同的效力：主合同没有成立，定金合同必然不成立；主合同无效或被撤销，定金合同无效；主合同因解除或其他原因消灭时，定金合同随之消灭。

2）定金合同具有相对的独立性

定金合同可与主合同分离，这与预付款有较大区别。预付款仅为合同的内容之一，属于合同的一部分，无主从之分。

3）定金合同是实践合同

定金合同虽为从合同，但其相对独立性决定了定金合同的性质并不依主合同的性质而定。无论主合同是诺成合同还是实践合同，定金合同都是实践合同。我国《担保法》第 90 条规定："……定金合同从实际交付定金之日起生效。"

4）定金合同是要式合同

依据我国《担保法》第 90 条的规定，定金应当以书面形式约定。由此可知，定金合同以订立书面协议为要件。

4.6.3 定金的法律后果

惩罚性是定金最古老最原始的特性，即通过定金的惩罚性使当事人存在一定的心理压力，以担保主合同的履行。我国《担保法》第 89 条规定："当事人可以约定一方向对方给付定金作为债权的担保。债务人履行债务后，定金应当抵作价款或者收回。给付定金的一方不履行约定的债务的，无权要求返还定金；收受定金的一方不履行约定的债务的，应当双倍返还定金。"当事人一方不完全履行合同的，应当按照未履行部分所占合同约定内容的比例，适用定金罚则。

案例评析

案例：2008 年 1 月，毕某与屠某签订了《房屋买卖协议书》，购买朝阳区清境明湖的一处房屋，合同签订后，毕某向屠某支付了定金 30 万元。此后，屠某始终未能向毕某提交房屋所有权证及土地证。毕某于 2 月先向屠某发出了催告函，要求其提供房屋产权证及土地证，之后在屠某仍未能提供相关证件的情况下，毕某依协议约定行使了合同解除权，向屠某发出解约通知，并要求双倍返还定金共 60 万元。3 月，屠某仅返还了定金 30 万元。为此，毕某将屠某诉至法院要求返还定金 30 万元。屠某的代理人王律师表示，屠某之所以无法提供房产证及土地使用证，是因为开发商把房产证丢了，因此责任在开发商。在庭审中，屠某一方还提交了一份由北京南湖花园公寓有限公司出具的函件，函件中载明该公司正在为屠某补办房屋产权证，办理时间约 6 个月。（案例来源：刘妍，人民法院报）

评析：此案可研讨之处是屠某主张自己之所以无法提供房产证及土地使用证来履行债务，是因为开发商把房产证丢了，因此责任在开发商，这可否成为无需双倍返还定金的抗辩理由。有学者认为，当债务的不履行是因不可归责于双方当事人的事由所致，定金应

"物归原主"①，若要求双倍返还，会违反民法维护交易公平的基本要求，当为持平之论。本案屠某签订售房协议时，尚未取得房屋产权证，又没有及时通知债权人，也未督促开发商尽快办理相关手续，显属有过错一方，不能免责。屠某应双倍返还定金60万元。

此外，《担保法》第91条规定："定金的数额由当事人约定，但不得超过主合同标的额的百分之二十。"《最高人民法院关于适用〈中华人民共和国担保法〉若干问题的解释》第121条进一步规定："当事人约定的定金数额超过主合同标的额百分之二十的，超过的部分，人民法院不予支持。"

实务案例讨论

案例讨论一：

2000年8月12日，李某的朋友杨某与北京联拓机电公司签订《汽车分期付款购销合同》，约定杨某以分期付款方式在北京联拓机电公司购买"捷达"FV7160GTX型轿车一辆，总价款人民币166 000元。根据北京联拓机电公司与中国工商银行九龙山支行（以下简称九龙山支行）联合推出的贷款购车办法，杨某首期支付车辆总价款的40%（人民币66 400元），剩余60%款项（人民币99 600元）由九龙山支行审查客户资信后，直接划给北京联拓机电公司在支行开设的账户。当日，李某应杨某的请求在北京联拓机电公司签署了由该公司提供的担保书。担保书中的担保人为李某（甲方），被担保人为杨某（乙方），主要内容为：根据购车合同及汽车消费信贷合同，若乙方不能按贷款协议之规定偿还所欠银行的本金及利息，或乙方不具备偿还能力时，甲方自愿为乙方承担担保责任，负责偿还乙方所欠银行的所有款项。该担保书作为购车合同的附件，存放在北京联拓机电公司。2000年8月14日，杨某在中国平安保险股份有限公司为该车投保，保险期限自2000年8月15日零时起至2001年8月14日24时止。2000年8月21日，杨某与九龙山支行签订《中国工商银行北京市分行汽车消费贷款借款合同》，杨某向该行借款人民币99 600元，借款期限为60个月，自2000年8月21日起至2005年8月21日止，按月还本付息。当日，北京联拓机电公司又与该行签订《中国工商银行北京市分行汽车消费贷款保证合同》，北京联拓机电公司为杨某所签借款合同向该行提供担保，担保方式为连带责任保证。此后，杨某共还贷款金额人民币3152.57元。2000年10月20日，杨某酒后驾车且超速行驶，造成车毁人亡，经北京市公安交通管理局朝阳交通支队认定：杨某负事故全部责任。根据中国平安保险股份有限公司机动车辆保险条款中关于责任免除的规定，驾驶员饮酒造成事故的，保险人不负责赔偿。杨某死亡后，北京联拓机电公司承担连带保证责任，共向九龙山支行支付人民币26 418.82元（自2000年10月至2001年10月）。北京联拓机电公司于2001年9月诉至法院，要求李某承担反担保责任支付车款计人民币93 791.95元。李某辩称，作为保证人，李某与北京联拓机电公司均系为被保证人杨某向银行担保。北京联拓机电公司并未向李某说明要求李某提供的担保为反担保，在李某出具的担保书中亦无反担保的意思表示，且李某

① 张俊浩. 民法学原理. 北京：中国政法大学出版社，1997：610.

所签担保书系北京联拓机电公司提供的一种格式合同，根据《合同法》有关规定，应作出不利于提供格式合同一方的解释。故北京联拓机电公司并不具备债权人的主体资格，请法院驳回其诉讼请求。

试运用担保法原理对该案进行评析。

案例讨论二：

吴店镇大发塑料有限责任公司（简称大发公司）是一个小型乡镇企业，为当地一百多人解决了就业问题。该公司瞄准农用地膜市场，准备贷款200万元引进一条更先进的薄膜生产线。但该公司原有制塑设备经评估仅值90万元，为能满足银行的担保要求，公司决定就公司现有以及将有的生产设备、原材料、半成品、产品一起抵押。2007年3月30日，大发公司和当地农业银行签订贷款合同和浮动抵押担保合同，约定：贷款200万元，期限6个月，大发公司到期不能还款，农业银行可以拍卖大发公司的所有财产。4月2日双方到县工商局办理了抵押登记。大发公司迅速购得设备并于一周后顺利并投产，产品销路良好。为采购原材料，大发公司又先后向建设银行贷款10万元，工商银行贷款20万元，分别以公司的康明斯卡车、原有制塑设备作抵押，并先后办理抵押登记。不料邻县一家大型外资化工厂也迅速转产生产农用聚乙烯薄膜，而且产量更大、成本更低、技术更先进，迅速垄断了省内市场并在国内取得良好销路。大发公司产品积压，欠工人工资，原材料款还不上。2007年11月，农业银行将大发公司诉至法院，要求大发公司偿还贷款。建设银行、工商银行的贷款也纷纷到期，要求就抵押物实现债权。法院经审理查明：除三家银行有抵押权外，大发公司尚欠原料商宏运化工有限责任公司（简称宏运公司）15万元，2007年4月25双方以引进的薄膜生产设备为抵押物签有抵押合同，约定一周内登记，但一直未进行登记。法院拍卖该企业所有动产，得款220万元，其中薄膜生产设备价值100万元，康明斯汽车10万元，原有制塑设备80万元，其他30万元。

请问：如何确定担保物权的优先顺序？

思考题

1. 什么是一般保证？什么是连带保证？二者有何不同？

2. 什么是保证期间？我国关于保证期间是如何规定的？

3. 有人认为，抵押与质押的区别在于抵押只能适用于不动产，而质押则适用于动产。你赞同吗？请阐明理由。

4. 在抵押登记问题上，我国《担保法》和《物权法》的规定有何不同？应以哪一个为准？

5. 留置权具有哪些特征？

6. 什么是定金？它的法律后果有哪些？

第5章 票据法律制度

票据作为交易媒介的载体，在支付工具体系中占有重要的地位。票据的使用，可以有效地减少流通中的现金，提高货币流通的周转速度，因而在西方国家得到广泛应用。目前，我国票据的使用和流通量逐年增长；在各类票据中，支票是我国使用最普遍的非现金支付工具，用于支取现金和转账，年签发量约 18 亿笔，金额约 350 万亿元；银行汇票使用范围广泛，使用量大，对方便异地支付起到了积极作用，已成为我国异地支付使用最广泛的支付工具，年签发量约 1 亿笔，金额 70 万亿元；商业汇票年签发量 3 900 万笔，金额 4.5 万亿元。总体上看，近年来我国票据的使用量稳中有升。[①] 票据市场作为与实体经济联系最紧密的市场，其发展对拓宽企业融资渠道，缓解企业间债务拖欠，改善商业银行信贷资产质量，加强中央银行间接调控功能都发挥了积极作用。虽然，在当代受电子化和各种现代支付手段的冲击，票据的一些功能被削弱，如汇兑、结算，但是作为信用工具、融资工具和金融工具来讲，票据确实有其不可替代性。

5.1 票据概述

5.1.1 票据的概念及分类

票据，是指由出票人依法签发的，自己承诺或委托他人按规定日期无条件支付一定款项的货币证券。它包括约定以自己为支付者的本票和委托他人无条件支付的汇票与支票。其中，前者又可称为预约证券，后者称为委托证券。

各国票据立法对票据的种类均采用法定主义，即由票据法对票据的种类作出明确的、封闭性的规定。不同国家票据法在票据种类问题上存在较为明显的差异：美国《统一商法典》（UCC）将票据分为汇票、本票、支票和存款单四种；德国、法国、日本、瑞士的票据法仅将票据分为汇票和本票，支票由专门的支票法加以规制；而英国票据法则将支票视为汇票的一种特殊表现形式。我国《票据法》第 2 条第 2 款明确规定：“本

① 苏宁，我国票据业务发展概况及展望. http://finance.sina.com.cn，2006-02-08.

法所称票据，是指汇票、本票和支票。”

1. 汇票的概念及分类

1）汇票的概念

汇票是指出票人签发的，委托付款人在见票时或在指定的日期无条件支付确定的金额给收款人或持票人的票据。因此，汇票在签发时就存在的当事人即基本当事人共有三方：出票人（Drawer）、付款人（Payer）（又称受票人 Drawee）与收款人（Payee）。其中，出票人是指在汇票上签章、开立票据之人；付款人是出票人委托其付款并记载于汇票上的人；收款人则是从出票人处获得票据，并有权向付款人请求付款之人。实践中，收款人不仅可以在票据到期后向付款人行使付款请求权，还可以在票据到期前将票据转让给他人。因此，并非最终收取票款之人都是收款人。

2）汇票的分类

汇票按不同标准可作多种分类。

（1）即期汇票和远期汇票。按付款期限的不同，汇票可分为即期汇票和远期汇票。所谓即期汇票，又称见票即付的汇票，是指持票人一旦在法定期限内提示票据，付款人便立即予以付款的汇票。远期汇票则不然，付款人仅在汇票所规定的到期日来临时才付款。

远期汇票依票据到期日记载方式的不同，又可分为以下三类。① 定日付款的汇票（At a fixed date），即以汇票上载明确定的日期作为票据到期日。例如，汇票上载有“凭票于 1997 年 2 月 5 日付”。② 出票后定期付款的汇票（At a fixed period after date），即以出票日作为起算日期，计算票据的到期日。例如，汇票上载有“于出票之日后 2 个月付款”。③ 见票后定期付款的汇票（At a fixed period after sight），即从承兑日起算，计算票据的到期日。例如，汇票上载有“于见票之日后 3 个月付款”。若汇票上无到期日记载，则视为见票即付的即期汇票。

（2）银行汇票和商业汇票。按出票人的不同，汇票可分为银行汇票和商业汇票。银行汇票是指银行签发的，同时以银行作为付款人的汇票。因此，银行汇票实际上是一家银行向另一家银行发出的书面支付命令，出票人与付款人同为银行，二者可以是同一系统的银行，也可以是不同系统的银行。商业汇票是指由非银行的企业或个人签发的，以银行、其他企业或个人为付款人的汇票。在国际贸易结算中，银行汇票可用于汇付中，如票汇行为。而商业汇票则在托收、信用证业务中起着极重要的作用。

我国《票据法》规定，所有的远期汇票均需承兑。商业汇票按承兑人的不同，又可细分为商业承兑汇票和银行承兑汇票。商业承兑汇票是指以非银行的企业或个人为付款人，并由该企业或个人进行承兑的远期汇票，它建立在商业信用的基础之上。银行承兑汇票则是以银行为付款人并经银行承兑的远期汇票，它建立在银行信用基础之上。

（3）记名汇票、指示汇票和无记名汇票。按记载收款人的方式不同，汇票可分为记名汇票、指示汇票和无记名汇票。记名汇票是指出票人在汇票上明确记载收款人姓名或名称的汇票，又称抬头汇票。指示汇票是指不仅在汇票上记载收款人的姓名或名称，并且附加记载“或其指定人”字样的汇票，如在汇票上记载“凭票付给甲或其指定人”。

无记名汇票是指出票人在汇票上未载明收款人的姓名或名称，或者仅记载“付来人”字样的汇票，又称空白汇票。其中，记名汇票和指示汇票均可依背书方式再行转让，而无记名汇票的持票人则可通过背书或者采用直接交付的方式来转让票据。目前，我国《票据法》只承认记名汇票和指示汇票，不承认无记名汇票，因为“收款人”是汇票必须记载的事项，欠缺这一记载将导致汇票无效。

(4) 一般汇票和变式汇票。根据票据基本当事人是否被兼任，可将汇票分为一般汇票与变式汇票。一般汇票是指汇票的基本当事人分别由不同的主体担当，变式汇票则是指同一主体兼任基本当事人中的两个或两个以上身份的汇票。后者又可分为以下几类：① 对己汇票，即出票人同时为付款人的汇票；② 指己汇票，即出票人同时为收款人的汇票；③ 付受汇票，即付款人同时为收款人的汇票；④ 已付已受汇票，即出票人、付款人和收款人均为同一人的汇票。

我国票据实务中，银行汇票多采用变式汇票中的对己汇票形式，即出票银行以自己作为付款人。商业汇票也可采用变式汇票。

2. 本票的概念及分类

1) 本票的概念

本票是指由出票人签发的，承诺自己在见票时或在指定日期无条件支付确定的金额给收款人或者持票人的票据。本票作为自付票据，只有两方基本当事人：出票人(Maker) 与收款人 (Payee)。

2) 本票的分类

本票按划分标准不同，可分为以下几类。

(1) 即期本票和远期本票。以付款期限不同为标准，本票可分为即期本票和远期本票。但我国《票据法》对本票设置了较为严格的限制。依据我国《票据法》的规定，在我国使用的本票均为见票即付，出票人在持票人提示见票时即应承担付款责任。

(2) 银行本票和商业本票。以出票人不同为标准，本票可分为银行本票和商业本票。但依我国《票据法》第 73 条第 2 款的规定，在我国境内使用的本票必须为银行本票，即本票的出票人只能是银行，不能是非银行的企业或个人等。

(3) 记名本票、指示本票和无记名本票。以记载收款人的方式不同为标准，本票可分为记名本票、指示本票和无记名本票（空白本票）。但我国不承认无记名本票，因为根据我国《票据法》的规定，“收款人”是本票的绝对必要记载事项，一旦欠缺记载将导致本票无效。

3. 支票的概念及分类

1) 支票的概念

支票是出票人签发的，委托办理支票存款业务的银行或者其他金融机构在见票时无条件支付确定的金额给收款人或者持票人的票据。支票和汇票一样，亦存在三方基本当事人：出票人、付款人与收款人。

由上述概念可知，支票具有以下特点。① 只能以银行或其他金融机构为付款人。

需说明的是，支票的付款人并不承担绝对的付款义务，它仅在出票人在付款人处的实有存款金额足以支付支票金额时才承担付款责任。② 支票是一种即期付款票据。支票不同于汇票，它只能作为支付证券，无法融通资金从而起到信用证券的作用。我国《票据法》第 90 条规定："支票限于见票即付，不得另行记载付款日期。另行记载付款日期的，该记载无效。"

2）支票的分类

支票存在多种分类方式，常见的分类方式如下。

（1）现金支票、转账支票和普通支票。支票按付款方式可分为现金支票、转账支票和普通支票。现金支票只能用于支取现金。转账支票则只能用于转账，不能支取现金。而普通支票则是对付款无特别限制的支票。支票上未印有"现金"或"转账"字样的为普通支票，它既可以用于支取现金，也可以用于转账。

（2）记名支票、指示支票和无记名支票。以记载收款人的方式不同为标准，支票可分为记名支票、指示支票和无记名支票（空白支票）。我国三种形式的支票均允许存在。可以说，空白支票是唯一得到我国法律认可的空白票据。所谓空白支票，是指签发时收款人空缺或仅记载"来人"或"持票人"的支票。出票人将空白支票交付他人，便意味着授予该持票人补充票据事项的权利。持票人在请求付款前须将支票补记完全，否则不得使用。空白支票不同于空头支票，我国禁止签发空头支票，即：支票金额超出付款时出票人在付款人处实有存款额的支票。

（3）保付支票、划线支票和普通支票。按有无特别担保或特别限制，支票可分为保付支票、划线支票和普通支票。

所谓保付支票，是指付款银行在支票上载有"保付"、"照付"的文字并盖章的支票。支票一经保付，付款人便要承担绝对的付款责任，无论出票人在付款人处的存款金额是否足以支付票款，付款人都必须足额付款。出票人、背书人均可免予追索。付款银行对支票保付后，即将票款从出票人的账户转入一个专户，以备付款，所以保付支票提示时，不会退票。

划线支票，又称平行线支票，它是对支票付款加以特别限制的支票，可分为一般划线支票和特殊划线支票。其中，前者是指在支票票面的左上角划有两道平行线，或在平行线内加注"不可流通"或"入收款人账户"字样的支票；后者是指在支票左上角的平行线内记载特定银行名称的支票，又称记名划线支票。一般划线支票可以由持票人委托其往来银行或任何一家银行取款，而特殊划线支票则只能由持票人委托指定的银行取款。我国《支付结算办法》第 115 条规定，在普通支票的左上角划两条平行线，即为划线支票。划线支票只能用于转账，不能支取现金。除保付支票和划线支票以外的其他支票，当属普通支票。

平行线支票起源于英国，目的是为了更好地解决纠纷，从而维护持票人的权益。划线支票与普通支票不同。普通支票可委托银行收款入账，也可由持票人自行提取现款。而划线支票只能委托银行代收票款入账。使用划线支票的目的是为了在支票遗失被人冒领时，还可能通过银行代收的线索追回票款。因此，划线支票的持票人本人不得提示付款，而只能委托银行代为取款。若因付款发生纠纷，付款人即可查明付款提示人或委托提款人，以资解决纠纷，这有利于对出票人和付款人利益的保护。

5.1.2 票据的特征

1. 金钱债权证券

证券可分为价值证券和商品证券，其中价值证券又可分为货币证券与资本证券，而票据便是典型的货币证券，即以一定数额的金钱给付为目的的证券。票据所代表的权利是持票人可以请求票据义务人给付一定金钱的请求权，而非物权，因此票据在性质上属金钱债券证券。

2. 完全证券

票据是完全证券。所谓完全证券，是指证券权利的产生、转移和行使都与证券密切关联，须臾不可分离。票据的完全证券特征具体体现为以下几方面。首先，票据是设权证券。票据权利于票据作成后才产生，在票据作成之前不可能存在。因此，票据不是证明已存在的权利，而是创设一种新的权利。其次，票据是提示证券。持票人要行使票据权利，必须在法定期间内提示票据。如果不能提示票据，则无法请求付款人支付票款。最后，票据是缴回证券。票据权利得以实现后，票据权利人必须将票据交回给票据债务人。

3. 文义证券

票据是文义证券。所谓票据的文义性，是指票据权利义务关系只能通过票据的文义记载加以确定。票据行为的内容及效力范围，都是由票据上所记载的文义构成并加以决定的，即使票据记载与实际情况不相吻合，甚至出现错误，也不允许票据关系人以票据以外的证明方法来变更或补充其票据上的权利义务关系。有学者指出："票据的权利义务只能通过书面形式得以确立，它绝对地排除任何口头表述对票据所做出的补充说明。"① 还有学者指出："作为文义要求，票据的制作不仅必须书面化，而且必须是在特定的载体即票据上进行，票据以外的任何表示包括书面表示，都不可能成为票据文义的任何一个组成部分。"② 显然，票据文义性特点使得票据权利义务仅以票据的外在表示为其意思准则，票据行为不得以其他事实或证据探求票据关系人的所谓的真实意思表示。

4. 要式证券

票据是要式证券。票据的作成必须具备法定的要件，即符合法律所规定的形式和条款。不符合法定形式或缺少绝对必要记载事项的，将直接影响到票据的效力，使票据归于无效。此外，由于票据活动主要表现为一种票据记载活动，如背书、承兑、保证等，因此，如果不按照票据法的规定做出票据记载，则会影响票据行为的效力。

---

① 郑孟状. 票据法研究. 北京：北京大学出版社，1999：22-23.

② 赵新华. 票据法. 长春：吉林人民出版社，1994：54.

5. 流通证券

票据流通性的确立来源于商事活动现实的需求，是商事活动发展到一定历史阶段的产物。现代意义上的票据起源于欧洲，并且票据的流通性也是在欧洲首先得到了确认的。其中，最早承认流通性的票据形式是汇票，在汇票的流通性确立之后，本票、支票的流通性也逐渐得到了认可。通过票据的流通，可以扩大商事活动中的财富资本量。因此，票据流通性理论是票据功能得以发挥的基础。票据法的种种制度设计，都是为了促进票据的流通。

在此需说明的是，票据的流通性不同于货币。货币作为一般等价物，它代表的是国家信用，具有法定的清偿性，任何人都有义务接受。因此，货币具有最高的流通性。而票据代表的是银行信用和企业信用，甚至是个人信用，当事人在接受票据之前总要进行严格的审查，排除合理的怀疑后才会接受，因此，票据在商业实践中仅具有准货币的流通性。

票据流通即意味着票据所载的金钱债权发生转让，但它与民法中的一般债权转让存在明显差异：前者可通过背书或实际支付的方式进行转让，并且无须通知债务人；后者则必须履行通知义务，否则债权转让无效。此外，票据在转让时，善意且付过对价的受让人可取得优于其前手的权利；而在民法一般债权的转让中，受让人却要受到转让人权利瑕疵的影响。票据善意取得理论，反映出票据流通与普通债权转让的主要差异。英国法学家弗拉萨·大卫德松（Fraser Davidson）和劳拉·麦克格丽格（Laura J. MacGregor）对善意取得制度做出了简洁而精炼的概括："与其他许多受支付的权利不同，票据的受让人通常不受转让人的权利瑕疵的影响"。①

6. 无因证券

票据是无因证券。所谓票据无因性，是指票据一旦签发，所产生的票据关系就独立于其赖以产生的票据基础关系，并与后者相分离。首先，在票据流通过程中，第三人接受票据时无须过问和注意票据基础关系，票据持有人行使票据权利也不需要证明票据取得的原因。其次，票据关系不以票据基础关系的成立和有效为前提。换而言之，票据债务人不得因票据基础关系中存在的瑕疵而否认票据权利义务关系，拒绝清偿债务。

案例评析

案例：甲公司（买方）与乙公司（卖方）签订了一份金额为20万元的货物买卖合同，约定采用银行承兑汇票的方式付款。合同签订后，甲公司开出了一张金额为20万元的银行承兑汇票交给了乙公司。但在收到货物后，甲公司却发觉货物的质量不合格，遂通知承兑银行不要付款。此时，作为承兑人的银行应如何处理？

评析：由于汇票已经由银行承兑，因此该银行成为票据债务人，负有票据上的付款责任。此时，尽管货物质量不合格，但由于票据无因性特征的存在，银行仍不能以此为由对抗持票人乙。但是，甲可以基于买卖合同关系起诉乙，主张其承担违约责任。

---

① Fraser Davidson & Laura J. Macgregor，Commercial law in Scotland，W. Green & Son Ltd. 2003.

强调票据的无因性，并不是说票据的签发、取得不存在原因，而是说，法律将票据关系与票据的签发、取得等原因予以适当分离。票据无因性对票据的高速流通起着决定性作用。票据法赋予票据行为有别于一般民事行为有因性的效力，从而充分保障了票据的流通性和持票人的安全性，适应了商品经济活动的需要。票据行为的发生自有其原因，如买卖、借贷等，但如果按照处理一般法律行为的原则来处理票据行为，作为票据的受让人就必须时刻关心其前手当事人之间所存在的原因关系的状态，这就势必使得其所取得的票据权利处于一种不稳定状态，从而不利于票据的使用与流通，不利于票据作用的发挥。① 现代票据法律制度是建立在票据流通基础上的，而票据能否流通，就在于票据权利是否具有无因性，若票据权利具有无因性，则票据可以流通；若票据不具有无因性，则票据不可以流通，而票据不能流通，现代票据法的基础也就不存在了。② 因此，票据的无因性理论作为一项重要的票据法理为各国所推崇。

当然，各国在坚持票据无因性的原则下，亦允许票据债务人于一定情形下主张基础原因关系上的抗辩。因此，票据的无因性并不是绝对的，它具有相对性。在坚持票据无因性原则的基础上，应正确把握该原则的例外情形，即：在票据的直接相对当事人之间，仍可以票据基础关系作为抗辩事由。如我国《票据法》第 13 条规定："票据债务人不得以自己与出票人或者与持票人的前手之间的抗辩事由，对抗持票人。但是，持票人明知存在抗辩事由而取得票据的除外。票据债务人可以对不履行约定义务的与自己有直接债权债务关系的持票人，进行抗辩。"

5.2　票据及票据法的历史沿革

5.2.1　票据的沿革及功能

1. 票据的沿革

票据在商业活动中所占据的地位极其重要，其发展经历了一段漫长的历史过程。很久以前，人们在商事活动中所普遍采用的是现金结算方式，即以一定额的货币给付来完成债权债务的清算。但随着经济活动的频繁与范围的扩大，这种结算方式已日渐暴露出许多不足与弊端，如运输风险大，清点麻烦，存在识别真伪的问题等。于是，非现金结算方式便应运而生，票据成为一种重要的支付工具。

早在古希腊罗马时代就有所谓的"自笔证书"，当持有这种证书者向债务人提示时，债务人必须清偿债务并换回该证书，这实际上已是票据的雏形。但票据广为流

① 汪世虎. 票据法律制度比较研究. 北京：法律出版社，2003：74－75.

② 林毅. 对票据法第 10 条的一点意见. 中国法学，1996（3）.

行则是在欧洲中世纪时期，那时地中海沿岸的贸易非常发达，特别是意大利的威尼斯等城市成为了东西方贸易的集散地。当地的货币兑换商在经营货币兑换业务的基础上，将业务范围扩大到了汇款业务。汇款者通过持有货币兑换商开立的兑换证书到指定的地点领取汇款，而兑换证书实际上已相当于本票。此后，随着商业贸易的繁荣，隔地汇款逐渐增多，原来粘附于兑换证书上的付款委托书逐渐分离开来独立发生效力。这种以市场为中心的付款委托书实际上便相当于汇票。而支票则最早出现于荷兰，17 世纪中叶传入英国，19 世纪由英国传入德、法等国，并开始在欧洲大陆流行。

在中国，票据的使用亦可追溯到古代。大约在公元 9 世纪我国的唐朝，出现了相当于现代汇票的最原始的票据形态——“飞钱”。据《新唐书·食货志》记载：“时商贾至京师，委钱诸道进奏院及诸军、诸使富家，以轻装趋四方，合券乃取之，号‘飞钱’。”到了宋代，宋太祖开宝元年（公元 970 年），朝廷设立了一种专门的机关，即便钱务。商人在京城将现金交付便钱务，请求其给付一种称为“便钱”的票券。凡是商人向地方政府提示“便钱”票券，地方政府便应付款。这种“便钱”即类似于现代意义上的见票即付的汇票。此后，南宋宋真宗时期（公元 998 年）出现的“交子”则可谓是当代本票的始祖。明末，山西地区商品经济较为发达，商人为交易方便，设立票号，又称票庄、汇兑庄，在各地设立分号，经营汇兑业务以及存放款业务，发行类似于今天的汇票、本票的票券。直至清末，随着外来资本的入侵，现代意义上的票据才开始流入我国。

2. 票据的功能

1）汇兑功能

汇兑功能是票据的最初功能。从票据的起源中，不难发现：正是汇兑的需求，促成了票据的产生。票据使得异地之间的金钱转移变得简便安全，人们可以把货币交付给所在地的银行或有关机构，取得以目的地银行或机构为付款人的票据，然后凭票据在目的地提取货币，避免了资金转移所带来的烦琐与风险。

2）支付功能

票据的支付功能是其最基本的功能，也是票据作为“商人货币”的最直接的体现。票据可以背书转让，进行多次支付，从而有效地减少对货币的需求，降低流通费用，并且通过债务的相互抵销简化结算手续，提高资金使用效率。

3）信用功能

在现代社会中，信用功能已经成为票据的最主要的功能。商事交易活动中，买方因资金周转困难往往需要卖方提供一定的商业信用。远期票据便成为一种较佳的选择。买方只需要交付远期票据给卖方，而无须即时清结价款。

4）融资功能

票据贴现业务的开展，使票据具备了融通资金的功能。卖方手中持有远期票据，可在需要现金时，向银行进行票据贴现，从而提前取得相应的资金。各国商业银行一般都经营票据贴现业务，由中央银行经营票据的再贴现业务。商业银行贴现票据，实际上就是向持有未到期票据而又急需资金的人提供资金融通。

5.2.2 西方票据法的沿革

1. 大陆法系主要国家

1）法国

近代的票据法，是在欧洲中世纪末期的商业习惯法的基础上形成和发展起来的。其中，法国被认为是最早制定票据法的国家。1673 年法国路易十四制定了《商事条例》，该条例第五章和第六章是关于票据的法律规定。这一规定被认为是近代票据制度成文化的开端。1807 年拿破仑颁布的《法国商法典》第一编第八章亦专门针对票据作出了规定（第 110～189 条），但仅包括汇票和本票。直到 1865 年，法国才制定了作为特别法的《支票法》。该时期的立法被认为是旧票据主义，主要表现在：强调票据替代现金的运输作用，着重体现票据的支付功能和汇兑功能；不太注重票据的形式，其要式性未得到体现，比如，“票据文句”不是票据的绝对必要记载事项；票据关系和基础关系没有分离，从而影响票据的流通和交易安全。[①]《法国商法典》之所以体现为旧票据主义，是因为 19 世纪以前法国工业革命尚未充分进行，因而大规模的商品生产和交换很少出现，票据关系之有因并不至于影响过大，因此，在其商法典中，将原因关系与票据关系混在一起，汇票和本票主要作为汇兑工具来输送现金，其流通和信用功能尚未充分显示。

法国的旧票据主义对当时欧洲大陆各国的票据法影响较大，意大利、西班牙、比利时、希腊、土耳其及拉丁美洲各国，均曾效仿法国票据法。后来，随着商品经济的发展，先前曾仿效法国票据法的各个国家又先后抛弃了法国旧票据主义，修改了自己的票据法。1935 年，法国也参考日内瓦统一票据法，修订并重新颁布了《商法典》中的票据部分和《支票法》，并施行至今。

2）德国

德国是较早制定票据法的国家之一。从 17 世纪到 19 世纪中叶，各邦制定了 50 多种票据法，以 1794 年普鲁士邦的票据法较为详尽，但各邦立法相互抵触甚多。1846 年，关税同盟倡导了统一各邦票据立法的运动。1847 年，以埃赫里特为首的 22 名法学家和 10 名实业界人士，依据普鲁士邦法案，起草了德国《普通票据条例》。这一条例在同年的莱比锡会议上，为关税同盟各邦所采用。后几经修订，遂成为统一后的德国法律，并于 1871 年 4 月正式颁布施行，但该法只包括汇票和本票。直到 1908 年 6 月，《支票法》才得以颁布。

德国的票据法与法国相对，被称为新票据主义。它强调票据作为流通工具和信用工具的功能，规定了严格的文句形式，将票据关系和基础关系完全分离，使票据成为无因证券。新票据主义的形成，将欧洲票据法推向了新阶段。奥地利、瑞士、瑞典、丹麦、葡萄牙等国均仿效德国，制定了本国的票据法。德国票据法成为大陆法系票据法的代表，在世界上占有重要地位。德国现行的《汇票本票法》是 1933 年 6

---

① 何勤华，魏琼. 西方商法史. 北京：北京大学出版社，2007：329.

月在参考了日内瓦统一票据法的基础上修订而成的，包括汇票、本票、补充规定和法律有效范围四章。此外，德国还制定了新的《支票法》。这两部法律沿用至今。综观德国票据法的立法体例，其特点为：汇票和本票制度一并规定于《汇票本票法》中，支票则单独立法。

3）日本

日本的首次票据立法是1982年制定的《汇票本票条例》。1890年制定的旧商法中第一编第十二章也规定了“票据与支票”。1899年，日本对旧商法进行了修正，颁布了新商法，其中的第四编为“票据”编。相较于旧商法，新商法把支票也包括在票据中。随后，受日内瓦统一票据法的影响，1932年正式颁布了《票据法》，1934年1月1日施行，其中仅规定汇票和本票关系（该法分汇票、本票两编）。1933年又颁布了《支票法》，用以调整支票关系。这两部法律至今仍有效。正如学者指出的那样，日本票据立法从旧商法到新商法，再到单行的票据法和支票法，其立法体例一直在变动，“票据”所指种类也不固定。现行的日本票据法立法体例和德国相同。①

2. 英美法系主要国家

1）英国

关于票据法在英国的早期发展，英国学界观点不一。传统观点认为，票据法是普通法吸收商人法的结果；在17世纪之前，商事案件由专门的商事裁判所依据当地的公平原则进行裁决；在这些法庭上，案件由商人自己审理，其适用的实体法并非普通法而是专门的商人法，即一种在商业实践基础上发展起来的跨国性商业习惯的综合体；到了16和17世纪，集市与市镇的商人法庭开始衰落，商人们被迫将案件交由普通法院审理；起初，普通法法院的法官并不熟悉商人法，甚至抱有敌意，他们最多只将商人法看作需要特殊举证的法律习惯；直至17世纪末，普通法法院才开始公开宣称商人法是普通法的一部分；因此，票据法是普通法吸收商人法的结果。② 但部分学者对此持否定态度，他们认为，早在17世纪之前普通法法院已经开始受理有关票据的案件，并发展出完善的法律规范。③

无论传统“吸收”理论是否正确，我们不能否认的是，票据法在英国的发展离不开商人法与普通法院法官所做的贡献。可以说，普通法对商人法的吸收，实质上同时也是普通法规则被商人法影响的过程，这种影响表现在票据领域尤其明显，在具体规则层面几乎都是普通法受到商人法的改造。

19世纪，在英国法典化浪潮中，票据法成文法典的制定被提上议事日程。负责制定票据法单行制定法的是麦肯齐·查尔摩斯爵士（Sir Mackenze Chalmers）。他在1878年出版了《汇票法摘要》(Digest of the Law of Bills of Exchange）一书，该书搜集整理了2 500件英国案例，并细致考察了票据法，从而成为其后来制定《汇票法》的基础。

① 何勤华，魏琼. 西方商法史. 北京：北京大学出版社，2007：330.

② 何勤华，魏琼. 西方商法史. 北京：北京大学出版社，2007：376.

③ BAKER J H. The Law merchant and the common law before 1700. Cambridge Law Journal 38（1979）；James Steven Rogers. The early history of the law of bills and notes. Cambridge University Press，1995.

此外，查尔摩斯还从美国的判例、欧洲大陆的法典和教科书中增扩了内容，以弥补英国法中出现的漏洞。① 查尔摩斯一生最大的贡献就是推动了英国商法的法典化，他着手制定的第一部商事法规即是 1882 年的《票据法》。1957 年，英国政府又制定了专门的《支票法》。这两部法律均生效至今。

2）美国

南北战争结束后，美国经济的迅速腾飞促进了票据立法的发展。统一州法全国委员会于 1886 年颁布了《统一流通票据法》（Uniform Negotiable Instruments Law）。到 1920 年，所有各州都采用了该法。但随着美国经济在 20 世纪的持续高速发展，这部统一法逐渐不能适应票据商业实践的发展要求。1952 年《统一商法典》的出现使这一状况得到了改善。《统一商法典》把有关流通票据的规定列入第三编，此后各州相继以《统一商法典》第三编取代了《统一流通票据法》。

随着新技术的发展，为了使法律能更好地与商业实践联系起来，并且承认这些新的惯例，美国法学会和统一州立法委员会在 1990 年对《统一商法典》第三编做了较大的修订，修订后的第三编成为“流通票据”（Negotiable Instruments），以区别于原来的“商业票据”（Commercial Papers）。2002 年 7 月，美国统一州立法委员会全国会议（NCCUSL）通过了由起草委员会提交的关于美国《统一商法典》第 3、4 编的修正案。②

5.2.3　中国票据法的沿革

虽然票据在我国具有悠久的历史，但发展缓慢。由于商品经济在中国发展较晚，票据长期以来未能在结算过程中起重要作用，因此现代意义上的票据法在我国出现得也很晚。

早期的票据关系大多依靠商事习惯加以调整和规范，直至光绪三十三年（1907 年），清政府的宪政编查馆聘请了日本学者志田甲太郎起草《大清票据法草案》，中国票据立法才迈出了艰难的第一步。但令人遗憾的是，该部草案未能得以公布实施，因为辛亥革命推翻了清政府的统治。中华民国成立后，1913 年重又聘请志田甲太郎作为顾问，重新起草票据法。同样，由于第一次世界大战的爆发且不适合中国社会的实践需要，该草案亦未能公布实施。此后，一些立法努力相继夭折。

直至国民党南京政府建立后，中国票据立法才有了新的进展。民国十八年（1929 年）国民党政府立法院制定了《票据法立法原则》。此后，立法院的商法委员会根据此立法原则，参考以往的各个票据法草案、海牙统一票据法以及德、日、英、美等国的票据法，起草了一部票据法。1929 年 9 月 28 日，草案获得通过，国民政府于 10 月 30 日公布实施。至此，中国历史上真正意义上的第一部票据法得以产生。

---

① William Everett Britton. Handbook of the law of Bills and Notes. West Pub. Co. 1961.

② See Stephen C. Veltri, Marina I. Adams, and Paul S. Turner. Payments, Survey. ABA, The Business Lawyer, August, 2003.

中华人民共和国成立以后，在很长一段时期未颁布正式的票据法，因此票据的使用受到严格的限制。直至20世纪80年代改革开放后，票据又重新为人们所关注，并逐渐在经济活动中发挥着越来越重要的作用。与之相适应，调整票据关系的票据规则亦有所增多：1983年12月，中国人民银行制定了《票汇结算办法》；1984年9月，中国人民银行发布《商业汇票承兑、贴现暂行办法》；1986年4月，中国人民银行发布《再贴现试行办法》；1988年12月，中国人民银行制定了《银行结算办法》。但是，上述规定仍不能适应我国票据实务的需要。1990年底，中国人民银行正式成立票据法起草小组，草拟了《中华人民共和国票据法》（讨论稿）。1991年9月，形成《中华人民共和国票据法》（修改稿）。1995年5月10日，《中华人民共和国票据法》由全国人民代表大会常务委员会第13次会议通过，并于1996年1月1日起施行，共7章，111条。至此，中华人民共和国第一部票据法诞生了。此后，中国人民银行于1997年8月21日发布了《票据管理实施办法》，于1997年10月1日起施行。1997年9月19日，中国人民银行印发新的《支付结算办法》，于1997年12月1日施行。2000年2月24日，《最高人民法院关于审理票据纠纷案件若干问题的规定》出台。至此，我国较为完备的票据法体系得以形成。2004年8月28日，第十届全国人民代表大会常务委员会第十一次会议通过了《关于修改〈中华人民共和国票据法〉的决定》。此次立法修订仅删除了原法第75条的规定，改动不大。

5.2.4 票据法的国际统一立法

由于各国票据法无论是在编制体例上，还是在内容上均存在很大差别，所以对于商业活动的发展，特别是对票据在国际贸易中的流通使用是十分不利的。因此，从19世纪末期开始，国际上就掀起了统一票据法的运动。进入20世纪后，票据法的国际统一立法问题被正式提上了议事日程。

1910年和1912年，在海牙召开了两次票据法统一会议，但终因第一次世界大战而被迫中断。后来经过长期的酝酿，1920年国际联盟在布鲁塞尔召开了国际财政会议，重新启动国际票据法统一活动。1930年，国际联盟在日内瓦召开了有31个国家参加的国际票据法统一会议。在这次会议上签署了有关汇票和本票的三个公约，即《关于统一汇票和本票公约》、《关于解决汇票和本票若干法律冲突的公约》和《关于汇票、本票印花税公约》。1931年，国际联盟在日内瓦召开了有37个国家参加的第二次国际票据法统一会议。此次会议上，又签署了三个公约：《关于统一支票法公约》《关于解决支票法律冲突的公约》和《关于支票印花税公约》。上述六个公约被统称为日内瓦统一票据法公约，它们之间相互独立，各国可以选择加入。

由于日内瓦统一票据法公约主要是以德国票据法为基础，按照欧洲大陆法传统制定的，因此签约国基本上是大陆法系各国，如德国、法国及绝大多数欧洲大陆国家、日本以及部分拉丁美洲国家。这些国家先后依该公约修订了本国的票据法。至此，德国法系和法国法系之间的对立已基本消除，日内瓦统一票据法体系得以形成。英美法系国家则认为，日内瓦统一票据法公约中的某些规定与自己的法系传统和票据实践相矛盾，故从一开始便对日内瓦公约持保留态度，最终拒绝加入。总之，日内瓦统一票据法公约实际上仅统一了法国和德国法系的票据法，并未实现大陆法系和英美法系票据法的统一。

正是由于日内瓦统一票据法体系和英美票据法体系之间存在着明显的差异，并由此阻碍了国际贸易的发展，1972 年联合国国际贸易法委员会第 4 次大会决定继续进行票据法的统一立法工作。1988 年联合国第 43 次大会最终通过了《国际汇票本票公约》。该公约于 1990 年 6 月 30 日开放签字，共 9 章 90 条。公约的目的是解决国际贸易中使用汇票和本票的不便。公约仅适用于那种“作为国际贸易结算手段所使用的”国际票据，并且只有出票、背书、承兑、保证、付款等票据行为中至少有一种是发生在不同国家的票据，才构成国际票据。此外，公约对于缔约国的当事人并不具有强制适用的效力，可以根据出票人或者承兑人的选择，决定是否适用该公约。根据公约第 89 条第 1 项的规定，该公约必须经至少 10 个国家送交批准文件或者加入文件以后才能生效。由于公约的签字国没有达到规定数字，该公约至今尚未生效。因此，票据法的国际立法统一工作仍任重而道远。

5.3 票据行为

票据行为，是指围绕票据所发生的以确立或解除一定权利义务关系为目的的行为。它一般包括出票、背书、承兑、保证、付款、追索等。除了出票是基本票据行为外，其余均为附属的票据行为。

5.3.1　出票

所谓出票，是指由出票人签发票据并将其交付给收款人的票据行为。它是创设票据的行为，票据的权利义务关系因出票而产生。具体说来，出票包括写成票据与交付票据两部分，即：出票人在填写完票据事项后，应将票据交付给收款人，至此出票行为始得以完成。

1. 出票记载事项

票据的要式性决定了票据的记载事项不能随意，而应严格按法律的规定记载。我国《票据法》共列举了两类性质的记载事项：一类为绝对必要记载事项，另一类为相对必要记载事项。

1）绝对必要记载事项

绝对必要记载事项是指票据必须具备的，不可缺少的事项，若欠缺则导致票据无效。依据我国《票据法》的规定，汇票的绝对必要记载事项包括：①“汇票”字样；② 无条件支付的委托；③ 确定的金额；④ 付款人名称；⑤ 收款人名称；⑥ 出票日期；⑦ 出票人签章。

本票的绝对必要记载事项包括六项：①“本票”字样；② 无条件支付的承诺；③ 确定的金额；④ 收款人名称；⑤ 出票日期；⑥ 出票人签章。

支票的绝对必要记载事项也包括六项：①“支票”字样；② 无条件支付的委托；

③ 确定的金额；④ 付款人名称；⑤ 出票日期；⑥ 出票人签章。

实践中，出票人必须在事先印制好的票据用纸上完成出票行为。鉴于票据用纸上往往已经印制好了若干绝对必要记载事项，如表明票据种类的字样、无条件支付的委托文句或者支付承诺文句等，出票人仅需在空白处填写其他绝对必要记载事项即可。我国《票据法》规定，持票人因票据记载事项欠缺而丧失票据权利的，仍享有民事权利，可以请求出票人或承兑人返还其与未支付的票据金额相当的利益。

2）相对必要记载事项

相对必要记载事项是指票据应具备的事项，但若欠缺，也不直接影响票据的效力，因为《票据法》规定了相应的推定结论。

汇票的相对必要记载事项有：① 付款日期；② 付款地；③ 出票地。汇票上未记载付款日期的，为见票即付；未记载付款地的，以付款人的营业场所、住所或经常居住地为付款地；未记载出票地的，以出票人的营业场所、住所或经常居住地为出票地。

本票的相对必要记载事项有：① 付款地；② 出票地。本票上未记载付款地的，出票人的营业场所为付款地。本票上未记载出票地的，出票人的营业场所为出票地。

支票的相对必要记载事项有：① 收款人；② 付款地；③ 出票地。支票上未记载收款人名称的，经出票人授权，可以补记；未记载付款地的，付款人的营业场所为付款地；未记载出票地的，出票人的营业场所、住所或者经常居住地为出票地。

当然，票据上还可记载《票据法》规定事项以外的其他出票事项，如在票据上加注签发票据的原因或用途等，只是该记载事项不具有票据法上的效力，此类事项对于票据关系本身不产生影响。

2. 出票的效力

1）对出票人的效力

出票人签发票据后，应承担担保之责。例如，远期汇票的出票人应承担担保承兑和担保付款之责，即期汇票的出票人只承担担保付款之责。一旦持票人不能从付款人处获得承兑或获得票款，则出票人应承担相应的担保责任，对持票人进行支付。

2）对付款人的效力

汇票的出票行为是单方行为，“委托付款人……无条件支付……”仅是出票人的单方意思表示，所以出票对汇票付款人并无必然的法律约束力，付款人并不会因为出票而成为票据债务人。只有在付款人承兑后，方才对汇票负付款之责，并取代出票人成为主债务人。

3）对收款人的效力

收款人从出票人处获得票据后，即取得了票据上的完整权利，包括付款请求权和追索权。他可以凭票据向票据付款人行使付款请求权，请求其支付票据金额。在遭到拒付后，可以持票向出票人及其他前手追索。

5.3.2 背书

所谓背书，是指在票据背面或者粘单上签章、记载有关事项并将票据交付给相对人的票据行为。签名背书的人称为背书人（Endorser），通过背书取得票据的人，称为被背书人（Endorsee）。

举例

甲开出一张汇票交给乙，乙将之转让给了丙，丙转让给了丁，丁又转让给了戊。则在乙与丙的转让关系中，乙是背书人，丙是被背书人；在丙与丁的转让关系中，丙成为背书人，丁成为被背书人；在丁与戊的转让关系中，丁则成为背书人，戊成为被背书人。因此，背书人与被背书人是一组相对的概念。戊是最终的持票人，甲、乙、丙、丁均为其前手，丙、丁、戊则是乙的后手。

1. 背书的分类

背书按其所要达到的目的不同，分为转让背书与非转让背书。

1）转让背书

所谓转让背书，是指以转让票据权利为目的而进行的背书。一般说来，转让背书包括记名背书与空白背书两种形式。记名背书又称完全背书，即持票人在票据背面或粘单上记载被背书人的姓名或名称以及背书日期并自行签章，然后将该票据交付给被背书人。空白背书又称不记名背书，或略式背书或不完全背书，它是指背书人仅在票据背面或粘单上自行签章，而不填写被背书人的姓名或名称。

我国《票据法》第 30 条明确规定："汇票以背书转让或者以背书将一定的汇票权利授予他人行使时，必须记载被背书人名称。"显然，我国《票据法》要求票据转让必须采用记名背书的方式，不允许空白背书。实践中，常出现背书人未记载被背书人名称即将票据交付他人的情形。我国 2000 年出台的《最高人民法院关于审理票据纠纷案件若干问题的规定》对此做出了较为灵活的处理，其第 49 条规定："背书人未记载被背书人名称即将票据交付他人的，持票人在票据被背书人栏内记载自己的名称与背书人记载具有同等法律效力。"

转让背书除了记名背书和空白背书外，还存在以下几种特殊的形式。

(1) 禁转背书。是指背书人加注"禁止转让"记载的背书。此种情形下，并非意味着该票据不可再转让。如果被背书人不顾背书人的禁止仍旧将票据进行背书转让的，则原背书人对被背书人的后手不再承担担保责任，即：禁转背书的背书人仅对其直接后手承担担保之责。这要区别于出票人做出禁止转让记载的情形。只要出票人在出票时注明"不得流通"之类的字句，则该票据便不得转让。

(2) 回头背书。是指以背书人之前的票据债务人为被背书人的背书。在回头背书的情形下，持票人只能向原来的前手追索，对原后手无追索权。如果持票人是出票人，则无前手可追索。

(3) 期后背书。是指在票据被拒绝承兑、被拒绝付款或者超过付款提示期以后所为的背书。它是票据权利的行使受到阻碍后所作的背书，因此，期后背书在效力上异于一般背书。对于期后背书的法律效力，各国票据法通常认为，期后背书不具有票据法上的效力，仅具有普通民事债权的转让效力。我国《票据法》第 36 条规定：

“汇票被拒绝承兑、被拒绝付款或超过付款提示期限的，不得背书转让；背书转让的，背书人应当承担汇票责任。”

2）非转让背书

非转让背书，是指不以转让票据权利为目的而进行的特殊背书，如委任背书、设质背书。所谓委任背书，是指以委托被背书人代为取款为目的而进行的背书。那些加注“收款有效”或“为收款用”或“委托代收”等字样的背书即属此类。此时，被背书人取得代理行使票据权利之权，而不能将该票据以自己的名义再行背书转让。因为票据的所有权仍属于背书人。

设质背书则是指以设定质押为目的，为了使被背书人取得质权而做成的背书。设质背书应当记载“质押”字样。被背书人依法实现其质权时，可以行使票据权利。

2. 转让背书的效力

1）权利转移的效力

转让背书是背书的最主要表现形式，它使得票据权利发生转移。背书人所转让的票据权利应包括所有依票据可以行使的权利，主要体现为付款请求权和追索权。

2）权利证明的效力

持票人只要是票据上的被背书人，并且票据上的背书具有连续性，则法律推定该持票人为票据权利人。我国《票据法》第 31 条规定：“以背书转让的汇票，背书应当连续，持票人以背书的连续，证明其汇票权利。前款所称背书连续，是指在票据转让中，转让汇票的背书人与受让汇票的被背书人在汇票上的签章依次前后衔接。”我国要求背书必须是记名背书，因此较易判断背书的连续性。

在此需说明的是，背书连续只是从形式上初步推定了持票人的票据权利人资格，并非在实质上确认其一定是票据权利人。如果持票人因恶意或重大过失而取得票据，即使背书连续，也不能享有票据权利。当然，对于持票人并非真正权利人一事，举证责任由票据债务人承担。

3）权利担保的效力

背书人应对其所有后手承担担保之责。在后手未获承兑或者未获付款时，背书人应负责偿还相应的金额。背书人的这种担保责任，不是源于当事人的约定，而是票据法为了保护持票人的利益、促进票据流通所特设的一种制度。关于背书人能否依约定免除这种义务，各国票据法的规定有所不同。日内瓦统一汇票本票法公约第 15 条规定，如无相反规定，背书人保证汇票的承兑和付款。据此，当事人之间可以通过约定的方式免除担保票据承兑和付款的义务。但我国《票据法》不允许通过约定免除担保责任，即使有此约定，背书人的担保之责依然存在，约定无效。

3. 其他注意事项

在背书过程中，需注意以下问题。

(1) 背书必须作于票据背面或粘单上。通常，各种票据上都预先印制好若干背书栏，留出空白处供背书人进行填写背书文句或签章。票据法并不限制背书的次数，因此在背书栏或票据背面无法继续进行背书记载时，可以在票据上粘贴“粘单”，以便在其上继续背书。粘单上的第一记载人，应当在票据和粘单的粘接处签章。

（2）背书不可附有条件。如果附有条件，则所附条件视为无记载，该背书仍有效。

（3）背书必须是全部的，不允许仅将票据金额背书转让一部分或分别转让给两人及两人以上。

5.3.3 提示

按目的不同，票据提示可分为承兑提示与付款提示两种。承兑提示，是指持票人出示远期汇票，要求付款人承诺付款的行为。而付款提示，则是指持票人出示票据，要求付款人支付票款的行为。无论是承兑提示还是付款提示，持票人都必须在法定期限内进行。

1. 承兑提示

由于承兑是远期汇票所独有的票据行为，因此，承兑提示仅在远期汇票情形下才会出现。我国规定远期汇票均须先进行承兑提示，然后再于到期日作付款提示。

我国《票据法》第 39 条规定："定日付款或出票后定期付款的汇票，持票人应当在汇票到期日前向付款人提示承兑。"第 40 条规定："见票后定期付款的汇票，持票人应当自出票日起 1 个月内向付款人提示承兑。"如果持票人未按上述期限作提示，那么他将丧失对其前手的追索权。

2. 付款提示

至于汇票的付款提示期限，我国《票据法》第 53 条规定如下："见票即付的汇票，自出票日起 1 个月内向付款人提示付款；定日付款、出票后定期付款或见票后定期付款的汇票，自到期日起 10 日内向承兑人提示付款。持票人未按照前款规定期限提示付款的，在作出说明后，承兑人或付款人仍应当继续对持票人承担付款责任。"

关于本票的付款提示期限，我国《票据法》第 78 条规定："本票自出票日起，付款期限最长不得超过二个月。"第 79 条规定："本票的持票人未按照规定期限提示见票的，丧失对出票人以外的前手的追索权。"

支票是见票即付的票据，它的提示期限因票而异。我国《票据法》第 91 条规定："支票的持票人应当自出票日起十日内提示付款；异地使用的支票，其提示付款的期限由中国人民银行另行规定。"

在此需说明的是，违反法定提示期限，虽然会导致持票人丧失对前手的追索权，但出票人、承兑人的票据责任并不会仅因提示期限的超过而消灭。根据我国《票据法》第 17 条的规定，远期汇票的持票人对出票人和承兑人的权利，自票据到期日起两年不行使而消灭；即期汇票和本票的持票人对出票人的权利自出票日起两年不行使而消灭；支票持票人对支票出票人的权利自出票日起六个月不行使而消灭。因此，即使持票人违反了法定提示期限，但只要未超出上述权利消灭时效，仍可向出票人、承兑人主张票据责任的承担。如果超出了权利消灭时效，则票据权利归于消灭。持票人因超过票据权利时效而丧失票据权利的，仍享有民事权利，可请求出票人或者承兑人返还其与未支付的票据金额相当的利益。

案例评析

案例：2005年6月2日，鸿雁商场与康建电子产品批发公司签订彩电购销合同，由康建公司提供鸿雁商场彩色电视机100台，每台批发价为2 200元，共计220 000元。合同约定，交货时间为6月12日，康建公司送货上门，货到付款。6月10日，康建公司将彩电送到，鸿雁商场遂开出了一张以中国工商银行某区支行为承兑人的银行承兑汇票，收款人为康建公司，票据金额为220 000元，到期日为8月5日。康建公司获得此汇票后，于7月3日到某电视机厂进货，货款为250 000元。于是，康建公司支付了30 000元现金后，将该汇票背书转让给了电视机厂。由于电视机厂管理混乱，没有及时行使该汇票的付款请求权，直至8月底才发现该汇票尚未兑付。于是，电视机厂派人持票请求承兑人中国工商银行某区支行付款，但却遭到拒绝，理由是票据时效已经届满。于是，电视机厂请求出票人鸿雁商场支付票款，亦遭到拒绝。

评析：本案中电视机厂作为持票人，未能在法定的提示期内提示票据请求付款，本身存在过错。根据我国《票据法》的规定，电视机厂应丧失对前手的追索权，但仍可向出票人和承兑人主张票据权利，因为并未超过票据权利消灭时效（票据到期日起两年）。因此，电视机厂不能向康建公司追索，但可以向中国工商银行某区支行和鸿雁商场主张票据权利。二者拒付是不合法的。

5.3.4 承兑

承兑，是指汇票付款人承诺在汇票到期日支付汇票金额的票据行为。它是汇票所特有的一种制度。本票由出票人自己承诺付款，支票是出票人命令有资金关系的付款人进行支付，因此无须承兑。

1. 承兑的程序

付款人收到提示承兑的汇票后，应向持票人签发收到汇票的回单，回单上记明汇票提示承兑日期并签章。付款人应在法定期限内承兑或拒绝承兑。我国《票据法》第41条第1款规定："付款人对向其提示承兑的汇票，应当自收到提示承兑的汇票之日起三日内承兑或者拒绝承兑。"第42条规定："付款人承兑汇票的，应当在汇票正面记载'承兑'字样和承兑日期并盖章；见票后定期付款的汇票应当在承兑时记载付款日期。汇票上未记载承兑日期的，以前条第一款规定期限的最后一日为承兑日期。"付款人承兑汇票，不得附有条件；附有条件的，视为拒绝承兑。

2. 承兑的效力

承兑的效力在于确定付款人的付款义务。因为汇票只是一种支付委托，该委托是出票人的单方意思表示。如果仅因出票人的出票，便要求付款人承担付款义务，显然是不合理的。要使付款人承担付款义务就必须由付款人自己做出明确表示。若愿意承诺付款，才可确定其与持票人之间的票据权利义务关系。这就是承兑制度的必要性。

付款人做出承兑后，即成为承兑人，由原来的非票据债务人转化为票据的主债务人，同时原来的主债人即出票人便降为从债务人的地位。所谓主债务人，又称第一债务人。持票人在票据到期日应首先向承兑人请求付款。只有当承兑人拒绝付款时，才可转向前手（票据的从债务人）行使追索权。

承兑人的付款义务是最终的。当承兑人拒付后，汇票的最终被追索者在履行了支付义务后，仍有权请求承兑人付款。所以承兑人的付款义务是不可免的。同时，这种义务又是一种独立的义务。承兑行为一经做出，承兑人就必须应权利人的请求而付款，即使其并未从出票人处获得任何利益。

5.3.5 付款

广义的票据付款，泛指票据债务人对票据权利人所进行的一切金钱支付行为，既包括付款人或承兑人在票据到期时的支付行为，也包括被追索者对追索权利人所进行的支付行为。狭义的票据付款，仅指付款人或承兑人在票据到期时对持票人的票款支付行为。通常情形下，付款采用狭义概念。

1. 付款人的审查义务

票据到期时，持票人提示汇票，付款人或承兑人应依法履行付款义务。“依法”便意味着付款行为须以符合法定条件为前提。只有当付款人仔细对这些条件做出审查后，方可付款。

1）对票据的形式审查

首先，付款人应对票据进行形式审查。所谓形式审查，是指付款人仅负有从票据的外观形式上进行审查的义务。这种审查不涉及票据外的其他事实或情况。与形式审查相对应的是实质审查。如果要求付款人承担实质审查义务，则不利于票据的使用，并且使得付款人责任过重，无法操作。

付款人对票据的形式审查内容主要涉及：① 票据的绝对必要记载事项是否齐全；② 各项票据行为是否符合法定形式；③ 票据金额等记载事项是否被变造；④ 票据是否到期。如果付款人未作审查，在票据到期日前已支付了票款，则不能免除到期日来临时对真正权利人的付款责任。

2）对持票人资格的形式审查

付款人应对持票人的资格作形式审查：① 审查持票人的合法身份证明或者有效证件；② 审查此持票人是否为最后的被背书人，是否为票据权利人。

我国《票据法》明确规定，持票人以背书的连续性证明其票据权利。因此，付款人在对持票人资格进行形式审查时，应重点关注背书的连续性。背书连续的，才可付款；若背书不连续，则不能付款，除非持票人证明他是以其他合法方式（如继承等）取得票据的。

需特别提及的是，由于我国《票据法》第 31 条并未明确将“背书连续”界定为“背书形式上连续”，因此，2000 年 11 月《最高人民法院关于审理票据纠纷案件若干问题的规定》出台后，迅速引发了学界关于“背书连续”含义的大争论。该司法解释第 69 条规定：“付款人或者代理付款人未能识别出伪造、变造的票据或者身份证件而错误付款，属于《票据法》第57条规定的‘重大过失’，给持票人造成损失的，应当依法承担民事责任。付款人或者代理付款人承担责任后有权向伪造者、变造者依法追偿。持票人有过错的，也应当承担相应的民事责任。”此规定似乎是要求付款人对背书连续承担实质性审查义务。一些学者认为，背书连续仅以形式上连续有效的背书存在为前提，至于实质上该背书是否有效，在所不问。① 鉴于我国票据立法在结构体系上以日内瓦统一法为蓝本，票据为无因证券，持票人可凭票成为合法持票人的意识由来已久，因此在确定背书连续的法律效力时，承袭大陆法之精神顺理成章。② 但是也有研究表明，不仅形式上，而且实质上也连续的背书，才能被认为是真正连续的有效背书。③

目前，第一种观点为学界多数学者所赞同，即在我国应将背书连续界定为“形式连续”较为可取。有学者进一步指出，伪造背书不应影响背书的连续性，否则便无法确切回答“伪造背书情形下，付款人能否对善意并且付过对价的持票人拒付”这一问题。因为按照票据法司法解释的精神，即使是未能识别出票据伪造背书而付款，付款人都要“自行承担责任”，因此，在已经发现了票据伪造背书的情形下，付款人当然不愿付款。而按照我国《票据法》第13条的规定，票据债务人又不得以自己与出票人或者与持票人的前手之间的抗辩事由对抗持票人。因此，已承兑的付款人不能因票据上存在伪造签章而向付过对价的善意持票人拒付。如此一来，票据付款人陷入“两难”境地，无所适从：一方面，如果对善意持票人付款，则被认定为有“重大过失”，属不当付款行为，仍需对失票人（被伪造人）承担付款之责；另一方面，如果对持票人拒付，则又违反了我国票据法所采纳的“善意且付过对价的第三人权利优于前手”这一基本原理。④

付款人如果未履行或者未完全履行以上形式审查义务，即付款人在付款时有恶意或重大过失，便不能免除其对真正权利人的付款之责。例如，付款人未对背书的连续性作审查，或者审查后发现背书不连续仍付款的，一旦事后真正票据权利人出现，则付款人应自行承担责任。但若付款人是因轻微过失而付款的，则无须承担责任。

2. 付款的程序

1）持票人记载收讫字样并签章

我国《票据法》第54条规定，付款人必须在当日足额付款。付款人付款时有权要求持票人在票据上记载收讫字样并签章，以此证明付款人已经履行了付款之责。

2）缴回票据

票据系缴回证券，付款人在付款时有权要求持票人交出票据，否则拒绝付款。如果付款人付款后不收回票据，则票据可能被再次投入流通。当票据被善意且付过对价的第三人所持有时，付款人可能会面临二次付款的风险。

① 赵新华．票据法问题研究．北京：法律出版社，2002：434.
② 张燕强．我国票据背书连续认定规则的完善．法学，2006（10）.
③ 吕来明．票据法前沿问题案例研究．北京：中国经济出版社，2001：254－255.
④ 吕苏榆，尚静．票据伪造下的银行付款困境．金融论坛，2007（9）.

3. 付款的效力

1）票据法律关系消灭

付款是票据活动的最终环节，它使得票据权利义务关系得以终结。我国《票据法》第 60 条规定："付款人依法足额付款后，全体汇票债务人的责任解除。"

2）付款人取得向出票人求偿的权利

付款人是基于出票人的委托而向持票人支付票款的，因此其与出票人之间存在委托代理关系。实践中，有的出票人在付款人付款前已向付款人提供了票据资金，但也有的出票人并未向付款人提前提供资金。付款人在付款后便有权要求出票人偿还其基于委托而支付给持票人的票据金额。当然，这一请求权在性质上仅为民法上的请求权。

5.3.6　追索

追索，是指在票据不获承兑或者到期不获付款时，持票人向其前手（背书人、出票人等）要求偿还票据金额、利息和其他费用的行为。追索权人即持票人，被追索人则包括出票人、背书人和其他票据债务人。

1. 追索权的行使要件

追索权的行使必须具备两个要件：一是存在追索原因；二是持票人已做出保全追索权的特定行为。

1）存在追索原因

引起追索的原因是发生了拒付事实。所谓拒付，是指持票人提示票据要求承兑或付款而遭到拒绝。其表现形式有：持票人明确地被拒绝承兑或付款；在规定的期限内，持票人未获得承兑或付款；部分承兑或付款；票据到期前承兑人或付款人死亡、逃匿的；票据到期前承兑人或付款人被依法宣告破产的或者因违法被责令终止业务活动的。

2）保全追索权

(1) 合法提示票据。持票人在规定期限内向付款人提示票据，请求承兑或付款；否则，持票人不能行使追索权。但如果承兑人或付款人死亡、逃匿的，或者依法被宣告破产的，或因违法行为被责令停止业务活动的，持票人则不需经过提示票据这一程序，即可向前手追索。

(2) 提供拒付的有关证明。我国《票据法》第 62 条规定："持票人行使追索权时，应当提供被拒绝承兑或者被拒付的有关证明。持票人提示承兑或者提示付款被拒绝的，承兑人或者付款人必须出具拒绝证明，或者退票理由书。未出具拒绝证明或者退票理由书的，应当承担由此产生的民事责任。"

在某些特殊情况下，当拒绝证明或退票理由书无法获得时，持票人也可提供其他相应的文书材料。例如，医院或有关单位出具的承兑人、付款人死亡的证明；人民法院出具的宣告承兑人或付款人失踪、死亡或破产的司法文书；有关行政机关出具的关于承兑人或付款人因违法而被责令终止业务活动的处罚决定等。

依我国《票据法》第 65 条的规定，持票人不能出示拒绝证明，退票理由书或者未按照规定期限提供其他合法证明的，丧失对其前手的追索权。因此，若付款人拒付且不愿出具拒绝证明或退票理由书的，应承担相应的民事责任，因为持票人可能会因此而丧失追索权。

2. 追索权的行使程序

在追索权得以保全的前提下，持票人行使追索权需经以下程序。

1）拒付通知的发出

持票人收到拒绝证明或退票理由书后，在行使追索权之前，还应将拒绝事由通知前手，使其及早知悉，为偿还票款做好准备。我国《票据法》第66条第1款规定："持票人应当自收到拒绝证明之日起三日内，将被拒绝事由书面通知其前手；其前手应当自收到通知之日起三日内书面通知其再前手。持票人也可以同时向各汇票债务人发出书面通知。"显然，我国要求拒付通知必须采用书面方式。但许多国家对于通知的方式并未做出限制。

需说明的是，若当事人未按照规定期限通知的，持票人仍可以行使追索权，但因逾期通知而给其前手或出票人造成损失的，由逾期通知的当事人承担赔偿责任，赔偿额以不超过票据金额为限。

2）追索对象的确定

所有在票据上签章的持票人的前手均可成为被追索的对象。我国《票据法》第68条第1款规定："汇票的出票人、背书人、承兑人和保证人对持票人承担连带责任。"因此，持票人在行使追索权时，可以不按票据债务人的先后顺序，对出票人、承兑人、背书人、保证人中的任何一人、数人或者全体进行追索。此外，持票人对票据债务人中的一人或数人已经进行追索的，对其他票据债务人仍可行使追索权。只要其追索权尚未实现，就可以重新进行新的追索。

举例

A因购买货物而签发了一张银行承兑汇票交给B，C银行是承兑人。B将该汇票用于购买办公用品，交付给了D。D又将该汇票转让给了E。票据到期后，E持票请求C银行付款，却遭到拒绝。此时，E可以向A、B、C、D中的任一人或几个人或全体进行追索。如果E先向B主张追索，B不能拒绝。如果B无支付能力，则E还可以向其余前手追索，直至追索权得以实现。

3）追索金额的确定

持票人行使追索权的目的就是为了获得相应金额的偿还。所以，追索金额的确定对于追索权的行使十分重要。根据我国《票据法》第70条的规定，持票人可主张的追索金额包括：① 被拒付的票据金额；② 票据金额自到期日或者提示付款日起至清偿日止，按照中国人民银行规定的利率计算的利息；③ 取得有关拒绝证明和发出通知书的费用。

4）被追索人清偿

票据债务人一旦被持票人追索，应依法支付相应的金额。当然，有时票据债务人在接到拒付通知后，为维护自身信用和避免追索金额的累积，亦可主动偿还追索金额。我国《票据法》第 70 条第 2 款规定："被追索人清偿债务时，持票人应当交出汇票和有关拒绝证明，并出具所收到利息和费用的收据。"

5）再追索

当被追索人依法清偿后，即取得与持票人同样的追索权。他有权向其前手再追索，可以主张其前手支付：① 已清偿的全部金额；② 前项金额自清偿日起至再追索清偿日止，按照中国人民银行规定的利率计算的利息；③ 发出通知书的费用。

需强调的是，追索权与再追索权并非无限期地受法律保护。我国《票据法》规定，追索时效自持票人被拒绝承兑或者被拒绝付款之日起 6 个月，再追索时效自清偿日或被提起诉讼之日起 3 个月。

5.3.7 保证

票据保证，是指非票据债务人以担保特定票据债务人履行票据债务为目的，在票据上记载有关事项并签章的票据行为。承担担保责任的人即为票据保证人，保证人可以由一人充任，也可由两个或两个以上的数人充任，但他们之间应负连带责任。

1. 票据保证的必要记载事项

票据保证是要式行为。一般来说，保证人应在汇票上或汇票的粘单上写明"保证"字样，然后注明被保证人，最后保证人签章并加注日期，这称为完全式保证。此外，还有一种略式保证的做法，即单纯由保证人签名而没有记载被保证人，但这并不意味着无被保证人或被保证人不明确。

我国《票据法》规定，票据保证人必须在票据或者粘单上记载以下事项：① 表明"保证"的字样；② 保证人名称和住所；③ 被保证人的名称；④ 保证日期；⑤ 保证人签章。若未记载被保证人的，则以票据主债务人为被保证人，如未承兑汇票的出票人、已承兑汇票的承兑人。若未记载保证日期，则以出票日期作为保证日期。票据保证不得附有条件，即使附有条件，也不影响对票据的保证责任。

2. 票据保证的效力

票据保证人与被保证人承担同一责任，即保证人应负的债务与被保证人的票据债务在种类、数量及性质上均完全相同。当被保证人是主债务人时，保证人所负的也是主债务；当被保证人是从债务人时，保证人便只需承担从债务人的责任。

我国《票据法》明确规定，保证人应与被保证人对持票人承担连带责任，保证人清偿债务后，可以行使持票人对被保证人及其前手的追索权。因此，持票人在遭到拒付的情形下，有权直接要求保证人承担保证责任，保证人不能以持票人应先向被保证人追索为由而拒绝支付，即保证人不享有先诉抗辩权。在清偿债务后，保证人可向被保证人及前手追索。

需强调的是，票据保证具有独立性，不因被保证债务的无效而无效。除非被保证的债务是因票据记载事项欠缺而无效，此情形下保证人方可免责。

5.4 票据的伪造与变造

5.4.1 票据的伪造

所谓票据伪造，是指无权限之人假冒他人或虚构人名义签章的行为。票据伪造又可分为两大类：一是票据本身的伪造，即出票伪造，指假冒他人或虚构人名义签发票据的行为；二是票据上签章的伪造，指假冒他人或虚构人的名义而为出票行为以外的其他票据行为（如背书、保证、承兑）的行为。从实践中来看，票据伪造较多地体现为出票伪造与背书伪造。

1. 票据伪造的法律后果

1）伪造出票

在伪造出票的情形下，被伪造者并未实际签发票据，因此不用承担任何票据上的责任，但须举证证明票据上的签章并非自己所为。伪造出票者由于并未在票据上签自己的名字，所以依照票据之文义证券特征，也无须承担票据责任，但必须负损害赔偿之责；触犯刑法的，还应承担刑事责任。其他在票据上真正签章者则需承担相应的票据责任。

举例

B假冒A的名义开出了一张汇票，用于向C支付货款，C又将该汇票依法转让给了D。在此场合下，A、B均不承担票据责任，但C却要对D承担票据责任，因为其是真正签名于汇票上的人。当然，C可向伪造者B请求赔偿所受的经济损失。

2）伪造背书

在伪造背书的情形下，伪造者与被伪造者亦不需要承担票据责任，理由同于伪造出票，但出票人及其他真正签章者则均须负票据上的责任，因为出票人也是真实签章者。

举例

甲签发了一张汇票交给收款人乙，乙又将该汇票转让给了丙。丁从丙处盗得该汇票，并假冒丙的名义将之背书转让给戊，戊又转让给己。在此情形下，除了丙和丁以外，其他人，如甲、乙、戊，均须承担票据责任。

2. 票据伪造的风险负担

虽然从理论上讲，伪造人应当对票据伪造所导致的损失承担赔偿责任，但在实际发生的票据伪造案件中，伪造人往往已经逃匿或者无力清偿。对伪造人行使的侵权求偿权常常会落空。那么，这种风险应由哪个票据当事人来承担呢？我国《票据法》对此未作规定，但大陆法系和英美法系对此却予以了充分的关注。

在票据伪造风险负担问题上，大陆法系与英美法系均区分出票伪造与背书伪造两大情形。分别予以规定。

1）出票伪造的风险负担

无论是大陆法系还是英美法系，均认为：在出票伪造的情形下，付款人有权拒付；如果未能发现出票伪造而错误付款，则风险责任应由付款人承担。依照英美法院及学者的解释，出票伪造情形下之所以要求付款人承担错误付款的风险责任，理由主要有二：首先，付款人处于较出票人更易认定出票伪造的地位。汇票和支票都是委托付款证券，付款人一般是银行。在出票人委托银行付款时，都会预先留下自己的印签，以便银行在有人持票据请求承兑或付款时审查出票人的签章是否与预留印签相符，只有在完全相符时才可以承兑或付款。既然付款人对票据出票行为有审核的机会，而被伪造人却无此机会，故付款人对出票伪造的票据错误付款的风险责任理当由付款人承担，而不应由出票人承担，也只有这样才较公平。其次，付款人可以通过订立保险合同来分散风险。虽然付款人有审查的机会，但由于伪造的手段不断提高，付款人仍处于一种防不胜防的地位，即使已尽了相当的注意仍会有错误付款情况的发生。但付款人较无过失的被伪造人还是有更多的救济方法，以保险的方式来分散风险就是其中之一。付款人只要支付并不算多的保险费，便可以将错误付款的危险转嫁给保险公司。至于保险费的来源，付款人可以向其众多客户分摊。因此，错误付款的风险责任应由付款人负担，而使其向保险公司订立保险合同。①

在此需特别强调的是，将出票伪造的风险责任一概归由付款人承担，未免有失公平。因此，两大法系均设置了出票伪造风险责任负担的例外，即在法定情形下，由被伪造人担负出票伪造的风险责任，付款人对于错误付款不负责。例如，英美法国家关于出票伪造风险责任的例外规定主要分为以下几种情况：① 适用禁反言原则；② 出票人对伪造签名的追认；③ 被伪造人有过失；④ 支票客户违反审查、通知义务。在大陆法国家，这种例外主要是通过契约的方式实现，即以契约的方式将原由付款人负担的风险责任转嫁给被伪造人（出票人）。

2）背书伪造的风险负担

在伪造背书制度上，大陆法系与英美法系有着截然不同的规定。就大陆法系而言，在背书伪造的情况下，大陆法系重在保护善意持票人的利益，背书伪造的风险责任由被伪造背书人负担。其理由在于被伪造人立于较易防止背书伪造的一方。

英美法系则认为，伪造背书签名是无效的，只要存在伪造背书，在伪造背书之后取得票据的后手均不能享有票据权利。在伪造背书的情形下，付款人对最后的持票人可以拒付。该持票人只能向伪造背书之后的所有真实签章的前手进行追偿，最终风险应由伪造背书的被背书人承担。显然，英美法系背书伪造的风险最终落在从伪造人处取得票据的人（即伪造人的直接后手）身上。英美法认为伪造背书的风险应由从伪造人处取得票

① 汪世虎. 票据伪造风险责任问题研究. 河北法学，2005（8）.

据之人负担，根据之一是，从伪造背书人处取得票据之人通常系从陌生人手中取得，对陌生人取得票据而不查核其背书是否真实，受让人显然有过失；根据之二是，从伪造背书人处取得票据者，与被伪造背书的原权利人比较，他立于更适合向伪造人请求赔偿的地位。①

综上所述，大陆法系与英美法系在出票伪造风险负担问题上规定基本一致，即原则上由付款人承担风险，但允许存在例外；在背书伪造风险负担问题上，两大法系立场相反。

两大法系关于背书伪造风险负担的理论有着不同的侧重和取舍，难分优劣。但依大陆法系的规定和理论，善意持票人得到的保护使票据的流通性得到促进，这在票据使用还不十分广泛的我国具有参考价值，应该给予重视。②

5.4.2 票据的变造

所谓票据的变造，是指在票据上对他人所记载的要件事项（除签名以外）加以变更的行为。例如，变造票据上的金额、到期日、付款地等。

1. 票据变造的构成要件

票据变造必须满足以下要件：① 必须是对有效票据上的他人记载事项进行变更；② 必须是对签章以外的事项进行变更；③ 对票据事项的变更必须足以改变票据权利义务的内容。

2. 区别于票据的更改

票据的更改，是指有更改权限的人更改票据上记载事项的行为。而票据的变造则是无变更权限之人对他人在票据上的记载事项加以变更的行为。因此，不能将二者相混淆。

票据更改应注意以下几个问题。

(1) 应由原记载人改写。原记载人可以在票据发出前自己更改票据上记载的内容，但应在更改处签章证明。原记载人在交出票据后若想更改记载内容，应取得全体票据当事人的同意，否则构成票据的变造。

(2) 票据法特别规定的事项不得更改。如我国《票据法》第 9 条规定，票据金额、日期、收款人名称不得更改；否则可能导致票据无效。因此，若出票人不小心写错了金额、日期或收款人姓名，绝不能涂销后重写，而应重新签发票据。

3. 票据变造的法律后果

我国《票据法》第 14 条第 3 款明确规定："票据上其他记载事项被变造的，在变造之前签章的人，对原记载事项负责；在变造之后签章的人，对变造之后的记载事项负

---

① 刘兴善. 商法专论集. 台北：三民书局，1982：398－400；汪世虎. 票据伪造的风险责任问题研究. 河北法学，2005 (8).

② 赵新华. 票据法问题研究，北京：法律出版社，2007：348.

责；不能辨别是在变造之前或者之后签章的，视同在变造之前签章。”

实务中，票据变造一般有两种情况：一是变造可以从票据外观上加以确认；二是变造无法从外观上辨认出，必须通过一定的技术手段才能发现变造。当持票人请求支付票据金额时，可以根据票据文义的记载主张权利。如果票据债务人要求免除按照票据现有的文义负责，就必须举证证明票据变造的存在，以及自己是在票据变造之前的签章者。

案例

某公司采购员萧某携带 2 万元金额的支票采购样品，该支票收款人一栏由公司授权萧某填写。萧某持该支票到某市工业区一私营企业处购买了 2 万元的各类工业样品。该私营企业的负责人李某是萧某的朋友，他以资金周转困难为由，要求萧某帮忙将支票上金额改成 22 万元用于暂时周转，萧某应允。在改动过程中，萧某使用了李某提供的“涂改剂”，故外观不露痕迹。

此后，李某为支付工程款将该支票背书给了某建筑工程公司，建筑工程公司凭票请求支票付款人支付了 22 万元。此事败露后，某公司起诉某建筑工程公司及李某，要求返还多占用的票款。（案例来源：珠海会计网）

评析：本案中萧某与李某串通篡改票据金额，属无权更改之人篡改签章以外事项，是典型的票据变造行为。根据在变造之前签章的人对原记载事项负责，在变造之后签章的人对变造之后记载事项负责的原理，某公司对某建筑工程公司只应承担支付 2 万元的票据责任，故建筑工程公司应返还其余票款给某公司。李某应对建筑工程公司承担被追索 20 万元的义务。此外，金融主管机关依法追究萧某和李某的责任，如果其行为已构成犯罪，应依法律程序追究其刑事责任。

5.5 票据丧失及补救

票据权利的产生、转移和行使均与票据密切相关，不可分离。因此，票据的丧失将会直接影响到原票据持有人的票据权利的实现。为了保护失票人的合法权利，各国均规定了相应的票据丧失救济制度。

5.5.1 票据丧失的界定

各国立法虽然均使用了“票据丧失”一词①，但并未对其具体含义作出明确规定。目前我国学界关于何谓“票据丧失”的认识并不一致。

---

① 参见：我国《票据法》第 15 条第 1 款，日本《票据法》第 94 条，英国《票据法》第 69 条，美国《统一商法典》第 3～309 条（对原第 3～804 条的修订）。

多数学者认为，票据丧失是指失票人基于自己意志以外的原因失去对票据占有的事实状态。票据丧失包括绝对丧失和相对丧失两种，前者如票据因被焚、毁损、涂销等而丧失，后者如票据因被盗、遗失等而丧失。其中，票据绝对丧失情形是否为票据丧失，需具体情况具体分析。通说所称票据绝对丧失的场合，是否属票据丧失，要看票据权利人在焚烧、撕碎、埋腐、涂销、浸渍、洗烂票据时，是否有抛弃票据权利的意思。① 若票据权利人无抛弃票据权利的意思，如持票人途中遇强盗，为不使所持票据被强盗夺取而故意烧毁、撕碎、涂销、浸渍票据的场合，应属票据丧失；若票据权利人有抛弃票据权利的意思，当面故意将票据烧毁、撕碎、涂销、浸渍票据的场合，则不应属票据丧失，应属持票人票据权利的消灭。②

5.5.2 票据丧失救济

英美法系与大陆法系国家在票据丧失救济制度设计上存在着明显的差异：英美法系主要采用普通诉讼的方式提供失票人救济，而大陆法系则以公示催告方式为主。我国《票据法》第 15 条规定："票据丧失，失票人可以及时通知票据的付款人挂失止付，但是，未记载付款人或者无法确定付款人及其代理付款人的票据除外。收到挂失止付通知的付款人，应当暂停支付。失票人应当在通知挂失止付后三日内，也可以在票据丧失后，依法向人民法院申请公示催告，或者向人民法院提起诉讼。"通说认为，我国综合吸纳了英美法系和大陆法系的做法，在《票据法》第 15 条中共规定了三种票据丧失救济措施：挂失止付、公示催告及普通诉讼。但实际上，我国《票据法》并未直接使用"普通诉讼"一词，关于《票据法》第 15 条新规定的"诉讼"是否同于英美法系"普通诉讼"，学界尚存争议。因此，以下按挂失止付、公示催告及失票诉讼三方面分述我国票据丧失救济制度。

1. 挂失止付

挂失止付，是指失票人以止付通知的方式，向付款人或者代理付款人告知票据丧失的情形，并请求付款人在法律规定的止付期间内对已经丧失的票据暂时停止支付的救济方法。由于票据绝对丧失后，不可能存在被他人冒领的可能性，因此没有必要向付款人为挂失止付通知。只有在票据相对丧失的情形下，挂失止付才有意义。挂失止付是我国传统的做法，自民国以来就有，一直保留至今。

1）我国关于挂失止付的规定

新中国成立后，1989 年实施的中国人民银行《银行结算办法》中规定了挂失止付制度，1995 年制定的《票据法》第 15 条亦对此作出了相应的规定 。此后，1997 年 8 月，中国人民银行令 1997 年第 2 号发布的《票据管理实施办法》第 19 条至第 21 条，以及 1997 年 9 月 19 日，中国人民银行以银发〔1997〕393 号通知印发《支付结算办法》第 48 条至第 51 条，均对我国挂失止付制度予以进一步的细化。

---

① 谢怀栻. 票据法概论 . 北京：法律出版社，1990：78.

② 林春镛. 票据实务问题研究：票据丧失与救济. 台北：三民书局，1982：6.

我国 1997 年颁布实施的《票据管理实施办法》第 19 条明确规定："票据法规定可以办理挂失止付的票据丧失的，失票人可以依照票据法的规定及时通知付款人或者代理付款人挂失止付。失票人通知票据的付款人或者代理付款人挂失止付时，应当填写挂失止付通知书并签章。挂失止付通知书应当记载下列事项：（一）票据丧失的时间和事由；（二）票据种类、号码、金额、出票日期、付款日期、付款人名称、收款人名称；（三）挂失止付人的名称、营业场所或者住所以及联系方法。"《支付结算办法》第 49 条对此加以重申，并指出"欠缺上述记载事项之一的，银行不予受理"。因此，挂失止付通知不仅必须采用书面形式，而且必须严格按照有关法律规定，记载相应的事项。

2）挂失止付的法律效力

（1）付款人或代理付款人承担暂时停止支付的责任。《票据管理实施办法》第 20 条规定："付款人或者代理付款人收到挂失止付通知书，应当立即暂停支付。付款人或者代理付款人自收到挂失止付通知书之日起 12 日内没有收到人民法院的止付通知书的，自第 13 日起，挂失止付通知书失效。"

（2）付款人或者代理付款人对接到通知前的付款行为免责。《票据管理实施办法》第 21 条规定："付款人或者代理付款人在收到挂失止付通知书前，已经依法向持票人付款的，不再接收挂失止付。"《支付结算办法》第 51 条规定："付款人或者代理付款人在收到挂失止付通知书之前，已经向持票人付款的，不再承担责任。但是，付款人或者代理付款人以恶意或者重大过失付款的除外。"这是因为，付款人在得到挂失通知之后，并没有对通知事实进行审查的义务，只不过为了防止失票人到法院采取措施之前发生票款被他人冒领的危险，协助失票人实施临时救济。假如票款在挂失止付之前已被恶意持票人冒领，付款人或其代理人在已尽到了形式审查义务的前提下就不再承担责任，失票人只能向不当得利人或侵权人请求返还利益或赔偿损失。

（3）阻止现有持票人追索权的行使。丧失的票据一经挂失止付，持票人的付款请求权虽然并不因此而消灭，但却暂时无法实现。此时，付款人的拒绝付款并不构成拒付，因此持票人不能行使追索权。

（4）挂失止付不产生禁止票据转让或使票据失效的效力。挂失止付期间，票据的转让仍旧合法有效，因此，不排除票据被他人善意取得的可能性。只要持有票据之人是善意并且支付了对价，就可以成为合法的票据权利人。在挂失止付期间届满后，有权向付款人提示票据，要求付款。

总之，挂失止付只是一种临时性的私力救济措施，它毕竟不是通过司法机关对票据丧失进行救济的方式，不涉及对丧失的票据本身所作的评价，不能从根本上控制风险，因此往往需要与其他救济方式结合起来使用。单独的挂失止付并不会对票据效力产生任何影响，更不会使票据归于无效。失票人在挂失止付期满后，未经法定程序，无权要求付款人或代理付款人付款。

2. 公示催告

公示催告是指人民法院根据申请人的申请，以公示的方法，告知并催促不明确的利害关系人在一定期限内申报权利，到期无人申报权利的，则根据申请人的申请依法作出除权判决的程序。严格意义上来讲，公示催告不是票据法上特有的概念，该制度设计也并非全部为了解决票据丧失的问题，它的适用范围不仅仅是票据，还包括股票、提单、仓单、保险单等其他有价证券。但在我国，公示催告的适用范围至今仍很有限，除了新近增加的股票外，主要适用于汇票、本票和支票的丧失。

1）我国关于公示催告的规定

我国《民事诉讼法》第18章专门规定了公示催告程序，《最高人民法院关于适用〈中华人民共和国民事诉讼法〉若干问题的意见》中则作了更细致的规定。

(1) 可以背书转让的票据持有人，因票据被盗、遗失或者灭失，可以向票据支付地的基层人民法院申请公示催告。此处的票据持有人，是指票据被盗、遗失或者灭失前的最后持有人。

(2) 申请人应当向人民法院递交申请书，写明票面金额、发票人、持票人、背书人等票据主要内容和申请的理由、事实。

(3) 人民法院收到公示催告的申请后，应当立即审查，并决定是否受理。经审查认为符合受理条件的，通知予以受理，并同时通知支付人停止支付，并在三日内发出公告，催促利害关系人申报权利；认为不符合受理条件的，七日内裁定驳回申请。公示催告的期间，由人民法院根据情况决定，但不得少于六十日。支付人收到人民法院停止支付的通知，应当停止支付，至公示催告程序终结。公告应张贴于人民法院公告栏内，并在有关报纸或其他宣传媒介上刊登；人民法院所在地有证券交易所的，还应张贴于该交易所。

(4) 公示催告期间，转让票据权利的行为无效。需提及的是，该项规定受到我国学界及实务界的诸多批判。不少学者指出：我国公示催告制度在救济失票人票据权利的同时，存在着损害善意持票人利益的严重缺陷。实践中，善意票据受让人往往并不知晓或很难知晓票据已被公示催告，因此在公示催告期间受让票据的可能性极大。《民事诉讼法》的该项规定过于保护失票人的利益，而损害了善意受让人的利益，这与票据善意取得的理论存在冲突。反观国外立法，大多数国家主张公示催告并不是善意取得的障碍条件。

(5) 利害关系人应当在公示催告期间向人民法院申报。利害关系人申报权利，人民法院应通知其向法院出示票据，并通知公示催告申请人在指定的期间察看该票据。公示催告申请人申请公示催告的票据与利害关系人出示的票据不一致的，人民法院应当裁定驳回利害关系人的申报。人民法院收到利害关系人的申报后，应当裁定终结公示催告程序，并通知申请人和支付人。申请人或者申报人可以向人民法院起诉。

(6) 在申报权利的期间没有人申报的，或者申报被驳回的，公示催告申请人应自申报权利期间届满的次日起一个月内申请人民法院作出判决，宣告票据无效。判决应当公告，并通知支付人。判决生效后，公示催告申请人有权依据判决向付款人请求付款。利害关系人因正当理由不能在判决前向人民法院申报的，自知道或者应当知道判决公告之日起一年内，可以向作出判决的人民法院起诉。

尽管我国《民事诉讼法》及其司法解释确立了公示催告制度，但从实践中来看，仍暴露出诸多不足。为此，2000年通过并实施的《最高人民法院关于审理票据纠纷案件若干问题的规定》中专门设置了“失票救济”一章，其中对票据丧失后的公示催告问题作出了进一步的可操作的规定。

(1) 细化了公示催告申请书的具体内容。失票人通知票据付款人挂失止付后三日内向人民法院申请公示催告的，公示催告申请书应当载明下列内容：票面金额；出票人、持票人、背书人；申请的理由、事实；通知票据付款人或者代理付款人挂失止付的时间；付款人或者代理付款人的名称、通信地址、电话号码等。

(2) 明确了公告发布的范围。人民法院决定受理公示催告申请后发布的公告应当在全国性的报刊上登载。

(3) 区别规定了公告期间。公示催告的期间，国内票据自公告发布之日起 60 日，涉外票据可根据具体情况适当延长，但最长不得超过 90 日。

(4) 规定了有关公示催告的票据质押、贴现问题。在公示催告期间，以公示催告的票据质押、贴现，因质押、贴现而接受该票据的持票人主张票据权利的，人民法院不予支持，但公示催告期间届满以后人民法院作出除权判决以前取得该票据的除外。

2) 公示催告程序的特征

与通常诉讼程序相比较而言，公示催告程序具有以下几个显著特征。

(1) 程序的非讼性。从性质来看，公示催告程序属于非讼程序。适用这一程序并不能解决当事人之间因民事权利义务关系发生的纠纷，而只能确认申请人申请公示催告并在一定期限内无人申报权利这一事实。在公示催告程序中，申请人根本无法知道有无利害关系人，更不知道利害关系人是谁。因此，公示催告案件也就没有明确的被告或者被申请人。一旦明确了利害关系人，公示催告程序就因失去了存在的基础而必须终结，申请人可以向人民法院提起民事诉讼，通过诉讼程序解决纠纷。

(2) 适用范围的特定性。从案件范围来看，公示催告程序仅适用于可以背书转让的票据被盗、遗失或者灭失的案件以及法律规定可以申请公示催告的其他事项。不能背书转让的票据丧失后，不能适用公示催告程序。

(3) 程序制度的独特性。公示催告程序在具体的审理制度上具有明显不同于诉讼程序及其他非讼程序的独特性，主要体现为：公示催告程序由公示催告和除权判决两个阶段构成，公示催告是除权判决的必要前提，但在某一具体的公示催告程序中，除权判决并不必然存在；公示催告程序的两个阶段均由申请人申请启动；公示催告程序主要适用书面审查和公告的方式进行审理。

3) 公示催告程序的功能

就票据丧失而言，公示催告程序主要具有以下几个方面的功能。

(1) 保全票据款项的功能。从公示催告程序相关规定上来看，人民法院决定受理申请，应当立即通知支付人停止支付票据款项；支付人收到人民法院停止支付的通知，应当停止支付票据款项，至公示催告程序终结；如果付款人及其代理付款人在收到人民法院止付通知后付款，要承担相应法律责任。由上述规定可以看出，公示催告制度设计了失票人申请公示催告后至公示催告整个程序结束前冻结票据款项的具体措施，具有保全票款的功能。

(2) 寻找票据实际持有人的功能。由于票据丧失以后存在被第三人善意取得的可能性，因此不得无视这些利害关系人的利益而任意宣告票据无效。为了保护利害关系人的利益，就必须进行公示催告，要通过法定公告的方式告知票据实际持有人有关票据遗失事项，要求其在法定期限内提交票据，申报票据权利。利害关系人应当在公示催告期间向人民法院申报权利，人民法院应当通知其向法院出示票据，并通知公示催告申请人在指定的期间察看该票据。因此，公示催告程序可以帮助失票人寻找到现有持票人。当然，此时善意持票人通过申报自己的权利，可以使公示催告程序就此终结。正如学者所言，公示催告为善意取得者提供了阻止除权判决的一次重要机会。[①]

(3) 使票据归于无效从而确定票款归属的功能。公示催告期间，若无人向法院申报权利，则法院在无利害关系人出现的情况下，根据失票人的申请作出除权判决，宣告票据无效，从而使票据权利与票据相分离。此时，申请人即失票人便可凭除权判决要求付款人支付票款。

3. 失票诉讼

失票诉讼是指票据丧失后失票人请求非法持票人返还票据，或者在票据时效届满前请求出票人补发票据或请求债务人付款，在提供相应担保的情况下因出票人拒绝补发票据或者债务人拒绝付款而引发的诉讼。

1) 我国关于失票诉讼的规定

我国《票据法》第 15 条第 3 款明确将“诉讼”作为失票救济的一种方法，即失票人应当在通知挂失止付后三日内，也可以在票据丧失后，依法向人民法院提起诉讼。但由于上述规定过于原则，并未明确诉讼的种类及诉讼的对象等重大问题，因此形同虚设，无法操作。于是，2000 年 2 月 24 日出台的《最高人民法院关于审理票据纠纷案件若干问题的规定》中专门就“失票救济”问题作出了多达 16 条的具体规定，其间大量借鉴了英美法系的立法经验，使我国失票诉讼制度得以具体形成。

根据该司法解释第 35 条、第 36 条、第 37 条、第 38 条的规定，提起诉讼分为以下两种情况：① 明知非法持有人时，失票人可向法院提起诉讼，请求非法持票人返还票据；② 不知道何人占有票据时，失票人可在票据权利时效届满前请求出票人补发票据，或者请求债务人付款，在提供相应担保的情况下，债务人拒绝付款或出票人拒绝补发票据的，可向法院提起诉讼。向法院提起诉讼时，应说明曾经持有票据及丧失票据的情形，且必须提供担保，担保的数额相当于票据载明的金额。提起诉讼的被告是与失票人具有票据债权债务关系的出票人、拒绝付款的票据付款人或者承兑人。因此，失票诉讼可分为三大类：返还票据之诉、补发票据之诉和票款给付之诉。

2) 失票诉讼的功能

相对于公示催告而言，失票诉讼的功能较为单一，即使失票人快速获得救济，减少了商业机会丧失的风险。失票人丧失票据后，可直接向法院提起民事诉讼，在提供担保的前提下要求法院强制出票人重新出票，或者判令票据债务人向其支付票据金额。这类案件事实比较清楚，争议不大，案件审理周期一般很短，对失票人的商业机会影响很小。

但是由于按照我国《民事诉讼法》的规定，公示催告期间转让票据的行为无效，因而按照公示催告程序进行救济，可以阻止票据的继续转让。而提起诉讼则不具有上述特

① 前田庸. 票据法支票法. 东京：有斐阁，1999：520.

点，善意持票人的票据权利并不受提起诉讼的影响，即使是承兑人或付款人已经对失票人付款，当善意第三人持票提示付款时，承兑人或出票人仍然要承担二次付款的责任。我国有学者指出，正是因为上述原因，实务中很少有失票人选择通过普通诉讼程序进行救济的。①

在此需补充说明的是，我国现实经济生活中，一些失票人习惯于在票据丧失后通过报纸和电视等新闻媒介发布票据的"遗失声明"。但从民法及票据法的有关规定来看，票据遗失声明只是一种单方民事行为，是失票人单方面的意思表示。该声明虽然可以在一定程度上引起票据付款人或其他票据受让人的注意，从而起到一些防范作用，但社会公众或有关当事人对此遗失声明并无法律上的注意义务，因此该声明对他人不具有法律约束力。而且我国《票据法》也并未将之规定为票据丧失救济措施。因此，票据遗失声明不是一种法定的票据丧失救济措施。失票人因未及时采取法定措施予以权利救济而遭受损失的，应后果自负。

案情

2013 年 9 月 18 日，济南瑞豪建材有限公司（以下简称瑞豪公司）合法取得出票日期为 2013 年 8 月 22 日，出票人为东海县永泰自动洗车设备有限公司，金额为 10 万元的银行承兑汇票（票号：31400051/23126634）一张。9 月 20 日，瑞豪公司发现该汇票在河南省新乡市不慎遗失。10 月 20 日，瑞豪公司向张家港市人民法院申请公示催告，如皋市东正纺织品有限公司（以下简称东正公司）在期限内申报权利。2014 年 2 月 21 日，法院裁定终结公示催告程序。

此后，瑞豪公司以东正公司为被告提起诉讼。原告瑞豪公司认为，被告系讼争汇票的非法占有人，请求法院判令确认涉案银行承兑汇票归原告所有，并由被告向原告返还该票据。庭审中，原告提交的加盖有张家港市人民法院核对无异印章的银行承兑汇票复印件显示被背书人依次为：中铁十四局集团有限公司南水北调东线梁济运河 6 标项目经理部、济宁山水水泥有限公司、新乡市莹辉印刷材料有限公司、如皋市东正纺织品有限公司。原告瑞豪公司不是该汇票的被背书人。与此同时，原告还提交了 2013 年 9 月 28 日济宁山水水泥有限公司、山东长箭建设集团有限公司分别出具的证明各 1 份，以证明：济宁山水水泥有限公司以讼争汇票向山东长箭建设集团有限公司支付工程款，后山东长箭建设集团有限公司为支付工程款，将该汇票又交付给原告。被告则辩称，讼争汇票系泰州市荣腾塑业有限公司于 2013 年 10 月 8 日向其支付的货款。汇票到期后委托收款，银行以汇票挂失拒付，其已向法院申报权利。后经协商，被告已将汇票退还泰州市荣腾塑业有限公司，该公司重新支付了货款，故不同意原告的诉讼请求。被告提交了一份泰州市荣腾塑业有限公司于 2014 年 5 月 25 日出具的证明一份，以证明其抗辩主张。

如皋市人民法院经审理认为：本案原告主张的权利性质为票据返还请求权。原告没有证据表明被告是非法占有涉案汇票的人，且被告不是原告丧失票据后直接取得票据的人，故原告要求被告返还讼争汇票的请求，法院难以支持。原告若确实遗失了票据，只

① 黄松有. 票据法司法解释实例释解. 北京：人民法院出版社，2006：199－200.

能向拾得票据的人或基于法律的规定向不法占有人要求返还。判决后，双方均未上诉。①

评析：首先，原告主张被告系讼争汇票的非法占有人，没有事实依据。从汇票背书记载可以看出，新乡市莹辉印刷材料有限公司是紧随济宁山水水泥有限公司在被背书人栏签章的被背书人。在被告瑞豪公司取得汇票之前，至少新乡市莹辉印刷材料有限公司取得过汇票。泰州市荣腾塑业有限公司出具的证明表明，被告取得该汇票系泰州市荣腾塑业有限公司用于支付货款的对价。从汇票的形式上看，被告系该汇票记载的最后被背书人，且汇票的签章完整，前后手的背书依次前后衔接连续，故被告依法应是讼争汇票的合法持有人。其次，根据原告提供的两份证明，济宁山水水泥有限公司向山东长箭建设集团有限公司交付汇票时以及山东长箭建设集团有限公司再向原告交付时，均采用直接交付方式，原告瑞豪公司并不是该汇票的被背书人。依据我国《票据法》的规定，持票人转让票据权利应当背书并交付汇票，以背书转让的汇票，背书应当连续。显然，本案中原告取得票据的手续存在瑕疵。司法实践中关于“通过直接交付而获得票据之人是否享有票据权利”尚存在争议。更为关键的是，被告获得汇票的时间是 2013 年 10 月 8 日，发生在原告申请公示催告之前。因此，善意第三人的票据权利应受到法律的保护。即使汇票尚未退还泰州市荣腾塑业有限公司，被告亦无须返还票据给原告。

5.5.3 伪报票据丧失

票据丧失救济制度的目的在于为失票人提供救济。但在票据实践中，个别票据当事人出于种种非法目的，利用票据丧失救济制度，伪报票据丧失非法取回票据款项，使合法持票人遭受损失或利益受到影响，同时还扰乱了正常的市场经济秩序，浪费了司法资源。近年来伪报票据丧失的案件在实务中数量较多，已在人民法院所受理的公示催告案件中占了不小的比例。② 因此，在构建和完善票据丧失救济制度的同时，不能忽视对伪报票据丧失行为的规制。

1. 伪报票据丧失情形

实务中，伪报票据丧失主要表现为以下两大类情形。

1）因基础关系纠纷而伪报票据丧失

因基础关系产生纠纷，当事人一方故意称“票据丧失”，以使自己在基础关系纠纷中占据主动地位，这是最为常见的一种情形。例如，出票人将票据交付给收款人，或者背书人将票据交付给被背书人后，发现后者并没有按照约定履行合同义务。为了阻止收款人或被背书人行使票据权利，或者阻止票据继续被转让，出票人或背书人遂谎称票据丧失。

① 案例来源：肖剑飞，江苏法院网.

② 付琛瑜. 伪报票据丧失及其防范对策. 浙江金融，2007（6）.

案例

2000 年 10 月，甲商贸公司以丢失一张号码为 IVX0042900、收款人为乙广告公司的转账支票为由，向北京市朝阳区人民法院申请公示催告。法院受理后，向银行发出止付通知书，并在《人民法院报》上登出公告。2001 年 3 月，乙广告公司以甲商贸公司拖欠广告费为由，将甲商贸公司告至北京市朝阳区人民法院，其证据之一就是上述被银行退票的 IVX0042900 号支票。在法庭调查中，法院查明：甲商贸公司与乙广告公司之间存在广告代理关系，甲商贸公司曾用该支票向乙广告公司支付广告费。此后甲商贸公司反悔，不愿向乙广告公司付款，故向法院谎报票据丧失，致使乙广告公司持该支票向银行提示付款时，被银行予以退票。

2）为实施票据诈骗而伪报票据丧失

犯罪分子将票据背书转让给串通好的同伴，然后谎称票据丧失，到法院申请公示催告，并最终凭除权判决向付款人请求支付票款。与此同时，其同伴则持票据骗取他人货物。因为我国《民事诉讼法》规定：公示催告期间票据转让无效，受让人不能享有票据权利；公示催告程序终结法院作出除权判决后，票据归于无效，受让人同样也无法获得票据权利。

尽管《最高人民法院关于审理票据纠纷案件若干问题的规定》中明确规定公告应登载在全国性的报刊上，目的是使大多数人有机会得知公告内容，以便及时向人民法院申报权利，但是，对于大多数利害关系人而言，并不一定会订阅登载公告的报刊，未能看到公告的可能性仍然较大。因此，即使存在持有票据的利害关系人，也有可能因未看到公告而在公示催告期间内没有向法院申报权利。这样当最后持票人要求付款时，票款早已被公示催告的申请人领走。

2. 我国关于伪报票据丧失的规定

无论是我国《民事诉讼法》《票据法》还是中国人民银行的部门规章，均未对伪报票据丧失作出规定。直至 2000 年 2 月 24 日，《最高人民法院关于审理票据纠纷案件若干问题的规定》出台，情况才有所改观。

该司法解释第 39 条规定："对于伪报票据丧失的当事人，人民法院在查明事实、裁定终结公示催告或者诉讼程序后，可以参照《民事诉讼法》第 102 条的规定，追究伪报人的法律责任。"据此，法院可以视情节轻重对伪报人或伪报单位的主要负责人或直接责任人予以罚款、拘留，构成犯罪的，依法追究刑事责任。该规定及时填补了法律空白。但该条规定发挥的作用有限，从我国司法实践中来看，法院大多对伪报票据丧失者采取罚款的方式进行惩处。

案例

2007 年 1 月 4 日，北京阳光视线广告有限公司向朝阳区法院申请公示催告，称该公司将一张转账支票丢失。当天，法院即向该公司的开户银行送达了公示催告止付通知书，并发出公告，要求利害关系人在公告发布之日起六十日内向法院申报权利。2 月 8

日，北京杰威诗乐服装服饰中心向朝阳区法院申报权利，称北京阳光视线广告有限公司曾与其签订服装加工定做合同，服饰中心向该公司交付了服装后，北京阳光视线广告有限公司给了服饰中心一张转账支票。服饰中心在承兑该支票时，被银行拒绝，方得知法院已经通知银行止付该支票，因此才来法院要求给予解决。

2月9日，法院将北京阳光视线广告有限公司代理人传唤至法院。经查实获悉：北京阳光视线广告有限公司认为定做的服装存在质量问题，为达到拒绝付款的目的，谎称支票丢失而向法院申请公示催告的事实。法官当即指出该公司伪报票据丧失行为的违法性，并对其进行了批评教育，北京阳光视线广告有限公司向法院承认了错误，并做出了书面检查。最终，法院依照《最高人民法院关于审理票据纠纷案件若干问题的规定》第39条的规定，裁定终结了的公示催告程序，并依照《民事诉讼法》第102条对该公司作出罚款三千元的决定。(案例来源：石岩，中国法院网)

5.6 涉外票据的法律适用

5.6.1 涉外票据的特点

涉外票据具有以下特点。

(1) 涉外票据具有涉外因素。依国际私法的解释，涉外因素是指下列情形之一：① 法律关系的主体的一方或双方是外国人，包括自然人和法人；② 法律关系的客体位于国外；③ 导致法律关系产生、变更、消灭的法律事实发生在国外。但依据我国《票据法》第94条第2款的规定，涉外票据是指出票、背书、承兑、付款、保证等行为中，既有发生在中华人民共和国境内又有发生在中华人民共和国境外的票据。由此可见，我国所指的涉外票据，仅是具有导致票据法律关系产生、变更、消灭的法律事实发生在国外的涉外因素的票据。

(2) 涉外票据的标志是票据行为超越国界，即票据行为具有涉外性，但并不意味着票据行为全都具有涉外性。

(3) 涉外票据的法律适用与国内票据不同。涉外票据的法律适用应当根据国际私法的法律冲突规范，来确定调整票据法律关系的实体法，进而明确票据法律关系中的权利和义务。

5.6.2 我国涉外票据法律适用的基本原则

1. 国际条约优先适用原则

我国《票据法》第95条第1款规定：“中华人民共和国缔结或参加的国际条约同本

法有不同规定的，适用国际条约的规定。但是，中华人民共和国声明保留的条款除外。”《民法通则》第 142 条也有相关规定。

2. 国际惯例补充适用原则

国际惯例是在国际商业实践中反复使用而形成的，具有固定内容的各国普遍承认的习惯做法。构成对国际商事活动有约束力的惯例必须具备三个条件：① 具有确定的内容，即具体包含了确定参加国际商事活动的当事人权利和义务规则；② 它已成为国际长期商事活动中反复使用的习惯；③ 它是全国普遍承认具有拘束力的通例。[①] 国际惯例具有任意性的特点，当事人明确选择适用时才对当事人具有约束力。我国《票据法》第 96 条第 2 款规定：“本法和中华人民共和国缔结或参加的国际条约没有规定的，可以适用国际惯例。”

3. 根据冲突规范援引准据法原则

援引的准据法可以是国内法，也可以是国外法。我国《票据法》第 96 条规定：“票据债务人的民事行为能力，适用其本国法律。票据债务人的民事行为能力，依照其本国法律为无民事行为能力或者限制民事行为能力而依照行为地法律为完全民事行为能力的，适用行为地法律。”第 97 条规定：“汇票、本票出票时的记载事项，适用出票地法律。”第 98 条规定：“票据的背书、承兑、付款和保证行为，适用行为地法律。”

实务案例讨论

案例讨论一：

2006 年 6 月 17 日，永茂公司与汇源公司签订皮革买卖合同，向汇源公司订购服装革，合同约定永茂公司需一次性付给汇源公司定金 100 万元。次日，黎纳公司开出票面金额为 60 万元的银行承兑汇票，收款人是永茂公司，由中国银行 A 支行承兑。永茂公司取得该汇票后即用于支付购货定金，并在背书人处签章后交付给汇源公司。6 月 20 日，汇源公司为购买猪原皮，将该汇票交付给某原皮中心，但汇源公司未在汇票上作任何签章。原皮中心将所持的汇票的第一被背书人补记为原皮中心，同时在第二被背书人栏内签章，于 6 月 25 日持汇票去其开户银行城区信用社申请贴现。城区信用社委托中国银行 B 支行用电报向承兑人 A 支行查询。A 支行于 6 月 28 日回电称：银行承兑汇票属实。同日，城区信用社为原皮中心办理了汇票的贴现手续，将汇票金额 60 万元扣除利息后，支付给原皮中心。城区信用社于 10 月 15 日提示付款时，遭拒付。城区信用社诉至法院。

请问：城区信用社应如何维护自身权利？可以以哪些主体作为被告？

案例讨论二：

2007 年 3 月 1 日，原告某市食品公司，为偿付该市佳佳办公用品公司货款，签发了一张金额为人民币 8 280 元的中国建设银行某分行的转账支票，未记载收款人名称就交付了支票。3 月 3 日，佳佳公司持该支票到某商城购买计算机等设备，此时支票的大

① 张圣翠. 国际商法. 4 版. 上海：上海财经大学出版社，2006：4.

小写均涂改为 38 280 元。某商城收下支票的当日，即在收款人一栏填写上自己的名称，然后以持票人身份将该支票交给中国建设银行某分行某营业所，由该营业所于当日从食品公司账户上划走人民币 38 280 元。3 月 31 日，食品公司与其开户行对账时，发现该转账支票金额与存根不同，已被改写。经司法技术鉴定，金额系消退后书写所形成。于是食品公司起诉至法院，要求确定该票据无效，判令佳佳公司和某商城共同承担经济损失 38 280 元。

请问：食品公司的诉讼请求应否得到法院的支持？你认为本案应如何处理？

思考题

1. 什么是票据的无因性？请举例说明。
2. 银行汇票和银行承兑汇票是等同的吗？请简要阐明理由。
3. 什么是背书？背书可以分为哪几类？
4. 汇票持票人超过法定提示期限请求付款，是否将丧失对所有前手的追索权？为什么？
5. 什么是票据伪造？什么是票据变造？请分述二者的法律后果。
6. 我国立法规定了哪几种票据丧失救济措施？在报纸上刊登遗失声明具有法律效力吗？

第6章

产品责任法律制度

现代社会，产品已极其丰富。科技的进步直接带动了产品的更新换代。为了满足人类的各种需要，产品制造的复杂性和专业性日益增强。人们在享受产品多样化和新颖化的同时，亦面临着诸多的风险。由产品缺陷而引发的产品责任案件日益增多。产品责任不仅涉及消费者的保护问题，同时从商主体的角度来看，还关系到其经营风险的承担。了解有关产品责任制度，为现代商事活动主体所必需。

6.1 产品责任的概念及性质

6.1.1 产品责任的概念

产品责任是指由于产品存在缺陷而使消费者、使用者或其他第三者遭受人身伤害或财产损失时，该产品的生产者和销售者依法应该承担的一种损害赔偿责任。

案例评析

案例：2007年3月18日中午，韦女士在家中照常为自己的“大显GPR8000”手机充电，待其下午回家时发现该手机电池发生爆炸，并引发了火灾。大火烧毁了韦女士家中的桌子、地板、墙壁及毛绒玩具等物品。韦女士随即与手机的生产商取得联系，要求厂家对损毁的手机及烧毁的物品进行赔偿。厂家于第二日派工作人员到韦女士家中核实事故发生情况。经核实，厂家承认该事故手机确实是其生产，同时也认可火灾是由该手机电池充电爆炸引起的，但厂家只负责赔付受损的手机，对于爆炸引发的火灾所造成的损失不予赔偿。经多次协商，双方未能达成一致，韦女士于是起诉到了法院。最终，在法官的调解下，双方均做出了让步并达成调解协议，由大显公司付给韦女士5 000元作为赔偿，韦女士将受损的手机、电池和充电器退还给大显公司。双方在笔录上签字后，在和谐的气氛下，法官宣布休庭。（案例来源：王悦，中国法院网）

评析：本案中韦女士家中的物品毁损是因手机存在缺陷而引发火灾所致，应属于产品责任的赔偿范围。手机生产商对此拒绝赔偿的做法不正确。如果本案法院未能调解成功，亦应依法判决手机生产商赔偿韦女士家中物品的损失。当然，韦女士必须对此受损失的具体数额进行举证。

6.1.2 产品责任的性质

关于产品责任的性质，我国学界主要存在两种不同的观点：一是侵权责任说，二是双重责任说。

1. 侵权责任说

侵权责任说认为，产品责任符合侵权责任的基本属性，同时又在责任主体、构成要件与归责原则上具有特殊性，因而是一种特殊的侵权责任，产品责任已经逐渐脱离传统合同法理论，转而成为侵权行为法的重要分支。[①] 产品责任所要制裁的是违反一般社会义务所生产、销售瑕疵商品，危害消费者利益的侵权行为，而非违反特定给付义务的违约行为。建立在侵权责任说基础上的产品责任制度，有利于解决合同责任与侵权责任的竞合问题，有助于逐步摆脱二元责任体制，建立起统一的产品责任规范。另外，产品责任在立法和司法实践中，还与产品质量标准、商品检验、食品和药物管理、危险产品管制、广告、计量、防止不正当竞争和商业诈欺等保护消费者的法规，有着紧密的联系。因此，追究产品责任所依据的行为规范，已超出了合同法的法律范畴。《民法通则》中关于产品责任的规定被列入“侵权的民事责任”一节，亦表明立法者关于产品责任性质的立场。尽管合同补救仍然为一些瑕疵产品的受害者可据适用的法律手段，但产品责任在性质上仍应划归侵权责任法之范围。[②]

2. 双重责任说

双重责任说认为，产品责任一般分为两类：产品合同责任与产品侵权责任。前者产生的法律根据是因违反“合同义务”产生的，后者是因违反“非合同之法律义务”而产生的。[③] 在民事责任方面，产品责任处于合同法与侵权法相交叉的领域，其基础包括违约责任与侵权责任。对于产品责任中合同责任与侵权责任的竞合，司法实践是认可的。虽然，《民法通则》确实是在“侵权的民事责任”的标题下通过第 122 条规定了产品责任，但它并未排斥合同法对于产品责任的适用。采用双重责任说对消费者保护较有利，原告可以选择两者之中有利于自己的法律依据提起诉讼，如消费者欲请求较高的损害赔偿额度时，可以主张侵权责任；若基于时效利益应可选择合同责任。[④]

---

① 王利民. 民法：侵权行为法. 北京：中国人民大学出版社，1993：420－423.

② 王家福. 中国民法学：民法债权. 北京：法律出版社，1991：548－551.

③ 张佩霖. 中国民事法律理论与实务. 北京：法律出版社，1992：271.

④ 刘文琦. 产品责任法律制度比较研究. 北京：法律出版社，1997：113.

6.2 产品责任法概述

产品责任法是调整产品责任关系的法律规范的总称，其目的在于最大限度地约束生产者和销售者的行为，维护消费者利益并促进商品经济的发展。产品责任是现代化工业发展的产物，因此，产品责任立法相较于其他立法而言起步较晚。

6.2.1 美国产品责任法概述

美国的产品责任法是目前世界上发展最迅速、最具代表性的产品责任法之一。在发达国家中，美国的产品责任法客观上起着示范导向的作用。美国产品责任法可分为判例法和成文法两大部分。产品责任理论与归责原则基本上是由判例法形成的。成文法则主要体现为《统一产品责任示范法》(专家建议文本)、《统一商法典》、《侵权法重述》及《联邦食品、药品和化妆品法案》等。

美国产品责任法的发展大致经历了以下几个阶段。

1. 20 世纪之前

美国早期的产品责任法沿袭的是英国普通法中的做法，以契约关系来处理产品责任问题，即只有存在合同关系的当事人之间，才可主张产品责任赔偿。最具代表性的案例是 1842 年英国最高法院受理的温特博特姆诉赖特一案。

案例

原告温特博特姆是驿站长雇用的马车夫。雇主与赖特订有一份由赖特提供合格安全的马车来运送邮件的合同。赖特在规定的时间内将马车交给了驿站长，驿站长让温特博特姆驾马车去送邮件。可是，当温特博特姆驾马车送邮件时，马车的一只轮子突然塌陷，致使其受伤。于是，温特博特姆以赖特提供有缺陷的马车直接导致自己受伤为由，向法院提起诉讼。被告赖特以原告温特博特姆不是供车契约的当事人为由，拒绝赔偿。最后，法院支持了被告，理由是：尽管缺陷产品造成了他人的损害，但该缺陷产品的生产或供应者对没有契约关系的受害人不负赔偿责任。由此，确立了“无契约无责任”原则。

上述判决传入美国后，被美国迅速接受。有学者分析了其中的原因：首先，19 世纪在英国占统治地位的是“契约自由”原则，而这个时期的美国也是契约自由原则支配了当时的法律，这种观念上的一致性为美国在产品责任制度上承袭英国法扫清了障碍；其次，与英国一样，“无契约无责任”原则适应了 19 世纪中期美国工业发展的需要，它限制了产品致害的索赔范围，保护了生产者的利益，有利于资本的积累和生产的发展；

再次，当时美国讼案如山，法官们唯恐没有直接合同关系允许人们提起诉讼，会导致案件的数量增加，为此只有“合同关系责任”可以抑制部分受害人提起诉讼。①

需说明的是，美国法院的法官们并没有教条地完全照搬英国产品责任案例，因为他们发现以契约关系来处理产品责任问题存在弊端。于是，一些例外被创设出来。这些例外的存在，使得法官对个别案件作出了有利于消费者的判决。例如，1852 年托马斯诉温切斯特一案。

案例

1852 年，被告温切斯特（Winchester）将误贴有与标签内容不符的有毒药品颠茄经某药店出售给原告托马斯（Thomas）。原告购买了被告制造并误贴标签的药品后，按照该药品标签的指示服用了药品，结果导致身体受伤。纽约州最高法院认为，药品的制造商虽然与原告不存在直接的合同关系，但被告的行为将人的生命置于现实可知的危险之中，被告有义务防止该损失的发生，但却怠于履行注意义务，因此应按过失行为论处。此案确立了药品制造人对于可预见之第三人因使用商品所致之损害亦负损害赔偿责任，该原则理论称为“固有危险性责任”。

虽然，这一时期的美国司法实践并没有固执地强调契约关系的存在，但从总体上来看，“无契约无责任”仍成为该时期美国法院处理产品责任问题所依循的主要原则。

2. 20 世纪后

进入 20 世纪后，由于工业的迅速发展，产品责任纠纷越来越多。传统的契约责任原则明显不能适应解决纠纷实践的需求。美国产品责任法进入一个新的发展阶段。

1) 过失责任理论

一般认为，现代意义上的产品责任法的标志是 1916 年的美国麦克弗森诉别克汽车公司案。该案创立了过失责任理论。所谓过失责任，也称疏忽责任，是指由于生产者或销售者的疏忽致使产品有缺陷，从而使消费者或使用者的人身或财产遭受损害，产品的生产者或销售者应当对其疏忽承担赔偿责任。

案例

别克汽车公司（Buick Motor Co.）将汽车交经销商经销。经销商将其中的一辆汽车卖给了原告麦克弗森（MacPherson）。原告在驾车时该汽车的轮胎发生了爆炸，致使其受伤。为此，原告起诉被告别克汽车公司。被告辩称：原告受伤是由于汽车轮胎爆炸造成的，而汽车的轮胎并非被告制造，是由另一家公司提供的。此外，被告律师还援引了英国的温特博特姆诉赖特一案，认为汽车销售合同是原告和销售商订立的，被告与原告没有直接的合同关系，因此不存在赔偿问题。

法官卡多佐拒绝接受英国判例的约束，并且声称：“上述判例是以公共马车旅行的时代援引的，它不适用于今天的旅行条件。危险在所难免的原则固然没有变化，但适用

① 薛志明，古宁. 美国产品责任法的发展. 现代法学，1994 (1).

这项原则的事物已变化了。这是因为发达文明社会生活需要而非这样做不可。”“任何物品制造上具有过失，依其本质将构成对生命及身体危险的，即属危险品。除此项危险因素以外，制造人若知悉该项物品将由买受人以外之第三人未经检查而使用者，则无论有无合同关系，对该项危险物品之制造，均负有注意义务，制造人未经注意者，就所生之损害应负赔偿责任。”① 最后，判决原告胜诉。

1916 年的麦克弗森诉别克汽车公司案突破了产品责任限于合同当事人的限制，扩大了制造者承担产品责任的范围。产品责任不再像过去那样限于食品、药物或爆炸物等固有危险品。

此后，美国法院不断有案例扩张解释产品制造人的过失责任。从美国大量的案例中可以发现，涉及产品责任的过失主要分为三类。

（1）制造过程的过失。对于可能造成危险的产品，制造人负有做适当检查或测试工作的义务。产品制造人在产品制造过程中未尽合理的注意义务，使产品存在瑕疵导致他人受到损害时，应负损害赔偿之责。

（2）设计上的过失。制造商应制造合理、安全且具有目的功能的产品，因此其对于产品的设计亦有合理注意的义务。关于制造商对产品设计的注意义务标准，应视该产品是否已具备相当安全的措施而定。

（3）警示上的过失。产品制造商已经知晓或者应当知晓产品存在不合理的危险时，应负有做出适当的警示或说明的义务。如果制造商对于既存的危险没有给予适当的警告或使用上的说明，从而造成消费者损害时，其怠于警示的行为即为过失行为。如果产品本身或产生的危险是众所周知的，则制造商无须警告。

在过失责任理论下，尽管原告无须证明其与被告之间存在直接的合同关系，但仍必须证明：① 被告存在疏忽；② 产品的缺陷确由被告的疏忽所致；③ 原告的损失确由产品缺陷引起。事实上，原告要证明上述事项是十分困难的。消费者对于制造商在产品的设计、制造上是否未尽合理的注意义务，必须通过专家学者或专业人士的作证说明，才能使法院有充分的理由判决制造商承担产品责任。这无疑会增加消费者的诉讼成本和诉讼难度。

2）担保责任理论

鉴于过失责任理论因举证困难而不利于对消费者权益的保护，美国法院的一些法官开始探求新的途径去解决产品责任纠纷。于是，担保责任理论便应运而生。

所谓担保责任理论，是指由于生产者或销售者违反了对产品的明示担保或法律规定的默示担保，致使产品有缺陷，从而使消费者或使用者的人身或财产遭受损害，对此，产品的生产者或销售者应当基于担保而承担赔偿责任。

在买卖合同关系中，卖方必须保证其出卖的物品符合双方当事人约定的标准，买方则有权要求卖方承担担保责任。从法理上讲，只有当原告与被告之间存在直接合同关系时，原告才可以主张被告违反担保，从而应承担赔偿的责任。但就产品责任领域而言，若要求

① 斯奈曼. 美国严格责任学说的演变. 法学译丛，1985（4）.

存在直接合同关系，显然会不利于消费者的保护，于是1932年巴克斯特诉福特汽车公司案，法官突破了合同关系的束缚，运用担保责任理论对案件作出了有利于消费者的判决。

案例

原告巴克斯特（Baxter）向汽车零售商购买了被告福特汽车公司（Ford Motor Co.）制造的福特汽车。被告以书面形式保证汽车的挡风玻璃是防碎玻璃。但是，当原告驾车时，却被一颗小石子击中挡风玻璃，玻璃的碎片伤到了原告的眼睛。为此，原告起诉至法院，主张赔偿。审理此案的赫曼法官（Judge Herman）认为，被告与原告虽无直接买卖契约的存在，但被告能预见到其产品的担保范围及于买受人和使用该商品的第三人。如果被告的产品不具有原告相信的广告说明中的功能，则被告仍应承担赔偿责任。

担保责任理论下，制造商不仅应承担明示担保责任，还应承担默示担保责任。明示担保基于当事人的意思表示而产生，如产品的制造商对产品的品质、用途、性能等做出保证性的声明或陈述。默示担保则非基于当事人的意思表示而产生，它是一种法定的担保形式。1932年巴克斯特诉福特汽车公司案中，被告违反的即是明示担保之责。在美国司法实践中，以违反默示担保之责为由而判决制造商承担产品责任的案例也时有出现。担保责任的理论，不仅适用于买受人，同时还扩大到买受人的家属、朋友、访客之身体或财产。①

总之，进入20世纪后，美国法院的法官们明显站在了消费者一边，开始关注对消费者利益的保护。法官在审判中往往不再强调直接合同关系的约束。

3. 第二次世界大战后

第二次世界大战后，随着保护消费者的呼声高涨，美国产品责任法又取得进一步的发展。严格责任理论得以确立。所谓严格责任，是指只要产品存在缺陷，对消费者具有不合理的危险，且造成了人身伤害或财产损失，产销中各个环节的人都要负赔偿责任。

严格责任理论最初于1944年由美国加利福尼亚州最高法院法官在审理“埃斯科拉诉可口可乐装瓶公司”一案的判决赞同意见中提出。

案例

原告（Escala）是一位餐馆女服务员。当她将可口可乐放入冰箱时，其中的一瓶发生了爆炸，致使其严重受伤。原告诉至法院，要求被告（Coca Cola Bottling Company）承担赔偿责任。原告未能提供任何关于被告存在过失的证据，被告却提供了有关可口可乐瓶子的制造、检验等的适当证明。加利福尼亚最高法院的法官认为，当制造商将产品投放市场时，明知其产品将不经检验就会被使用，如果这种产品被证明具有致人伤害的缺陷，那么制造商就应承担绝对责任。于是，最终判决原告胜诉。

---

① 刘文琦. 产品责任法律制度比较研究. 北京：法律出版社，1997：29.

严格责任理论的正式确立，则体现于 1963 年格林曼诉尤巴电力公司案的判决中。该案例创设了美国产品责任法上著名的“格林曼规则”，该规则被美国法学会于 1965 年写入《第二次侵权行为法重述》第 402 条 A 款，其具体规定如下。① 任何商品因瑕疵对最后使用人或消费者之身体或财产造成具有不合理之危险时，基于下列情况产品制造人应对损害负赔偿责任：A 出卖人系从事于销售此类物品之买卖；B 预期商品到达使用人或消费者手中时，仍保持原来出售状况无实质上改变。② 前项规定于下列情形仍适用：A 出卖人对于商品之准备程序与销售已尽可能之注意义务；B 使用人或消费者与出卖人之间并无买卖关系存在。

案例

原告（Greeman）的妻子在零售商处购买了被告（Yuba Power Products Inc）制造的一种多功能电动工具。当原告按说明书的要求使用该工具锯木时，一块木头突然从电动工具中飞出来击伤了其头部。原告诉至法院。加利福尼亚州最高法院的法官在判决时指出：当一个生产者将一件产品投放市场时，如果该产品表明含有致人损害的缺陷时，那么该产品的生产者在侵权方面负有严格的责任。由此，创立了“格林曼规则”。

与过失责任理论相比，严格责任理论下原告无须证明被告存在过错，这对于不能认定被告存在过错或者难以举证的原告十分有利。与担保责任理论相比，严格责任理论不以被告违反担保义务为要件，而是以产品存在缺陷作为认定责任的标准，原告无须证明被告违反担保义务。因此，在三种理论中，严格责任理论更有利于对消费者的保护。

尽管如此，并不意味着严格产品责任是一种绝对责任，受害者仍必须证明：① 被告是专门从事某产品生产的商人；② 产品存在缺陷，包括制造、设计和警示缺陷；③ 产品出厂时该缺陷已经存在；④ 产品缺陷是造成受害者损害的直接原因或与损害有因果关系。

目前，美国绝大多数州已确立严格责任原则，但迄今仍有少数州适用疏忽责任（过失责任）或担保责任理论。

4. 20 世纪 70 年代中期以来

在美国，产品责任法主要是州法，而不是联邦统一的立法。各州都有自己的产品责任法，而且存在差异。20 世纪 70 年代以来，美国加强了产品责任的联邦立法工作，主要包括：1972 年颁布《消费品安全法》（Consumer Product Safety Act）；美国法学会（ALI）1972 年修订《统一商法典》（Uniform Commercial Code）时制定“产品责任—担保责任”部分；为了统一各州的产品责任法，美国商务部在 1979 年 1 月提出了专家建议文本《统一产品责任示范法》，供各州采用，等等。这表明美国产品责任法正日益呈现出判例法与成文法相互结合、互为补充的态势。

值得一提的是，20 世纪 70 年代中期以来，美国出现了“产品责任保险危机”，主要是产品责任诉讼案件急剧上升，损害赔偿数额不断增大，保险公司不得不采取措施提高保险费或者限制保险险种。企业得不到保险的保护，经营风险十分巨大，这种风险一旦成为现实将导致企业破产。于是，企业界强烈要求调整产品责任制度。20 世纪 90 年代，美国国会出现了产品责任公平法的提案，各州也纷纷通过立法对产品责任制度进行改革。1998 年，美国法学会正式通过《第三次侵权法重述：产品责任》，它标志着美国的产品责任制度开始向限制生产者责任的方向转变。

综上所述，美国产品责任法主要是在司法实践中发展起来的。它发源于英国的契约责任关系，经过了过失责任和担保责任的发展阶段，最后形成了严格产品责任原则。当前，关于消费者与生产者之间的利益衡平问题引起关注。

6.2.2 欧洲产品责任法概述

1. 产品责任立法概况

在 20 世纪 80 年代以前，欧洲各国大都没有制定关于产品责任的专门立法。它们的法院主要是通过引申解释民法典有关规定来处理产品责任案件。例如，法国法院在处理产品责任案件时，主要以《法国民法典》有关买卖和侵权责任的规定为依据。1978 年联邦德国曾制定了一项关于药品的产品责任法，要求生产有缺陷的药物的制造厂商对此承担严格责任。这是欧洲较早的一项有关产品责任的专门立法，但其适用范围仅以药物为限，不涉及其他产品。

从 1985 年以后，上述情况有了很大的变化，这种变化主要源于欧洲经济共同体理事会 1985 年采取的一项立法措施。该理事会为了协调和统一共同体各成员国的产品责任法，于 1985 年 7 月 25 日通过了一项《关于对有缺陷产品责任的指令》（Directive Concerning Liability for Defective Product），并要求各成员国在 1988 年 8 月 1 日以前采取适当的国内立法程序，将该项指令付诸实施。[①] 于是，英国在 1987 年[②]，希腊、意大利在 1988 年，卢森堡、丹麦、葡萄牙、德国在 1989 年，荷兰在 1990 年，比利时、爱尔兰在 1991 年分别制定了本国的产品责任法，这标志着欧洲产品责任法的成文化、专门化趋势。

因此，《关于对有缺陷产品责任的指令》（以下简称《产品责任指令》）是欧洲产品责任法发展的一个新的里程碑。探讨欧洲产品责任立法，就必须对《产品责任指令》的基本内容有所了解。

2.《产品责任指令》的基本内容

《产品责任指令》共有 22 条，主要包括以下内容。

1）产品的范围

《产品责任指令》第 2 条规定："产品指初级农产品和狩猎产品以外的所有动产，即使已被组合在另一动产或不动产之内。初级农产品是指种植业、畜牧业、渔业产品，不包括经过加工的这类产品。产品亦包括电。"与此同时，该《产品责任指令》允许欧共

① 冯大同. 欧洲产品责任法的新发展. 中国法学，1992（1）.

② 1987 年英国发布. 消费者保护法. 该法第一章"产品责任"实际上就是英国的产品责任法。

体各国通过国内立法，将初级农产品和狩猎产品包括在承担产品责任的“产品”之内。但实际上，大多数欧洲国家仍旧直接采用了该指令中的产品概念。

2）生产者的范围

关于生产者的范围，《产品责任指令》规定得较广泛，包括：① 制成品的制造者；② 任何原材料的生产者；③ 零部件的制造者；④ 任何将其名称、商标或其他识别标志置于产品之上的人；⑤ 任何进口某种产品在共同体内销售、出租、租赁或在共同体内以任何形式经销该商品的人。

3）产品责任原则

《产品责任指令》采用“无过失责任”原则，即：规定遭受损害的消费者只需证明有关产品存在缺陷，而且该缺陷的存在与其所遭受的损害之间有因果关系，就可以依法请求生产者给予损害赔偿，无须证明被告存在过失。

4）生产者的免责

生产者在能够证明有以下情形的，可以不承担赔偿责任：① 未将产品投入流通；② 产品投入流通领域时造成损害的缺陷尚不存在或产品的缺陷是在投入流通领域以后才产生的；③ 该产品并非为销售、出租或其他经济目的而制造，也不是按惯常商业做法制造或分销；④ 缺陷是由于生产者依从国家当局发布的有关强行性规定所引起的；⑤ 在将产品投入流通时的科学与技术水平尚不能发现产品存在缺陷的，即所谓的“发展风险”。

对于发展风险，《产品责任指令》允许各成员国决定是否采纳。英、德等多数成员国规定发展风险可以免责。被害者自己的误用或过失是否可以作为免责事由，由各国自行决定。

5）损害赔偿

《产品责任指令》允许各成员国通过国内立法对同类产品的同样缺陷造成的人身伤害或死亡的赔偿总额不得多于 7 000 万欧洲货币单位。对于每一诉讼财产损失，《产品责任指令》规定最低赔偿额为 500 欧洲货币单位。《产品责任指令》未规定对间接经济损失的赔偿责任，也不允许受害方索取精神损害赔偿。

6）诉讼时效

《产品责任指令》规定，受害者的索赔权利自生产者将缺陷产品投放市场之日起 10 年届满即告消灭。《产品责任指令》还要求成员国在本国立法中规定提起损害赔偿的诉讼时效，此诉讼时效为 3 年，从索赔人知道或应当知道受到损害及缺陷产品生产商之日起计算。

6.2.3　中国产品责任法概述

我国的产品责任法起步较晚。改革开放以前，由于实行严格的计划经济体制，产品品种少，复杂的高档产品更少。即使出现产品致人损害的问题，也是极个别现象，按一般损害赔偿关系处理即可。但是 20 世纪 80 年代以后，随着产品种类的丰富、构造的复杂，产品致人损害的现象日益突出，需要专门的立法加以调整。1986 年 4 月 5 日，国务院发布《工业产品质量责任条例》，主要规定的是行政责任，产品也只限于工业产品，还不是真正意义上的产品责任法。

1986 年 4 月《民法通则》获得通过，其中第 122 条规定："因产品质量不合格造成他人财产、人身损害的，产品制造者、销售者应当依法承担民事责任。运输者、仓储者对此负有责任的，产品制造者、销售者有权要求赔偿损失。"《民法通则》虽然对产品责任的规定只有一条，但却是以民事基本法的形式确立了我国的产品责任制度。到了 20 世纪80 年代末 90 年代初，我国产品质量问题愈来愈严重。

1.《产品质量法》与《消费者权益保护法》

1993 年 2 月 22 日，第七届全国人民代表大会常务委员会第三十次会议通过了《中华人民共和国产品质量法》，其中包含了产品责任法的主要内容。此外，1993 年 10 月 31 日第八届全国人民代表大会常务委员会第四次会议通过了《消费者权益保护法》，该法自 1994 年 1 月 1 日起施行，其中也规定了有关产品责任的问题。

1)《产品质量法》的修订

2000 年 7 月，第九届全国人民代表大会常务委员会第十六次会议通过《关于修改产品质量法的决定》，对 1993 年施行的《产品质量法》进行了修改。新修改的《产品质量法》由原来的 51 条，增加到现在的 74 条，其中新增加了 25 条，删除了 2 条，修改了 20 条，近 2/3 的条文有所修改。但修改后的《产品质量法》仍然沿用旧法的结构。2009 年 8 月 27 日，第十一届全国人民代表大会常务委员会第十次会议通过了《关于修改部分法律的决定》，将《产品质量法》第 69 条中的"治安管理处罚条例"修改为"治安管理处罚法"。

有学者指出，我国将产品责任制度规定于《产品质量法》中的做法不可取。主要理由是：从立法内容的性质上看，产品责任属于侵权责任，因此产品责任法为私法，适用民法原则；而《产品质量法》的其他内容则多数是行政法范畴，甚至还有刑法内容，因而为公法。两者在行为后果、责任认定、处理结果等方面都存在巨大差异。硬是将两种具有独立内容、性质不同的规范糅合在一起是不合适的。应参考国外立法的经验，将产品责任法体系独立出来。但也有一些学者认为，《产品质量法》将产品责任和对产品质量的监督管理融为一体，是产品责任法与产品质量管理法合一的一部法律，是目前世界上独一无二的，具有中国特色。① 大多数国家及有关国际组织均未将二者规定在同一法律文件之中。欧美国家通常制定专门的产品责任法，而关于产品质量管理的法律规范则较为分散，主要体现在对一些特殊产品如食品、药品的质量监督、管理法规中。相比国外单纯规定缺陷产品侵权责任的产品责任法，中国《产品质量法》在内容上的这种公法和私法的融合，是经济法综合运用各种调整手段规范政府和市场主体的行为，国家介入经济生活，以维护社会整体利益理念的反映。②

2)《消费者权益保护法》的修订

2013 年 10 月 25 日，第十二届全国人民代表大会常务委员会第五次会议通过了

① 房维廉. 产品质量法的理论和实务. 北京：中国商业出版社，1994：18.

② 徐孟洲，谢增毅. 一部颇具经济法理念的产品质量法. 法学家，2001 (5).

《关于修改〈中华人民共和国消费者权益保护法〉的决定》，修正后的立法自2014年3月15日起施行。这是我国《消费者权益保护法》实施20年来的首次修正。

该次修法强化了经营者义务，规范了网络购物等新型消费方式，加强了消费者个人信息保护，构建了消费公益诉讼制度等。首先，在强化经营者义务方面，举证责任倒置成为破解消费者维权难且成本高的“利器”。修订后的《消费者权益保护法》规定，经营者提供的机动车、计算机、电视机、电冰箱、空调器、洗衣机等耐用商品或装饰装修等服务，消费者自接受商品或者服务之日起六个月内发现瑕疵、发生争议的，由经营者承担有关瑕疵的举证责任。其次，《消费者权益保护法》赋予消费者网购“后悔权”，规定消费者通过网络等方式购买产品可“七日内无理由退货”。同时，为防止权利滥用，有关条款也列明不宜退货的情形，如：消费者定做的，鲜活易腐的，交付的报纸、期刊等商品。此外，修订后的《消费者权益保护法》进一步加强了消费者个人信息保护，规定经营者及其工作人员对收集的消费者个人信息必须严格保密，不得泄露、出售或者非法向他人提供。特别值得关注的是，修订后的《消费者权益保护法》明确了消费者协会在消费公益诉讼方面的主体地位，构建了消费公益诉讼制度。

2. 侵权责任法

2009年12月26日，第十一届全国人民代表大会常务委员会第十二次会议通过了《中华人民共和国侵权责任法》，该法自2010年7月1日起施行，其第五章专门针对“产品责任”做出规定，共7项条款。《侵权责任法》明确了产品责任的性质为侵权责任，肯定了精神损害赔偿和惩罚性赔偿在产品责任领域中的适用。此外，《侵权责任法》还规定：因产品缺陷危及他人人身、财产安全的，被侵权人有权请求生产者、销售者承担排除妨碍、消除危险等侵权责任；产品投入流通后发现存在缺陷的，生产者、销售者应当及时采取警示、召回等补救措施，未及时采取补救措施或者补救措施不力造成损害的，应当承担侵权责任。

显然，相对于《产品质量法》有关产品责任的规定，《侵权责任法》第五章既有守成的一面，也有一些创新的规定。在解释上，不可完全适用特别法优先的原则或新法优先的原则，而是应将两个法律的相关规定有机结合起来进行系统解释，方能正确适用。

6.2.4　产品责任国际公约

由于各自社会、政治、经济发展水平的影响和限制，各国产品责任立法和司法实践存在较大差异。随着国际经济贸易交往的飞速发展，国际性的产品责任事故也不断发生，产品责任问题早已超出一个国家的界限，而成为国际性的问题。这一问题的解决，需要各有关国家的共同合作。国际社会为消除各国在产品责任问题上的立法冲突，妥善解决国际性的产品责任纠纷，做出了积极而不懈的努力。一系列有关产品责任的国际条约逐渐形成。前述在欧洲产生重要影响的《产品责任指令》即属于产品责任国际统一立法成果之一。下面，介绍两个重要的产品责任国际公约，即《斯特拉斯堡公约》及《产品责任法律适用公约》。

1. 斯特拉斯堡公约

《斯特拉斯堡公约》全称为《关于造成人身伤害和死亡的产品责任公约》(Convention on Product Liability in Regard to Personal Injury and Death)，它是由欧洲理事会拟定并在1976年欧洲理事会总部所在地斯特拉斯堡获得通过，1977年1月27日正式签订。根据《斯特拉斯堡公约》第13条第2款的规定，该公约将于欧洲理事会三个成员国成为缔约国之日起生效。目前，《斯特拉斯堡公约》已经生效，成员国有法国、比利时、卢森堡和奥地利等。《斯特拉斯堡公约》要求缔约国有义务使本国的国内法符合公约的各项规定，但并不意味着以此取代本国的产品责任法。

《斯特拉斯堡公约》共有19条正文和一个附件，主要包括以下几个方面的内容。

1) 适用范围

《斯特拉斯堡公约》适用于因生产者提供的产品存在瑕疵而造成消费者人身伤害或死亡的赔偿责任问题。在这里，公约所指的产品是所有动产，包括天然动产和工业动产，无论是未加工的，还是加工过的。

2) 生产者的范围

《斯特拉斯堡公约》所指的生产者主要是指成品或零配件的制造商以及天然产品的生产者；此外，产品的进口商和任何使自己的名字、商标或其他识别特征出现在产品上而将其作为自己产品出示的人，以及在产品没有标明任何生产者身份时，每个提供产品的人都被视为公约所指的生产者，都必须承担同样的产品责任。公约所指的消费者即社会大众，也就是广义上的消费者，包括产品的购买者、使用者和任何受到损害的第三者及其利害关系人。

3) 归责原则

《斯特拉斯堡公约》确立的产品责任的适用原则是严格责任原则，受损害的消费者不需要证明有瑕疵产品的生产者有过失，只要证明产品存在瑕疵，而这种瑕疵使消费者受到了人身伤害或死亡，该瑕疵产品的生产者就应承担损害赔偿责任。而且，即使有关损害是由产品的瑕疵和第三人的作为或不作为造成，也不能减轻生产者的责任。此外，该公约所规定的这种产品责任不得以任何免责或解除义务条款予以排除或加以限制。

4) 免责条款

为兼顾生产者的合法权益，《斯特拉斯堡公约》在为生产者规定了严格责任的同时，也规定了一些减免生产者责任的条款。

(1) 如果生产者能举证证明：第一，他并没有将该产品投入流通；第二，他将该产品投入流通时并不存在瑕疵，或产品的瑕疵是在投入流通以后才产生的；第三，有关产品并非为销售、出租或其他经济目的而制造，也不是按惯常商业做法制造或分销时，生产者不承担损害赔偿责任。

(2) 如果是因受害人或有权索赔的人自己的过失造成了损害事故的发生，在考虑了所有其他情况后，可以减免生产者的责任。但如果损害是既由产品的瑕疵，又由第三方的行为或疏忽造成，则不应减轻生产者的责任。

5) 赔偿限额

《斯特拉斯堡公约》附录规定：对每一死者或伤者的赔偿额不得少于相当于7万元

特别提款权的国内货币；对同类产品的相同缺陷所造成的一切损害的赔偿额不得少于相当于1 000万元特别提款权的国内货币。

6）诉讼时效

《斯特拉斯堡公约》规定的一般诉讼时效为 3 年，即受害人及其利害关系人应在知道或应当知道损害、瑕疵及生产者身份之日起 3 年之内提起损害赔偿之诉。而且，这种诉讼无论如何，应自生产者将造成损害的产品投入流通之日起 10 年内提起；否则，将丧失本公约所规定的损害赔偿请求权。

2. 海牙公约

《海牙公约》全称为《产品责任法律适用公约》(Convention of the Law Application to Product Liability)，于 1972 年第 12 届海牙国际私法会议制定。该公约于 1973 年 10 月 2 日由海牙国际私法会议各成员国公开签署，1977 年 10 月 1 日开始生效。《海牙公约》规定，缔约国在加入公约时最多享有两项保留，即时效规则保留和公约不适用未加工的农产品的保留。到目前为止，已有奥地利、比利时、法国、卢森堡、荷兰、瑞士、挪威、意大利等国批准了该公约。

《海牙公约》的主要内容包括以下几个方面。

1）适用范围

《海牙公约》主要适用于有关产品责任的国际性诉讼案件，而且仅适用于无合同关系的当事方之间所发生的纠纷。凡因缺陷产品造成损害而引起的生产者和销售产品责任纠纷案件都可适用本公约。此处的产品，是指一切可供使用或消费的物，包括天然物品和工业产品，既可以是动产，也可以是不动产。但《海牙公约》允许缔约国作出该公约不适用于未经加工的产品的保留声明。显然，其界定的“产品”范围比《产品责任指令》更为广泛。

2）产品责任的义务主体

《海牙公约》规定，承担产品责任的主体包括：① 成品或零部件的制造者；② 天然产品的生产者；③ 产品的供应者；④ 在产品准备或销售等整个环节中的有关人员，包括修理人和仓库管理员；⑤ 上述人员的代理人或雇员。

3）损害的原因及种类

《海牙公约》规定，损害发生的原因一般是由于产品本身的缺陷；但即使产品本身没有缺陷，由于对产品的说明，或者对其质量、特性或使用方法未提供适当说明而造成对消费者的损害，也属于公约规定的责任范围。损害的种类包括对人身的损害或财产的损害及经济损失，但不包括产品本身的损害及间接损失，如果本身的损害和其他损害联系在一切，则包括在损害范围内。

4）准据法的确定

所谓准据法的确定，是指当有关产品责任纠纷同时涉及几个国家的法律，而各国法律的规定又不尽相同时，应依据哪个国家的法律来审理判决有关纠纷案件。《海牙公约》规定了比较特殊的法律适用原则，主张依据两个以上的联结因素来确定应予适用的准据法。例如，根据《海牙公约》第 4 条的规定，当损害发生地国家同时又是直接遭受损害者的惯常居所地国家，或被指控为责任人的主要营业地国家，或直接遭受损害者取得产品所在地国家时，该损害发生地国家的法律才应被适用。同时，根据《海牙公约》第 5

条的规定，当直接遭受损害者的惯常居所地国家同时又是被指控为责任人的主要营业地国家，或遭受损害者取得产品所在地国家时，该直接受损害者惯常居所地国家的法律也可以被适用。

5）准据法的效力范围

准据法的效力范围指依法律适用原则确定的准据法所能确定的法律问题。根据《产品责任法律冲突规则公约》的规定，主要涉及以下几个方面：① 责任的依据和范围；② 免责的原因及责任的限制和分担；③ 损害的性质；④ 赔偿的方式及范围；⑤ 索赔权利和移转；⑥ 直接有权要求损害赔偿的人；⑦ 委托人对其代理人或雇主对其雇用人的行为所应承担的责任；⑧ 举证责任；⑨ 诉讼时效等。基于这些问题而发生的纠纷，都可以依准据法的规定来进行裁决。

6.3 我国产品责任制度

6.3.1 产品

“产品”是确定产品责任法适用范围的关键因素。我国《民法通则》虽然对产品责任问题作了原则性的规定，但并未界定“产品”的范围。关于“产品”的界定，主要体现在《中华人民共和国产品质量法》和《中华人民共和国消费者权益保护法》中。2010年实施的《中华人民共和国侵权责任法》虽然专门就产品责任问题做出了规定，但并未涉及对“产品”的概念界定。

1.《中华人民共和国产品质量法》关于“产品”的界定

1993年的《中华人民共和国产品质量法》第2条第2款明确规定：“本法所称的产品是指经过加工、制作，用于销售的产品。建筑工程不适用本法规定。”2000年7月，该法被修订，其中关于“产品”的界定也发生了一些变化：“本法所称产品是指经过加工、制作，用于销售的产品。建设工程不适用本法规定；但是，建设工程使用的建筑材料、建筑构配件和设备，属于前款规定的产品范围的，适用本法规定。”

显然，我国《产品质量法》要求“产品”必须具备以下两个条件。

1）必须经过加工、制作

要求产品必须经过加工、制作，实际上将未经加工制作的天然品排除在《中华人民共和国产品质量法》的适用范围之外，如初级农产品、原矿等。所谓加工、制作，是指改变原材料、毛坯或半成品的形状、性质或表面状态，使之达到规定要求的各种工作的统称。加工方法的种类很多，分类方法各有不同，按加工工艺可分为切削加工、电加工、火焰加工、化学加工、焊接加工、激光（雷射）加工、超声波加工、热加工、食品加工、服装加工等。加工是产品产出的过程，产品质量优劣，直接与加工制作有关。①

2）必须用于销售

非为销售而加工制作的物品不是产品质量法中所指的“产品”。但值得关注的是，当前，有些产品并非是通过销售渠道而进入市场的，如：企业为了开拓市场或做广告宣传而赠送产品给消费者，若赠品导致消费者受到人身损害或其他财产损失，能否适用《中华人民共和国产品质量法》？有学者指出，“用于销售”一词，不应简单地理解为只有通过销售而交付之物才是《中华人民共和国产品质量法》所指的产品，无论产品的加工制作是企业为了营销目的有偿或无偿赠送，或作为员工福利而交付给消费者或使用者，都应认为属于产品质量法之产品范围。② 司法实践中，亦有法官持此观点。

案例评析

案例：2006 年 6 月 18 日，北京市嘉临门经贸发展有限公司在朝阳区十里堡华堂商场西服特卖场进行“卖西服赠送 DVD 音响”活动，许女士的丈夫赵先生拿着中了特等奖的宣传单，花了 690 元买了一套相思鸟男西服，商场随西服赠送了一套王牌 DVD 音响。2006 年 7 月 16 日 6 时许，许女士在自家东配房门口“大锅”（卫星接收器）处刷牙时触电死亡。河北省易县电力局到许女士事故现场调查家用电器测试过程的录像光盘显示：卫星接收器与电视机相连，电视机与一台 DVD 机相连，经检测，DVD 机漏电导致卫星接收器漏电。庭审中，原告方向法庭提交了导致许女士触电的 DVD 机，该机器的品牌为“LQ 王牌”，经与易县电力局提供的录像光盘对照，可以认定该 DVD 机与录像中显示 DVD 机为同一台机器。

北京市朝阳区人民法院经审理认为：根据宣传单、销售小票及证人证言，可知被告有 DVD 机作为西服抽奖的奖品，同时可以证明赵先生购买了西服并领取了奖品。从河北省易县电力局的测试光盘与原告提交的 DVD 机比对后，可以证明该 DVD 机存在漏电情况，且测试光盘还可以证明该 DVD 机的漏电造成了许女士户外的卫星接收器漏电。因此，许女士触电死亡的原因系 DVD 机存在漏电的质量缺陷问题。由于产品存在缺陷造成人身损害的，受害人可以向产品的生产者要求赔偿，也可以向产品的销售者要求赔偿。受害人死亡的，赔偿义务人应当赔偿丧葬费、被扶养人生活费、死亡补偿费以及受害人亲属办理丧葬事宜支出的交通费、住宿费和误工损失等。原告关于丧葬费、死亡赔偿金的诉讼请求，符合相关标准。被告应承担许女士女儿生活费的 50%。2008 年 5 月，法院经审理判决：被告北京嘉临门经贸发展有限公司赔偿丧葬费 17 095.5、死亡赔偿金 157 200 元、被扶养人生活费41 362.5、误工费 1 500 元、交通费 500 元、精神抚慰金 20 000 元，共计 237 658 元。（案例来源：刘妍，中国法院网）

评析：本案中，赠品 DVD 存在产品缺陷，并因此而导致许女士死亡。法官并未教条地理解《中华人民共和国产品质量法》中关于产品必须是“用于销售”这一要求，而是将赠品明确纳入到产品责任规范的范畴内，此种做法当属公平之举。但从长远来看，

① 全国人大常委会法制工作委员会经济法室，国家技术监督局政策法规司．产品质量法实用指南．北京：中国民主法制出版社，1994：150－151．

② 朱克鹏，田卫红．论我国产品责任的构成要件及其完善．深圳大学学报：人文版，1995（4）．

为避免司法实践的不统一，完善和修改现有立法中关于“产品”的界定，仍十分必要。现有立法将产品限定为“用于销售”的目的，显然未充分考虑到赠与的情形。其实，只要产品投入“流通”，生产者就应承担相应的产品责任。因此，有必要继续完善现有立法，将“用于销售”改为“投入流通”。唯有此，才能充分保护消费者的合法权益。

为了与国际上大多数国家的产品规范和理论相衔接，也为了使国内产品责任的民事赔偿问题与国际产品规范保持一致，产品质量法中所规定的产品不包括建设工程。① 建设工程范围较广，具体包括各种房屋、交通、水利、防空设施等。建设工程在性质上属于不动产，即固定于某一地点，不能随意移动。虽然建设工程不受产品质量法的规范，但是工程建设使用的建筑材料、建筑构配件和设备，如水泥、钢筋等，应适用《中华人民共和国产品质量法》。

2.《中华人民共和国消费者权益保护法》关于“商品”的界定

《中华人民共和国消费者权益保护法》使用的是“商品”一词。鉴于商品即是用于交换的产品，因此《中华人民共和国消费者权益保护法》中所指的“商品”实际上就是产品。根据《中华人民共和国消费者权益保护法》第 2 条、第 3 条的规定，可知该法将产品严格界定为：① 为生活需要购买、使用的商品，包括动产和不动产；② 服务。

我国没有专门的产品责任法，目前只能依据《中华人民共和国产品质量法》和《中华人民共和国消费者权益保护法》来确定产品责任中“产品”的范围。然而，两法关于产品范围的界定并不统一，主要体现为：《中华人民共和国产品质量法》未将建筑工程纳入其调整范围，但依据《中华人民共和国消费者权益保护法》，商品住宅却属于受规范的产品。此外，《中华人民共和国产品质量法》未将天然品及服务列入保护范围，而《中华人民共和国消费者权益保护法》却未加以排除。如何解决两法冲突已成为法学界关注的焦点。此外，电力这种无体物能否为产品，《中华人民共和国产品质量法》和《中华人民共和国消费者权益保护法》均未论及。电是人们日常生活中普遍使用的能源之一。实践中经常发生因供电不足或过高而致消费者损害的事件，因此，我国有必要借鉴《欧共体产品责任指令》，明确将“电”归入产品范畴。

6.3.2 产品缺陷

产品责任产生的要件之一便是产品存在缺陷。我国对“产品缺陷”的界定，最早体现在 1993 年颁布的《中华人民共和国产品质量法》中，其第 34 条明确指出：“本法所称缺陷，是指产品存在危及人身、他人财产安全的不合理的危险；产品有保障人体健康，人身、财产安全的国家标准、行业标准的，是指不符合该标准。”

① 全国人大常委会法制工作委员会经济法室，国家技术监督局政策法规司. 产品质量法实用指南. 北京：中国民主法制出版社，1994：151 - 152.

案例

2004 年 4 月，随着央视媒体的介入，揭开了震惊全国的阜阳劣质奶粉案件。5 月中旬，国务院调查组对外公布了初步的调查结果。经国务院调查组核实，阜阳市因食用劣质奶粉造成营养不良而死亡的婴儿共计 12 人。不法分子用淀粉、蔗糖等价格低廉的食品原料全部或部分替代乳粉，再用奶香精等添加剂调香调味，制造出劣质奶粉。婴儿生长发育所必需的蛋白质、脂肪以及维生素和矿物质含量远低于国家相关标准，但没有发现铅、砷等有毒有害物质超标，也没有检出激素成分，基本排除受害婴儿受到毒性物质侵害的可能。长期食用这种劣质奶粉会导致婴幼儿营养不良、生长停滞、免疫力下降，进而并发多种疾病甚至死亡。

在国务院调查组的统一组织下，阜阳市对制售劣质奶粉违法犯罪行为依法进行了严厉打击。刑事拘留 47 人，留置审查 59 人，宣布正式逮捕 31 人，依法传讯 203 人。

近几年来，中国食品安全问题屡亮红灯。“瘦肉精”“红心鸡蛋”“毒火腿”等还未让人们淡忘，阜阳奶粉事件又引起了上至国务院总理下至平民百姓来自全国各界的密切关注。（案例来源：黄笠，江苏人大网）

上述对“产品缺陷”的界定明显采用了两种衡量标准：一是产品安全性标准，即产品是否存在不合理的危险；二是产品生产标准，即将生产上使用的国家标准或行业标准作为认定某些产品是否具有缺陷的标准。

从表面上看，这似乎有助于增强法条的可操作性，但实际上却存在很大弊端。因为产品生产的国家标准或行业标准是根据现有科技发展状况、产品设计加工水平等多种因素制定的。实践中，极有可能出现产品符合国家标准或行业标准，但却具有不合理危险的情形。显然，此时在产品安全性标准与产品生产标准之间存在着冲突。

国内有学者认为，当产品符合国家标准、行业标准，仍造成消费者人身或财产损害时，不宜承担责任。理由是，标准既然由国家制定，国家对危险性的认识优于企业，因为标准认定不善造成消费者损害时，不应由企业承担，消费者应通过产品责任以外的途径救济。① 但也有学者主张，应对符合国家标准、行业标准的产品，要求同时适用不合理危险的标准，违反任何一项标准均可认定具有缺陷。如果产品符合国家标准、行业标准，仍因不合理危险造成消费者损害时，生产者仍应承担产品责任。② 第二种观点为学界多数学者所赞同。

令人遗憾的是，2000 年修改的《产品质量法》第 46 条仍承继了原有的关于“产品缺陷”的定义。但与此同时，修改后的《产品质量法》第 13 条规定：“可能危及人体健康和人身、财产安全的工业产品，必须符合保障人体健康和人身、财产安全的国家标准、行业标准；未制定国家标准、行业标准的，必须符合保障人体健康和人身、财产安全的要求。禁止生产、销售不符合保障人体健康和人身、财产安全的标准和要求的工业

① 石慧荣. 产品缺陷研究. 法学杂志，1996 (4).

② 王利民. 民法・侵权行为法. 北京：中国人民大学出版社，1993：427.

产品。具体管理办法由国务院规定。”第 26 条规定：“生产者应当对其生产的产品质量负责。产品质量应当符合下列要求：（一）不存在危及人身、财产安全的不合理的危险，有保障人体健康和人身、财产安全的国家标准、行业标准的，应当符合该标准；（二）具备产品应当具备的使用性能，但是，对产品存在使用性能的瑕疵作出说明的除外；（三）符合在产品或者其包装上注明采用的产品标准，符合以产品说明、实物样品等方式表明的质量状况。”第 26 条所列举的第一项要求，实际上意味着生产者生产的产品不仅应符合国家标准、行业标准，还应不存在危及人身、财产安全的不合理的危险，即生产标准和产品安全性标准均是生产者必须达到的标准。在产品符合生产标准却不符合安全性标准的情形下，消费者可以依据第 26 条主张生产者承担责任。

值得提及的是，2012 年 10 月 10 日《缺陷汽车产品召回管理条例》经国务院第 219 次常务会议通过，自 2013 年 1 月 1 日起施行。该条例第 3 条明确规定：“本条例所称缺陷，是指由于设计、制造、标识等原因导致的在同一批次、型号或者类别的汽车产品中普遍存在的不符合保障人身、财产安全的国家标准、行业标准的情形或者其他危及人身、财产安全的不合理的危险。”显然，我国《缺陷汽车产品召回管理条例》关于“缺陷”的概念界定并不局限于“不符合国家标准及行业标准”，同时还涵盖“存在其他危及人身、财产安全的不合理的危险”。此规定无疑是对我国《产品质量法》关于“产品缺陷”界定的有益补充。

6.3.3 产品责任的权利与义务主体

1. 权利主体

产品责任的权利主体是指因产品缺陷而遭受财产损失或人身伤害的人。我国法律虽然未对产品责任主体作出具体解释，但从《最高人民法院关于贯彻执行〈中华人民共和国民法通则〉若干问题的意见》中不难得到答案。其第 153 条规定：“消费者、用户为使用不合格的产品造成本人或者第三人人身伤害、财产损失的，受害人可以向产品制造者或者销售者要求赔偿。”此外，《产品质量法》使用的“受害人”一词及《消费者权益保护法》使用的“消费者或者其他受害人”等用语同样也说明，在我国产品责任的权利主体并不仅限于直接购买产品的消费者，还应包括未购买该瑕疵产品的使用者及其他受损害的第三人。

案例评析

案例：2007 年 1 月 13 日，张某在被告北京奥士凯宝龙商贸公司宝龙小商品市场某摊位购买明连牌暖腰宝一个。回家后，张某将暖腰宝通电后放在孩子小琪的床上。小琪准备下床时，暖腰宝突然爆裂，爆裂出的液体将其烫伤。后来小琪被送至北京军区总院住院治疗。摊主魏某为小琪支付了住院费用。因张某与摊主魏某就后续发生的医疗费等损失多次协商未果，于是张某以小琪的名义将魏某和宝龙小商品市场诉至北京市东城区人民法院，要求赔偿医药费、后续治疗费、残疾赔偿金及精神损害抚慰金共计近 16 万元。被告魏某辩称：原告的法定代理人确在我处购买过暖腰宝，但我认为爆裂的暖腰宝不是我出售的，爆裂的原因系原告的法定代理人操作不当。宝龙小商品市场辩称：被告魏先生是在工商行政部门登记的个体工商户。我公司与被告魏先生在签订场地租赁合同时有约定，产生任何纠纷我公司不负连带责任。我公司监督到位，管理到位，在事件中不具有过错，故不同意原告的诉讼请求。

法院经审理认为，二被告对原告所持购货收据的真实性不持异议，故原告关于现所持暖腰宝是从被告宝龙小商品市场某摊位处购买的陈述，法院予以确认。通常情况下，暖腰宝等充电储热式小家电在充电过程中，不应发生爆裂的恶果，否则无法满足产品使用过程中的基本安全要求，故应认定该产品存在缺陷。《北京市产品质量监督管理条例（修正）》第 30 条规定，展销会和专业市场的举办者、柜台出租者对销售的产品质量承担连带责任。宝龙商贸公司宝龙小商品市场承担连带赔偿责任。法院判令被告魏先生和宝龙小商品市场连带赔偿小琪各项损失共计 13 万余元。（案例来源：戴怡婷，中国法院网）

评析：本案中，产品责任的权利主体是小琪，张某乃小琪的法定代理人。小琪虽然不是暖腰宝的直接购买者，但却是该产品的使用者和受害者，因此有权主张产品责任损害赔偿。

关于产品责任的权利主体是否仅限于个人，学界观点不一。第一种观点认为，产品责任的权利主体不仅包括个人，还应包括社会组织和团体。理由是社会组织和团体也需要购买生活资料，举办集体福利，如果不将他们列为保护对象，就不利于公共消费与集体事业的发展。还有一种观点是，产品责任权利主体仅指个体消费者，因为产品责任制度的目的是为了确立产品制造者、销售者与产品个体消费者之间的赔偿。法人不宜作为产品责任赔偿的权利主体，因法人对于购买或使用的产品，通常具有检验能力和检验义务。如果法人确实因产品缺陷受到损害，应当按照合同责任或一般侵权责任请求赔偿。但法人机关之工作人员或职工或亲属受到损害时，可以成为产品责任赔偿的权利主体。①

目前，第二种观点为多数学者所赞同，即产品责任的权利主体应限于个人。因为即使在社会组织和团体购买产品的情形下，最终还是会转化为个人消费。此时，最终使用或消费该产品的个人虽然并非直接购买者，但按照我国现有立法规定，仍可主张产品责任赔偿。因此将社会组织和团体排除在产品责任权利主体之外，不会产生任何不利的后果。况且，将产品责任的权利主体限于个人，乃国际通行做法。

2. 义务主体

产品责任的义务主体，是指应承担产品责任进行损害赔偿的主体。我国《民法通则》第 122 条规定："因产品质量不合格造成他人财产、人身损害的，产品制造者、销售者应当依法承担民事责任。运输者、仓储者对此负有责任的，产品的制造者、销售者有权要求赔偿损失。"修订后的《产品质量法》第 43 条规定："因产品存在缺陷造成人

---

① 王利民. 民法：侵权行为法. 北京：中国人民大学出版社，1993：424－425.

身、他人财产损害的，受害人可以向产品的生产者要求赔偿，也可以向产品的销售者要求赔偿。属于产品的生产者的责任，产品的销售者赔偿的，产品的销售者有权向产品的生产者追偿。属于产品的销售者的责任，产品的生产者赔偿的，产品的生产者有权向产品的销售者追偿。”《消费者权益保护法》则以“经营者”作为产品责任的责任主体，并且依据该法第 42 条、第 43 条的规定，营业执照出租出借者、展销会举办者及柜台出租者在某些情形下也可能成为产品责任主体。

我国《侵权责任法》则在继承《民法通则》及《产品质量法》义务主体条款内容的基础上，进一步明确规定：因销售者的过错使产品存在缺陷，造成他人损害的，销售者应当承担侵权责任。销售者不能指明缺陷产品的生产者也不能指明缺陷产品的供货者的，销售者应当承担侵权责任。因产品缺陷危及他人人身、财产安全的，被侵权人有权请求生产者、销售者承担排除妨碍、消除危险等侵权责任。产品投入流通后发现存在缺陷的，生产者、销售者应当及时采取警示、召回等补救措施。未及时采取补救措施或者补救措施不力造成损害的，应当承担侵权责任。

值得关注的是，2015 年 4 月 24 日《中华人民共和国广告法》已由第十二届全国人民代表大会常务委员会第十四次会议修订通过，自 2015 年 9 月 1 日起施行。该法不仅对“虚假广告”做出了明确界定，同时还规定：“发布虚假广告，欺骗、误导消费者，使购买商品或者接受服务的消费者的合法权益受到损害的，由广告主依法承担民事责任。广告经营者、广告发布者不能提供广告主的真实名称、地址和有效联系方式的，消费者可以要求广告经营者、广告发布者先行赔偿。关系消费者生命健康的商品或者服务的虚假广告，造成消费者损害的，其广告经营者、广告发布者、广告代言人应当与广告主承担连带责任。前款规定以外的商品或者服务的虚假广告，造成消费者损害的，其广告经营者、广告发布者、广告代言人，明知或者应知广告虚假仍设计、制作、代理、发布或者作推荐、证明的，应当与广告主承担连带责任。”显然，若生产者或销售者发布产品虚假广告，造成了消费者人身伤害，则不仅生产者和销售者应承担产品责任，广告经营者、广告发布者以及广告代言人均应成为连带责任主体。

6.3.4 产品责任归责原则

我国法学界对于产品责任的归责原则争议颇大，分歧主要集中在生产者承担产品责任的原则问题上（销售者仅承担过错责任，已达成共识）。

根据我国《产品质量法》的规定，只要产品存在瑕疵、使消费者受到损害并且二者存在因果关系，生产者就应承担赔偿责任，而无论其是否已尽到可能的注意义务。但生产者若能证明：① 未将产品投入流通；② 产品投入流通时引起损害的缺陷尚不存在的；③ 将产品投入流通时的科学技术水平尚不能发现缺陷的存在的，便可免责。

显然，我国是采用举证责任倒置的方式来处理产品责任纠纷的，但不能简单地认为我国实行的是过错推定原则。因为按照过错推定原则，只要被告能证明自己已尽了可能的注意义务（无过错），便可免责。而在产品责任纠纷中，生产者只有在证明存在法定免责情形时才不必承担损害赔偿责任，否则即使无过错，仍不能免责。这足以说明，我国生产者承担的既非单纯的过错责任，也不是过错推定责任，而是严格责任。

严格责任已成为典型的现代产品责任归责原则。但与此同时，消费者和生产者之间的冲突也日趋激烈。即使在被誉为有“世界上最先进和最精致的消费者保护制度”的美国，也不得不开始尝试寻求消费者保护与企业发展生产之间的平衡点。我国作为一个发展中国家，更应正视现实，从国情出发，对产品责任归责原则作出适时调整。

6.3.5 产品责任赔偿范围

同其他国家一样，我国对于产品责任的赔偿范围也主要分为人身和财产损害赔偿两大类。缺陷产品本身的损害不在产品责任赔偿范围之内。

关于人身损害赔偿，1993 年的颁布《产品质量法》和《消费者权益保护法》的规定不尽相同。根据 1993 年的《产品质量法》第 32 条的规定，因产品存在缺陷造成受害人人身伤害的，侵害人应当赔偿医疗费用、因误工减少的收入、残疾者生活补助费等费用；造成受害人死亡的，还应当支付丧葬费、抚恤费、死者生前扶养的人必要的生活费等费用。而受害人如果根据《消费者权益保护法》第 41 条和第 42 条的规定，则可请求获得更多项目的赔偿。2000 年《产品质量法》修改时，第 44 条中作出了和《消费者权益保护法》一致的规定，即：“因产品存在缺陷造成受害人人身伤害的，侵害人应当赔偿医疗费、治疗期间的护理费、因误工减少的收入等费用；造成残疾的，还应当支付残疾者生活自助具费、生活补助费、残疾赔偿金以及由其扶养的人所必需的生活费等费用；造成受害人死亡的，并应当支付丧葬费、死亡赔偿金以及由死者生前扶养的人所必需的生活费等费用。因产品存在缺陷造成受害人财产损失的，侵害人应当恢复原状或者折价赔偿。受害人因此遭受其他重大损失的，侵害人应当赔偿损失。”

在此值得讨论的问题有两个，一是精神损害赔偿问题，一是惩罚性赔偿问题。

1. 精神损害赔偿问题

产品责任赔偿范围是否应包含精神损害赔偿，各国观点不一。美国与我国台湾地区均将精神损害赔偿纳入产品责任的赔偿范围，而对欧洲各国产生重大影响的《产品责任指令》则对精神损害赔偿不予认同。我国内地是否允许受害人主张精神损害赔偿，学界曾存在较大争议。1997 年 3 月 15 日，北京海淀区人民法院（1995）海民初字第 5287 号民事判决书首次在司法实践中确认了产品责任中的精神损害赔偿。

案例评析

案例：1995 年 3 月 8 日，17 岁的原告与家人去餐厅参加朋友生日聚会。因餐桌上的携带式卡式炉爆炸，原告面部受到严重烧伤，手指留下永久残疾。经认定：石油气罐没有依据承压能力科学方法，安全地按比例成分装填气体，充装方式中英文标准不一致，内容相矛盾，属于不合格产品。法院认为：“人身损害赔偿应当依法按照实际损失确定。依据我国有关法律规定的原则和司法实践掌握的标准，实际损失除物质方面外，也包括精神损失，以及实际存在的无形的精神压力与痛苦，其通常表现为人格形象与人体特征的毁损所带来的不应有的内心卑屈与羞惭……本案中，原告除肉体上痛苦外，无可置疑地给其精神上造成伴随终生的悔感与残痛，甚至将导致该少女心理感情、思维行为的变异，其精神受到损害是显而易见，是较为典型和惨重的，必须予以抚慰与补偿。”但法院对于原告提出请求“残疾赔偿金”65万元，认为明显过高，判决被告生产者赔偿“残疾赔偿金”10万元。

评析：本案是我国首例认可产品责任精神损害赔偿的案例。法官通过将《消费者权益保护法》第41条的“残疾赔偿金”解释为精神损害赔偿而获得判案的法律依据，从而维护了原告的合法权益。

由上例可知，我国立法虽然并未明确规定产品责任的精神损害赔偿问题，但这决不意味着立法对此持否认态度。值得一提的是，最高人民法院于2001年发布了《关于确定民事侵权精神损害赔偿责任若干问题的解释》（法释2001年7号），其中规定：自然人的生命权、健康权、身体权遭受非法侵害的，可以请求赔偿精神损害。此精神损害赔偿，在致人死亡的情形，称为“死亡赔偿金”；在致人残疾的情形，称为“残疾赔偿金”；其他损害情形，称为“精神抚慰金”。根据此司法解释，《消费者权益保护法》和《产品质量法》所规定的残疾赔偿金和死亡赔偿金，性质为精神损害赔偿。至此，关于我国产品责任赔偿是否包含精神损害赔偿的争论终于可以告一段落。2009年底出台的《侵权责任法》首次以“法律”方式明确肯定了精神损害赔偿在我国产品责任领域中的适用。该法第22条规定：“侵害他人人身权益，造成他人严重精神损害的，被侵权人可以请求精神损害赔偿。”虽然《侵权责任法》关于精神损害赔偿的规定还比较原则，如“严重精神损害”的标准仍需作进一步的具体规定，但这一关于精神损害赔偿的明确“法律”规定将对追究产品责任产生积极的影响。精神损害赔偿最大限度地维护了消费者的精神权益，体现了“尊重和保障人权”的宪法原则。

此外，在精神损害赔偿的数额确定上，学界亦存在分歧。一种观点认为，法律对精神损害赔偿应具体明确，必须有一个具体的精神损害赔偿数额；另一种观点则认为，精神损害赔偿数额以不确定为好，因为对精神损害赔偿数额有一个统一的数额标准不科学，而且在审判实践中也难以做到。2001年《关于确定民事侵权精神损害赔偿责任若干问题的解释》的出台，同样为该争执画上了句号。其中规定，精神损害的赔偿数额应当考虑侵权人的过错程度，侵害的手段、场合、行为方式等具体情节，侵权行为所造成的精神损害的后果，侵权人的获利情况，侵权人承担责任的经济能力以及受诉法院所在地的平均生活水平等各种因素，综合予以确定。

2. 惩罚性赔偿问题

目前，美国在产品责任领域均存在惩罚性赔偿，但是美国的惩罚性赔偿金制度仅适用于侵权人主观上为故意的情形。我国立法对此并未涉及。

当前，我国产品责任案件层出不穷，尤其是一些不法厂商为谋私利而置消费者权益不顾。我国关于人身损害赔偿的数额较小，仅要求恶意生产者承担补偿性责任，不利于督促其提高产品的安全性。实行惩罚性赔偿将使生产者无法从恶意生产行为中获取利益，对其他人也能起警示作用。因此，不少学者认为在我国的产品责任法中增设惩罚性赔偿制度，既有必要性，也有可行性。

由于产品责任法的主要目的是提高消费生活品质，保护消费者安全，而不是注重于“惩罚商人”。因此，在生产者主观上不存在恶意时，仍课以惩罚性赔偿金的做法未免失之过严。相比之下，美国的做法值得借鉴。我国《侵权责任法》即借鉴了美国产品责任惩罚性赔偿制度，在第 47 条中规定：“明知产品存在缺陷仍然生产、销售，造成他人死亡或者健康严重损害的，被侵权人有权请求相应的惩罚性赔偿。”至此，产品责任惩罚性赔偿制度在中国正式确立。2013 年修订的《消费者权益保护法》进一步强化了惩罚性赔偿力度。依据该法第 55 条第 2 款的规定，经营者明知商品或者服务存在缺陷，仍然向消费者提供，造成消费者或者其他受害人死亡或者健康严重损害的，受害人有权要求经营者依照该法相关规定赔偿损失，并有权要求所受损失二倍以下的惩罚性赔偿。

实务案例讨论

案例讨论一：

农民老周 2001 年来到北京，承包了农场的一块地靠种菜为生。2007 年 4 月 16 日，老周在农机公司购买了由某机械制造公司生产的一台“多力”牌微耕机。2007 年 10 月 4 日，老周在农场使用该机器时，离合线突然断裂，该机器无法控制，将老周的右小腿卷入。事故发生后，老周即刻拨打了报警电话，随后被送到医院治疗，但最终致使右小腿截肢。在医疗过程中，老周花去医疗费 4 万余元。老周认为该微耕机存在安全隐患和质量问题，于是将微耕机的生产厂家和销售厂家告上了北京市丰台区人民法院，提出了赔偿 17 万余元的诉讼请求。

原告老周认为，该事故给他一生造成了极大的财产损失和精神痛苦。农机公司和机械制造公司生产与销售的产品存在安全隐患，离合线属三无产品，变速箱有严重的质量问题，两公司应负连带赔偿责任。要求二者赔偿医药费、假肢费、精神损害抚慰金共计 178 293.2 元。

微耕机生产厂家机械制造公司的代理律师答辩称：“发生事故是由于原告没有正确使用微耕机所致，与我公司没有任何关系。我公司生产的产品具有合格证，不存在质量问题，原告也没有证据证明此事，故请求法院驳回原告的诉讼请求。”

农机公司的代理人对机械制造公司的答辩意见表示同意。同时，称其公司在销售此微耕机时对厂家资质进行了考察，对产品的质量也进行了严格的检查，已经尽到义务，故不应承担责任。关于离合线的问题，机械制造公司指出：离合线属于易损产品，在使用过程中应经常进行检查、更换，原告在没有举证证明其没有更换过其他厂家的离合线情况下，不能说发生断裂的离合线就是我方销售的产品。

听了两被告的意见，坐在原告席上的老周显得很无奈，他时而沉思，时而用手摸摸自己的右小腿处空空的裤腿。由于发生事故时只有老周一个人在场，所以在法官的要求下，老周又将当时事发的经过讲了一遍。但两个被告听了之后，均表示不能认同，一口咬定“如果是正常操作，腿不可能会卷入。”由于双方争议较大，法官调解不成，宣布休庭。

请问：两被告的答辩能否成立？法院应如何处理此案？

案例讨论二：

2006年4月19日起，11名患者在中山大学附属第三医院接受治疗时，被注射了后来认定为假药的“齐二药”亮菌甲素注射液。此后，患者出现肾衰竭等中毒反应，9名患者相继离世。2007年5月，11名患者或遗属将中山三院告上法庭，并提出近2 000万元的巨额索赔。

案件原定于5月28日上午开庭审理，由于被告中山大学附属第三医院25日向法院提出延期开庭的申请，并申请追加药品生产商齐齐哈尔第二制药有限公司及药品的广东经销商为被告，28日原被告双方仅在法庭上进行了证据交换。

针对是否应当追加被告的问题，双方展开了激烈的辩论。被告中山三院认为：医院在事件中已经按要求“验明药品合格证明和其他标识”，并没有过错，不需要承担责任，因此，申请追加“齐二药”和两家药品公司为被告。原告的代理律师则认为，“在饭馆吃饭，饭菜有问题吃坏了肚子，当然要找饭馆去索赔。”患者相对于医疗机构来说，是弱势群体，他们没有太多的精力和财力去找其他单位索赔。中山三院的代理律师在法庭上还提出：经过估算，如果在中山三院注射了“齐二药”生产的“亮菌甲素注射液”的64名受害人全部起诉医院，索赔数额可能上亿元，医院方面显然没有这样的赔偿能力，医院也将因此无法保证正常工作，这势必将损失“不特定多数人的利益”，也就是会影响公共利益。原告律师则认为，中国连续出现的类似“齐二药”“欣弗”等事件，暴露出药品生产和流通领域存在的突出问题，如何找出并弥补这些漏洞，也是本场官司的意义之一，只有维护了受害者们的利益才能真正地维护公共利益。

后来，法院依中山大学附属第三医院申请，追加齐二药公司、广东省医药保健品有限公司、广州金蘅源医药贸易有限公司为系列案被告。因该系列案案情复杂，天河区法院在报请上级法院批准延长审限后，历时一年多方审理终结。根据广东省卫生厅组织的省内外专家组的鉴定意见，本案6名受害人的死亡与使用假药密切相关；2名受害人无确切证据显示其病情加重与假药有关；3名受害人则并没有出现假药中毒的临床表现。

请问：若中山大学附属第三医院和药品销售商操作过程没有过错，应否承担责任？本案应如何处理？

思考题

1. 产品责任是否等同于产品质量违约责任？请简要阐明理由。

2. 过失责任理论与严格责任理论相比，对于消费者利益的保护有何不利之处？

3. 我国是如何界定“产品缺陷”的？此种界定存在什么问题？

4. 我国产品责任的归责原则是什么？生产者在哪些情形下才可以免责？

5. 我国规定的产品责任义务主体有哪些？他们应如何对消费者或受害人承担赔偿责任？

6. 在产品责任赔偿范围问题上，我国是否承认精神损害赔偿？请简要阐明理由。

第7章 商事纠纷解决制度

商事活动过程中，纠纷的产生难以避免，选择适宜的纠纷解决方式十分必要。一般而言，商事纠纷的解决途径主要包括当事人协商、第三方调解、诉讼和仲裁四种。鉴于当事人通过协商自行达成的和解协议以及经第三方以民间调解途径达成的调解协议并不具有强制执行的效力，若想通过国家强制力保障其执行，当事人还需另行向人民法院起诉或向仲裁机构申请仲裁，因此本章仅以诉讼和仲裁作为论述的对象。

7.1 诉讼

诉讼是当事人起诉到法院，通过司法审判程序解决纠纷的方式。诉讼的本质特征在于，凭借国家权力而非依靠争议主体自身的力量解决纠纷。因此，纠纷解决的结果有国家强制力保障。与其他方式相比，诉讼方式在保护当事人的权益、维护社会秩序方面具有明显的优势，一切商事争议都可通过诉讼方式最终得到解决。但诉讼与调解和仲裁相比，也有其不足，即在许多情况下，它可以在表面上平息争端，但却不能消除争议主体的心理对抗。

广义的民事诉讼是指所有平等主体的公民之间、法人之间、其他组织之间以及它们相互之间因财产关系和人身关系纠纷而进行的诉讼。商事诉讼则仅限于商主体之间因各种商事纠纷而进行的诉讼。因此，商事诉讼是广义的民事诉讼的组成部分，民事诉讼制度自然成为商事诉讼所必须依循的重要程序规则。

7.1.1 我国民事诉讼制度概述

1. 中华人民共和国民事诉讼法

《中华人民共和国民事诉讼法》（以下简称《民事诉讼法》）于1991年4月9日第七届全国人民代表大会第四次会议通过。在十多年实施的过程中，这部法律暴露出了一些问题和缺陷，所以修订民事诉讼法是理论界和实务部门的一致要求。

2007年10月28日，第十届全国人民代表大会常务委员会第三十次会议通过了关于修改民事诉讼法的决定，修改后的《民事诉讼法》自 2008 年 4 月 1 日起施行，这意味着立法机关对施行了 16 年的《民事诉讼法》首次出台修改决定。此次《民事诉讼法》的修改主要集中体现在三个方面：一是删去企业法人破产还债程序的规定；二是对再审程序作了大幅的修改；三是完善了执行措施，加大了执行力度。这无疑将有利于缓解我国现实中存在的“申诉难”和“执行难”两大司法难题。

2012 年 8 月 31 日，第十一届全国人民代表大会常务委员会第二十八次会议通过了《关于修改〈中华人民共和国民事诉讼法〉的决定》，这是我国《民事诉讼法》的第二次修正。新修订的《民事诉讼法》于 2013 年 1 月 1 日起施行。此次《民事诉讼法》修改主要内容包括：完善调解与诉讼相衔接的机制；进一步保障当事人的诉讼权利；完善当事人举证制度；增加了公益诉讼；完善简易程序；强化法律监督；完善审判监督程序；完善执行程序。

2. 相关司法解释

1992 年 7 月 14 日，最高人民法院审判委员会第 528 次会议讨论通过了《最高人民法院关于适用〈中华人民共和国民事诉讼法〉若干问题的意见》。2001 年 12 月 6 日，最高人民法院审判委员会第 1201 次会议讨论通过了《最高人民法院关于民事诉讼证据的若干规定》，该规定自 2002 年 4 月 1 日起施行。2013 年修订的《民事诉讼法》实施后，最高人民法院即开始着手制定新的司法解释。最高人民法院共 17 个部门参加起草，历时两年，召开专题论证会、座谈会 150 多次。2014 年 12 月 18 日，《最高人民法院关于适用〈中华人民共和国民事诉讼法〉的解释》（以下简称“民诉法司法解释”）由最高人民法院审判委员会第 1636 次会议通过，自 2015 年 2 月 4 日起施行。该司法解释对法院适用民事诉讼法的相关问题作了全面系统、明确具体的规定。这是有史以来最高人民法院发布条文最多、篇幅最长的司法解释，全文共 23 章、552 条，6 万余字。上述司法解释在我国民事诉讼实践中发挥着重要的作用。

7.1.2 我国民事诉讼法的基本制度

民事诉讼法的基本制度，是在民事诉讼活动过程中的某个阶段或几个阶段对人民法院的民事审判起着重要作用的行为准则。我国民事诉讼的基本制度有合议制度、回避制度、公开审判制度、两审终审制度。

1. 合议制度

所谓合议制度，是指由若干名审判人员组成合议庭对民事案件进行审理的制度。按合议制度组成的审判组织，称为合议庭。根据我国《民事诉讼法》的规定，在不同的审判程序中，合议庭的组成人员有所不同。总的来说，合议庭由 3 个以上的单数的审判人员组成。在普通程序中，合议庭的组成有两种形式。一是由审判员和人民陪审员共同组成。人民陪审员在人民法院参加审判期间，与审判员有同等的权力。二是由审判员组成合议庭。合议庭评议，实行少数服从多数的原则，对评议中的不同意见，必须如实记人评议笔录。

2. 回避制度

所谓回避制度，是指为了保证案件的公正审判，要求与案件有一定利害关系的审判人员或其他有关人员不得参与本案的审理活动或其他诉讼活动的审判制度。

1）回避主体

根据我国《民事诉讼法》的规定，适用回避制度的人员包括审判人员、书记员、翻译人员、鉴定人、勘验人员等。

2）适用回避的情形

具有下列情形之一的，应予以回避：① 审判人员或其他人员是本案当事人或当事人、诉讼代理人的近亲属；② 审判人员或其他人员与本案有利害关系；③ 与本案当事人、诉讼代理人有其他关系，可能影响对案件的公正审理。所谓“其他关系”，是指除与案件有利害关系及与当事人近亲属关系之外的特殊亲密或仇嫌关系的存在，足以影响案件的公正审理。2013 年实施的新《民事诉讼法》还进一步规定：审判人员接受当事人、诉讼代理人请客送礼，或者违反规定会见当事人、诉讼代理人的，当事人有权要求他们回避。

3）回避的程序

回避的提出，可以是当事人提出申请，也可以是审判人员或其他人员主动自行提出。回避应当在案件开始审理时提出；回避事由在案件开始审理后知道的，可以在法庭辩论终结前提出。提出回避申请应当说明理由。回避申请提出后，是否准许申请，由法院决定。审判人员的回避，由法院院长决定；其他人员的回避，由审判长决定。法院对当事人提出的回避申请，应当在申请提出 3 日内，以口头或书面形式作出决定。申请人对决定不服的，可以在接到决定时申请复议一次。

4）回避的法律后果

在当事人提出回避申请到法院作出是否同意申请决定的期间，除案件需要采取紧急措施的外，被申请回避的人员应暂停执行有关本案的职务。法院决定同意申请人回避申请的，被申请回避的人退出本案的审判或诉讼；法院决定驳回回避申请而当事人申请复议的，复议期间，被申请回避的人员不停止参与本案的审判或诉讼。

3. 公开审判制度

所谓公开审判制度，是指人民法院审理民事案件，除法律规定的情况外，审理过程及结果应当向群众、社会公开。所谓向群众公开，是指允许群众旁听案件审判过程；所谓向社会公开，是指允许新闻记者对庭审过程采访，允许其对案件审理过程作报道，将案件向社会披露。

一般情况下，案件应公开审理，但也有例外。根据我国《民事诉讼法》的规定，以下三类民事案件不公开审理。

(1) 涉及国家秘密的案件。国家秘密包括政治、经济、军事和科技等方面的秘密。凡是涉及国家秘密的案件，一律不得公开审理。

(2) 涉及个人隐私的案件。个人隐私是指当事人不愿让人知道的事情，一般是生活方面的信息。关于此类案件，亦不得公开审理。

(3) 离婚案件、涉及商业秘密的案件。需说明的是，此类案件以当事人申请不公开审理为前提。如果当事人不愿意公开并提出申请的，法院应当准许。

鉴于人民法院的审判工作还负担着教育公民遵纪守法的任务，因此，不论案件是否公开审理，宣判均一律公开进行。

4. 两审终审制度

所谓两审终审制度，是指一个民事案件经过两级人民法院审判后即告终结的制度。一般的民事诉讼案件，当事人不服一审人民法院的判决或裁定，可依法上诉至二审人民法院。二审人民法院对案件所作的判决、裁定则为生效判决、裁定。当事人不得再上诉，但仍可以通过审判监督程序申请再审。但是，最高审判机关——最高人民法院所作的一审判决、裁定，为终审判决、裁定，当事人不得上诉。

在此需提及的是，2013 年施行的新《民事诉讼法》第 162 条规定："基层人民法院和它派出的法庭审理符合本法第 157 条第 1 款规定的简单的民事案件，标的额为各省、自治区、直辖市上年度就业人员年平均工资 30%以下的，实行一审终审。"显然，新民诉法对于小标的额、适用简易程序审理的一审案件增设"一审终审"制度，有助于减少当事人的诉累，节约司法资源，使公平正义得以及时实现。

7.1.3 我国民事诉讼管辖制度

就当事人而言，管辖实际上是纠纷发生后，当事人应当向哪一级、哪一个人民法院起诉的问题。就法院而言，管辖则是对具体案件有无审判权的问题。正确界定各级、各地人民法院之间受理第一审案件的分工和权限，有利于人民法院正确行使审判权，也有利于当事人及时有效地维护自己的合法权益。

1. 级别管辖

所谓级别管辖，是指按照一定的标准，划分上下级人民法院之间受理第一审民事案件的分工和权限。确定级别管辖是明确案件管辖权的先决条件。

各国确定级别管辖的标准不尽一致，有的按照当事人的身份划分；有的按照诉讼的价额大小划分；有的按照案件的繁简程度、影响范围的大小划分。但通用原则有三个，即：案件的性质、繁简程度，案件的影响面大小，诉讼价额大小。

我国人民法院的设置分为四级，即基层人民法院、中级人民法院、高级人民法院和最高人民法院。这四级人民法院都有权管辖一定范围的民事纠纷案件。除法律规定由中级人民法院、高级人民法院和最高人民法院管辖的第一审案件外，其余的第一审商务纠纷案件一律由基层人民法院管辖。

中级人民法院管辖下列第一审案件。

(1) 重大涉外案件，即争议标的额大或者案情复杂、或者一方当事人人数众多等具有重大影响的案件。

(2) 在本辖区内有重大影响的案件。

(3) 最高人民法院确定由中级人民法院管辖的案件。

具体来说，最高人民法院确定由中级人民法院管辖的案件主要有三种。

(1) 海事案件和海商案件，由海事法院管辖。海事法院在建制上属于中级法院。

(2) 专利纠纷案件。这类案件技术性强，审判此类案件需要有关机关提供帮助，同时，专利纠纷案件一般又是发生在大中城市，因而可由最高人民法院根据实际情况，确定由中级人民法院管辖，或者确定由哪些地方的中级人民法院管辖。需指出的是，2015年2月4日起施行的民诉法司法解释规定："专利纠纷案件由知识产权法院、最高人民法院确定的中级人民法院和基层人民法院管辖。"因此，我国专利纠纷案件管辖权并不仅归属于最高人民法院确定的中级人民法院。

(3) 涉港澳台商事重大案件。涉港澳台案件不是涉外案件，但由于其具有特殊性，因此，确定由中级人民法院管辖。

高级人民法院管辖在本辖区内有重大影响的第一审案件。

最高人民法院管辖在全国范围内有重大影响的案件以及认为应当由其管辖的案件。

2. 地域管辖

地域管辖，是指按照各人民法院的辖区和民事案件的隶属关系来划分诉讼管辖。虽然民事诉讼法通过级别管辖将民事案件在四级人民法院中作了分工，划定了各级人民法院受理第一审民事案件的权限，但至此仍然不能确定某一诉讼案件具体由哪个人民法院受理。因为除最高人民法院外，在同一级中仍然有多个人民法院，所以还需要进行再一次分工，将已划归同一级人民法院管辖的一审案件在各个人民法院之间进行分工。这一任务是由地域管辖完成的。因此，地域管辖的作用在于确定同级人民法院在各自辖区内受理第一审民事案件的分工和权限。

从各国民事诉讼法关于地域管辖的规定看，确定地域管辖的标准主要有两个：① 诉讼当事人的所在地（尤其是被告的住所地）与法院辖区之间的联系；② 诉讼标的物或法律事实与法院辖区之间的联系。

我国《民事诉讼法》规定的地域管辖可分为以下几类。

1) 一般地域管辖

一般地域管辖，是指以当事人住所地（自然人指户籍所在地，法人或者其他组织的住所地是指法人或者其他组织的主要办事机构所在地）或经常居住地来确定法院的管辖权。

一般地域管辖通常实行"原告就被告"原则。对公民提起的诉讼，由被告住所地或经常居住地的人民法院管辖。对法人和其他组织起诉，由被告住所地法院管辖。

但在一些特殊情况下，案件应由原告所在地或经常居住地的人民法院管辖。如：① 对不在中华人民共和国领域内居住的人提起的有关身份关系的诉讼；② 对下落不明或者宣告失踪的人提起的有关身份关系的诉讼；③ 对被采取强制性教育措施的人提起的诉讼；④ 对被监禁的人提起的诉讼。需补充说明的是，按照2015年2月4日起施行的民诉法司法解释，若双方当事人都被监禁或者被采取强制性教育措施的，仍由被告原住所地人民法院管辖，被告被监禁或者被采取强制性教育措施一年以上的，则由被告被监禁地或者被采取强制性教育措施地人民法院管辖。

由上可见，一般地域管辖是以"原告就被告"为原则，以"被告就原告"为例外。

实行"原告就被告"原则，是各国的通例，意义在于："原告就被告"便于传唤被告到庭应诉，便于法院采取保全或执行措施，更关键的是，可以防止原告滥用诉权。就商事纠纷而言，通常不会涉及适用"被告就原告"的特殊情况，因此"原告就被告"原则成为确定商事纠纷案件管辖的重要标准。

2）特殊地域管辖

特殊地域管辖，也称特别地域管辖，是相对于一般地域管辖而言的，它是以诉讼标的所在地或者引起法律关系发生、变更、消灭的法律事实所在地与法院辖区的关系为标准，来确定法院对一审案件的管辖权。特殊地域管辖是通过法律对某些案件的管辖法院作出特殊的规定来加以体现的。我国《民事诉讼法》共规定了9种属于特殊地域管辖的诉讼，具体如下。

(1) 因合同纠纷提起的诉讼，由被告住所地或者合同履行地人民法院管辖。

实践中，确定合同的履行地是十分复杂的问题。2015年2月4日起施行的民诉法司法解释规定：① 合同约定履行地点的，以约定的履行地点为合同履行地。② 合同对履行地点没有约定或者约定不明确，争议标的为给付货币的，接收货币一方所在地为合同履行地；交付不动产的，不动产所在地为合同履行地；其他标的，履行义务一方所在地为合同履行地。即时结清的合同，交易行为地为合同履行地。③ 财产租赁合同、融资租赁合同以租赁物使用地为合同履行地。合同对履行地有约定的，从其约定。④ 以信息网络方式订立的买卖合同，通过信息网络交付标的的，以买受人住所地为合同履行地；通过其他方式交付标的的，收货地为合同履行地。合同对履行地有约定的，从其约定。在当事人约定了合同履行地或依法能够确定合同履行地的情形下，合同纠纷由合同履行地人民法院管辖；若合同没有实际履行，当事人双方住所地都不在合同约定的履行地的，则由被告住所地人民法院管辖。

(2) 因保险合同纠纷提起的诉讼，由被告住所地或者保险标的物所在地人民法院管辖。

保险合同纠纷案件，被告住所地与保险标的所在地的法院都有管辖权，原告有权从中选择一个法院提起诉讼。但如果保险标的物是运输中的工具或者运输中的货物，由被告住所地或者运输工具登记注册地、运输目的地、保险事故发生地的人民法院管辖。

(3) 因票据纠纷提起的诉讼，由票据支付地或者被告住所地人民法院管辖。

票据支付地是票据载明的付款地。票据未载明付款地的，票据付款人（包括代理付款人）的住所地或者主要营业所在地为票据付款地。

(4) 因铁路、公路、水上、航空和联合运输合同纠纷提起的诉讼，由运输始发地、目的地或者被告住所地人民法院管辖。

(5) 因侵权行为提起的诉讼，由侵权行为地或者被告住所地人民法院管辖。

侵权行为地包括侵权行为实施地和损害结果发生地。对侵权行为发生在我国领域外，而损害结果发生在我国领域内的案件，我国法院仍有管辖权。

(6) 因铁路、公路、水上和航空事故请求损害赔偿提起的诉讼，由事故发生地或者车辆、船舶最先到达地、航空器最先降落地或者被告住所地人民法院管辖。

(7) 因船舶碰撞或者其他海损事故请求损害赔偿提起的诉讼，由碰撞发生地、碰撞船舶最先到达地、加害船舶被扣留地或者被告住所地人民法院管辖。

(8) 因海难救助费用提起的诉讼，由救助地或者被救助船舶最先到达地人民法院管辖。

(9) 因共同海损提起的诉讼，由船舶最先到达地、共同海损理算地或者航程终止地人民法院管辖。

3. 专属管辖

专属管辖，是指某类案件法律规定只能由特定的法院行使管辖权。专属管辖具有排他性，既排除一般地域管辖和特殊地域管辖，又排除当事人的协议管辖。

我国原《民事诉讼法》仅规定了三种专属管辖情形：① 因不动产纠纷提起的诉讼，由不动产所在地人民法院管辖；② 因港口作业中发生纠纷提起的诉讼，由港口所在地人民法院管辖；③ 因继承遗产纠纷提起的诉讼，由被继承人死亡时住所地或者主要遗产所在地人民法院管辖。

2013 年 1 月开始实施的新《民事诉讼法》增加了因公司设立、确认股东资格、分配利润、解散等纠纷诉讼的专属管辖规定。该法第 26 条规定："因公司设立、确认股东资格、分配利润、解散等纠纷提起的诉讼，由公司住所地人民法院管辖。"

4. 协议管辖

协议管辖，是指当事人以协议的方式，约定案件的管辖法院。目前，大多数国家的诉讼立法中都规定了协议管辖，但具体做法不一：关于协议管辖的适用范围，有些国家限制较严，有些国家限制较松；有些国家只承认明示协议，有些国家既承认明示协议，也承认默示协议。

我国新《民事诉讼法》扩大了协议管辖的范围，其第 34 条规定："合同或者其他财产权益纠纷的当事人可以书面协议选择被告住所地、合同履行地、合同签订地、原告住所地、标的物所在地等与争议有实际联系的地点的人民法院管辖，但不得违反本法对级别管辖和专属管辖的规定。"显然，新《民事诉讼法》不仅将"其他财产权益纠纷"纳入协议管辖的适用范围，同时还将原来五类固定管辖地变成了对"实际联系的地点"的列举，这使得协议管辖可选择的法院范围亦得以扩大。

当事人协议选择管辖法院，必须符合一定的条件。

(1) 当事人只能就合同或者其他财产权益纠纷案件协议管辖，不能对其他纠纷协议管辖。

(2) 当事人必须在书面合同中选择管辖法院。当事人既可以通过合同中的协议管辖条款，也可以通过在诉讼前达成专门协议书的方式选择有管辖权的法院。

(3) 协议管辖中被选择的法院除了被告住所地、合同履行地、合同签订地、原告住所地、标的物所在地的法院之外，其他与纠纷有实际联系的地点的法院都可以成为被选择的对象。如果合同的双方当事人选择管辖的协议不明确，或者选择两个以上人民法院管辖的，选择管辖的协议无效，案件仍然由合同履行地或者被告住所地的人民法院管辖。

(4) 协议管辖不得违反级别管辖和专属管辖的规定。

5. 裁定管辖

裁定管辖，是指由法院作出裁定或决定从而确定诉讼管辖法院。裁定管辖可分为移送管辖和指定管辖两种。

1）移送管辖

移送管辖，是指人民法院受理案件后，发现本院对该案无管辖权，依法将案件移送给有管辖权的人民法院。移送管辖一般发生在人民法院对案件审理之前，或者当事人提出管辖异议正确的情况下。人民法院发现已受理的案件本院无管辖权时，应当将案件移送给有管辖权的人民法院，受移送的人民法院不能拒绝接受，也不得再自行移送。如果接受移送的法院认为该案不属于本院管辖时，应当报送与移送法院共同的上级人民法院，由该上级人民法院指定管辖。

2）指定管辖

指定管辖，是指上级人民法院依照法律规定，指定其辖区内的下级人民法院对某一具体案件行使管辖权。指定管辖的发生有两种情况。一是有管辖权的人民法院由于特殊原因不能行使管辖权，由上级人民法院指定另外的法院管辖。例如，有管辖权的人民法院的全体审判员应当回避，无法组成合议庭，则由其上级法院指定其他下级法院管辖。二是人民法院之间因管辖权发生争议，协商解决不了的，报请其共同上级法院指定管辖。

7.1.4 一审普通程序

1. 普通程序的概念及特征

普通程序是我国《民事诉讼法》规定的人民法院审理第一审民事案件通常所适用的程序，也是民事案件的当事人进行第一审民事诉讼通常所遵循的程序。普通程序在民事诉讼程序和民事审判程序中处于十分重要的地位，具有其他程序无法取代的功能和作用。

普通程序具有以下基本特征：① 普通程序是最完整的民事诉讼审判程序；② 普通程序是我国民事纠纷审判中的基础程序；③ 普通程序在适用中具有独立性和广泛性；④ 普通程序的适用具有排他性，人民法院依法应适用普通程序审理的案件，就不能适用其他程序审理，而且也不能将普通程序和其他程序合并适用。

2. 普通程序的各阶段

1）起诉

起诉，是指公民、法人和其他组织在其民事权益受到侵害或与他人发生争议时，向人民法院提起诉讼，请求人民法院通过审判予以司法保护的行为。起诉是当事人获得司法保护的手段，也是人民法院对民事案件行使审判权的前提。

(1) 起诉应满足的条件。当事人提起诉讼必须符合以下法定条件：① 原告必须是与案件有直接利害关系的公民、法人和其他组织；② 有明确的被告；③ 有具体的诉讼请求和事实理由；④ 属于法院受理案件的范围和受诉人民法院管辖。这四个条件须同时具备，缺一不可。

(2) 起诉的方式。我国以书面起诉为原则，以口头起诉为例外。原则上，当事人应向有管辖权的人民法院递交书面诉状，并按被告人数提交诉状副本。只有原告提交起诉状确有困难的，才允许口头起诉，由法院记入笔录，并告知对方当事人。

依据新《民事诉讼法》的规定，起诉状应当记明下列事项：① 原告的姓名、性别、年龄、民族、职业、工作单位、住所、联系方式，法人或者其他组织的名称、住所和法定代表人或者主要负责人的姓名、职务、联系方式；② 被告的姓名、性别、工作单位、住所等信息，法人或者其他组织的名称、住所等信息；③ 诉讼请求和所根据的事实与理由；④ 证据和证据来源，证人姓名和住所。

2) 受理

人民法院收到起诉状以后，应当对起诉的条件及起诉状的内容进行审查。认为符合起诉条件的，应当在7日内立案并通知当事人。如果不符合起诉条件，应在7日内裁定不予受理，并说明理由。

法院在受理案件后，发现原告的起诉不符合条件的，应当裁定驳回起诉。原告对于不予受理的裁定和驳回起诉的裁定不服，可以向上一级人民法院提起上诉。

3) 审理前的准备

审理前的准备，是指人民法院接受原告起诉并决定立案受理后，在开庭审理之前，由承办案件的审判员依法所做的各项准备工作。审理前的准备是在普通程序中，为保证开庭审理的顺利进行以及案件及时、正确的审理而设立的必经程序，也是民事诉讼过程中的一个必经阶段。

依照《民事诉讼法》和有关司法解释的规定，审理前的准备工作如下。

(1) 送达起诉状副本和答辩状副本。人民法院受理商事案件后，应当在立案之日起5日内将起诉状副本发送被告，口头起诉的也应在立案后5日内将口诉笔录抄件发送被告。被告应当在收到之日起15日内提交答辩状，并按原告人数提交答辩状副本。被告不提交答辩状不影响人民法院的审理。人民法院在收到答辩状之日起5日内将答辩状副本送达原告。

(2) 依法组成合议庭，并告知当事人。合议庭组成人员确定后，应在三日内告知当事人。合议庭人员组成情况及早告知当事人，一方面是为了法院开展工作的需要，另一方面也是为了使当事人行使正当诉讼权利，决定是否申请回避。

(3) 审阅案件诉讼材料，调查、收集必要的证据。合议庭依法组成后，合议庭成员首先应审核诉讼材料，了解原告的诉讼请求，证据情况、争执焦点等。在某些情形下，法院可以依职权调查取证。调查人员应当向被调查人出示证件，并应作成调查笔录。调查笔录经被调查人校阅后，由被调查人、调查人签名或盖章。

(4) 追加和更换当事人。法院在审核诉讼材料过程中，发现必须共同进行诉讼的当事人没有参加诉讼的，应当通知其参加诉讼。对已经参加诉讼的当事人，发现其不合格的，应当予以更换。

4) 开庭审理

开庭审理，是指在人民法院审判人员的主持下，当事人和其他诉讼参与人的参加下，依照法定的程序对案件进行审理的诉讼活动。

(1) 开庭准备阶段。书记员要查明当事人及其他诉讼参与人是否到庭，然后宣布法庭纪律。正式开庭时，由审判长核对当事人，宣布案由及审判人员、书记员名单，口头告知当事人有关的诉讼权利和义务，并询问当事人是否提出回避申请，从而使当事人、其他的诉讼参与人及旁听的群众了解案情与各自的诉讼权利义务。

(2) 法庭调查阶段。法庭调查阶段是开庭审理的核心。当事人在法庭上展示与案件有关的所有证据，法院对案件事实展开全面的调查。

法庭调查按照以下顺序进行：① 当事人陈述，顺序是原告、被告，有第三人的列被告之后；② 证人当庭作证或宣读未到庭的证人证言；③ 出示书证、物证、视听资料和电子数据；④ 宣读鉴定意见；⑤ 宣读勘验笔录。

(3) 法庭辩论。法庭调查结束后，紧接着进行法庭辩论。双方当事人及其诉讼代理人就有争议的事实和应适用的法律相互辩驳和论证。法庭辩论按以下顺序进行：① 原告及其诉讼代理人发言；② 被告及其诉讼代理人答辩；③ 第三人及其诉讼代理人发言或辩论；④ 互相辩论。

在法庭辩论结束后，法院应根据情况主持调解。调解达成协议时，要制作调解书，由双方签字，明确协议的内容和条款，便于双方执行。调解书由审判员、书记员签名盖章，并加盖人民法院印章。调解书一经送达双方当事人，即发生法律效力，双方当事人必须执行。如果一方拒绝调解或者不能达成调解协议的，法院应及时判决。

(4) 合议与判决。法庭辩论结束后，审判长宣布休庭。全体合议庭成员退庭进行合议，根据少数服从多数的原则，作出裁决，对不同意见应如实记入笔录。

此后，由审判员宣布继续开庭，进行宣判，或者另定日期宣判。定期宣判的，宣判后立即发给判决书。宣告判决时，必须告知当事人上诉权利、上诉期限和上诉的法院。

7.1.5 一审简易程序

1. 简易程序的概念及适用范围

简易程序是基层人民法院及其派出的法庭审理简单民事案件所适用的程序。它与普通程序一样，都属于一审程序，是一审程序中的一种简便易行的诉讼程序。

2. 简易程序的特点

我国原《民事诉讼法》规定，基层人民法院和其派出法庭审理事实清楚、权利义务关系明确、争议不大的民事案件，适用简易程序。所谓事实清楚，是指双方当事人对于纠纷发生事实陈述基本一致，所提供证据可靠确实，足以证明案件事实真相。所谓权利义务关系明确，是指争议的法律关系中，谁是权利的享有者，谁是义务的承担者，十分明确。所谓争议不大，是指当事人对于案件的是非、责任及诉讼标的争执没有原则上的分歧。我国新《民事诉讼法》扩大了简易程序的范围。根据当事人有权处分民事权利和诉讼权利的原则，新修改的民诉法增加规定，对简易民事案件以外的其他民事案件，当事人双方也可以约定适用简易程序。

因此，从适用简易程序的法院资格来看，必须是基层人民法院和其派出法庭，其他级别的法院都不可以适用。就案件而言，简易程序只能适用于审理简单的案件。

简易程序具有以下特点。

(1) 起诉方式简便。简易程序以口头起诉为原则。因此，适用简易程序，原告可以口头方式起诉，这简化了普通程序中原则上要求递交起诉状的规定。

(2) 传唤、通知方式简便。按简易程序审理的案件，法院或派出法庭可以随时传唤当事人，通知证人。传唤和通知方式通常是口头方式。

(3) 实行独任制。简易程序一律实行独任制，即由审判员一人审理，书记员担任记录，不得自审自记。

(4) 审理程序简便。以简易程序审理案件，也应采用开庭形式进行审理，但可以根据案件的具体情况，灵活处理，不需像普通程序那样严格划分不同阶段并按顺序依次进行。

(5) 审结期限较短。法院适用简易程序审理案件的，应当在立案之日起3个月内审结。而适用普通程序，则应自立案之日起6个月内审结；有特殊情况需要延长的，由法院院长批准，可以延长6个月；还需要延长的，报请上级人民法院批准。显然，简易程序审结的期限较短。

7.1.6　二审程序

1. 二审程序的概念

二审程序，是指民事诉讼当事人不服一审法院所作的尚未生效的判决或裁定，在法定期限内向上一级法院提起上诉，上一级法院对案件进行审理时所适用的诉讼程序。我国实行二审终审制，因此，法院适用二审程序所作出的判决、裁定是终审裁决。

2. 二审程序的各阶段

1) 上诉的提起

我国《民事诉讼法》规定，当事人对一审判决不服的，在收到判决书的15天内有权提起上诉；不服裁定的，应在10日内提起上诉。

上诉必须递交上诉状。上诉状应包含以下内容：① 当事人的姓名，法人的名称及其法定代表人的姓名，其他组织的名称及其主要负责人的姓名；② 原审人民法院名称，案件的编号和案由；③ 上诉请求和理由。

2) 上诉的受理

上诉状应通过原审人民法院提出，并按对方当事人或代表人的人数提交副本。如果上诉人出于某种原因不愿向原审法院提起上诉，而直接将诉状递至上级人民法院，第二审法院应接受其上诉，并将上诉状移交原审人民法院。

原审法院收到上诉状，应在5日内将上诉状副本送达对方当事人。对方应在收到上诉状副本后15日内递交答辩状及答辩状副本。法院收到答辩状后，应在5日内将答辩状副本送达上诉人。原审法院收到上诉状、答辩状后，应在5日内连同全部案卷和证据，报送二审法院。二审法院在收到诉状、全部案卷和证据后，第二审程序即开始。

3）上诉的审理

二审法院审理上诉案件，应组成合议庭。合议庭全部由审判员组成，陪审员不得参加。

二审法院对上诉案件一般应开庭审理，开庭审理的程序可按照一审普通程序的规定。作为例外，在具备一定条件的前提下，二审法院也可对上诉案件迳行判决、裁定。

3. 上诉案件的裁判

根据2013年实施的新《民事诉讼法》第170条之规定，第二审人民法院对上诉案件，经过审理，按照下列情形，分别处理：

(1) 原判决、裁定认定事实清楚，适用法律正确的，以判决、裁定方式驳回上诉，维持原判决、裁定；

(2) 原判决、裁定认定事实错误或者适用法律错误的，以判决、裁定方式依法改判、撤销或者变更；

(3) 原判决认定基本事实不清的，裁定撤销原判决，发回原审人民法院重审，或者查清事实后改判；

(4) 原判决遗漏当事人或者违法缺席判决等严重违反法定程序的，裁定撤销原判决，发回原审人民法院重审。

原审人民法院对发回重审的案件作出判决后，当事人提起上诉的，第二审人民法院不得再次发回重审。

二审判决、裁定是终审判决、裁定，判决书、裁定书自送达当事人之日起，即发生法律效力。人民法院审理的针对判决的上诉案件，应当在二审立案之日起3个月内审结。有特殊情况需要延长的，由法院院长批准。人民法院审理的针对裁定的上诉案件，则应在二审立案之日起30内作出终审裁定。

7.1.7 执行程序

发生法律效力的民事判决、裁定，当事人必须履行。一方拒绝履行的，对方当事人可以向人民法院申请执行，也可以由审判员移送执行员执行。执行程序是民事诉讼程序的重要组成部分。没有执行程序的保障，经过审判程序做出的生效法律文书很有可能成为一纸空文。要维护法律的尊严，就必须充分重视执行程序的科学设置。我国2007年10月28日第一次修订的《民事诉讼法》就执行程序做出了较大的修改。2012年底第二次修订的《民事诉讼法》则进一步完善了相关制度，将民事执行活动纳入法律监督。

1. 法院执行机构的设立

我国1991年出台的《民事诉讼法》规定，只有基层人民法院和中级人民法院根据需要可以设立执行机构。2007年修订的《民事诉讼法》则规定："人民法院根据需要可以设立执行机构。"2012年《民事诉讼法》再次修订时，延续了此项规定。因此，我国高级人民法院和最高院也可以根据需要设立执行机构，这是为了和当事人向上一级人民法院申请执行相适应。

2. 执行管辖

我国《民事诉讼法》最初规定，发生法律效力的民事判决、裁定由“第一审人民法院执行”。2007年《民事诉讼法》第一次修订时，则规定由“第一审人民法院或者与第一审人民法院同级的被执行的财产所在地人民法院”执行。于是，当事人申请执行的法院从一家扩大到了两家。

为了更有力地保障执行的开始和进行，我国《民事诉讼法》还规定了上级人民法院对执行法院的监督，即：人民法院自收到申请执行书之日起超过六个月未执行的，申请执行人可以向上一级人民法院申请执行；上一级人民法院经审查，可以责令原人民法院在一定期限内执行，也可以决定由本院执行或者指令其他人民法院执行。

被执行人或者被执行的财产在外地的，可以委托当地人民法院代为执行。受委托人民法院收到委托函件后，必须在十五日内开始执行，不得拒绝。执行完毕后，应当将执行结果及时函复委托人民法院；在三十日内如果还未执行完毕，也应当将执行情况函告委托人民法院。受委托人民法院自收到委托函件之日起十五日内不执行的，委托人民法院可以请求受委托人民法院的上级人民法院指令受委托人民法院执行。

3. 申请执行的期间

依据我国1991年出台的《民事诉讼法》规定，申请执行期限依申请执行的主体不同可分为两种情况：双方或者一方当事人是个人的，申请执行的期限为一年；双方当事人是法人及其他组织的，则为半年。尽管立法的本意是促使债权人尽早地行使权利和督促债务人尽快履行义务，但过短的期限对债权人其实是相当不利的。实践中，一些债权人常常因为未能在法定期限内及时提出执行申请而失权。此外，过短的执行期限的规定也在相当程度上加剧了执行难度。在一些执行案件中，债务人在短期内根本就没有履行能力，债权人申请执行不会有实际效果，但由于受申请期限的约束，债权人不得不向法院申请执行。这既增加了债权人的负担，又增加了法院未执结案件的数量。

于是，2007年我国《民事诉讼法》第一次修订时将申请执行的期间改为二年。申请执行时效的中止、中断，适用法律有关诉讼时效中止、中断的规定。申请执行的期间，从法律文书规定履行期间的最后一日起计算；法律文书规定分期履行的，从规定的每次履行期间的最后一日起计算；法律文书未规定履行期间的，从法律文书生效之日起计算。

4. 执行异议

执行工作由执行员进行。在采取强制执行措施时，执行员应当出示证件。执行完毕后，应当将执行情况制作笔录，由在场的有关人员签名或者盖章。

如果当事人、利害关系人认为执行行为违反法律规定，可以向负责执行的人民法院提出书面异议。当事人、利害关系人提出书面异议的，人民法院应当自收到书面异议之日起十五日内审查，理由成立的，裁定撤销或者改正；理由不成立的，裁定驳回。当事人、利害关系人对裁定不服的，可以自裁定送达之日起十日内向上一级人民法院申请复议。

执行过程中，案外人对执行标的提出书面异议的，人民法院应当自收到书面异议之日起十五日内审查，理由成立的，裁定中止对该标的的执行；理由不成立的，裁定驳回。案外人、当事人对裁定不服，认为原判决、裁定错误的，依照审判监督程序办理；与原判决、裁定无关的，可以自裁定送达之日起十五日内向人民法院提起诉讼。

5. 强制执行措施

被执行人未按执行通知履行法律文书确定的义务，人民法院有权：① 向有关单位查询被执行人的存款、债券、股票、基金份额等财产情况，并根据不同情形扣押、冻结、划拨、变价被执行人的财产；② 扣留、提取被执行人应当履行义务部分的收入，但应当保留被执行人及其所扶养家属的生活必需费用；人民法院扣留、提取收入时，应当作出裁定，并发出协助执行通知书，被执行人所在单位、银行、信用合作社和其他有储蓄业务的单位必须办理；③ 查封、扣押、冻结、拍卖、变卖被执行人应当履行义务部分的财产，但应当保留被执行人及其所扶养家属的生活必需品。

财产被查封、扣押后，执行员应当责令被执行人在指定期间履行法律文书确定的义务。被执行人逾期不履行的，人民法院应当拍卖被查封、扣押的财产；不适于拍卖或者当事人双方同意不进行拍卖的，人民法院可以委托有关单位变卖或者自行变卖。国家禁止自由买卖的物品，交有关单位按照国家规定的价格收购。

6. 对被执行人的惩罚措施以及执行联动机制

被执行人不履行法律文书确定的义务并隐匿财产的，人民法院有权发出搜查令，对被执行人及其住所或者财产隐匿地进行搜查。被执行人未按执行通知履行法律文书确定的义务的，应当报告当前以及收到执行通知之日前一年的财产情况。被执行人拒绝报告或者虚假报告的，人民法院可以根据情节轻重对被执行人或者其法定代理人、有关单位的主要负责人或者直接责任人员予以罚款、拘留。

被执行人未按判决、裁定和其他法律文书指定的期间履行给付金钱义务的，应当加倍支付迟延履行期间的债务利息。被执行人未按判决、裁定和其他法律文书指定的期间履行其他义务的，应当支付迟延履行金。若被执行人不履行法律文书确定的义务，人民法院可以对其采取或者通知有关单位协助采取限制出境，在征信系统记录、通过媒体公布不履行义务信息以及法律规定的其他措施。

7. 执行中止和终结

依据我国《民事诉讼法》之规定，有下列情形之一的，人民法院应当裁定中止执行：

① 申请人表示可以延期执行的；② 案外人对执行标的提出确有理由的异议的；③ 作为一方当事人的公民死亡，需要等待继承人继承权利或者承担义务的；④ 作为一方当事人的法人或者其他组织终止，尚未确定权利义务承受人的；⑤ 人民法院认为应当中止执行的其他情形。中止的情形消失后，恢复执行。

有下列情形之一的，人民法院裁定终结执行：① 申请人撤销申请的；② 据以执行的法律文书被撤销的；③ 作为被执行人的公民死亡，无遗产可供执行，又无义务承担人的；④ 追索赡养费、扶养费、抚育费案件的权利人死亡的；⑤ 作为被执行人的公民因生活困难无力偿还借款，无收入来源，又丧失劳动能力的；⑥ 人民法院认为应当终结执行的其他情形。中止和终结执行的裁定，送达当事人后立即生效。

7.1.8　诉讼时效

1. 诉讼时效的概念及效力

权利人在法定期间内不行使权利，即丧失请求法院依诉讼程序强制义务人履行义务的权利。上述法定提起诉讼的期间，即为诉讼时效，它是指权利人向人民法院要求依诉讼程序保护其权利的有效期限。

在诉讼时效届满后，权利人即丧失了请求法院依诉讼程序强制义务人履行义务的权利。简言之，诉讼时效届满将使权利人丧失胜诉权。需强调的是，诉讼时效消灭胜诉权，但不消灭起诉权。根据《最高人民法院关于适用〈中华人民共和国民事诉讼法〉若干问题的意见》第 153 条的规定，权利人在超过诉讼时效期间后起诉的，人民法院仍应予以受理，不得以诉讼时效届满为由不予受理。因为人民法院在受理之后才能查明诉讼时效是否届满。

此外，诉讼时效届满并不消灭实体权利。权利人的实体权利仍然存在，因此，义务人在诉讼时效届满之后自愿向权利人履行义务的，权利人仍然有权接受，不受诉讼时效限制。义务人在自愿履行义务后，又以超过诉讼时效为由反悔的，人民法院不予以支持。

2. 我国关于诉讼时效的规定

根据我国《民法通则》第 135 条的规定："向人民法院请求保护民事权利的诉讼时效期间为二年，法律另有规定的除外。"第 136 条规定："下列的诉讼时效期间为一年：(一) 身体受到伤害要求赔偿的；(二) 出售质量不合格的商品未声明的；(三) 延付或者拒付租金的；(四) 寄存财物被丢失或者损毁的。"上述诉讼时效期间从知道或者应当知道权利被侵害时起计算。但是，从权利被侵害之日起超过二十年的，人民法院不予保护。有特殊情况的，人民法院可以延长诉讼时效期间。

此外，我国《产品质量法》第 45 条规定："因产品存在缺陷造成损害请求赔偿的诉讼时效期间为二年，自当事人知道或者应当知道其权益受到损害时起计算。因产品存在缺陷造成损害要求赔偿的请求权，在造成损害的缺陷产品交付最初消费者满十年丧失；但是，尚未超过明示的安全使用期的除外。"

由上可知，一般情形下我国诉讼时效为两年，法定特别情形下为一年。

3. 诉讼时效的中断

诉讼时效可因发生一定法定事由而使已经经过的时效期间统归无效，这就是诉讼时效的中断。待时效中断的法定事由消除后，诉讼时效期间重新计算。

根据《民法通则》第 140 条的规定，引起诉讼时效中断的事由有：① 权利人提起诉讼；② 当事人一方向义务人提出请求履行义务的要求；③ 当事人一方同意履行义务。实务中，诉讼时效中断的运用对维持当事人的胜诉权有着重要意义。

案例评析

案例：1999 年 2 月，童某因建房需要，从孙某处借款 2 200 元，当时双方口头约定，第二年还款。1999 年 2 月 7 日，童某向孙某出具欠条一张，注明“欠孙某贰千贰佰元正”。借款后，童某一直没有归还。孙某于 2005 年 1 月 10 日向淮安市淮阴区人民法院起诉，要求被告童某偿还借款 2 200 元。被告童某辩称，该笔借款发生时间是 1999 年，已超过诉讼时效，不应受法律保护，故应驳回原告的诉讼请求。

法院经审理认为：被告童某于1999 年 2 月 7 日向原告借款，双方口头约定第二年还款，故还款期限应为 2000 年 12 月 31 前。借款到期后，被告没有还款。原告也没有证据证实诉讼时效中止、中断的情形，属于自然债权债务，故应认定原告要求被告还款已超过诉讼时效，人民法院不予保护。根据《中华人民共和国民法通则》第135 条，第137 的规定，判决如下：驳回原告孙某的诉讼请求。（案例来源：车正义、刘明辉，淮安市淮阴区人民法院）

评析：本案是一起典型的民间借贷纠纷。民间借贷常发生在亲戚、朋友、同事之间，债权人不及时主张权利时有发生。如果超过诉讼时效起诉，债权人即丧失胜诉权。因此，债权人应在诉讼时效内及时主张权利。本案中孙某因未能及时提起诉讼而丧失了胜诉权，但其实体权利并没有消失。如果被告童某自愿履行超过诉讼时效的债务，孙某仍有权受领。

7.1.9 涉外诉讼程序

商事活动并不局限于一国境内，也不局限于一国商主体之间。随着全球经济一体化的发展，国际商事活动日趋频繁。因此，涉外商事纠纷屡见不鲜，涉外诉讼即成为一种有效的纠纷解决方式。我国《民事诉讼法》中专设了第四编关于“涉外民事诉讼程序的特别规定”。鉴于商事诉讼适用民事诉讼程序，因此，在我国领域内进行的涉外商事诉讼，应优先适用第四编的规定，若第四编没有规定的，则适用民事诉讼法的其他有关规定。

1. 涉外诉讼程序的一般原则

根据我国《民事诉讼法》的规定，涉外民事诉讼程序的一般原则主要包括以下各项。

1）遵守国际公约和国际条约的原则

人民法院审理涉外案件，应当遵守我国缔结或参加的国际公约和国际条约。当国际公约或条约中的规定与国内法有冲突时，应适用公约或条约的规定，但是我国声明保留的条款除外。

2）司法豁免原则

对享有外交特权与豁免权的外国人、外国组织以及国际组织提起诉讼，应当依照我国缔结或参加的国际公约以及我国有关法律的规定处理。民事司法豁免是一种有限的豁免，即享有司法豁免权的人其所属国主管机关宣布放弃司法豁免的，或享有司法豁免权的人因私人事务涉及诉讼法的，或享有司法豁免权的人向驻在国起诉引起反诉的，均不享有司法豁免权。

3）国民待遇原则

外国人、无国籍人、外国企业和组织在我国人民法院起诉、应诉，具有和我国公民、法人和其他组织同等的诉讼权利和诉讼义务。法院不得加以任何限制和歧视。

4）对等原则

对等原则是处理外交事务的一项重要准则，也是涉外诉讼的一项重要原则。它是指有关国家的法院在审理民事案件时，限制我国公民、法人和其他组织的诉讼权利，或者加重其诉讼义务的，我国人民法院可以采取必要措施，给对方国家在我国进行民事诉讼的公民、法人和其他组织以相同的待遇。

5）委托中国律师代理诉讼的原则

外国人、无国籍人或外国企业和组织在我国起诉、应诉，需要委托律师代理诉讼的，只能委托中国律师代理诉讼，外国律师不能以律师的身份参加诉讼。外国驻华使、领馆官员，受其本国公民的委托，可以以个人的名义（不属于职务行为）担任诉讼代理人，但在诉讼中不享有司法豁免权。

6）使用我国通用的语言、文字原则

人民法院审理涉外案件，应当使用我国通用的语言、文字。当事人要求提供翻译的，可以提供，费用由当事人承担。

2. 涉外诉讼管辖

1）地域管辖

一般情况下，涉外案件以被告住所地人民法院为管辖法院。被告住所地与经常居住地不一致的，由经常居住地的人民法院管辖。

但如果被告在我国境内没有住所，则应按照属地管辖原则确定有管辖权的法院。我国《民事诉讼法》规定："因合同纠纷或者其他财产权益纠纷，对在中华人民共和国领域内没有住所的被告提起的诉讼，如果合同在中华人民共和国领域内签订或者履行，或者诉讼标的物在中华人民共和国领域内，或者被告在中华人民共和国领域内有可供扣押的财产，或者被告在中华人民共和国领域内设有代表机构，可以由合同签订地、合同履行地、诉讼标的物所在地、可供扣押财产所在地、侵权行为地或者代表机构住所地人民法院管辖。"

2）协议管辖

在涉外商事诉讼中，允许当事人通过协议约定有管辖权的法院，但与国内商事诉讼的协议管辖有所不同。我国《民事诉讼法》规定："涉外合同或者涉外财产权益的当事人，可以用书面协议选择与争议有实际联系的地点的法院管辖。选择中华人民共和国人民法院管辖的，不得违反本法关于级别管辖和专属管辖的规定。"

3）专属管辖

根据《民事诉讼法》的规定，因在我国履行中外合资经营企业合同、中外合作经营企业合同、中外合作勘探开发自然资源合同发生纠纷提起的诉讼，由我国人民法院管辖。这是关于涉外诉讼专属管辖的规定。专属管辖具有排他性，对于此类案件，我国法院一概不承认其他国家法院的管辖权。任何国家都可以规定某种涉及本国重大利益的案件只能由本国法院专属管辖，这是国家主权的体现。

4）默示管辖

我国还承认涉外诉讼的"默示管辖"，即：根据当事人的行为，推论其承认受诉法院的管辖权。具体言之，没有管辖权的法院受理了利害关系人的起诉，对方当事人接到应诉通知后，对人民法院的管辖未提出异议并应诉答辩的，视为承认该人民法院为有管辖权的法院。

3. 涉外诉讼程序的特别规定

1）送达

送达是人民法院的诉讼行为，目的在于将诉讼文书送交给当事人，以保护其诉讼权利，保证审判工作的顺利进行。

人民法院对在我国领域内没有住所的当事人送达诉讼文书，可以采用以下 7 种方式：① 依照受送达人所在国与我国缔结和共同参加的国际条约中规定的方式送达；② 通过外交途径送达；③ 对具有中国国籍的受送达人，可委托其所在国的我国使、领馆代为送达；④ 向受送达人委托的有权代其接受送达的诉讼代理人送达；⑤ 向受送达人在我国领域内设立的代表机构或者有权接受送达的分支机构、业务代办人送达；⑥ 受送达人所在国的法律允许邮寄送达的，可以邮寄送达，自邮寄之日起满三个月，送达回证没有退回，但根据各种情况足以认定已经送达的，期间届满之日视为送达；⑦ 采用传真、电子邮件等能够确认受送达人收悉的方式送达；⑧ 不能用上述方式送达的，公告送达。

公告送达是一种特殊的方式，只有在不得已的情况下才予以采用，即当其他送达方式均无法使用时，才能采用公告送达。公告送达的，自公告之次日起满 3 个月，即视为送达。

2）涉外诉讼期间

期间是当事人为诉讼行为必须遵守的时间。我国《民事诉讼法》对于下列涉外诉讼期间作出了不同于国内诉讼的规定。

（1）一审被告答辩的期间。被告在中华人民共和国领域内没有住所的，人民法院应当将起诉状副本送达被告，并通知被告在收到起诉状副本后 30 日内提出答辩状。被告申请延期的，是否准许，由人民法院决定。而国内诉讼一审被告的答辩期间则为 15 日。

（2）上诉期间。在中华人民共和国领域内没有住所的当事人，不服第一审人民法院判决、裁定的，有权在判决书、裁定书送达之日起 30 日内提起上诉。国内诉讼则针对一审判决和裁定分别规定了不同的上诉期间：对一审判决不服的，在收到判决书的 15 天内有权提起上诉；不服裁定的，应在 10 日内提起上诉。

（3）二审被告的答辩期间。在中华人民共和国领域内没有住所的被上诉人，在收到上诉状副本后，应当在 30 日内提出答辩状。当事人不能在法定期间提起上诉或者提出答辩状。被上诉人不能在法定期间提出答辩状而申请延期的，是否准许，由人民法院决定。国内诉讼二审被告的答辩期间为 15 日。

需说明的是，由于涉外案件涉及我国领域外的人、事、物，情况复杂，因此我国《民事诉讼法》并未规定涉外案件的审理期限。

4. 司法协助

司法协助，是指两个或两个以上国家之间，为了在司法上互相协助和帮助以达到顺利办理案件的目的，彼此接受对方的委托，代理对方法院进行某些诉讼行为。

司法协助的依据是国家之间的条约关系或者互惠关系。各个主权国家地位相互平等，一国并无向他国提供司法协助的义务。进行司法协助的主要依据，一是国家之间的条约关系，即国家之间缔结或参加的国际条约规定相互提供司法协助；二是国家之间的互惠关系，即有关国家之间虽未能缔结或参加共同的国际条约，但基于彼此间的互惠关系而相互提供司法协助。随着国际交往的增多，司法协助的重要性日渐突出。做好司法协助工作，对于保证委托法院审理案件，维护当事人的合法权益以及促进国际交流具有重要的意义。

1）司法协助的分类

(1) 一般司法协助。主要指不同国家之间按照条约或者互惠关系，相互委托代为询问证人、鉴定人、调查证据、送达诉讼文书等。

(2) 特别司法协助。是指对外国法院判决、裁定和仲裁裁决的承认和执行。对外国法院裁判的承认，是指一国法院对外国法院作出的判决或裁定，承认其在本国境内具有法律效力。对外国法院裁判的执行，是指一国法院对外国法院作出的判决或裁定，在承认其效力的基础上，根据当事人或外国法院的申请或请求，在其国境内予以强制执行。由此可见，承认是执行的前提，一国法院对外国法院的裁决如果不予承认，也就不会执行。但承认并不一定必然执行，例如，当事人已自动履行了裁决，或者裁决本身是对当事人身份、能力和财产权属的确定等。因此，承认和执行是两个紧密联系但又相互独立的行为。

通常认为，承认和执行外国法院的裁判，应具备以下几个主要条件。

首先，裁判必须是有管辖权的法院作出的。作出裁判的法院对案件必须有管辖权，这是判决或裁定被承认和执行的首要前提条件。如果该法院没有管辖权，其裁决也就根本谈不上承认和执行的问题。

其次，裁判的程序必须公正。程序公正是实体公正的必要保障。如果程序不公正，当事人的诉讼权利将得不到充分的保障。例如，未得到法院的合法传唤而失去出庭辩论的机会，最终可能使裁决得不到承认和执行。

再次，裁判必须是已经生效的。对于还没有产生法律效力的裁决，被请求国法院可以拒绝承认和执行。

最后，承认和执行不会损害本国公共秩序。各国之间进行司法协助的基本出发点，就是维护本国的利益。如果因承认和执行外国法院裁决而影响到本国的主权、安全或重大利益，则可以拒绝承认和执行。

2）我国关于与外国法院相互承认和执行裁决的规定

(1) 外国法院的裁判在我国的承认和执行。我国《民事诉讼法》对外国法院的裁判在我国的承认和执行作了原则性规定。该法第 281 条规定："外国法院作出的发生法律效力的判决、裁定，需要中华人民共和国人民法院承认和执行的，可以由当事人直接向中华人民共和国有管辖权的中级人民法院申请承认和执行，也可以由外国法院依照该国与中华人民共和国缔结或者参加的国际条约的规定，或者按照互惠原则，请求人民法院承认和执行。”第 282 条还规定：“人民法院对申请或者请求承认和执行的外国法院作出的发生法律效力的判决、裁定，依照中华人民共和国缔结或者参加的国际条约，或者按照互惠原则进行审查后，认为不违反中华人民共和国法律的基本原则或者国家主权、安全、社会公共利益的，裁定承认其效力，需要执行的，发出执行令，依照本法的有关规定执行。违反中华人民共和国法律的基本原则或者国家主权、安全、社会公共利益的，不予承认和执行。”

(2) 我国法院的裁决在外国的承认和执行。我国《民事诉讼法》第 280 条第 1 款规定：“人民法院作出的发生法律效力的判决、裁定，如果被执行人或者其财产不在中华人民共和国领域内，当事人请求执行的，可以由当事人直接向有管辖权的外国法院申请承认和执行，也可以由人民法院依照中华人民共和国缔结或者参加的国际条约的规定，或者按照互惠原则，请求外国法院承认和执行。”

7.2 仲　　裁

仲裁，是指纠纷当事人在自愿基础上达成协议，将纠纷提交仲裁机构审理，由仲裁机构作出对争议各方均有约束力的裁决的一种纠纷解决方式。第二次世界大战后，商事仲裁以其独有的灵活、快捷、保密等优点，在世界各国日益受到商人们的青睐。用仲裁方法解决商事争端，成为一种行之有效的法律手段。

7.2.1 仲裁概述

1. 仲裁的特点

1) 自愿性

仲裁是以双方当事人自愿为前提，只有双方达成仲裁协议，争议才能提交仲裁机构解决。当事人一方或双方不同意提交仲裁，不能采用仲裁方式解决纠纷。

2) 民间性

仲裁机构属于民间性的组织，不是国家行政机关或司法机关。它的管辖权来自双方的仲裁协议。

3) 灵活性

提交仲裁的当事人可以自由选择仲裁地点、仲裁机构、仲裁员，甚至仲裁程序规则。

4) 专业性

仲裁机构的仲裁员并不局限于法律专业人士，可以由各行各业的专家担任，因此便于处理各种专业性、技术性较强的案件，其裁决往往比较准确、公正。

2. 仲裁与诉讼的区别

1）性质不同

仲裁机构在世界许多国家均为民间组织，无法定的管辖权，仲裁机构对案件的管辖权来自于当事人之间的约定。而诉讼则是由法院行使审判权，解决当事人之间争议的一种方式。即使当事人之间没有关于诉讼的约定，一方也可向法院起诉。法院对案件的管辖来自于法律的规定。

2）当事人自由度不同

仲裁方式下，当事人均享有指定仲裁员的权利。而在诉讼中，当事人虽然可以援引回避制度，但却没有选择法官的权利。

3）是否公开审理不同

仲裁往往采用不公开审理的方式进行，并且裁决也不必以一定形式公布。但诉讼原则上要求公开审理，并且宣判必须公开进行。

4）法律适用不同

诉讼必须严格适用相关法律，但在许多国家，仲裁员却可按商业惯例或所谓的“公平合理”原则对争议事项作出仲裁。

5）执行不同

虽然仲裁裁决和法院判决一样，均具有可强制执行力。但仲裁机构没有强制执行的权力，一方当事人不主动履行仲裁裁决的，另一方当事人应向法院申请强制执行。在诉讼中，法院制作的判决书、裁决书或调解书发生法律效力后，一方当事人不主动履行的，法院即可依职权主动移交执行，另一方当事人亦有权于法定期限内依法申请法院强制执行。

3. 仲裁与调解的区别

虽然调解和仲裁都是由第三方主持，但它们却存在质的差别。

(1) 调解只能在当事人平等自愿的基础上进行。如当事人不能达成调解协议，调解人不能对当事人的争议作出处理。而仲裁机构在调解无效的情形下，则必须对提交仲裁的争议作出裁决。

(2) 调解方式下，争议双方达成了调解协议，但一方反悔的，仍可向人民法院起诉，不能强制执行。而仲裁机构作出的裁决，却具有强制执行的效力。

7.2.2 我国仲裁制度概述

我国国内仲裁制度是在改革开放后于 20 世纪 80 年代始建立的。国内仲裁由经济合同仲裁相继推广到技术合同仲裁、房地产仲裁、版权纠纷仲裁等。仲裁制度在解决国内商事纠纷、促进经济发展中发挥了重要作用。但其弊端亦十分明显：首先，仲裁机构不仅数量过多，队伍庞大，还有不断扩张的趋势，而且基本都靠财政支撑，长此以往，财政不堪重负；其次，仲裁机构行政色彩太浓，许多仲裁机构都是以行政机关为主，设置在机关内部，机构组成人员绝大多数是有关行政管理部门的负责人。仲裁庭的组成人员多是由相关的行政机关工作人员担任，仲裁机构与行政机关交织在一起。

为了从根本上解决上述弊端，1994 年 8 月 31 日，我国第八届全国人大常务委员会第九次会议通过了《中华人民共和国仲裁法》（以下简称《仲裁法》），该法已于 1995 年 9 月 1 日起执行。《仲裁法》颁布后，将行政仲裁变为当事人自愿选择的民间性仲裁，将隶属于行政机关的仲裁机构变为独立自主、自负盈亏的民间性、中介性的服务组织。《仲裁法》的出台，标志着我国初步确立了较为完善的仲裁制度。2005 年 12 月 26 日，最高人民法院审判委员会第 1375 次会议通过了《最高人民法院关于适用〈中华人民共和国仲裁法〉若干问题的解释》，自 2006 年 9 月 8 日起施行。

7.2.3 我国仲裁法的主要内容

以下从《仲裁法》的适用范围、基本原则、仲裁协议和仲裁程序四方面对我国《仲裁法》的主要内容作一介绍。

1.《仲裁法》的适用范围

根据我国《仲裁法》第 2 条和第 3 条的规定，平等主体的公民、法人和其他组织之间发生的合同纠纷和其他财产权益纠纷，可以仲裁。但下列纠纷不能仲裁：① 婚姻、收养、监护、抚养、继承纠纷；② 依法应当由行政机关处理的行政争议；③ 劳动争议；④ 农业集体经济组织内部的农业承包合同纠纷。

第一项排除了平等主体之间的涉及人身关系的纠纷。第二项排除了非平等主体之间的财产纠纷。至于劳动争议和农业集体经济组织内部的农业承包合同纠纷，虽然可以采用仲裁方式加以解决，但不能适用《仲裁法》。在较长时间内，我国劳动争议主要适用 1993 年 8 月 1 日起施行的国务院颁布的《企业劳动争议处理条例》。2007 年 12 月 29 日，第十届全国人民代表大会常务委员会第三十一次会议通过了《中华人民共和国劳动争议调解仲裁法》，该法自 2008 年 5 月 1 日起施行。因此，该法将成为我国劳动争议仲裁的主要法律依据。农业承包合同纠纷仲裁至今尚无统一立法，一般是由各省、自治区和直辖市的人大在其制定的农业承包合同管理条例中加以规定。

2.《仲裁法》的基本原则

1）当事人意思自治原则

意思自治原则通常被称为当事人自愿原则，它是我国《仲裁法》的最基本的原则。我国《仲裁法》第 4 条规定，“当事人采用仲裁方式解决纠纷，应当双方自愿，达成仲裁协议。没有仲裁协议，一方申请仲裁的，仲裁委员会不予受理。”第 6 条又规定，“仲裁委员会应当由当事人协议选定。仲裁不实行级别管辖和地域管辖。”

2）独立公正仲裁原则

我国《仲裁法》规定，仲裁依法独立进行，不受行政机关、社会团体和个人的干涉；仲裁委员会独立于行政机关，与行政机关没有隶属关系，仲裁委员会之间也没有隶属关系。这些都有力地保证了仲裁的公正性。

3）或裁或诉原则

当事人对于纠纷的解决，一旦达成了合法有效的仲裁协议，就只能采取仲裁而不能同时诉讼。仲裁与诉讼二者不能同时被采纳。在有合法仲裁协议的情形下，当事人一方向法院起诉的，法院应不予受理。当事人一方向法院起诉而未声明有仲裁协议的，法院受理后在首次开庭前，另一方提交仲裁协议的，法院应驳回起诉。未提出异议的，视为放弃仲裁协议，法院应继续审理，而不能再进行仲裁。

4）一裁终局原则

仲裁庭的裁决为终局裁决，裁决书自作出之日起即发生法律效力，对双方当事人均有约束力，不允许上诉，这是当前各国关于仲裁的一般规定。我国《仲裁法》对此原则亦进行了确认。裁决作出后，当事人就同一纠纷再申请仲裁或者再向人民法院起诉的，仲裁委员会或人民法院均不予受理。

3. 仲裁协议

1）仲裁协议的概念

仲裁协议，是指双方当事人自愿把他们之间已经发生或者将来可能发生的合同纠纷及其他财产性权益争议提交仲裁解决的协议。

2）仲裁的表现形式

仲裁协议有两种表现形式：一是合同中的仲裁条款，二是仲裁协议书。

(1) 仲裁条款。是指当事人在签订的合同中所订立的就将来可能发生的争议提交仲裁的条款。仲裁条款是仲裁协议的一种最常见和最重要的表现形式。它订立于纠纷发生之前，并且具有独立性，即：其他合同条款无效并不必然引起仲裁条款随之无效，甚至合同无效，该合同中的仲裁条款仍有效。

由于仲裁条款订立于争议发生前，当事人不可能完全预料到今后会发生什么争议，所以仲裁条款一般都比较简短，通常是在合同中约定一旦发生争议，双方当事人同意接受某仲裁机构的仲裁。至于具体的仲裁地点、仲裁程序等问题先不做约定。

(2) 仲裁协议书。是指双方当事人在自愿的基础上订立的同意将争议提交仲裁的一种独立的仲裁协议。仲裁协议书是独立的合同。一般情况下，仲裁协议书的内容较为详尽，是争议发生后双方当事人为解决争议而签订的，但也可能是在争议发生之前对仲裁条款的补充或修订。

无论是争议发生前订立于合同中的仲裁条款，还是争议发生后达成的提交仲裁的协议，其法律效力相同。

需特别提及的是，目前各国对于仲裁协议的形式要求并不完全统一。《纽约公约》和《国际商事仲裁示范法》均要求仲裁协议应采用书面形式，但对“书面”的具体定义并不相同：《纽约公约》第 2 条第 2 款对书面协议的定义是“当事人所签订或在互换函电中所载明之契约仲裁条款或仲裁协议”；而《国际商事仲裁示范法》则进一步拓展了书面协议的范围，其第 7 条第 2 款规定：“仲裁协议满足下述情况之一即为书面：(1) 仲裁协议载于当事人各方签订的文件中；(2) 仲裁协议载于当事人往来的书信、电传、电报或提供记录的其他电信手段中；(3) 在申请书和答辩书中一方当事人声称有仲裁协议，而他方未作否认表示的；(4) 当事人在合同中提出援引载有仲裁条款的一项文件，如果该合同是书面的并且这种援引足以使该仲裁条款成为该合同的一部分。”1996 年颁布实施的英国《仲裁法》不仅大大放宽了对仲裁协议书面形式的定义，还承认了口头仲裁协议的有效性。该法第 81 条规定：“(1) 本部分规定不得解释为排除本部分规定相一致的任何法律规则之适用，特别是如下法律规定的事项：……(b) 口头协议的有效性。”显然，英国《仲裁法》在仲裁协议形式要求方面实现了重大突破和创新。我国《仲裁法》则要求仲裁协议必须采用书面形式。《最高人民法院关于适用〈中华人民共和国仲裁法〉若干问题的解释》第 1 条规定：“仲裁法第十六条规定的‘其他书面形式’的仲裁协议，包括以合同书、信件和数据电文（包括电报、电传、传真、电子数据交换和电子邮件）等形式达成的请求仲裁的协议。”

3）仲裁协议的内容

(1) 必备内容。一项合法有效的仲裁协议至少应包括以下三项内容。

① 请求仲裁的意思表示。这是指双方当事人一致同意将争端提交仲裁解决的共同愿望。

② 仲裁事项。仲裁事项是指双方当事人提交仲裁的争议范围，即双方当事人将何种争议提交给仲裁机构仲裁。只有属于仲裁事项范围内的争议，仲裁机构才享有管辖权；否则，仲裁机构不予受理。如果一方当事人把不属于仲裁协议中指明的事项提交仲裁，另一方当事人有权提出管辖权异议。一般而言，当事人在仲裁协议中可采用这样的表述：“凡因执行本合同而产生的或者与本合同有关的一切争议，均提交××仲裁委员会仲裁。”

③ 选定的仲裁机构。仲裁机构的选择是仲裁协议中极为重要的内容。仲裁机构的选定关系到解决争议的便利程度和支付的费用，而且在国际商事仲裁的情形下，还会影响到裁决的承认和执行，事关当事人的权益能否最终得到有效落实。仲裁机构通常可分为两类：一是常设性仲裁机构，另一种是临时性仲裁机构。常设性仲裁机构，是指根据国际条约或一国法律所成立的，有固定名称、地址、人员、办事机构设置、组织章程、行政管理制度及程序规则的仲裁组织。它是现代商事仲裁的主要组织形式。常设性仲裁机构主要分为：国际常设仲裁机构，如国际商会仲裁院、解决投资争端国际中心；国内常设仲裁机构，如美国仲裁协会、香港国际仲裁中心；行业常设机构，如英国伦敦谷物公会、荷兰咖啡贸易仲裁委员会等。

以上三项是仲裁协议必备的基本内容，缺少其中的任何一项，都会导致仲裁协议无效。

案例评析

案例：1995 年 4 月 13 日，日本 S 株式会社与中国郑州 G 公司签订了一份合同，其中约定：“凡因执行本合同或与本合同有关事项所发生的一切争执，应由双方通过友好方式协商解决，如果不能取得协议时，则在被申请人国家根据被申请人国仲裁机构的仲裁程序规则进行仲裁，仲裁决定是终局的，对双方具有同等约束力。仲裁费除非仲裁机构另有决定外，均由败诉一方负担。”后来发生争议，日本 S 株式会社向中国国际经济贸易仲裁委员会申请仲裁，仲裁委员会予以受理。

在仲裁程序进行中，被申请人中国郑州 G 公司向仲裁委员会提交了管辖权异议。被申请人认为，上述条款中所表述的被申请人国仲裁机构并未指明是中国国际经济贸易仲裁委员会，而中国国际经济贸易仲裁委员会亦不是中国唯一的仲裁机构。因此，该仲裁条款对于仲裁机构的约定是不明确的。依据《中华人民共和国仲裁法》第18条的规定："仲裁协议对仲裁事项或者仲裁委员会没有约定或者约定不明确的，当事人可以补充协议，达不成补充协议的，仲裁协议无效。"双方在上述仲裁条款中并没有明确约定将合同项下的争议提交仲裁委员会仲裁，事后也未达成任何补充协议，因此，本案合同项下的仲裁条款是无效的。综上，被申请人请求仲裁委员会驳回申请人的仲裁申请。

对此，申请人反驳如下：(1) 本案申请人与被申请人之间的争议属于涉外的经济贸易争议，而在本合同订立时即1995年4月13日中国国际经济贸易仲裁委员会是中国唯一能受理涉外经济贸易争议的仲裁委员会。因此，申请人认为，依据合同规定，如被告是被申请人中国郑州G公司时，就应在中国国际经济贸易仲裁委员会仲裁。(2) 被申请人以《仲裁法》第18条的规定来否定仲裁委员会对本条的管辖，是没有根据的。《仲裁法》是于1995年9月1日起才开始实施，而合同是在1995年4月13日签订的。《仲裁法》中关于仲裁协议的规定对本案合同中的仲裁条款没有溯及既往力。据此，申请人认为被申请人对本案管辖提出的异议不成立。

中国国际经济贸易仲裁委员会最终认定：被申请人就仲裁委员会对本案提出的管辖权异议不能成立，仲裁委员会对本案有管辖权。(案例改编自：法律教育网)

评析：本案涉及对仲裁协议效力的认定问题。若本案发生在我国《仲裁法》生效之后，则结果迥然不同。因此，当事人在签订仲裁协议时，必须充分关注仲裁协议的有效性。如果未在仲裁协议中指明具体的仲裁机构的名称，且事后又无法达成补充协议的，则仲裁协议无效。

---

(2) 其他内容。除上述三项必备条款外，仲裁协议还可包含其他内容，如仲裁地点、所适用的仲裁程序规则等。

① 仲裁地点。仲裁地点的选择关系到仲裁所要适用的实体法和程序法，它对整个仲裁，尤其是国际商事仲裁具有重要影响。各国的仲裁法尚未统一。选择一个对其立法和司法不甚了解的地方作仲裁地，当事人就可能使自己的权利和义务处于很不确定的状态。[①] 正是基于这一考虑，国际商事交易的当事人一般都力争在本国进行仲裁，因为其熟悉本国的法律和仲裁制度，也比较信任本国的仲裁机构。但是，当各方都要求在本国仲裁时，仲裁协议便无法达成。因此，为避免这一局面的产生，当事人可选择被申请人所在地作为仲裁地，以体现公平原则。有时，也可选择当事人所在国以外的第三国作为仲裁地。需提醒的是，在选择外国作为仲裁地时，当事人还需考虑有关仲裁费用和其他仲裁成本等因素。

② 仲裁程序规则。仲裁程序规则是当事人双方及仲裁庭在仲裁过程中必须遵循的规则。双方当事人在订立仲裁协议时，可以明确约定有关仲裁应适用的仲裁程序规则。仲裁程序规则具体包括：仲裁申请的提出、答辩的方式、仲裁员的选定、仲裁庭的组成、仲裁的审理、仲裁裁决的作出及裁决的效力等内容。常设性仲裁机构一般都有自己

---

① 张圣翠. 国际商法. 4版. 上海：上海财经大学出版社，2006：455.

制定的仲裁程序规则。有的仲裁机构规定，如果当事人选择该仲裁机构仲裁，就必须适用本机构的仲裁程序规则；有的仲裁机构则允许当事人自行决定采用其他仲裁规则。例如，瑞典斯德哥尔摩商会仲裁院仲裁规则规定，当事人选择该院的仲裁程序规则或《联合国国际贸易法委员会仲裁规则》都是被允许的。美国仲裁协会同样允许当事人选择《联合国国际贸易法委员会仲裁规则》或《美洲国家商事仲裁委员会仲裁规则》。

1998 年 5 月 10 日之前，中国国际经济贸易仲裁委员会不允许当事人另行选择仲裁规则，即：如果选择了中国国际经济贸易仲裁委员会，就必须适用其仲裁规则，否则将拒绝受理。1998 年修订的《中国国际经济贸易仲裁委员会仲裁规则》开始规定："凡当事人同意将争议提交仲裁委员会仲裁的，均视为同意按照本仲裁规则进行仲裁。但当事人另有约定且仲裁委员会同意的，从其约定。"此后，修订的《中国国际经济贸易仲裁委员会仲裁规则》仍承继了此规定。

4. 仲裁程序

我国《仲裁法》第四章对仲裁程序作了专门规定，包括了申请和受理、仲裁庭的组成、审理和裁决等。

1）申请与受理

(1) 申请。根据我国《仲裁法》第 21 条的规定，当事人申请仲裁应当符合下列条件：有仲裁协议；有具体的仲裁请求和事实、理由；属于仲裁委员会的受理范围。

当事人申请仲裁，应当向仲裁委员会递交仲裁协议、仲裁申请书及副本。仲裁申请书应当载明下列事项：当事人的姓名、性别、年龄、职业、工作单位和住所，法人或者其他组织的名称、住所和法定代表人或者主要负责人的姓名、职务；仲裁请求和所根据的事实、理由；证据和证据来源、证人姓名和住所。

当事人、法定代理人有权委托律师和其他代理人进行仲裁活动。委托律师和其他代理人进行仲裁活动的，还应当向仲裁委员会提交授权委托书。

(2) 受理。仲裁委员会在收到仲裁申请书之日起 5 日内进行审查，并决定是否受理。仲裁委员会认为符合受理条件的，应当受理，并通知当事人；认为不符合受理条件的，应当书面通知当事人不予受理，并说明理由。仲裁委员会受理仲裁申请后，应当在仲裁规则规定的期限内将仲裁规则和仲裁员名册送达申请人，并将仲裁申请书副本和仲裁规则、仲裁员名册送达被申请人。

2）仲裁庭的组成

(1) 仲裁庭的组成。仲裁庭是由当事人选定或仲裁委员会主任指定的仲裁员组成，对案件按照仲裁程序进行审理并作出裁决的仲裁组织。仲裁庭可以由三名仲裁员或者一名仲裁员组成。由三名仲裁员组成的，设首席仲裁员。

与诉讼不同，在仲裁程序中，当事人有权约定仲裁庭的组成方式和选择仲裁员。在由一名仲裁员成立仲裁庭的情形下，应当由当事人共同选定或者共同委托仲裁委员会主任指定仲裁员。在由三名仲裁员组成仲裁庭的情形下，当事人应各自选定或者各自委托仲裁委员会主任指定一名仲裁员，第三名仲裁员由当事人共同选定或者共同委托仲裁委员会主任指定。第三名仲裁员是首席仲裁员。如果当事人未能在收到仲裁通知之日起 20 天内选定仲裁员，则由仲裁委员会主任指定。

(2) 仲裁员的回避。仲裁员有下列情形之一的，必须回避，当事人也有权提出回避申请：是本案当事人或者当事人、代理人的近亲属；与本案有利害关系；与本案当事人、代理人有其他关系，可能影响公正仲裁的；私自会见当事人、代理人，或者接受当事人、代理人的请客送礼的。

当事人提出回避申请，应当说明理由，在首次开庭前提出。回避事由在首次开庭后知道的，可以在最后一次开庭终结前提出。因回避而重新选定或者指定仲裁员后，当事人可以请求已进行的仲裁程序重新进行，是否准许，由仲裁庭决定；仲裁庭也可以自行决定已进行的仲裁程序是否重新进行。

案例

2001年，胶州某建筑装潢公司与青岛某饭店签订了装饰装修合同。合同履行后，饭店以装修质量低劣为由拒绝付款。在多次协商未果的情况下，装潢公司依据合同约定，向青岛仲裁委员会提请仲裁。青岛仲裁委员会受理此案后，依据《仲裁规则》和当事人双方的约定，组成了合议庭审理此案。开庭后，装潢公司发现仲裁庭的一名仲裁员与饭店的代理人曾经是同事，认为这可能影响本案的公正裁决。为此，装潢公司向青岛仲裁委员会提出了仲裁员回避申请。经仲裁委审查，仲裁委主任批准了装潢公司提出的回避申请。(案例来源：高青，法律教育网)

3) 审理和裁决

(1) 仲裁审理方式。仲裁审理可以采取两种方式：开庭审理和书面审理。开庭审理即仲裁庭在全体仲裁员、当事人及其代理人以及证人、鉴定人等相关人员到庭参加的情况下，通过仲裁员的询问和当事人的陈述、辩论、质证等方式进行审理。这是仲裁审理的基本方式。书面审理是指仲裁庭不召集当事人及其他相关人员到庭，只是由仲裁员根据当事人提交的仲裁申请书、答辩书和有关证据材料进行审理的方式。书面审理仅在当事人协议不开庭的情况下适用，除此之外，仲裁应当开庭进行。但需强调的是，仲裁以不公开审理为原则，因此即使开庭审理，也大多是秘密进行。当事人协议公开的，可以公开进行，但涉及国家秘密的除外。

(2) 开庭前的准备工作。仲裁委员会应当在仲裁规则规定的期限内将开庭日期通知双方当事人。当事人有正当理由的，可以在仲裁规则规定的期限内请求延期开庭。是否延期，由仲裁庭决定。申请人经书面通知，无正当理由不到庭或者未经仲裁庭许可中途退庭的，可以视为撤回仲裁申请。被申请人经书面通知，无正当理由不到庭或者未经仲裁庭许可中途退庭的，可以缺席裁决。

(3) 开庭审理。对于开庭审理的具体步骤，我国《仲裁法》未作规定。在实践中，一般先由首席仲裁员宣布案由、双方当事人及仲裁庭的组成，并询问双方当事人是否请求回避。此后，双方当事人分别陈述、答辩，仲裁庭进行庭审调查，双方当事人可出示新的证据并相互质证。庭审调查结束后，进入辩论阶段。辩论终结时，由首席仲裁员或者独任仲裁员征询当事人的最后意见。

(4) 裁决。当事人申请仲裁后，可以自行和解。达成和解协议的，可以请求仲裁庭根据和解协议作出裁决书，也可以撤回仲裁申请。当事人达成和解协议，撤回仲裁申请后反悔的，可以根据仲裁协议重新申请仲裁。

仲裁庭在作出裁决前，也可以先行调解。当事人自愿调解的，仲裁庭应当调解。调解不成的，应当及时作出裁决。调解达成协议的，仲裁庭应当制作调解书或者根据协议的结果制作裁决书。调解书与裁决书具有同等法律效力。调解书经双方当事人签收后，即发生法律效力。在调解书签收前当事人反悔的，仲裁庭应当及时作出裁决。裁决应当按照多数仲裁员的意见作出。仲裁庭不能形成多数意见时，裁决应当按照首席仲裁员的意见作出。裁决书自作出之日起发生法律效力。

4）仲裁裁决的撤销

仲裁裁决的撤销，是指当仲裁裁决有符合法律规定的情形，由当事人申请法院组成合议庭审查核实后，裁定撤销的一种制度。

当事人提出证据证明裁决有下列情形之一的，可以向仲裁委员会所在人民法院申请撤销裁决，人民法院经组成合议庭审查核实后，应当裁定撤销：① 没有仲裁协议的；② 裁决的事项不属于仲裁协议的范围或者仲裁委员会无权仲裁的；③ 仲裁庭的组成或者仲裁的程序违反法定程序的；④ 裁决所根据的证据是伪造的；⑤ 对方当事人隐瞒了足以影响公正裁决的证据的；⑥ 仲裁员在仲裁该案时有索贿受贿、徇私舞弊、枉法裁决行为的。

与此同时，人民法院认定该裁决违背社会公共利益的，也应当裁定撤销；当事人申请撤销裁决的，应当自收到裁决书之日起 6 个月内提出。

需要说明的是，依据我国《仲裁法》第 65 条的规定，涉外经济贸易、运输和海事纠纷的仲裁适用《仲裁法》第七章“涉外仲裁的特别规定”。此章中没有规定的，将适用《仲裁法》其他有关规定。鉴于涉外商事仲裁是立足于某一国而提出的，与该国国内仲裁相对应的一个概念，在性质上应属于国际商事仲裁，本书将我国涉外仲裁的相关规定并入国际商事仲裁，穿插予以介绍。

7.2.4 国际商事仲裁

1. 国际商事仲裁的概念

关于国际商事仲裁，国际上并没有一个普遍接受的统一概念，因为各国对“国际”和“商事”的含义理解不同。

根据联合国国际贸易法委员会制定的《国家商事仲裁示范法》的规定及解释，仲裁如有下列情况即为国际仲裁：① 仲裁协议的当事人各方在缔结协议时，他们的营业地点位于不同的国家；或② 下列地点之一位于当事人各方营业地点所在国以外的：仲裁协议中确定的或根据仲裁协议而确定的仲裁地点，履行商事关系的大部分义务的任何地点或与争议标的关系最密切的地点；或③ 当事各方明确地同意，仲裁协议的标的与一个以上的国家有关。这一规定反映了国际商事仲裁实践对“国际”含义有扩大解释的趋势。

同国内仲裁一样，国际商事仲裁也具有自愿性、专业性、保密性、终局性等特点，同时又具有国际性或涉外性。

2. 知名国际仲裁机构简介

1）国际商会仲裁院

国际商会（International Chamber of Commerce，ICC）是 1919 年由比、法、意、美等国工商业界领导人发起建立的世界各国工商业者的国际团体，旨在通过民间企业的交往促进国际经济合作与发展。国际商会仲裁院是国际商会附设的国际商事仲裁机构，成立于 1923 年，总部设在法国巴黎。作为处理国际商事争端的国际性民间仲裁机构，在国际商事仲裁领域，国际商会仲裁院是最具影响的仲裁机构。

国际商会仲裁院由主席 1 名、副主席 8 名、秘书长 1 名、技术顾问 1 名或若干名及其他成员组成。仲裁院的决议由多数通过，在赞同票与反对票相同时，主席拥有决定性投票权。仲裁院可以受理国际性的商事争议的案件，也可以受理非国际性的商事争议案件。

国际商会仲裁院的委员来自 40 多个国家，他们具有法律背景和国际商事法律及争议解决的专业经验。国际商会仲裁院秘书局的工作人员也来自不同的国家，能够使用多种语言进行工作。

2）伦敦国际仲裁院

英国伦敦国际仲裁院（the London Court of International Arbitration，LCIA）成立于 1892 年，是具有重大国际影响的常设仲裁机构之一。原名为伦敦仲裁院，1981 年起使用现名。它是国际上成立最早的常设仲裁机构，现由伦敦市政府、伦敦工商会和女王特许仲裁协会三家共同组成的联合委员会管理。仲裁院的日常工作由女王特许协会负责，仲裁协会的会长兼任仲裁院的主席。伦敦国际仲裁院可以受理提交给它的任何性质的国际争议，在国际社会享有很高的威望，特别是海事案件，大多诉诸该院。

3）瑞典斯德哥尔摩商会仲裁院

瑞典斯德哥尔摩商会仲裁院（the Arbitration Institute of the Stockholm Chamber of Commerce，SCC）成立于 1917 年，设立的目的在于解决工业、贸易和运输领域的争议，是瑞典最重要的的常设仲裁机构。总部设在瑞典的斯德哥尔摩，包括秘书局和 3 名成员组成的委员会。3 名委员任期三年，由商会任命。3 名委员中，1 名须具有解决工商争议的经验，1 名须为有实践经验的律师，1 名须具备与商业组织沟通的能力。

由于瑞典仲裁制度较为完备，加之政治上的中立国地位，斯德哥尔摩商会仲裁院逐渐发展成为东西方经济贸易争端的仲裁中心。

4）瑞士苏黎世商会仲裁院

瑞士苏黎世商会仲裁院成立于 1911 年，是苏黎世商会下设的常设仲裁机构。该仲裁院既受理国内争议案件，也受理国际商事争议案件。由于瑞士是中立国，所以苏黎世商会仲裁院的裁决比较容易为其他国家和当事人接受，因此，许多国家的经济贸易纠纷的当事人愿意选择苏黎世商会仲裁院解决纠纷。近年来，其收案数量不断增加，仲裁业务不断发展，成为解决国际民商事纠纷的重要仲裁中心之一。

5）中国国际经济贸易仲裁委员会

中国现有两个常设涉外仲裁机构：一是中国国际经济贸易仲裁委员会；二是中国海

事仲裁委员会。两者现都附属于中国国际贸易促进委员会，即中国国际商会。

中国国际经济贸易仲裁委员会于 1956 年 4 月 2 日正式成立，最初名为“中国国际贸易促进委员会对外贸易仲裁委员会”；1980 年 2 月，更名为“对外经济贸易仲裁委员会”；1988 年 6 月，改为“中国国际经济贸易仲裁委员会”。1989 年和 1990 年设立华南分会（深圳）和上海分会。仲裁委员会及其分会是一个统一的整体，适用同一个仲裁规则，并备有统一的仲裁员名册。中国国际经济贸易促进委员会曾在 1956 年 3 月 31 日通过了《中国国际贸易促进委员会对外贸易仲裁委员会仲裁程序暂行规则》，后经 1988 年和其后的多次修改，现行的仲裁程序规则是 2014 年 11 月 4 日修订并通过的，该规则自 2015 年 1 月 1 日起施行。

6）中国海事仲裁委员会

中国海事仲裁委员会成立于 1959 年 1 月，当时名为“中国国际贸易促进委员会海事仲裁委员会”。1988 年 6 月 21 日，改名为“中国海事仲裁委员会”。该仲裁委员会主要处理涉外海事争议。

2004 年 7 月，中国海事仲裁委员会第五次修改仲裁规则，该规则扩大了中国海事仲裁委员会的受案范围。新规则第一章总则的管辖条款中明确规定：“中国海事仲裁委员会以仲裁的方式，独立、公正地解决产生于海事、海商、物流争议以及其他契约性或非契约性争议，以保护当事人的合法权益，促进国际国内经济贸易和物流的发展。”中国海事仲裁委员会在传统管辖范围即海事海商的基础上，拓展到由航运为基础延伸的现代物流范围，并且根据当事人意思自治的原则，可以受理当事人约定提交的争议案件。中国海事仲裁委员会在成立物流争议解决中心之后，从海事、海商、物流及法律等方面具有专门知识和实践经验的中外人士中聘请仲裁员，设立特定的专业仲裁员名册，采用普通仲裁员名册与专业仲裁员名册共同使用的方式。

目前，中国海事仲裁委员会最新仲裁规则于 2014 年 11 月 4 日修订并通过，自 2015 年 1 月 1 日施行。

3. 国际商事仲裁裁决的承认和执行

所谓承认仲裁协议，就是法院允许该仲裁裁决所确定的当事人的权利和义务具有法律效力。所谓执行仲裁裁决，就是法院在承认仲裁裁决的基础上，依照法律规定的执行程序，予以强制执行。承认是执行的前提与基础；而执行是最终实现当事人权利义务的手段，经法院承认的仲裁裁决只有通过执行，当事人的权利义务才能得到实现。

1）有关国际公约

为解决在仲裁裁决的承认和执行问题上的分歧，谋求建立一个较为完善的承认与执行外国仲裁裁决的国际制度，国际社会先后出台了三个国际公约。

（1）《关于仲裁条款的议定书》。该公约制定于 1923 年，成员包括英国、法国、德国、奥地利、瑞典和我国香港等 50 多个国家和地区。该议定书赋予各缔约方承认不同缔约方管辖下合同当事人之间就可交付仲裁的争议达成仲裁协议的义务。但该议定书也允许缔约方将上述义务限制在只对依其本国法属于商事范围的仲裁协议的承认。此外，该议定书还对仲裁程序和外国仲裁裁决的执行作了简要的规定。

（2）《关于执行外国仲裁裁决的公约》。该公约签订于 1927 年，其中对仲裁裁决的承认或执行所应具备的条件及所应提交的证明文件、拒绝承认或执行仲裁裁决的情形等作了详细的规定。1923 年的《关于仲裁条款议定书》的成员方绝大多数都参加了此公约。

(3)《关于承认和执行外国仲裁裁决的公约》。该公约又称为《纽约公约》，签订于 1958 年 6 月 10 日。有一百多个国家和地区参加了此公约。我国于 1986 年 12 月 2 日由第六届全国人大常务委员会第十八次会议决定加入《纽约公约》。该公约已于 1987 年 4 月22 日对我国生效。

在成员方之间，该公约已经取代了 1927 年的《关于执行外国仲裁裁决的公约》。与 1927 年的《关于执行外国仲裁裁决的公约》相比，《纽约公约》的适用范围更宽，包括在一国领土内作成而在另一国领土内请求承认和执行的关于自然人和法人之间争执的仲裁裁决，以及在一国作成并在该国承认和执行，而该国又不认为是其国内仲裁的仲裁裁决。由此可见，《纽约公约》的适用范围不以缔约方领土为限，也未将可执行的仲裁裁决限定为商事仲裁裁决或依缔约国国内法可交付仲裁的争议的仲裁裁决。但是，该公约亦允许缔约方在加入该公约时声明保留，将公约对其适用范围以互惠为条件，或者限于依其本国法为商事关系的裁决。我国加入《纽约公约》时，作了两项保留声明：第一，我国只在互惠的基础上对在另一缔约国领土内作出的仲裁裁决的承认和执行适用该公约；第二，我国只对根据我国法律认为属于契约性和非契约性商事法律关系所引起的争议适用该公约。符合以上两个条件的外国仲裁裁决，当事人可依照该公约规定直接向我国有管辖权的人民法院申请承认和执行。

此外，《纽约公约》还放宽了仲裁裁决承认和执行的限制条件，并简化了执行裁决的程序。实践证明，《纽约公约》对国际商事仲裁的生存和发展做出了重大贡献。[①]《纽约公约》已取代前两者，成为有关承认和执行外国裁决的一个最具影响的国际公约。

2) 中国关于涉外仲裁裁决的承认和执行

(1) 外国仲裁裁决在中国的承认和执行。我国《民事诉讼法》第 267 条规定："国外仲裁机构的裁决，需要中华人民共和国法院承认和执行的，应当由当事人直接向被执行人住所地或者财产所在地的中级人民法院申请，人民法院依照中华人民共和国缔结和参加的国际条约，或者按照互惠原则办理。"

据此，外国仲裁裁决在中国的承认和执行分为两种情况：在 1958 年《纽约公约》其他成员国领土内作出的仲裁裁决，当事人申请我国法院承认和执行的，我国法院可按《纽约公约》的规定办理。但在适用 1958 年《纽约公约》时，应当注意我国对该公约所作的两项保留声明，即互惠保留声明和商事保留声明。对于在非《纽约公约》成员国领土内作出的仲裁裁决，当事人请求我国法院承认和执行的，我国可以根据有关外国与我国缔结的关于承认和执行仲裁裁决的双边的规定办理。在没有这种双边条约的情况下，我国法院可按互惠原则办理。如果既无条约又无互惠的，我国法院没有承认和执行外国仲裁裁决的义务。

(2) 中国涉外仲裁机构的仲裁裁决在外国的承认和执行。我国《民事诉讼法》第 264 条第 2 款和《仲裁法》第 72 条均规定：涉外仲裁委员会作出的发生法律效力的仲

① 张圣翠. 国际商法. 4 版. 上海：上海财经大学出版社，2006：445.

裁裁决，当事人请求执行的，如果被执行人或者其财产不在中华人民共和国领域内，应当由当事人直接向有管辖权的外国法院申请承认和执行。

当事人在向外国法院申请执行时也分为两种情况。一是向《纽约公约》其他成员国的法院申请执行。由于我国已是《纽约公约》的成员国，我国涉外仲裁机构的仲裁裁决在这些国家如何得到承认和执行，应按《纽约公约》的有关规定办理。另一种情况是向非《纽约公约》成员国的法院申请执行。在这种情况下，只要我国与对方国家存在互相承认和执行仲裁裁决的双边条约或者互惠关系的，我国涉外仲裁机构的仲裁裁决也可以得到对方国家法院的承认和执行。

案例链接

上海金纬机械制造有限公司与瑞士瑞泰克公司仲裁裁决执行复议案①

案情：上海金纬机械制造有限公司（以下简称金纬公司）与瑞士瑞泰克公司（RETECH Aktiengesellschaft，以下简称瑞泰克公司）买卖合同纠纷一案，由中国国际经济贸易仲裁委员会于2006年9月18日作出仲裁裁决。2007年8月27日，金纬公司向瑞士联邦兰茨堡（Lenzburg）法院（以下简称兰茨堡法院）申请承认和执行该仲裁裁决，并提交了由中国中央编译社翻译、经上海市外事办公室及瑞士驻上海总领事认证的仲裁裁决书翻译件。同年10月25日，兰茨堡法院以金纬公司所提交的仲裁裁决书翻译件不能满足《承认及执行外国仲裁裁决公约》（《纽约公约》）第四条第二点关于“译文由公设或宣誓之翻译员或外交或领事人员认证”的规定为由，驳回金纬公司申请。其后，金纬公司又先后两次向兰茨堡法院递交了分别由瑞士当地翻译机构翻译的仲裁裁决书译件和由上海上外翻译公司翻译、上海市外事办公室、瑞士驻上海总领事认证的仲裁裁决书翻译件以申请执行，仍被该法院分别于2009年3月17日和2010年8月31日，以仲裁裁决书翻译文件没有严格意义上符合《纽约公约》第四条第二点的规定为由，驳回申请。

2008年7月30日，金纬公司发现瑞泰克公司有一批机器设备正在上海市浦东新区展览，遂于当日向上海市第一中级人民法院（以下简称上海一中院）申请执行。上海一中院于同日立案执行并查封、扣押了瑞泰克公司参展机器设备。瑞泰克公司以金纬公司申请执行已超过《中华人民共和国民事诉讼法》规定的期限为由提出异议，要求上海一中院不受理该案，并解除查封，停止执行。

裁判结果：上海市第一中级人民法院于2008年11月17日作出〔2008〕沪一中执字第640-1民事裁定，驳回瑞泰克公司的异议。裁定送达后，瑞泰克公司向上海市高级人民法院申请执行复议。2011年12月20日，上海市高级人民法院作出〔2009〕沪高执复议字第2号执行裁定，驳回复议申请。

裁判要点：当事人向我国法院申请执行发生法律效力的涉外仲裁裁决，发现被申请

① 最高人民法院审判委员会讨论通过，2014年12月18日发布，指导案例37号

执行人或者其财产在我国领域内的，我国法院即对该案具有执行管辖权。当事人申请法院强制执行的时效期间，应当自发现被申请执行人或者其财产在我国领域内之日起算。

相关法条：

《中华人民共和国民事诉讼法》第 239 条："申请执行的期间为二年。申请执行时效的中止、中断，适用法律有关诉讼时效中止、中断的规定。前款规定的期间，从法律文书规定履行期间的最后一日起计算；法律文书规定分期履行的，从规定的每次履行期间的最后一日起计算；法律文书未规定履行期间的，从法律文书生效之日起计算。"

《中华人民共和国民事诉讼法》第 273 条："经中华人民共和国涉外仲裁机构裁决的，当事人不得向人民法院起诉。一方当事人不履行仲裁裁决的，对方当事人可以向被申请人住所地或者财产所在地的中级人民法院申请执行。"

实务案例讨论

某家居用品（东莞）有限公司与某贸易有限公司于 2004 年 9 月 26 日签订了《代理经销协议》及《补充协议》。《代理经销协议》约定，由贸易有限公司代理销售家居用品（东莞）有限公司的产品。《补充协议》具体约定了授权经销的期限、销售区域、销售产品数量、保证金等双方的权利义务问题。

上述协议签订后，贸易有限公司于 2004 年 10 月 13 日向家居用品（东莞）有限公司支付了相应的货款和保证金。在履行协议的过程中，贸易公司认为家居用品公司变更合同价格，发送的产品不符合协议的约定，影响了销售业绩；此外，家居用品公司在报纸杂志上发表招商广告，另行发展代理商，违反了独家授权的协议。贸易公司遂于 2005 年 12 月 1 日向家居用品公司发出电报，通知解除《协议》。

家居用品公司则认为，贸易公司未能按照协议计划完成销售任务，违反了协议的约定。之后，贸易公司向广州仲裁委员会东莞分会提出仲裁请求，广州仲裁委员会东莞分会于 2006 年 6 月 14 日受理该申请，并于 2006 年 10 月 9 日作出〔2006〕穗仲案字第×号裁决书，裁定：家居用品公司返还贸易公司保证金 50 000 元，向贸易公司支付律师费 2 000 元，仲裁费用由家居用品公司承担。

家居用品公司不服该裁决，向东莞市中级人民法院申请撤销，其理由为：(1) 仲裁裁决书裁定支付律师费，系适用法律错误；(2) 仲裁裁决未裁令被申请人贸易公司返还申请人家居用品公司 11 735.18 元，系遗漏裁判事项；(3) 仲裁裁决以双方没有约定保证金的性质，合同解除或终止之后，保证金属于不当得利为由，裁令申请人家居用品公司返还保证金 50 000 元，属于法律错误；(4) 被申请人贸易公司第一次向申请人家居用品公司订购货物的数量，违反合同约定，其行为构成根本违约。因此，仲裁委员会的裁决系枉法裁判，根据《仲裁法》第 58 条的规定依法应予撤销。

被申请人贸易公司答辩称：(1) 关于律师费问题，仲裁庭就律师费的裁决是符合仲裁法和仲裁规则的，因为申请人的反请求没有得到支持，申请人并没有胜诉，这意味着被申请人胜诉；(2) 关于仲裁遗漏裁决事项的问题，按照不告不理的原则，申请人没有提出返还款项的申请，仲裁庭没有对此作出裁决是正确的；(3) 关于保证金的问题，按照最高法院的司法解释，该保证金不具有定金的性质，裁令返还没有错误；(4) 关于合同的履行问题，被申请人已经按照合同的规定履行其义务，并不存在违约行为；(5) 申请人申请撤销仲裁裁决的同时，不能提供该裁决违反法律规定的证据，应当承担举证不能的责任。

请问：法院应否撤销该仲裁裁决？

思考题

1. 我国《民事诉讼法》规定了哪些基本制度？
2. 什么是协议管辖？我国《民事诉讼法》关于协议管辖是如何规定的？
3. 普通程序主要包括哪几个阶段？
4. 仲裁与诉讼、调解的主要区别有哪些？
5. 什么是仲裁协议？它有哪些表现形式？其必备内容是什么？
6. 在哪些情形下，当事人可以向法院申请撤销仲裁裁决？

参考文献

一、中文著作

［1］ 赵万一. 商法学. 北京：法律出版社，2001.
［2］ 何勤华，魏琼. 西方商法史. 北京：北京大学出版社，2007.
［3］ 郑远民. 现代商人法研究. 北京：法律出版社，2001.
［4］ 赵立行. 商人阶层的形成与西欧社会的转型. 北京：中国社会科学出版社，2004.
［5］ 史际春，温烨，邓峰. 企业和公司法. 北京：中国人民大学出版社，2001.
［6］ 宋彪. 企业公司法典型案例. 北京：中国人民大学出版社，2003.
［7］ 胡果威. 美国公司法. 北京：法律出版社，1999.
［8］ 沈贵明. 公司法教程. 北京：法律出版社，2006.
［9］ 江平. 新编公司法教程. 北京：法律出版社，1994.
［10］ 张俊浩. 民法学原理. 北京：中国政法大学出版社，1991.
［11］ 王利民，崔建远. 合同法新论：总则. 修订版. 北京：中国政法大学出版社，2000.
［12］ 刘文华，王忠. 中华人民共和国合同法理论与实务. 北京：中国方正出版社，1999.
［13］ 李永军. 合同法. 2版. 北京：法律出版社，2005.
［14］ 陈安. 涉外经济合同的理论与实务. 北京：中国政法大学出版社，1994.
［15］ 王家福. 民法债权. 北京：法律出版社，1991.
［16］ 苏惠祥. 中国当代合同法论. 长春：吉林大学出版社，1992.
［17］ 梁慧星. 民商法论丛：17卷. 香港：金桥文化出版公司，2000.
［18］ 崔建远. 新合同法原理与案例评释：上. 长春：吉林大学出版社，1999.
［19］ 史尚宽. 债法总论. ［出版者不详］，1991.
［20］ 王泽鉴. 债法原理：第一册. 北京：中国政法大学出版社，2001.
［21］ 孔祥俊. 担保法例解与适用. 北京：人民法院出版社，1996.
［22］ 郭明瑞，杨立新. 担保法新论. 长春：吉林人民出版社，1996.
［23］ 汪世虎. 票据法律制度比较研究. 北京：法律出版社，2003.
［24］ 李建华. 物权法. 北京：中国人民大学出版社，2008.
［25］ 谢在权. 民法物权论：下册. 北京：中国政法大学出版社，1999.
［26］ 郑孟状. 票据法研究. 北京：北京大学出版社，1999.
［27］ 赵新华. 票据法问题研究. 北京：法律出版社，2007.
［28］ 赵新华. 票据法问题研究. 北京：法律出版社，2002.
［29］ 谢怀栻. 票据法概论. 北京：法律出版社，1990.

[30] 吕来明. 票据法前沿问题案例研究. 北京：中国经济出版社，2001.
[31] 黄松有. 票据法司法解释实例释解. 北京：人民法院出版社，2006.
[32] 刘文琦. 产品责任法律制度比较研究. 北京：法律出版社，1997.
[33] 张圣翠. 国际商法. 4版. 上海：上海财经大学出版社，2006.
[34] 沈乐平. 商法教程. 广州：华南理工大学出版社，2006.
[35] 王传辉. 新编商法教程. 北京：清华大学出版社，2005.

二、中文译著

[1] 伯尔曼. 法律与革命：西方法律传统的形成. 贺卫方，高鸿钧，张志铭，等译. 北京：中国大百科全书出版社，1993.
[2] 施米托夫. 国际贸易法文选. 赵秀文，译. 北京：中国大百科全书出版社，1993.
[3] 拉伦茨. 德国民法通论. 王晓晔，译. 北京：法律出版社，2003.
[4] 吉尔莫. 契约的死亡. 曹士兵，姚建宗，吴巍，译//梁慧星. 为权利而斗争. 北京：中国法制出版社，2000.

三、外文文献

[1] BAKER J H. The law merchant and the common law before 1700. Cambridge Law Journal，1979 (38).
[2] ROGERS J S. The early history of the law of bills and notes. London：Cambridge University Press，1995.
[3] BRITTON E. Handbook of the law of bills and notes. West Pub. Co.，1961.
[4] VELTRI S C，ADAMS M I，TURNER P S. Payments，Survey - Uniform Commercial Code. ABA，The Business Lawyer，August，2003.

四、网络资源

[1] http：//www.chinacourt.org/.
[2] http：//www.jsfy.gov.cn/.
[3] http：//www.chinalawedu.com/.
[4] http：//rmfyb.chinacourt.org/.